ÉTUDES ROMANTIQUES ET DIX-NEUVIÉMISTES
sous la direction de Pierre Glaudes et Éléonore Reverzy
117

Walter Pater, du portrait littéraire à l'étude de cas

Bénédicte Coste

Walter Pater,

du portrait littéraire à l'étude de cas

PARIS
CLASSIQUES GARNIER
2022

Bénédicte Coste est professeur de littérature victorienne à l'université de Bourgogne. S'intéressant à l'esthétisme britannique et à la culture victorienne, elle a consacré plusieurs ouvrages à Walter Pater et a traduit en français la plupart de ses essais.

ISBN 978-2-406-12981-3 (livre broché)
ISBN 978-2-406-12982-0 (livre relié)
ISSN 2103-4672

Aux miens.

LISTE DES ABRÉVIATIONS UTILISÉES

Ap	PATER, Walter, *Appreciations*, London, Macmillan, 1931.
GdeL	PATER, Walter, *Gaston de Latour. The Revised Text*, Gerald MONSMAN (éd.), Greensboro, ELT Press, 1995.
GS	PATER, Walter, *Greek Studies*, London, Macmillan, 1931.
IP	PATER, Walter, *Imaginary Portraits*, London, Macmillan, 1931.
Letters	EVANS, Lawrence (éd.), *The Letters of Walter Pater*, Oxford, Clarendon, 1970.
ME	PATER, Walter, *Marius the Epicurean*, London, Macmillan, 1931.
MS	PATER, Walter, *Miscellaneous Studies*, London, Macmillan, 1931.
Ren	PATER, Walter, *The Renaissance*, (éd.) Adam Phillips, Oxford, OUP, 1986.
PP	PATER, Walter, *Plato and Platonism*, London, Macmillan, 1931.

Traductions de Pater utilisées

EA	PATER, Walter, *Essais anglais*, traduction de Bénédicte COSTE, Grenoble, Ellug, 2012.
EM	PATER, Walter, « L'enfant dans la maison », *Portraits imaginaires*, traduction de Pierre LEYRIS, Paris, Corti, 1992.
EMAG	PATER, Walter, *Essais sur la mythologie et l'art grec*, traduction de Bénédicte COSTE, Paris, Houdiard, 2010.
EU	PATER, Walter, « Emerald Uthwart », *Portraits imaginaires*, traduction de Pierre LEYRIS, Paris, Corti, 1992.
HV	PATER, Walter, « Hippolyte voilé », *Portraits imaginaires*, traduction de Pierre LEYRIS, Paris, Corti, 1992.
M	PATER, Walter, *Marius l'Épicurien*, traduction de Guillaume DE VILLENEUVE, Paris, Bourgois, 1992.
PI	PATER, Walter, *Portraits imaginaires*, traduction de Philippe NÉEL, Paris, Stock, 1983.

Pp	PATER, Walter, *Platon et le platonisme : Conférences de 1893. Introduction, traduction et notes de J. B. Picy*, Paris, Vrin, 1998.
R	PATER, Walter, *La Renaissance. Études d'art et de poésie*, traduction de Bénédicte COSTE, Paris, Classiques Garnier, 2016.
TE	PATER, Walter, *Textes esthétiques*, traduction de Bénédicte COSTE, Nîmes, Théétète, 2003.

Sauf mention contraire, les autres traductions sont de l'auteur.

INTRODUCTION

UN « ROMAN PSYCHANALYTIQUE »

Au terme d'une étude devenue célèbre sur Léonard de Vinci[1], Freud distingue la position de l'analyste de celle du biographe adoptant face à son sujet l'attitude de l'enfant devant le père tout-puissant. Le biographe procède à « un travail d'idéalisation », se détourne de la vérité pour élire « l'illusion[2] » ; Freud choisit quant à lui l'« amour de la vérité[3] » qui poussa Léonard à revendiquer le libre questionnement et à refuser l'autorité des anciens à travers une position novatrice. Débarrassé de la gangue des idéalisations nées d'un rapport au père tout-puissant, et se revendiquant du précédent léonardien, Freud promeut la vérité signifiante du sujet de l'inconscient.

Le psychanalyste s'intéresse à la vie des individus, mais n'est pas un biographe ordinaire : il s'appuie sur les faits et les informations connues, c'est-à-dire sur ce discours qui est toujours discours de l'Autre, et sur sa connaissance des mécanismes psychiques. Sa démarche cherche à mettre en évidence la singularité du sujet, l'originalité de son rapport au langage, dans un mouvement de va-et-vient entre le matériel clinique et la théorie analytique, à partir d'une question que seul le sujet pouvait susciter et qui est, dans le cas de Léonard, « l'explication des inhibitions dans [sa]

1 S. Freud, *Un Souvenir d'enfance de Léonard de Vinci*, Paris, Gallimard, Folio bilingue, 1991. Freud examine successivement la fonction du fantasme, le rapport à la mère et au père de l'artiste. Le « cas » Léonard se laisse analyser à travers sa pulsion sexuelle où convergent une fixation à la mère, le refoulement et la sublimation.

2 Ces derniers se livrent à « un travail d'idéalisation », *op. cit.*, p. 257. Cette thèse sera reprise dans « Prix Goethe 1930. Allocution prononcée à la maison de Goethe à Francfort », S. Freud, *Résultats, idées, problèmes II 1921-1935*, trad. J. B. Pontalis, C. Heim et L. Weibel, Paris, PUF, 2002, p. 181-186.

3 S. Freud, *Un Souvenir d'enfance*, *op. cit.*, p. 257.

vie sexuelle [...] et dans son activité artistique[4] ». Pour répondre à cette question et à partir d'un souvenir d'enfance[5], de l'œuvre et de fragments autographes, Freud se livre à une véritable reconstruction du « sujet Léonard » prenant la forme d'un récit, nourrie de concepts psychanalytiques que la figure de l'artiste lui permet d'élaborer afin de présenter un « roman psychanalytique[6] ». Léonard n'est pas un « malade » au sens courant du terme, mais un « cas », c'est-à-dire un sujet dont l'analyste suit les vicissitudes à travers des scansions existentielles n'obéissant pas nécessairement à l'ordre chronologique mais épousant la logique du développement psychique tel que la psychanalyse l'élabore.

Entendu comme réponse textuelle aux signifiants de l'artiste, tant les siens que ceux de ses contemporains ou de la postérité, le « roman » freudien rend compte de « l'oscillation entre l'art et la science[7] » de l'artiste renaissant, explicite la fascination qu'exerce Léonard, y compris sur Freud, pour présenter un sujet dans sa singularité. Le texte freudien n'est pas un portrait au sens d'une présentation imaginaire où le biographe idéalise son héros, mais une *fiction* où le sujet est replacé dans son historialité et dans un rapport unique à l'ordre signifiant. Tel est le sens du « roman » psychanalytique. Et Freud de prévenir les reproches que l'on pourrait adresser à une psychanalyse pensée dans une dimension purement déterministe : certes, son travail s'appuie sur les connaissances léguées à l'Autre de la postérité, et si les faits sont maigres, on ne saurait en blâmer l'analyste : il faudrait plutôt souligner que le manque d'information sur Léonard constitue déjà le symptôme d'un rapport contrarié à l'Autre. Pour sa part, la psychanalyse travaille à partir de sa connaissance des mécanismes psychiques mais s'arrête devant « un degré de liberté qu'on ne peut plus réduire psychanalytiquement[8] ». Ce degré est constitutif de la singularité absolue du sujet. Car si Léonard a connu des mécanismes dont chacun peut faire l'expérience – le refoulement, la sublimation –, il est le seul chez qui ces derniers aient produit l'artiste qu'il fut. Rien n'explique au fond sa tendance si forte au refoulement et sa capacité sublimatoire qui demeurent ses caractéristiques. Le quantitatif, dira encore Freud, est ce qui échappe à toute raison, et cette notion, héritée

4 *Ibid.*, p. 259.
5 Voir le résumé dans la « Préface », *ibid.*, p. 26-30.
6 *Ibid.*, p. 269.
7 *Ibid.*, p. 269.
8 *Ibid.*, p. 271.

de l'énergétique, fonctionne comme pierre de touche de l'analyste dans sa reconstruction du sujet.

Freud assigne à la psychanalyse les limites de la pulsion et de ses transformations[9] – soit la « mythologie[10] » destinée à rendre compte de la façon dont le sujet a individuellement accès au langage. L'analyste cherche à démontrer les effets de la rencontre du sujet et de l'Autre[11] qui va s'exprimer dans le fantasme dit plus tard, fondamental[12]. Quant à ce que Freud nomme les « hasards de la constellation parentale[13] », lesquels semblent jouer un si grand rôle chez le fils illégitime qu'est Léonard, il faut y voir un écran derrière lequel nous reconnaissons le discours de l'Autre accompagnant l'entrée du sujet dans l'ordre signifiant ; et, à ce discours, il faut se soumettre, sauf à rechuter dans la « conception pieuse du monde dont Léonard lui-même prépara le dépassement[14] ». Ce hasard est sans rapport avec nos désirs et nos illusions, c'est-à-dire tous les mots et les actes à travers lesquels nous cherchons à défaire notre *fatum* personnel. Il nous enjoint au contraire de n'être pas seulement le fruit du désir inconscient de nos géniteurs, mais d'être à notre tour désirants, d'échapper à toute détermination aliénante. Sauf à revenir à un déterminisme où le sujet est le produit, à chaque fois prévisible, d'une détermination universelle, d'un dieu ou d'une providence le ramenant dès lors aux temps de l'enfance où le dieu-père imaginaire le gardait du manque, quoiqu'au prix de son désir. Et si le talent artistique est lié à la sublimation, comme le pense Freud, sa nature est inaccessible à l'investigation psychanalytique. Il n'existe pas de savoir sur la réalisation artistique ou sur l'art, thèse toujours maintenue par le maître viennois[15].

À l'époque où il rédige le cas Léonard (1909-1910), Freud est en train de réélaborer une science psychanalytique qui, si elle a pu, en ses débuts, emprunter le chemin d'une herméneutique cherchant à aider le sujet à découvrir la totalité de ses signifiants refoulés, va s'orienter, *via* la

9 *Ibid.*, p. 273.

10 « La théorie des pulsions est, pour ainsi dire, notre mythologie », S. Freud, *Nouvelles conférences d'introduction à la psychanalyse*, Paris, Gallimard, Folio Essais, 1989, p. 129.

11 S. Freud, *Un Souvenir d'enfance*, *op. cit.*, p. 275.

12 « comme si la clé de toutes ses réalisations [de Léonard] et de son infortune se trouvait enclose dans la fantaisie infantile du vautour », *ibid.*, p. 275.

13 *Ibid.*, p. 275.

14 *Ibid.*, p. 277.

15 « l'analyse ne peut que déposer les armes devant le problème du créateur littéraire », S. Freud, « Dostoïevski et le parricide » (1928), *Résultats, idées, problèmes II*, *op. cit.*, p. 161.

tentative inaboutie de reconstruction de la scène originaire de l'Homme aux loups, vers la reconnaissance d'un point d'irreprésentabilité, d'un refoulé originaire[16] qui est proprement le « représentant » du sujet. Ce refoulé originaire (*Vorstellungs-Repräsentanz*) constitue la singularité du sujet, entraînant la psychanalyse sur les voies d'une confrontation au futur « roc de la castration » freudien, ou au réel lacanien défini comme impossible. Le sujet de l'inconscient – le sujet de la psychanalyse comme « à son origine, et comme tel, l'élision d'un signifiant, le signifiant sauté dans la chaîne[17] » – est le lieu d'une reconnaissance de la place du hasard et de la nécessité, soit de l'importance de ce rapport au langage qui nous fonde sur fond de sans-fond. Ou encore, pour reprendre les mots de l'écrivain anglais Walter Pater commentant la conception « tranchante[18] » de la grâce chez Blaise Pascal :

> Il y a des instants dans notre existence, des aspects de la vie d'autrui, dont l'unique conclusion naturelle ou raisonnable à tirer est que la volonté est libre. Pourtant, lorsque l'on y repense, ces mêmes instants se présentent de nouveau comme les maillons d'une chaîne dans un vaste réseau de chaînes embrassant toutes choses. [...] Comme ils deviennent significatifs, ces détails que nous aurions pu ne pas remarquer, mais sur lesquels notre attention est attirée par la question de savoir si l'homme est libre ou esclave, lorsqu'à l'écart, nous observons le cours tortueux de son existence, ses luttes, sa tragédie finale ou son triomphe[19] !

16 Décrivant le refoulement originaire, Freud l'égale au refoulement du « représentant psychique [qui] se voit refuser la prise en charge dans le conscient. Avec lui se produit une *fixation* ; le représentant correspondant subsiste, à partir de là, de façon inaltérable et la pulsion demeure liée à lui. [...] Le deuxième stade du refoulement, le *refoulement proprement dit*, concerne les rejetons psychiques du représentant refoulé [...]. Le refoulement proprement dit est donc un refoulement après-coup. » *Métapsychologie*, *op.*, *cit.*, p. 48-49. J. Lacan explicitera le terme de *Vorstellungs-Repräsentanz* : « ce qui est refoulé, ce n'est pas le représenté du désir, la signification, mais le représentant – j'ai traduit littéralement – de la représentation. » *Séminaire XI*, *op. cit.*, p. 242. H. Rey-Flaud rappelle que le refoulement originaire postule « au principe du système représentatif la valence d'une représentation singulière, irréductible à toute prise en charge par la conscience et dont la fonction est de "fixer" la pulsion. En arrimant la chaîne signifiante *par son défaut même*, cette représentation permet le déploiement de ladite chaîne, c'est-à-dire le jeu de la combinatoire des représentations "secondaires" advenant dans l'espace du discours effectif comme autant de représentants de la "représentation primordiale" – celle-ci s'imposant comme seul représentant légitime du sujet. » H. Rey-Flaud, *Le Sphinx et le Graal. Le secret et l'énigme*, Paris, Payot, 1998, p. 10.

17 J. Lacan, *Le Séminaire. Livre VII. L'éthique de la psychanalyse*, Paris, Seuil, 1986, p. 264.

18 « sa philosophie vertigineuse, sombre et tranchante ne connaît pas de moyen terme : l'élection irrésistible ou l'irrésistible réprobation. », W. Pater, « Pascal » (*TE* 127).

19 W. Pater, « Pascal » (*TE* 139).

Pascal se trompe en tranchant entre la liberté et la nécessité, là où le poète, « à l'écart », comme Freud l'est envers Léonard, tresse ces deux dimensions pour écrire la tragédie humaine. Pascal se perd dans une série d'oppositions ; Pater part de la reconnaissance des limites de la destinée humaine, comme il l'écrivait en 1873 en commentant les écrits de Goethe et d'Hugo :

> Pour gênantes qu'elles soient, nous ne modifierons jamais les lois naturelles, mais il reste encore quelque chose de l'attitude plus ou moins noble avec laquelle nous regardons leurs combinaisons fatales. Dans ces romances et dans certaines excellentes œuvres faites après elles, cet emmêlement, ce réseau de lois deviennent la situation tragique où certains groupes de femmes et d'hommes nobles se créent un suprême *dénouement*. Et qui donc, s'il la connaissait totalement, se tourmenterait devant la chaîne des circonstances qui finit par doter un individu de ces grandes expériences ? (*R* 211)[20]

Il est des lois que le sujet ne saurait modifier mais dont il doit faire le cadre de sa destinée, certes tragique, car elle consiste en une confrontation permanente à la finitude, comme l'ont compris Goethe et Hugo, promoteurs de son expression moderne. Le poète tisse les fils de la subjectivité pour en faire la belle tapisserie destinée à rendre raison du sujet, tout comme l'analyste rédige un « roman » caractérisé par son incomplétude, lui aussi tissage ne se soutenant que de l'espace entre chaque fil, soit entre chaque chaîne signifiante.

Cette double reconnaissance des lois de la destinée humaine doublée d'un point de hors-sens au cœur du sujet sépare la reconstruction psychanalytique de la biographie ou du genre du portrait littéraire tel qu'il s'écrit à la fin du XIXe siècle. Léonard apparaît comme un cas dont l'analyste ponctue le développement psychique, en infléchissant (ou en parachevant ?) ce qui a commencé avec les portraitistes du XIXe siècle, et qui a trouvé dans l'essayiste anglais Walter Pater un remarquable relais. Ce qui suit n'est donc consacré ni à Freud, ni à l'archéologie de la psychanalyse, mais bien à l'exploration de certains écrits de Pater afin de lui redonner sa place dans l'histoire des mutations du genre du

20 « *Natural laws we shall never modify, embarrass us as they may ; but there is still something in the nobler or less noble attitude with which we watch their fatal combinations. In those romances of Goethe and Victor Hugo, in some excellent work done after them, this entanglement, this network of law, becomes the tragic situation, in which certain groups of noble men and women work out for themselves a supreme* dénouement. *Who, if he saw through all, would fret against the chain of circumstance which endows one at the end with those great experiences ?* » (*Ren* 149)

portrait littéraire avant sa paradoxale relève par les études de cas de la psychanalyse. Cette place est une place de transition : Pater porte à son achèvement l'esthétique littéraire du XIXe siècle en même temps qu'il inaugure une voie suivie par Freud dans ses études de cas, lesquelles vont porter un coup fatal à la fois au genre biographique et au portrait littéraire tel qu'on le concevait alors[21].

Le portrait littéraire n'est guère relié à la psychanalyse – justement parce que la psychanalyse a condamné toute idée de déterminisme subjectif intégral au profit de la rencontre à chaque fois individuelle de l'être et du langage : l'on ne saurait aujourd'hui vouloir rendre raison de l'individu par quelque scène primitive ou quelque désir familial in/conscient. Néanmoins, du portrait littéraire à la psychanalyse, il existe une voie passant par Pater, créateur du portrait imaginaire à mi-chemin entre le portrait littéraire hérité de Sainte-Beuve et les études de cas sur lesquelles la psychanalyse s'est constituée et qui constituent encore l'essentiel de la matière sur laquelle elle s'exerce comme pratique et comme discipline, ainsi qu'un genre littéraire *per se*[22]. Définissant l'écriture de cas comme « écriture d'une cure par l'analyste comme écriture, rendant compte du processus d'ensemble de manière à fonder la théorie sur la singularité d'une cure[23] », J.-F. Chiantaretto insiste sur son caractère composé, œuvré. En ses débuts, la nouveauté de la psychanalyse s'accompagne d'une écriture novatrice du sujet. Le cas, ce « produit complexe fondant à la fois la pensée psychanalytique, sa pratique et sa transmission » n'est pas uniquement un « genre épistémique », mais aussi un genre littéraire[24] dont Freud fut très tôt conscient[25]. Ainsi, le

21 Voir Nigel Hamilton, *Biography. A Brief History*, London MA & London, Harvard UP, 2007 ; Juliette Atkinson, *Victorian Biography Reconsidered*, Oxford, OUP, 2010 ; Elinor S. Shaffer, « Shaping Victorian Biography », *Mapping Lives : The Uses of Biography*, ed. Peter France and William St Clair, Oxford, OUP, 2002. José-Luis Diaz, *L'Homme et l'œuvre*, Paris, PUF, coll. « Les Littéraires, » 2011 ; Matthias Wascek (dir.), *Les « Vies d'artistes »*, Paris, ENSAB, coll. « Beaux-Arts histoire », 1996 ; Marie-Claude Rogerat, *Les Biographies d'artistes. Auteurs, personnages, public*, Paris L'Harmattan, coll. « Logiques sociales », 2010.

22 Voir A. P. de Ávila Pinto, « Freud écrit : fictions dans l'œuvre et à l'œuvre », thèse de 3e cycle sous la direction de Jean-Michel Rey, Université de Paris VIII, 2009.

23 J.-F. Chiantaretto, *L'écriture de cas chez Freud*, Paris, Anthropos, 1999, p. 12.

24 L. Laufer, T. Lepoutre et G. Visentini, « Présentation », *Psychologie Clinique*, 2017/2 n° 44, p. 5-11.

25 « Cela ne cesse de me faire à moi-même une impression singulière de voir que les histoires de malades que j'écris se lisent comme des nouvelles et sont pour ainsi dire privées de l'empreinte de sérieux de la scientificité » S. Freud, *Études sur l'hystérie* (1895), dans *Œuvres complètes*, t. II, Paris, PUF, 2009, p. 182.

« cas Dora[26] » emprunte des caractéristiques littéraires évidentes – fût-ce par son titre, « Fragment d'une analyse », faisant écho à la poétique fin de siècle – et se présente comme une reformulation du genre du portrait littéraire. Freud fait précéder son texte d'un avant-propos où il justifie sa publication, en répondant aux objections concernant le dévoilement de la vie privée de sa patiente, c'est-à-dire en nouant écriture et éthique, avant d'en venir à l'exposé du cas. Dora d'abord est présentée *via* le regard de son père[27] avant qu'elle n'apparaisse à travers ses propos rapportés par Freud mêlant plusieurs techniques et procédés narratifs dont le style indirect libre. À la suite de ses élaborations théoriques, Freud inclut ce que l'on nommerait aujourd'hui des métarécits ainsi que la retranscription d'un dialogue avec sa patiente. Il n'est pas question de véracité et d'exactitude verbale mais bien d'une technique littéraire destinée à emporter l'adhésion du lecteur en lui montrant *in vivo* le contenu d'une séance, fût-elle reconstruite. Dans ce court dialogue aux accents socratiques, la vérité du sujet est mise en jeu ; elle est également mise en scène. Ainsi formulé, construit et narrativisé, le « cas » Dora donne lieu à une première approche où se constate le réordonnancement apporté par l'analyste concernant le divers de l'existence, sans doute parce que la technique psychanalytique se fonde sur la libre association permettant de voir peu à peu se dessiner les lignes directrices d'une existence. Accordant toute sa croyance aux propos de sa patiente, Freud les ordonne néanmoins pour leur faire servir son propos, soit la construction d'un cas d'hystérie. Par un travail d'explicitation et de renvoi à la théorie qu'il élabore, il problématise peu à peu l'hystérie à travers une dialectique entre l'individuel et le typique, pour en faire le résultat d'un refoulement de la sexualité doublé de la conversion somatique de la représentation refoulée.

À ce moment Freud cite les deux rêves de sa patiente qui ne dépareraient pas des textes littéraires de l'époque marqués par l'importance croissante de l'onirisme[28]. À la fin du siècle, le rêve est devenu le vecteur

26 « Rêve et hystérie, fragment d'une analyse » a été rédigé en parallèle à la *Psychopathologie de la vie quotidienne* et se termine le 24 janvier 1901. Voir la lettre 261 du 25 janvier 1901, S. Freud, *Lettres à Wilhem Fließ*, *op. cit.*, p. 546. Dora revient voir Freud en 1902, et Freud ajoute une note en 1923.

27 « Son père m'apprit … » ; « Je ne doute pas, dit le père », S. Freud, « Fragment d'une analyse d'hystérie », *op. cit.*, p. 15 et 16.

28 Voir l'étude du rôle de la stimulation et de la suggestion dans les rêves d'Alfred Maury : *Le Sommeil et les rêves, études psychologiques sur ces phénomènes et les divers états qui s'y rattachent, suivies de Recherches sur le développement de l'instinct et de l'intelligence dans leurs rapports avec*

d'un discours latent, au sens courant[29], cherchant à se faire entendre sur la scène du quotidien car il détient la clé des actes diurnes souvent incongrus du rêveur, dans le discours littéraire comme dans le discours scientifique. Le rêve est une « seconde vie revenue croisant notre vie éveillée et normale[30] » écrira le psychologue anglais James Sully, dans son article de 1893 « The Dream As A Revelation », avant que Freud lui-même n'en modifie le statut dans *L'interprétation des rêves* : le rêve est la réalisation de désir refoulé trouvant ses sources dans l'enfance du rêveur. Sous sa plume[31], le rêve s'analyse comme un rébus, soit sous forme purement signifiante pour le débarrasser de la gangue des représentations imaginaires où l'avaient enseveli tant de « clé des songes ».

Le premier rêve narré par Dora est le plus important : Freud le décompose en observant scrupuleusement la méthode de *L'Interprétation des rêves* tout juste publiée. Très vite apparaît le sens latent et le « noyau du rêve » que Freud précise en note infrapaginale[32]. Les interprétations successives qu'il endosse reviennent scander son récit, se greffent sur les commentaires de Dora et les siens avant que l'analyste ne conclue que Dora en appelle au père pour fuir la possibilité de la satisfaction sexuelle avec M. K. Le rêve interprété, c'est la vie même de la jeune fille qui se trouve ressaisie pour apparaître structurée par un refus de la sexualité doublée d'une fuite dans le symptôme hystérique. Freud énonce le principe guidant l'existence de la jeune femme, et il l'énonce sous forme de rapport au sexe et au langage – soit au réel du corps et à la coupure signifiante.

Le premier rêve fait retour dans le second qui l'inverse : Dora fuyait la sexualité, elle en reprend les voies. Le second rêve permet par ailleurs à Freud d'en saisir le message à lui adressé sous la forme du transfert dont il ne réussira pas à se « rendre maître à temps[33] ». Lorsque Dora

---

le phénomène du sommeil, Paris, Didier, 1861. J.-D. Gollut, *Conter les rêves : la narration de l'expérience onirique dans les œuvres de la modernité*, Paris, Corti, 1993 ; F. Déchanet-Platz, *L'écrivain, le sommeil et les rêves 1800-1945*, Paris, Gallimard, 2008.

29 J. Sully, « The Dream as A Revelation », *Fortnightly Review*, n° 5, tome 28, 1893, p. 354-365. Texte publié en réponse à l'article de son ami R. L. Stevenson, « A Chapter on Dreams », exposant que l'écriture se nourrissait du rêve. Voir R. L. Stevenson, « A Chapter on Dreams », *Scribner's Magazine*, tome 3, January 1888, p. 122-129.

30 J. Sully, art. cité, p. 361.

31 S. Freud, *L'interprétation des rêves*, trad. I. Meyerson (1926), Paris, PUF, 1980.

32 S. Freud, note 2, « Fragment d'une analyse d'hystérie », *op. cit.*, p. 53.

33 *Ibid.*, p. 88.

interrompt brutalement la cure, Freud donne une suite à celle-ci, d'abord à travers ses élaborations sur le transfert, puis, dans une conclusion où la jeune femme revient narguer le maître[34] avant de le quitter définitivement. Ce retour lui permet de vérifier que la place qu'il occupe dans le transfert est celle de la dupe ; mais sa mention n'est pas sans évoquer nombre d'œuvres romanesques se terminant par un épisode supplémentaire, un cinquième acte où réapparaissent les protagonistes après les péripéties constitutives du récit pour en faire le bilan. C'est post-thérapie que l'analyste reviendra donner le dénouement, et deux fois plutôt qu'une, puisqu'il rajoutera une note en 1923 afin de revenir sur certaines vues infirmées par la clinique, tirant en quelque sorte un bilan de son précédent bilan, non sans donner également un bref résumé du destin de sa patiente, adoptant ou retrouvant la technique d'un romancier ou d'un feuilletoniste du siècle passé. Tel est le « cas » Dora où le sujet est aux avant-postes de la construction théorique, où l'individu permet la conception non d'un type, mais d'une structure psychique.

Incomplète parce que la psychanalyse part d'un savoir inconscient, l'étude de cas apparaît à première vue comme un portrait littéraire tronqué, un portrait alternatif, qui en conserve toutefois le propos initial : donner la « formule[35] » d'une existence dans son caractère à la fois individuel et typique, ramener le sujet à un rapport au langage que nous avons tous en commun, en même temps qu'il est propre à chacun. Dora est à la fois une hystérique et cette hystérique-là. Si l'hystérie se définit comme refus de la sexualité et retrait de la réalité, Dora se refuse et se retire d'une façon qui lui est propre. Nulle autre qu'elle n'a connu cette histoire articulée par les signifiants mis au jour par Freud (M. K, Mme K., la boîte à bijoux, la fumée, etc.). Construit sur des procédés littéraires, l'étude de cas freudienne se pose implicitement en rivale du portrait littéraire qu'elle va bientôt refouler aux marges de l'histoire, voire profondément transformer en texte d'analyse psychologique, lorsque

34 Quinze mois après la jeune femme revient consulter Freud ostensiblement pour une névralgie faciale, dont il repère qu'elle relève de son transfert envers lui ; elle lui explique comment elle a rompu avec les K. « J'ignore quelle sorte d'aide elle avait voulu me demander, mais je promis de lui pardonner de m'avoir privé de la satisfaction de la débarrasser plus radicalement de son mal », conclura Freud soldant ainsi le contre-transfert, *ibid.*, p. 91.

35 Nous entendons « formule » au sens de la « Préface » à *La Renaissance* : « *the formula which expresses most adequately this or that special manifestation of [the beauty]* » (*Ren* xxix).

les explications du portraitiste-biographe tendent à se substituer aux analyses freudiennes. La psychanalyse a transformé l'écriture biographique traditionnelle et l'idéalisation qui préludait à la rédaction des portraits au XIXe siècle[36].

Avant cette mutation, un prosateur a fait le pari de penser la subjectivité et de l'exprimer selon des voies touchant à la littérature et à la démarche psychanalytique. Entre un Sainte-Beuve déterministe comme on pouvait l'être au XIXe siècle, et Freud ayant rejeté toute idée de déterminisme strict, Walter Pater a élaboré une conception particulière de la subjectivité, qu'il a exprimée dans un genre littéraire progressivement élaboré pour servir ce dessein. Écrivain subtil et penseur rigoureux, il façonne ses propres outils poétiques et théoriques pour pratiquer ce qu'il appelle la « critique esthétique » à travers ses portraits littéraires que nous nous proposons d'analyser dans ce qui suit.

DU PORTRAIT LITTÉRAIRE AU XIXe SIÈCLE

Passé le cap de l'information « annalitique » – né en 1839, mort en 1894, professeur à *Brasenose College*, Oxford –, présenter Pater relève de la gageure. On pourrait dire de lui ce qu'il dit de Mérimée à qui il consacre un portrait littéraire en 1890 :

> Ses écrits sont si disparates qu'à première vue, on pourrait les prendre pour les caprices d'un homme de plaisirs ou d'affaires qui, se tournant çà ou là pour se soulager d'une heure d'oisiveté, se découvre, à sa surprise, un don littéraire exploitable mais dont il ne mesure pas consciemment l'étendue véritable. (*TE* 102)

Et si les seize volumes d'écrits mériméens « se rangent néanmoins en trois groupes distincts » (*TE* 102), les dix volumes de Pater constituant

36 En France, José-Luis Diaz note la contradiction entre le rejet de la biographie par les auteurs d'avant-garde (école parnassienne, école réaliste et naturaliste) revendiquant l'impersonnalité et la publication massive de biographies, la présence du genre biographique dans la presse, et dans l'enseignement structuré sur le modèle de l'homme et l'œuvre. Il s'agit d'une « période de forte expansion et de légitimation éditoriale de la production biographique malgré des attaques à répétition », J.-L. Diaz, *L'homme et l'œuvre*, *op. cit.*, p. 199.

l'incomplète *Library Edition*[37] nous offrent des essais, de la philosophie, de la fiction, de la critique d'art et de la critique littéraire, devant lesquels le lecteur reste quelque peu ébahi, tant par l'érudition qui s'en dégage, que par la variété des domaines abordés et des thèmes couverts. Pater n'est toutefois pas un polygraphe victorien : une lecture attentive montre que ses « appréciations » littéraires et artistiques nourries de lectures aussi approfondies qu'étendues se fondent sur la rédaction d'un portrait littéraire, de *La Renaissance* (1873) au portrait de Platon dans *Platon et le platonisme* (1893)[38].

L'hypothèse du portrait comme principe d'unité des écrits patériens renvoie d'abord au genre pratiqué au XIXe siècle ainsi qu'aux variations que lui fait subir Pater[39]. Le portrait littéraire a été justement qualifié de genre roi, notamment en France durant la seconde moitié du siècle où furent publiés de nombreux recueils de portraits. Dans l'étude qu'elle leur consacre[40], H. Dufour examine la renaissance d'un genre antique, liée au développement de la presse et à la démocratisation culturelle. Selon le Littré, le portrait est l'une de ces « compositions littéraires en usage dans le courant du XVIIe siècle et qu'on employait pour décrire les personnes éminentes d'une société[41] », avant de renaître chez Sainte-Beuve[42] dans *Critiques et portraits littéraires* (1832), puis de s'imprégner des thèses physiognomonistes et phrénologiques, s'inscrivant dans le cadre d'un mouvement général d'accession à sa propre image et à celle d'autrui. Au XIXe siècle, le portrait littéraire apparaît comme une nouvelle manière de promouvoir l'écrivain et donc une nouvelle forme de relation critique où le portraitiste par son art, l'abondance de sa documentation crée le personnage. Au fil du siècle, ce personnage sera le plus souvent un artiste.

Pour Sainte-Beuve, le portrait vise à montrer l'homme à travers l'œuvre. Le créateur du genre s'appuie sur la physiognomonie pour cerner une personnalité et dévider la « trame d'un destin[43] ». Ses portraits

37 Une édition plus complète est actuellement en préparation chez Oxford University Press.

38 Traducteurs et éditeurs ne s'y sont pas trompés en publiant d'abord tous les portraits romanesques de Pater, au détriment de ses portraits littéraires.

39 Voir M. Saunders, *Self-Impression : Life-Writing, Autobiografiction and the Forms of Modern Literature*, Oxford, OUP 2010.

40 H. Dufour, *Portraits, en phrases. Les recueils de portraits littéraires au XIXe siècle*, Paris, PUF, 1997.

41 Littré, cité par H. Dufour, *Portraits, op. cit.*, p. 260.

42 Voir J.-L. Diaz, *L'homme et l'œuvre, op. cit.*

43 H. Dufour, *Portraits, en phrases, op. cit.*, p. 78.

s'ouvrent généralement par une longue introduction poétique ou historique, suivie d'une biographie chargée de comparaisons et de digressions, et d'une conclusion rassemblant les éléments précédents. La partie biographique cherche à définir la naissance du chef d'œuvre, à « aller droit à l'auteur sous le masque du livre[44] » puis à « contempler à nu l'homme avant le personnage[45] », c'est-à-dire à remonter à la cause originaire de la destinée unique du sujet portraituré, à se livrer à une archéologie des sources et du milieu susceptible de permettre à une biographie rigoureuse d'être le pivot du portrait littéraire. En outre, pour Sainte-Beuve, repérer le moment du premier chef d'œuvre permet d'embrasser l'intégralité d'une carrière. Ses portraits reposent alors sur l'hypothèse idéaliste d'une saisie du sujet au moment « critique[46] » où il accomplit pleinement son essence, à l'instant où il ressemble le plus à lui-même, comme l'écrira le portraitiste dans « Corneille » (1829). Car l'artiste naît tel, et le chef d'œuvre lui révélant sa destinée fonde également la possibilité de sa répétition dans une série d'œuvres destinées à le transformer en individu extraordinaire. Aussi, le portrait vise-t-il à faire apparaître l'épiphanie du génie. Exprimant l'absence de hasard dans la destinée du personnage, il reflète une conception de la subjectivité ramenée au causalisme, certes flexible, des origines, qu'elles soient sociales ou individuelles, avant que les thèses darwiniennes, les études sur l'hérédité et la pensée de Taine ne viennent faire de l'homme le produit d'une race, d'un lieu et d'un moment[47]. Les informations biographiques dont

44 Sainte-Beuve, *Portraits littéraires* 1, *Œuvres*, éd. Maxime Leroy, Paris, Gallimard, « Bibliothèque de la Pléiade », 1949, tome 1, p. 675.

45 H. Dufour, *Portraits, en phrases*, *op. cit.*, p. 91.

46 A.-C. Sainte-Beuve, « Pierre Corneille », *Portraits littéraires*, *op. cit.*, p. 678. J.-L. Diaz cite le « trait principal », le « trait caractéristique », le « fonds », le « centre », enfin la « clef » des êtres soumis à son analyse, et qui court à l'essentiel. J.-L. Diaz, « "Aller droit à l'auteur sous le masque du livre". Sainte-Beuve et le biographique », *Romantisme*, 2000, n° 109, p. 61.

47 Sainte-Beuve qualifie sa pratique de « biographie littéraire ». Pour sa part, Taine, qui avoue son goût pour les « belles et copieuses biographies anglaises contemporaines » (H. Taine, *Sa vie, et sa correspondance, Correspondance de jeunesse, 1847-1853*, Paris, Hachette, 1905, t. I, p. 2), ne cherche pas à peindre et faire voir comme Sainte-Beuve, mais à « faire comprendre », en philosophe se réclamant d'Hegel et d'Aristote. Dans sa Préface à l'*Histoire de la littérature anglaise (1864)* (2e éd., 1866), il définit les déterminations pesant sur le créateur : race, milieu moment tout en restant dans le cadre d'une psychologie et d'une sociologie positiviste. Il faudra attendre le début des années 1880 où Brunetière prône une critique « objective », « impersonnelle », ne se souciant que de la « valeur d'exécution des œuvres, de leur signification et de leur importance dans l'histoire des idées et de

fourmillent les portraits permettent peu à peu à l'homme de s'égaler à l'œuvre, formule traduite par l'aphorisme du *Discours sur le style pour l'Académie* (1753) de Buffon, « le style est l'homme même », reprise et inversée au XIXe siècle.

Le portrait permet ainsi de transformer l'histoire littéraire en une continuité passant de figure en figure. Cette visée – très nette chez certains auteurs – permet de repérer les héritages et les relais, de créer ce qu'H. Dufour appelle une « littérature de paternité », « liée au culte des grands hommes[48] ». L'auteur devient un principe d'explication esthétique en faisant revivre le génie créateur, en attendant le « tel arbre, tel fruit » de Sainte-Beuve dans son étude sur Chateaubriand. Bien que la formule soit rapidement devenue de l'ordre du cliché, elle n'en demeure pas moins le cadre théorique incontournable des critiques. Les « phares » de Sainte-Beuve fondent une histoire littéraire ou artistique reposant sur des grands hommes, c'est-à-dire des sujets appelés à fonctionner comme *types* à travers une véritable composition littéraire[49]. Tel est le cas chez Pater égalant la Renaissance aux figures de l'ouvrage éponyme, « un âge gros de personnalités unies, polyvalentes et complètes. » (*R* 51)[50] Galerie de grands hommes, *La Renaissance*, dont la première édition paraît en 1873, marque également le début d'une succession d'ouvrages personnels fonctionnant sur le genre pour l'infléchir vers l'étude de cas.

Il n'est pourtant pas faux de penser que le portrait littéraire n'est *pas* le premier genre littéraire pratiqué par Pater puisque son premier texte sur les écrits de Coleridge[51] propose une évaluation critique centrée sur les œuvres en prose et les thèmes au détriment d'une présentation de Coleridge. À l'origine, Pater adopte le genre de l'essai en périodique (« *Victorian periodical essay* ») parce qu'il est le plus courant et lui permet d'être publié dans la revue progressiste qu'est la *Westminster Review*.

---

l'art ». Voir Ferdinand Brunetière, « La littérature personnelle », *Revue des Deux Mondes*, tome 85, 15 janvier 1888, p. 433-452.

48 H. Dufour, *Portraits, en phrases*, *op. cit.*, p. 271.

49 H. Dufour montre que Mallarmé va vers des figures désincarnées, archétypales de l'artiste et portera le genre à ses limites. L'identification totale de l'homme et de l'œuvre donnant lieu à l'idée de la transparence de l'énonciation suscitera le *Contre Sainte-Beuve* de Proust pour lequel tout livre est le produit d'un autre moi que le moi habituel.

50 « *an age productive in personalities, many-sided, centralised, complete* » (*Ren* xxxiii).

51 [W. Pater], « Coleridge's Writings », *Westminster Review*, tome 85, January 1866, p. 106-132. Il s'agit de la recension de *Conversations, Letters and Recollections of S. T. Coleridge, edited by Thomas Allsop*.

D'ailleurs, à l'exception de *Marius*, tous ses écrits, de la recension au portrait, seront d'abord publiés en périodique. C'est dans « Winckelmann » (1867) – recension d'une *biographie*[52] du père de l'histoire de l'art et d'une traduction de *L'Histoire de l'art chez les anciens* par G. H. Lodge – qu'il adopte peu ou prou la forme du portrait, avant d'en reprendre la technique dans ses études sur Léonard de Vinci[53] et Michel Ange publiées quant à elles signées dans la *Fortnightly Review* en 1869 et 1871[54]. Nul doute que ce lecteur assidu de Sainte-Beuve[55] n'ait également tiré un enseignement des portraits du Français[56], et qu'il ait abandonné l'essai pour se consacrer au genre le plus susceptible de lui permettre d'exprimer ses idées à travers une esthétique subtilement novatrice. L. Brake rappelle qu'en Angleterre, les magazines mensuels auxquels collabore Pater et qui servent de tremplin à la parution de ses recueils, favorisent également les formes courtes : nouvelles et portraits[57].

Comme le rappelait en son temps A. Cassagne[58], la prépondérance du portrait dans la seconde moitié du XIXe siècle est également le fruit d'un investissement de la littérature par le vocabulaire de la peinture, au terme d'un chassé-croisé où la littérature romantique influence les peintres avant que le discours pictural et plus généralement artistique n'investisse le champ littéraire et la sphère critique à travers le mouvement de l'art pour l'art. Cet échange de valeurs est également à l'origine de l'esthétique des portraits littéraires cherchant à présenter une image de

52 Otto Jahn, *Biographische Aufsätze* (1866) et *The History of Art among The Greeks* de G. H. Lodge. Voir [W. Pater], « Winckelmann », *Westminster Review*, ns, tome 31, January 1867, p. 80-110.

53 W. Pater, « Notes on Leonardo da Vinci », *Fortnightly Review*, tome 12, November 1869, p. 494-508 ; « The Poetry of Michelangelo », *Fortnightly Review*, tome 16, November 1871, p. 559-570.

54 Pater consacre un texte à la poésie de W. Morris en 1868, qui n'est pas un portrait, sans doute parce que son auteur est vivant, voir [W. Pater], « Poems by William Morris », *Westminster Review*, tome 90, October 1868, p. 300-312.

55 F. Greenslet, *Walter Pater*, London, Heinemann, 1905, p. 19.

56 Voir B. Inman, *Walter Pater's Reading : A Bibliography of His Library Borrowings and Literary References, 1858-1873*, New York, Garland, 1981.

57 L. Brake, *Walter Pater*, Plymouth, Northcote, 1994, p. 44-45. Pater publiera les quatre *Imaginary Portraits*, entre 1885 et 1887 dans le *Macmillan's Magazine*, peu avant leur reprise en volume et rédigera en tout 13 portraits imaginaires.

58 A. Cassagne, *La Théorie de l'art pour l'art en France* (1906), Seyssel, Champ Vallon, 1998. À la suite d'une crise de la représentation littéraire, que Cassagne date de 1848, la peinture cesse de trouver sa source dans la littérature mais en devient le modèle, tant par les techniques que par la nature.

l'artiste ou de l'homme de lettres au moyen du verbe. Représentation sensible d'un sujet, le portrait appartient d'abord au registre pictural, et ce n'est que par la mutation esthétique survenue dans la seconde moitié du siècle qu'il se retrouve intégré au champ littéraire. D'un point de vue esthétique, il n'est pas la transposition d'un art mais l'« application métaphorique d'un genre pictural à la littérature[59] ». Dans la rivalité entre portrait pictural et littéraire repérée par Sainte-Beuve – « cet empiètement formidable d'un art sur un autre, [...] cette invasion à outrance de la peinture pure dans la prose » sur lequel il y aurait « beaucoup à dire[60] » –, l'enjeu profond se situe dans la ressemblance au modèle. Le portrait doit être fidèle sans pour autant être de l'ordre de la copie réservée quant à elle à l'art photographique. Le texte doit faire image, comme le prouve l'absence d'iconographie dans la plupart des recueils de portraits : c'est également dans le contexte d'une interrogation sur la fonction représentative du langage que s'inscrit la montée en puissance du genre à partir de 1850. À ce titre, un Pater, très pointilleux en matière d'édition et de composition typographique, n'illustrera jamais ses ouvrages[61], inscrivant sa pratique dans une esthétique où le portrait présente le sujet au moyen d'un verbe œuvré destiné à produire, comme un tableau, une impression d'ensemble, ce qui exclut sa reprise par quelque image que ce soit. Le portrait évoque une existence à travers une série d'images pour créer une surimpression kaléidoscopique plutôt qu'une dernière image fixe résumant l'homme, et se démultiplie parfois en série de portraits. Car *in fine*, le genre est un moyen de conjurer la mort, dût-il emprunter les voies du tombeau, autre genre en vogue à la fin du siècle. Au fond, le portrait est la relique du sujet, l'équivalent d'un solde de tout compte, le « corpus de signes offert à l'annaliste[62] » évoqué par H. Rey-Flaud. C'est peut-être également contre cette vision schématique, progressivement inscrite dans une dimension imaginaire au sens psychanalytique, que s'élève la psychanalyse et que s'élabore la technique des études de cas.

59 H. Dufour, *Portraits, en phrases*, *op. cit.*, p. 91.

60 A.-C. Sainte-Beuve, « Post-scriptum », *Portraits contemporains*, Paris, Didier, 1855, tome II, p. 587-588.

61 La seconde édition de *La Renaissance* (1877) comporte une petite gravure de Charles Henry Jeens (Louvre, N° 2252) d'une œuvre attribuée à Léonard de Vinci.

62 H. Rey-Flaud, *L'Éloge du rien*, Paris, Seuil, 1996, p. 211.

LE PORTRAIT PATÉRIEN

Véritable *ut pictura poesis* inversé, le portrait est au cœur de la poétique patérienne[63], dès *La Renaissance*, où se côtoient des hommes de lettres et des peintres. Ouvrage controversé mais fondateur de sa carrière, publié en 1873, réédité modifié en 1877, 1888 et 1893[64], *La Renaissance* se présente avant tout une galerie de portraits : aux peintres Botticelli, Léonard et Michel Ange, Pater ajoute un poète, du Bellay, un sculpteur, Luca della Robbia, un philosophe, Pic de la Mirandole, l'un des pères de l'esthétique, Winckelmann, deux textes littéraires médiévaux, *Aucassin et Nicolette* et *L'histoire d'Amis et Amile*, et pour encadrer cette galerie, deux textes célèbres, la « Préface » et la « Conclusion », respectivement manifeste de son esthétique et de sa théorie psychologique[65]. Ces deux textes rendent compte de la nécessité du portrait, seul genre capable de porter à son dévoilement ce que nous avons appelé « le sujet patérien de l'*aisthesis*[66] ». *La Renaissance* trouve sa raison explicite lorsque Pater se propose de redéfinir le concept, à l'époque en voie d'élaboration, de Renaissance[67]. Elle trouve une raison plus profonde dans un questionnement du nouage du sujet et du temps, lequel entraîne son auteur à poser la nécessité d'une approche de l'œuvre conduite à travers un portrait de son auteur car il est le lieu où s'articulent exemplairement être et temps. Le portrait obéit en effet à une nécessité théorique explicitée dans la

63 Voir M. Lambert-Charbonnier, « The Poetics of Ekphrasis in Pater's Imaginary Portraits », dans *Walter Pater : Transparencies of Desire*, L. Brake, L. Higgins, and C. Williams, (dirs.), Greensboro, ELT Press, 2002, p. 202-212.

64 En 1873, *Studies in the History of the Renaissance*, London, Macmillan ; en 1877, *The Renaissance. Studies in Art and Poetry*, dépourvue de la « Conclusion », laquelle sera reprise en 1888, dans une édition incluant « The School of Giorgione » (1877). La dernière édition revue par Pater paraît en 1893.

65 La « Conclusion » concluait « Poems by Morris » en 1868. N'étant pas signé, l'article n'avait pas suscité de réaction.

66 Voir B. Coste, *Walter Pater, esthétique*, Paris, Houdiard, 2011.

67 « *I have explained [...] what I understand by the word, giving it a much wider scope than was intended by those who originally used it to denote only that revival of classical antiquity in the fifteenth century* », « Preface » (*Ren* xxxi). Sur les définitions de la Renaissance à l'époque victorienne en Angleterre, voir J.-B. Bullen, *The Myth of the Renaissance in Nineteenth Century Writing*, Oxford, Clarendon, 1994. Pater a par ailleurs lu l'ouvrage séminal de J. Burckhardt, *La Civilisation de la Renaissance en Italie* (1860). M. Arnold évoque quant à lui « *the Renascence* ».

« Conclusion » : comment le sujet s'inscrit-il à la fois dans la permanence et le devenir ? Dans ce texte fondamental, exposant succinctement une théorie rudimentaire de l'appareil psychique[68], Pater présente un sujet de la sensation et de la réminiscence, où s'opère la dialectisation de la permanence et de l'éphémère à travers l'épreuve du passage permanent de l'impression et de la trace qu'elle laisse. Passant des phénomènes extérieurs aux phénomènes intérieurs – la pensée et le sentiment[69] –, Pater leur assigne la même brièveté : « la dérive des actes momentanés de la vue, de la passion, de la pensée. » (*R* 214)[70] Tout objet présenté à l'esprit[71] subit une décomposition l'égalant à l'impression laissée dans la psyché : « chaque objet se dissipe en une série d'impressions – couleur, odeur, texture – dans l'esprit de l'observateur. » (*R* 214)[72] Nommées par le langage les investissant d'une « solidité » relative, ces impressions sont elles-mêmes discontinues, « instables, évanescentes, inconstantes, qui brillent et meurent avec la conscience que nous en avons » (*R* 214)[73] Elles sont individuelles[74], référées à un sujet coupé du réel, justement par

---

68 Parmi les théories qui s'élaborent alors, les théories physio-psychologiques d'Alexander Bain, Herbert Spencer, George Henry Lewes rejettent les concepts idéalistes d'un moi ou d'une âme unifiée. Les médecins W. Carpenter et H. Holland reprennent les « explications passées de la façon dont l'esprit crée des liens entre les impressions pour en faire une analyse matérialiste et dynamique de la façon dont les sensations extérieures et intérieures, les processus corporels se transforment par le jeu de la volition consciente, des souvenirs latents et des actions réflexes ou automatiques » (« *associationist accounts of how the mind forges links between impressions into a materialistic and dynamic analysis of how external sensations and internal sensation and internal bodily process are transformed through the interplay of conscious volition, latent memory and automatic or reflex actions.* »), J. Bourne Taylor, « Psychology at the fin de siècle », *The Companion to the Fin de Siècle*, éd. G. Marshall, Cambridge, CUP, 2007, p. 17 ; M. Gauchet, *L'inconscient cérébral*, Paris, Seuil, 1992, étudie les travaux des neurophysiologistes britanniques et allemands ayant introduit le terme d'inconscient dans la description du fonctionnement de l'esprit humain sur la base d'une unification fonctionnelle de l'axe cérébro-spinal et d'une extension au cerveau des processus réflexes mis en évidence sur la moelle épinière. A. Scull, (éd.), *Madhouses, Mad Doctors and Madmen. The Social History of Psychiatry in the Victorian Era*, London, the Athlone Press, 1981. Sur l'émergence de la psychanalyse, voir P. Bercherie, *Genèse des concepts freudiens*, Paris, Navarin, 1983.

69 « *the inward world of thought and feeling* » (*Ren* 151).

70 « *a drift of momentary acts of sight and passion and thought.* » (*Ren* 151).

71 « *a flood of external objects, pressing upon us with a sharp and importunate reality* » (*Ren* 151).

72 « *each object is loosed into a group of impressions–colour, odour, texture–in the mind of the observer* » (*Ren* 151).

73 « *if we continue to dwell in thought on this world, not of objects in the solidity with which language invests them, but of impressions unstable, flickering, inconsistent, which burn and are extinguished with our consciousness of them* » (*Ren* 151).

74 « *the whole scope of observation is dwarfed to the narrow chamber of the individual mind.* » (*Ren* 152).

sa subjectivité : « L'expérience, déjà réduite à une série d'impressions, est enclose pour chacun de nous par l'épais mur de la personnalité que nulle voix réelle n'a jamais percé pour nous atteindre, et derrière lequel nous pouvons seulement conjecturer les choses extérieures. » (*R* 214)[75] L'intégralité du monde subjectif n'est jamais que représentation du monde, recréation du réel sous forme de « rêve[76] » peut-être incommunicable, à coup sûr pleinement impartageable.

La discontinuité des impressions exclut précisément leur saisie ou leur préservation par le sujet, lequel ne semble pas faire l'expérience d'un passage du temps, mais d'un passé permanent. Soumis par son appareil psychique au changement des impressions, il s'égale à une pure articulation entre ce qui passe en laissant la « relique » de son passage et ce qui advient, et qu'il ne peut saisir que dans sa disparition :

> C'est à une écume qui ne cesse de se former dans le courant, à une seule impression intense, qui contiendrait la relique plus ou moins évanescente des instants écoulés, que notre existence se réduit. C'est sur ce mouvement, sur ce passage, sur cette dissolution des impressions, des images et des sensations que s'arrête l'analyse, sur cette disparition continue, sur cet étrange et permanent tissage et détissage de nous-mêmes. (*R* 214)[77]

Quelles que soient les apories et les questions épistémologiques soulevées par cette théorie[78], complétée dans *Marius l'Épicurien*, mais sur laquelle

---

75 « *Experience, already reduced to a swarm of impressions, is ringed round for each one of us by that thick wall of personality through which no real voice has ever pierced on its way to us, or from us to that which we can only conjecture to be without.* » (151)

76 « *each mind keeping as a solitary prisoner its own dream of a world.* » (*Ren* 152)

77 « *To such a tremulous wisp constantly re-forming itself on the stream, to a single sharp impression, with a sense in it, a relic more or less fleeting, of such moments gone by, what is real in our life fines itself down. It is with this movement, with the passage and dissolution of impressions, images, sensations, that analysis leaves off–that continual vanishing away, that strange, perpetual weaving and unweaving of ourselves.* » (*Ren* 151-152)

78 Pater s'inscrit dans la conception générale de la représentation au XIXe siècle. Il est l'héritier de Locke pour qui l'esprit est une table rase rempli par les sensations, la réflexion étant nourrie par celles-ci. Pour Hume, les « idées simples » dérivées des perceptions s'associent par ressemblance ou contiguïté pour former des « idées complexes » constitutives de la connaissance. Au XIXe siècle, l'esprit humain est figuré comme une feuille blanche informée par l'expérience perceptive, l'activité psychique se réduisant à la combinaison des images et des représentations. Lecteur de Griesinger, Freud évoque la lutte des représentations pour accéder à la conscience sous l'arbitrage du moi. La représentation est le représentant dans le psychisme de la réalité qui l'a produite, elle est une reproduction atténuée. Pater, qui ne mentionne pas le terme, égale en fait la représentation au signifiant des analystes,

Pater n'est jamais revenu, elle est corrélée à une esthétique elle-même redéfinie : commandée par le rapport d'un sujet soumis à la discontinuité des impressions à un objet aussi bien réel qu'imaginaire suscitant des sensations de plaisir/déplaisir, cette esthétique est singulière, relative, fondée sur des « coordonnées de plaisir[79] » – pour emprunter une expression lacanienne bien connue – : « Le critique esthétique considère donc tous les objets dont il doit traiter, toutes les œuvres d'art et les belles formes naturelles ou humaines comme *des puissances ou des forces qui produisent des sensations de plaisir*, dont chacune est plus ou moins singulière, et plus ou moins unique[80]. » (*R* 48, nous soulignons)[81] L'esthétique patérienne se fonde sur l'expérience et l'analyse des impressions produites par l'art et l'existence – les deux étant confondues puisqu'elles sont de nature signifiante[82] –, l'art devenant par conséquent le meilleur aliment de cette expérience pour un sujet non plus défini par son unité mais par sa diffraction[83]. Il n'existe pas d'appréciation esthétique sans un sujet dont le rapport à l'œuvre – la célèbre question patérienne : « Que sont pour moi seul ce chant, cette image, cette personnalité engageante présentée

---

à la combinatoire signifiante ou aux « floculations signifiantes » évoquées par J. Lacan, *Séminaire VII*, *op. cit.*, p. 75-76. En psychanalyse, la représentation n'est pas référée à l'objet mais à d'autres représentations.

79 « [C'est] *das Ding*, en tant qu'Autre absolu du sujet, qu'il s'agit de retrouver. On le retrouve tout au plus comme regret. Ce n'est pas lui que l'on retrouve, mais ses coordonnées de plaisir », J. Lacan, *Séminaire VII. L'éthique de la psychanalyse*, Paris, Seuil, 1986, p. 65.

80 « *The aesthetic critic, then, regards all the objects with which he has to do, all works of art, and the fairer forms of nature and human life, as* powers or forces producing pleasurable sensations, *each of a more or less peculiar or unique kind.* » (« Préface », xxx, nous soulignons)

81 Henri Rey-Flaud rappelle le statut similaire qu'a l'objet en psychanalyse : il s'agit d'un « ensemble d'attributs subsumés par une *substance* qui assure leur "consistance" – soit en termes freudiens une collection de qualités (*Eigenschaften*) identifiables comme "représentations" (*Vorstellungen*) et supportées par la Chose (*das Ding*). » Voir H. Rey-Flaud, *Comment Freud inventa le fétichisme*, Paris, Payot, 1994, 98.

82 « *strange dyes, strange colours, and curious odours, or work of the artist's hands, or the face of one's friend* », W. Pater, « Conclusion » (*Ren* 152).

83 Il reviendra à Freud de penser le sujet divisé puisque dès 1894, il élabore une théorie de l'appareil psychique sous forme de feuilletage où le réel se décompose afin d'être filtré sous forme signifiante. Dans la lettre dite 52 à Fließ (1895), Freud utilise le terme de *Versagung* pour définir le refoulement comme un « refus » de traduction entre les différents registres psychiques, définition qui connaît le destin que l'on sait puisqu'elle conduit l'inventeur de la psychanalyse encore balbutiante à l'hypothèse d'une Autre scène se manifestant dans le rêve, les actes manqués, les mots d'esprit, *i.e.*, les formations de l'inconscient. Voir S. Freud, « Lettre 112 », *Lettres à Wilhem Fließ 1887-1904*, *op. cit.*, p. 265.

dans un livre ou dans la vie ? » (*R* 48)[84] – constitue l'esthétique comme expérience toujours renouvelée des impressions discontinues suscitées par l'œuvre, mais également comme discours critique, c'est-à-dire analyse de ses impressions par le récepteur ou ce que Pater nomme le « critique esthétique » :

> la fonction du critique esthétique consiste à distinguer, à analyser, et à séparer de ses ajouts, la vertu à travers laquelle un tableau, un paysage, une belle personne dans un livre ou dans la vie, produit cette impression particulière de beauté ou de plaisir, à indiquer quelle est la source de cette impression et sous quelles conditions elle est expérimentée. Il a atteint ses fins quand il a dégagé cette vertu et l'a notée, comme un chimiste note un élément naturel, pour lui-même et pour d'autres (*R* 48)[85]

Semblable sujet est la condition d'un rapport esthétique, et de l'esthétique entendue comme rapport ; dans cette perspective, les portraits de *La Renaissance* constituent la fiction indispensable à une appréciation de l'art. Dès son premier recueil, Pater interpose la fiction d'un sujet de l'œuvre – Botticelli, Léonard, Michel Ange – médiatisant la rencontre du critique et de l'œuvre. Cette dernière s'efface alors devant les sujets dont Pater construit la fiction car ils sont nécessaires à l'appréhension artistique définie comme expérience d'une impression avant son énonciation : « en matière de critique esthétique, le premier pas pour voir l'objet tel qu'il est réellement en lui-même consiste à en connaître l'impression, à la bien distinguer, à en avoir une conscience nette. » (*R* 47)[86] Tel est le sens de la « critique imaginative » patérienne[87]. Seule une véritable reconstruction

---

84 « *What is this song or picture, this engaging personality presented in life or in a book, to* me ? » (*Ren* xxix)

85 « *the function of the aesthetic critic is to distinguish, analyse, and separate from its adjuncts, the virtue by which a picture, a landscape, a fair personality in life or in a book, produces this special impression of beauty or pleasure, to indicate what the source of that impression is, and under what conditions it is experienced. His end is reached when he has disengaged that virtue, and noted it, as a chemist notes some natural element, for himself and others* » (*Ren* xxx).

86 « *in aesthetic criticism the first step towards seeing one's object as it really is, is to know one's own impression as it really is, to discriminate it, to realise it distinctly.* » (*Ren* xxix)

87 Pater définit une « critique imaginative » (« *imaginative criticism* ») en 1886 comme : « *that criticism which is itself a kind of construction, or creation, as it penetrates through the given literary or artistic product, into the mental and inner constitution of the producer, shaping his work* ». W. Pater, « Amiel's "Journal Intime" », 17th March 1886, rééd. dans *Essays from The Guardian*, London, Macmillan, 1895, p. 29.

poïétique de l'artiste telle qu'un individu peut en faire l'expérience peut donner accès à son œuvre.

Les textes postérieurs à 1868 adopteront la forme du portrait, qu'il soit littéraire ou imaginaire, c'est-à-dire à référent fictif, pour nous en tenir à une définition simple, quel que soit le sujet portraituré. Lorsqu'il publie « The Child in the House » (« L'Enfant dans la maison ») en 1878, Pater adopte significativement un genre en pleine expansion pour créer ce qu'il nomme « portrait imaginaire[88] ». En jeu dans le passage des premiers essais aux portraits littéraires de *La Renaissance*, puis aux portraits imaginaires, la question du sujet posée dès 1868 dans « The Poems of William Morris » (« Les poèmes de William Morris ») comme sujet de l'esthétique – génitif objectif et subjectif – et poursuivie à travers les portraits des années 1880 : *Marius l'Épicurien* (1885), *Imaginary Portraits* (1887), *Gaston de Latour* (1888-1894), *Platon et le platonisme* (1893), soit la question du sujet intrinsèque au genre, comme le reconnaissait naguère Ed Block avant de souligner que Pater avait transformé la notion de portrait littéraire[89].

Cette question se déploie sur le mode ontogénétique dans « L'Enfant dans la maison[90] », dont Pater écrira qu'il fut le germe de son œuvre postérieure[91]. Premier texte ouvertement intitulé « portrait imaginaire », publié dans le familial *Macmillan's Magazine* en 1878, « L'Enfant dans la maison » se situe à la croisée des chemins esthétiques, poétiques et épistémologiques. Reprenant le choix du portrait adopté dans *La Renaissance*, il en tire la leçon, en présentant l'ontogénèse subjective par le truchement des méditations de son personnage principal, Florian Deleal. Ce dernier est un individu dont l'histoire personnelle remémorée

88 « *I call the M. S. a portrait, and mean readers, as they might do on seeing a portrait, to begin speculating – what came of him ?* », « To George Grove », 17 April 1878 (*Letters* 47).

89 « *Pater's portraits essays reflect some of the significant changes in notions of personality in the nineteenth century. [...] Pater's portraits essays [...] are essentially imaginative attempts to structure and naturalize the limits of human knowledge of individual human lives* », Ed Block Jr, « Walter Pater, Arthur Symons, W. B. Yeats, and the Fortunes of the Literary Portrait », *SEL*, n° 26, 1986, p. 759. Voir E. Bizzotto, « The Imaginary Portrait : Pater's Contribution to a Literary Genre », dans *Walter Pater : Transparencies of Desire*. Laurel Brake, Lesley Higgins, Carolyn Williams (dirs.), Greensboro, ELT Press, 2002, p. 213-223.

90 W. Pater, « The Child in the House », *Macmillan's Magazine*, n° 38, August 1878, p. 313-321. Rééd. W. Pater, « The Child and the House » (1878), *Miscellaneous Studies*, London, Macmillan, 1895.

91 De ce portrait, Pater écrira : « *"Child in the House" : voilà, the germinating, original, source, specimen, of all my imaginative work* » (*Letters* xxix).

définit les stades de l'avènement du sujet, des premières impressions à la nostalgie suscitée par l'exil nécessaire à une subjectivation authentique[92]. « L'Enfant » est doublement « le père de l'homme », d'abord comme le veut la conception romantique dont héritent les Victoriens, ensuite parce qu'il représente l'origine des sujets dont Pater dressera ultérieurement les voies. Comme le rappelle M. Gauchet, dans les années 1870, l'enfance devient « haussée aux dimensions de ce temps capital où se rejoue en quelque façon, avec l'advenue à soi de l'individu, la genèse même de l'espèce[93] ». À la même époque Charles Darwin publie « Biographical Sketch of an Infant » dans le numéro de juillet 1877 de la jeune revue *Mind*[94]. Mais alors que chez les poètes romantiques, la translation entre l'enfant et l'adulte s'opère naturellement, l'un n'étant que l'amplification de l'autre, l'adulte patérien est pensé comme l'exilé d'un foyer, en rupture avec ses expériences enfantines fondatrices. Pater avait originellement eu la volonté d'intituler son portrait « The Child and the House » (« L'Enfant et la maison »), titre affirmant une conception de la subjectivité sur le modèle la mise en tension entre un lieu, un temps originaire et les vicissitudes du sujet[95]. L'anamnèse tout à fait inattendue à laquelle se livre Florian Deleal évoque la technique de l'association libre et l'attention portée au hasard subjectif qui lui fait rencontrer autrui, détenteur à son cœur défendant de cette anamnèse.

> Florian Deleal, en marchant par une chaude après-midi, dépassa au bord du chemin un pauvre homme chargé d'ans et, comme il semblait fatigué par la route, l'aida à porter son fardeau sur une certaine distance. Or, le voyageur, en contant son histoire, vint à nommer la localité – une petite localité des environs d'une grande ville – où Florian avait passé ses premières années, mais qu'il n'avait jamais revue depuis lors ; puis, l'histoire dite, poursuivit sa marche réconforté (*EM* 15)[96]

---

92 Voir B. Coste, « The Child in the House of Print », *Image and Narrative*, http://www.imageandnarrative.be, 2019.

93 M. Gauchet, *L'inconscient cérébral*, *op. cit.*, p. 35.

94 Voir C. Darwin, « Biographical sketch of an infant », *Mind*, n° 2, 1877, p. 285. Voir Sally Shuttleworth, *The Mind of the Child : Child Development in Literature, Science, and Medicine, 1840-1900*, Oxford, OUP, 2010.

95 Nous ignorons à ce jour qui est responsable du titre final.

96 « *As Florian Deleal walked, one hot afternoon, he overtook by the wayside a poor aged man, and, as he seemed weary with the road, helped him on with the burden which he carried, a certain distance. And as the man told his story, it chanced that he named the place, a little place in the neighbourhood of a great city, where Florian had passed his earliest years, but which he had never since seen, and, the story told, went forward on his journey comforted.* » (*MS* 172)

Cette remémoration s'effectue à travers un rêve rendant son histoire plus lisible au jeune homme et le confrontant – sur le mode de l'écart jamais résorbé – à son passé : « cette nuit-là, [...], un rêve de cette même localité visita Florian, un rêve qui fit pour lui l'office de la sorte la plus subtile de souvenir, présentant son objet à l'esprit avec une grande clarté, et pourtant, comme il arrive parfois dans les rêves, l'élevant un peu au-dessus de lui-même et de son image rétrospective accoutumée. » (*EM* 15)[97] Le rêve « fortuit » détient la clé subjective, et il la présente avec une intensité aveuglante. C'est alors que Florian décide d'entreprendre rien moins que « l'histoire de son esprit, – de *cette construction cérébrale en vertu de laquelle nous sommes chacun ce que nous sommes.* » (*EM* 16, nous soulignons)[98] Le rêve devient l'occasion de revenir sur la subjectivation à travers un mode significativement fragmentaire. Il ne conduit à nulle remémoration intégrale, mais à une singulière ontogénèse subjective découvrant son exil foncier au sujet. Ce portrait apparaît dès lors comme une métapsychologie du sujet patérien, au sens où il retrace la « logique du procès introduisant un sujet mythique au monde de la réalité[99] », Pater anticipant de quelques années la démarche freudienne. Les techniques et les questions de la psychanalyse sont également « en germe » ici.

Florian Deleal sera également, métaphoriquement et génériquement parlant, le père de *Marius l'Épicurien*, texte plus long, plus complexe et nettement plus ambitieux. Anatomie du sujet plus élaborée, *Marius* se déploie sur les versants individuel et collectif, Pater liant onto- et sociogenèse[100]. L'histoire personnelle de Marius dans la Rome des Antonins récapitule l'histoire de la philosophie antique elle-même grosse de toute l'histoire de la philosophie[101]. Bien que le sous-titre goncourtien suggère une différence entre « Ses sensations et ses idées », *Marius* est un

---

97 « *And that night, [...] a dream of that place came to Florian, a dream which did for him the office of the finer sort of memory, bringing its object to mind with a great clearness, yet, as sometimes happens in dreams, raised a little above itself, and above ordinary retrospect.* » (*MS* 172).

98 « *And it happened that this accident of his dream was just the thing needed for the beginning of a certain design he then had in view, the noting, namely, of some things in the story of his spirit–in* that process of brain-building by which we are, each one of us, what we are. » (*MS* 172, nous soulignons)

99 H. Rey-Flaud, *Comment Freud inventa le fétichisme*, *op. cit.*, p. 216.

100 Lien établi par Haeckel, un vulgarisateur de Darwin et qui connut la postérité que l'on sait puisque Freud l'adoptera.

101 L'envergure de cette approche typologique a été remarquablement mise en évidence par Carolyn Williams, *Transfigured World : Pater's Aesthetic Historicism*, London & Ithaca, Cornell UP, 1990.

portrait imaginaire visant à examiner l'inscription sociale et culturelle du sujet lui-même en devenir permanent. La distinction de M. Lambert-Charbonnier entre les portraits « longs » (*Marius l'Épicurien*, *Gaston de Latour*) consacrés à l'évolution intérieure des personnages, et les portraits « brefs » culminant dans une mort aux allures sacrificielles s'avère très pertinente. Dans ses portraits longs, Pater dresse un panorama de la culture – au sens arnoldien[102] – où évolue son sujet ; dans ses portraits courts, il examine un destin individuel. Dans ce qui suit, nous nous intéresserons aux portraits courts afin examiner le rapport à la finitude de leurs héros qui en constitue l'unique thème. En effet, « L'Enfant dans la maison » annonce également cet autre développement majeur du genre du portrait qu'est le recueil *Portraits imaginaires* de 1887, dont les quatre textes avaient été publiés, toujours dans le *Macmillan's Magazine*, de 1885 à 1887. Cette série de portraits dont les référents sont en partie imaginaires explore la subjectivité sur un versant qualifiable de pathologique. Qu'il s'agisse de Watteau, de Denys l'Auxerrois, de Sebastian van Storck ou de Carl, Duc de Rosenmold, tous meurent plus ou moins violemment, et leur mort marque un échec artistique ou intellectuel, personnel ou culturel[103]. Loin des réalisations exemplaires des artistes de la Renaissance, ces sujets semblent mettre en avant diverses pathologies mentales : insatisfaction de Watteau[104], « accès[105] » de Denys, amour de l'abstraction chez Sebastian[106], oubli dramatique de la réalité chez Carl s'amusant au soir de son mariage alors qu'une armée envahit son pays[107]. Pater a tracé les voies ontologiques du sujet idéal dans

102 La culture anoldienne se définit comme « l'étude de la perfection » littéraire et morale (« *the study of perfection* »), M. Arnold, *Culture and Anarchy* (1869), Cambridge, CUP, 1993, p. 8.

103 Peut-on suivre M. Lambert-Charbonnier lorsqu'elle écrit que les sujets patériens trépassent d'une « mort sacrificielle » et que la « tragédie intervient pour couronner la quête esthétique et consacrer la conversion du héros à l'art » ? Voir *Walter Pater et les « Portraits imaginaires », op. cit.*, p. 211.

104 « *He was always a seeker after something in the world that is there in no satisfying measure, or not at all* », W. Pater, « A Prince of Court Painters » (*IP* 44).

105 « *At times [Denys's] fits came upon him again ; and when they came, for his cure he would dig eagerly, turned sexton now, digging, by choice, graves for the dead in the various churchyards of the town.* » W. Pater, « Denys l'Auxerrois » (*IP* 74).

106 « *[Sebastian] seemed, if one may say so, in love with death ; preferring winter to summer* », W. Pater, « Sebastian van Storck » (*IP* 99).

107 « *At their delicate supper Duke Carl amuses his companion with caricature, amid cries of cheerful laughter, of the sleepy courtiers entertaining their martial guests in all their pedantic politeness, like people in some farcical dream.* » W. Pater, « Duke Carl of Rosenmold » (*IP* 151).

« L'Enfant dans la maison », mais les personnages des *Portraits imaginaires* échappent à cette épure pour présenter leurs symptômes et leurs échecs, bientôt repris par les cas freudiens. La mélancolie de Watteau, l'ascétisme fanatique de Sebastian van Storck trouveront leur relève à travers l'élaboration progressive de la névrose par Freud se dégageant quant à lui de la nosographie psychiatrique du XIXe siècle[108], et l'analyse patérienne possède une rigueur que la psychanalyse freudienne ne peut que lui envier. Marius et Florian Deleal élaborent une métapsychologie du sujet, les *Portraits imaginaires*, une pathographie. Pater n'est certes pas un innovateur : tant le réalisme, le naturalisme que la Décadence littéraire et artistique ont donné voix à ces personnages « malades » qui, à la question de la finitude, soit à la question du langage, répondent par leurs souffrances, leurs désordres intérieurs, et leurs échecs. Pater sera en revanche l'un des rares à ne pas inscrire l'échec au registre de la pathologie héréditaire ou dégénérative, mais à problématiser la notion même de normalité. Dès *La Renaissance* cette position est sensible dans les deux portraits relevant déjà de l'étude de cas, celui de Léonard et de Michel Ange. Les œuvres des deux artistes s'élèvent sur fond de clivage entre l'activité artistique et l'inhibition, pour le premier, et d'un déséquilibre entre force et douceur pour le second. Certes, ces portraits s'inscrivent également à l'intérieur du remaniement scientifique et épistémologique des années 1870 donnant naissance dans les années 1890 à la psychologie, la psychiatrie et la neurologie comme champs d'étude distincts[109], ainsi qu'à la prédominance d'un naturalisme scientifique basé sur l'observation empirique et l'expérimentation, tandis que des explications spiritualistes persistent, en réaction à la sécularisation, comme en témoignent la *Society for Psychical Research* sous la houlette de son fondateur, Frederick Myers. La fin du siècle voit l'accroissement des tensions entre les prétentions de la psychologie expérimentale et la philosophie à saisir la nature fluide de l'identité et de la conscience. Ce moment de transition, de consolidation et d'institutionnalisation débouche sur la cartographie scientifique du XXe siècle. Au sein de cette épistémè, les portraits patériens forgent leurs propres outils, leur propre lexique, et témoignent d'un divorce naissant entre lettres et

108 Voir Nicolas Gougoulis, « Freud et les psychiatres », *Topique*, 2004/3 n° 88, p. 17-35.

109 Voir Jacques Postel et Claude Quetel (dirs.), *Nouvelle histoire de la psychiatrie*, Paris, Dunod, 2012 ; G. Swain, *Le Sujet de la folie. Naissance de* la *psychiatrie*, Paris, Calmann-Lévy, 1997.

science qu'amplifiera le XXe siècle, où la psychanalyse occupe quant à elle une place singulière, en se revendiquant d'une science rénovée et d'un nouveau paradigme scientifique.

QUEL PORTRAIT ?

Faut-il distinguer les portraits littéraires, à référent réel, participant déjà de l'étude de cas, des portraits imaginaires dont la valeur chez Pater peut être très diverse ? En regard des portraits à référent fictif, Pater a rédigé des portraits d'hommes de lettres, dont celui de Coleridge (repris en 1880), de Wordsworth (1874), de Charles Lamb (1878) et de Rossetti (1883). Relevant *a priori* du portrait littéraire, ces portraits s'infléchissent vers l'étude de cas, qu'il s'agisse de Coleridge, « véritable fleur d'*ennuyé* », de Lamb qui fit le choix du « foyer » (« *hearth* ») plutôt que de l'« amour » (« *love* »), et de Rossetti, dont les insomnies traduisent un rapport malheureux à la coupure signifiante[110]. Parce qu'il est lui aussi de l'ordre de l'étude de cas, le portrait d'hommes de lettres invalide la distinction entre portraits littéraires et portraits imaginaires : chez Pater, tous les portraits sont imaginaires et s'infléchissent vers une dimension pathographique suffisamment marquée pour constituer le propos du portrait[111]. Le portrait d'« Emerald Uthwart[112] » (1892), d'« Hippolytus Veiled[113] » (« Hippolyte voilé », 1889) et d'« Apollo in Picardy[114] » (« Apollon en Picardie », 1893), mettent en scène des jeunes hommes à la beauté fatale. « Apollon en Picardie » explore la violence païenne sous-jacente à l'ordre chrétien tandis qu'« An English Poet » (« Un poète anglais »), rédigé vraisemblablement à la suite de « L'Enfant

110 « l'insomnie devint chez lui une maladie mortelle », W. Pater, « Dante Gabriel Rossetti » (*EA* 63).

111 Comme le montrent ses analyses des auteurs recueillies dans *Appreciations* (1889). Voir B. Coste, *Walter Pater, critique littéraire*, Grenoble, Ellug, 2010.

112 W. Pater, « Emerald Uthwart », *New Review*, tome 6, June 1892, p. 708-722 ; tome 7, July 1892, p. 40-54.

113 W. Pater, « Hippolytus Veiled : A Study from Euripides », *Macmillan's Magazine*, tome 60, August 1889, p. 294-306.

114 W. Pater, « Apollo in Picardy », *Harper's Magazine*, tome 87, November 1893, p. 949-957.

dans la maison », mais non publié par Pater[115], offre une réflexion sur l'artiste et se présente comme véritable « nouvelle d'apprentissage ». Ces deux portraits poursuivent une veine engagée avec « L'Enfant dans la maison » et « Denys l'Auxerrois » concernant respectivement l'ontogenèse du sujet et le retour des dieux païens en exil[116], ce dernier étant l'expression du retour du refoulé autour duquel se structurent une société, une culture.

Plus surprenant est « Hippolyte voilé » où Pater propose sa version d'une tragédie perdue d'Euripide en s'intéressant à un jeune homme se refusant à l'Éros pour son malheur. Ce refus trame nombre de portraits dont celui de Sebastian van Storck : l'inattendu réside dans la réécriture sous forme romanesque d'une tragédie elle-même nourrie de mythologie grecque. Pater ayant consacré des textes à la mythologie gréco-latine dans les années 1870[117], il n'est guère surprenant de le voir poursuivre ses méditations sur un phénomène et un corpus littéraire et artistique dans lesquels il voit un moment clé de la culture européenne. Sa réécriture feinte – pour inscrite qu'elle soit dans un contexte d'hybridation entre traductions et critique[118] – témoigne d'un désir de mettre à jour les enseignements de la culture grecque pour éclairer certains phénomènes contemporains.

« Emerald Uthwart » reprend le thème de l'amitié masculine, déjà évoqué dans *La Renaissance* à travers l'*Histoire d'Amis et d'Amile* (« Deux vieilles histoires françaises »), fonctionnant comme un fil rouge dans l'œuvre patérienne. Ici, les amis sont amenés à pousser le lien homosocial

115 W. Pater, « An English Poet », publié en 1931 dans la *Fortnightly Review*, par May Ottley l'héritière de C. Pater, voir W. Pater, *Imaginary Portraits*, éd. L. Østermark-Johansen, London, MRHA, 2014, p. 101-114. À ces portraits il faut ajouter les ébauches : « Gaudioso le second » tiré d'un tableau commenté dans les « *Notes sur l'art en Italie du nord* » de 1892, exemple intéressant de la façon dont l'art féconde la création littéraire et de la méthode de composition patérienne. Dans la même veine, « Tibald the Albigense » (« Thibault l'Albigeois ») (bMS Eng 1150 (5), Houghton Library, Harvard) reprend le thème d'*Amis et d'Amile*.

116 Heinrich Heine a été le premier à imaginer ces dieux grecs revenus en terre chrétienne, voir « Les Dieux païens en exil », *Revue des Deux-Mondes*, avril 1853, première quinzaine, tome 2, p. 5-38. Pater, qui a lu la version allemande du texte, reprend l'idée dès « Leonardo da Vinci ». Occupant chez lui une place primordiale, elle nourrit les portraits imaginaires de Denys l'Auxerrois, Carl de Rosenmold et Apollyon.

117 W. Pater, « A Study of Dionysus : I. The Spiritual Form of Fire and Dew », *Fortnightly Review*, tome 20, December 1876, p. 752-772 ; « The Myth of Demeter and Persephone », *Fortnightly Review*, tome 19, January 1876, p. 82-95 ; tome 19/25, February 1876, p. 260-276.

118 Walter Pater, *Imaginary Portraits*, L. Østermark-Johansen, éd., *op. cit.*, p. 54.

jusqu'à ses limites puisque le personnage titulaire se laisse entraîner par son camarade jusqu'à l'insubordination militaire. Rédigé à la suite d'une visite que fit Pater à la *Canterbury School* où il avait effectué sa scolarité, ce texte examine la soumission et les rapports problématiques de l'individu à l'institution éducative ou militaire tout en laissant entrevoir une autre forme de soumission.

À la suite de *Marius l'Épicurien*, Pater entreprendra un portrait imaginaire d'une ampleur similaire avec *Gaston de Latour*, roman inachevé dont six chapitres paraissent en périodiques entre 1888 et 1889[119]. Comme *Marius*, *Gaston de Latour* est le portrait d'un sujet recevant l'ombre portée des grandes figures de l'histoire, de l'art et de la philosophie dans la France des Guerres de religion. Il est difficile de cerner ce texte dont certaines parties, récemment publiées, ne sont qu'ébauchées, et sur lequel Pater, très minutieux en matière de publication, revenait encore l'année de sa mort, mais sa dimension psychopathologique est très accentuée puisque le personnage principal entend des voix d'abord énigmatiques, se révélant peu à peu comme des voix d'enfants à travers ce qui s'apparente à une véritable hallucination auditive[120]. *Gaston* est aussi à lire comme poursuite d'une réflexion engagée par le truchement de la symptomatologie des portraits imaginaires[121].

Notre étude consiste à définir l'esthétique du portrait patérien à travers les portraits de *La Renaissance*, à suivre les mutations du portrait littéraire au portrait imaginaire, « récit fictif d'une vie et d'une destinée exemplaire[122] », selon l'excellente définition de M. Lambert-Charbonnier. Nous sommes redevables à l'édition de L. Østermark-Johansen de tous les portraits imaginaires[123] tout comme aux multiples articles et monographies parues ces dernières années pour recontextualiser le

119 Entre juin et octobre 1888, Pater publie les 5 premiers chapitres dans le *Macmillan's Magazine*, en août 1889, il publie, cette fois dans la *Fortnightly Review* un essai consacré à Giordano Bruno et destiné à être inclus dans *Gaston*. Pater continue à travailler son roman jusqu'à sa mort. *Gaston de Latour : An Unfinished Romance* sera publié par C. Shadwell, son exécuteur testamentaire en 1896, avec une version différente du portrait de Giordano Bruno, au chapitre « The Lower Pantheism ». Il faut attendre l'édition de G. Monsman en 1995 pour avoir l'intégralité de ce texte inachevé. W. Pater, *Gaston de Latour. The Revised Edition*, éd. G. Monsman, Greensboro, ELT Press, 1995.

120 « *complaining voices* » (*GdeL* 90).

121 Voir notre analyse de Gaston de Latour et de « Pascal », B. Coste, « *Cette époque de doute* » : *penser la croyance avec Walter Pater*, Montpellier, PULM, 2017.

122 M. Lambert-Charbonnier, *Walter Pater et les « Portraits imaginaires »*, *op. cit.*, p. 20.

123 W. Pater, *Imaginary Portraits*, éd. L. Østermark-Johansen, *op. cit.*

climat intellectuel et les enjeux journalistiques et institutionnels des écrits patériens ; toutefois, nous nous attacherons davantage à la théorie patérienne qu'aux champs où elle se fonde. Ainsi que le remarquait naguère G. Monsman, Pater passe d'une « critique fictionnalisée » – à travers le portrait littéraire – à une « fiction critique[124] » dont le but consiste à prendre au miroir de l'écriture la singularité subjective, corps et symptômes compris. En remplacement des « Vies » exemplaires ou des vicissitudes spirituelles d'une âme, le portrait patérien définit un « type », c'est-à-dire ce que la psychanalyse nous permet de reconnaître comme les « structures existentiales » (Alain Juranville) ou les « positions subjectives de l'être[125] » que sont névrose, psychose et perversion, mais il cherche également à cerner le sujet, le « quidam[126] » aux marges des grands mouvements historiques, dans sa singularité et sa capacité à échapper à toute structure, à tout déterminisme. Le sujet patérien s'inscrit à la fois sur le versant de ce que Freud appelait le « dialecte[127] », c'est-à-dire de la structure névrotique (hystérie, obsessionnalité et phobie), et sur le versant de l'« idiolecte » marquant l'irréductibilité d'un être. Il est le repérage poétique d'un certain rapport au langage, à la fois dans son caractère typique ou structural, et dans son caractère singulier. Quelques décennies plus tard, Lacan fera du héros tragique « arraché à la structure » celui que l'on peut « impunément trahir », le modèle du sujet de l'éthique tragique défendue par la psychanalyse[128], avant de signaler que quiconque peut occuper cette place. Cette élévation du quidam au rang de héros ordinaire est le répondant de la sécularisation dont témoignait le genre du portrait littéraire.

Si l'esthétique des premiers portraits patériens peut sembler conventionnelle, des différences sont pourtant sensibles. Comme le

---

124 « *from a fictionalized criticism to a critical fiction* », G. Monsman, *Pater's Portraits. Mythic Pattern in the Fiction of Walter Pater*, Baltimore, Johns Hopkins Press, 1967, p. 29.

125 J. Lacan, *Séminaire XI. Les quatre concepts fondamentaux de la psychanalyse* (1973), Paris, Seuil, coll. « Points », 1999, p. 275.

126 « *nobodies in particular, characters on the margins of historical events and movements through whom major shifts in mentality, art, religion, or philosophy can be studied.* » L. Østermark-Johansen, « "What came of him ?" Change and Continuity in Pater's Portraits », *Testing New Opinions and Courting New Impressions. New Perspectives on Walter Pater*, A.-F. Gillard-Estrada, M. Lambert-Charbonnier, and C. Ribeyrol (dirs.), New York and London, Routledge 2018, p. 185.

127 « Le langage de cette névrose, n'est en quelque sorte qu'un dialecte du langage hystérique », S. Freud, « L'homme aux rats », *Cinq psychanalyses*, Paris, PUF, 1988, p. 200.

128 J. Lacan, « L'essence de la tragédie », *Séminaire VII*, *op. cit.*, p. 285-375.

faisait remarquer A. Henry, les portraits de *La Renaissance* semblent flotter dans une atmosphère étrangement déshistoricisée[129]. Les dates sont rares, les événements historiques habituellement rappelés pour constituer un élément indispensable du genre, ont pratiquement disparu ; la biographie est fragmentaire, certains détails apparaissent incongrus, en rupture avec les règles de composition du portrait littéraire. Peut-être cette dissonance est-elle la plus manifeste dans « Léonard de Vinci », car c'est dans ce portrait que l'esthétique proprement patérienne est la plus lisible, sans doute parce qu'elle est en cours d'élaboration. Dans la perspective d'une analyse les œuvres à partir des impressions qu'elles font naître chez le spectateur qui est celle des portraits de *La Renaissance*, « Léonard » part d'un mystère et d'une fascination, non pour en rendre raison, mais pour la rattacher à une histoire personnelle, marquée par deux images prégnantes : le mouvement des eaux et le visage des femmes[130]. Ces deux éléments reviennent scander le texte pour s'unir et culminer dans le portrait de la « Lady Lisa » – incarnation et matérialisation d'une *imago* originaire que le peintre portait en lui. Le « mystère Léonard » aboutit à une fascinante image dé/couvrant quelque réel indicible qui constitue le chiffre de son destin. Déjà moins littéraire qu'imaginaire, ce portrait marque la limite du projet du portraitiste devant ce réel cerné sans être présentifié, et dont Pater fait le cœur d'insensé de tout sujet, conduisant l'art du portraitiste à relever non de la présentation mais de la venue en présence, de l'avènement, non pas pictural, mais verbal, signifiant l'éclipse subjective. De cet avènement, dont le langage est le matériau littéralement œuvré, au Symbolisme européen, la voie est peut-être plus courte qu'il ne paraît. Ce sont les voies de cette advenue que nous étudions en examinant l'esthétique patérienne du portrait, avant de nous intéresser aux « cas » de Léonard et de Michel Ange, puis aux portraits ouvertement imaginaires, pathographies sonnant le glas de l'illusion référentielle en annonçant les études de cas freudiennes.

À l'horizon, la question des rapports de la psychanalyse et de la littérature aux XXe et XXIe siècles, soit la question de deux discours

129 A. Henry, « Walter Pater ou le plaisir esthétique », *Essais sur l'art et la Renaissance*, Paris, Klincksieck, 1985, p. 9-43. L. Brake remarque quant à elle la pléthore de détails historiques des portraits imaginaires, *Walter Pater*, *op. cit.*, p. 37.

130 « *Two ideas were especially fixed in him, as reflexes of things that had touched his brain in childhood beyond the measure of other impressions – the smiling of women and the motion of great waters* », W. Pater, « Leonardo da Vinci » (*Ren* 67).

distincts et progressivement distingués que les pages suivantes se refusent de confondre, cherchant au contraire à les dialectiser afin de montrer comment chacun des deux champs pense un même rapport selon des voies différentes[131]. Ce rapport est un rapport au savoir inconscient s'éclairant de la démarche freudienne dans *Le Délire et les rêves dans la* Gradiva *de Jensen* (1904). Au seuil de la découverte du champ d'investigation de la psychanalyse, Freud s'avoue surpris car « un romancier mettait à la base de sa création la nouveauté que lui-même pensait avoir puisée aux sources de son expérience médicale. Comment ce romancier était-il parvenu au même savoir que le médecin, ou tout au moins comment était-il arrivé à se comporter comme s'il avait le même savoir[132] » ? C'est à ce même savoir que l'artiste et le psychanalyste puisent, encore que leur méthode soit différente puisque celui-ci observe consciemment là où celui-là est à l'écoute de son propre inconscient, écrira Freud. Pater ne se met pas à l'écoute de son inconscient au sens où l'entend l'analyste mais suit une méthode fondée sur la réceptivité subjective, la neutralité exprimée par son impersonnalité énonciative, la rigueur mise à explorer une question posée par l'œuvre d'art ou le texte littéraire en tressant la trame d'un destin. Si écoute il y a, c'est l'écoute du savoir présent dans les œuvres et dont l'artiste portraitisé est le support. Pater n'est pas seulement assimilable à un précurseur historique de Freud. Parce qu'il partage avec l'analyste un même moment ou plus précisément une même *épistémè*, une même phase de « sortie de la religion » chère à M. Gauchet, caractérisée par ce qu'il nomme « l'altérité interne[133] », ses écrits méritent d'être mis en regard et en dialogue avec le corpus théorique de la psychanalyse. Pater n'est pas tant un précurseur de Freud qu'il n'est précurseur d'un rapport à l'Autre savoir des artistes qui sera celui de Freud s'interrogeant sur le savoir ayant guidé le rédacteur de *La Gradiva*. À partir d'une

131 Notre démarche n'est toutefois pas celle de Pierre Bayard démontrant comment G. de Maupassant avait élaboré une théorie poétique de l'identité, voir *Maupassant, juste avant Freud*, Paris, Les Éditions de Minuit, 1994.

132 S. Freud, *Le Délire et les rêves dans la* Gradiva *de W. Jensen*, Paris, Gallimard, coll. Folio Essais, 1986, p. 198.

133 M. Gauchet, *La Condition historique*, Paris, Gallimard, coll. « Folio Essais », 2005, p. 254. Gauchet démontre que « l'altérité externe et substantielle des religions recouvrait et comprimait une altérité interne qui se déplie à mesure que l'emprise du religieux recule », *ibid.*, p. 254. Dans cette perspective, « L'inconscient devient concevable à un stade avancé de la désinsertion de l'esprit et des choses et de la désymbolisation tant du fonctionnement social que de la marche des phénomènes naturels. » *Ibid.*, p. 250.

esthétique radicalement fondée sur l'impression, soit sur le savoir contenu dans toute œuvre, Pater a été sensible à cet Autre savoir comme le sera Freud : il est un précurseur du rapport interrogatif que la psychanalyse entretient face aux créateurs. Ce rapport est à l'œuvre dans ses portraits d'artistes examinant ce que nous appellerons la technique du savoir-faire avec son symptôme.

PREMIÈRE PARTIE

L'ESTHÉTIQUE DU PORTRAIT PATÉRIEN

LE SUJET DU PORTRAIT

DES « PERSONNALITÉS UNIES, POLYVALENTES ET COMPLÈTES »

Dans *La Renaissance*, Pater se propose d'étudier un « mouvement » exemplairement incarné par la Renaissance, ainsi définie :

> un mouvement varié et pourtant uni, où l'amour des fruits de l'intellect et de l'imagination pour eux-mêmes, le désir d'une conception plus belle et plus libérale de l'existence se font ressentir en poussant ceux qui en font l'expérience à chercher des moyens de jouissance intellectuelle ou imaginative l'un après l'autre, en les dirigeant non seulement vers leurs sources anciennes et oubliées, mais vers la divination de sources neuves, vers de nouvelles expériences, de nouveaux sujets de poésie et de nouvelles formes d'art. (*R* 51)[1]

La Renaissance est un mouvement unitaire, émancipateur, fondé sur un rapport au savoir suscitant une nouvelle position subjective qui se manifeste entre autres par la redécouverte des œuvres du passé et l'anticipation de nouveautés. Plus qu'une période historique, géographiquement localisable, elle est un moment psychique[2] où l'homme fait l'expérience d'une levée du refoulement libérant son désir et l'inscrivant dans une temporalité authentique. Elle est moment de ressaisie de l'être qu'illustrent les artistes ou les penseurs choisis par Pater. Ses portraits permettent d'appréhender cette cristallisation particulière dans l'histoire

1 « *For us the Renaissance is the name of a many-sided but yet united movement, in which the love of the things of the intellect and the imagination for their own sake, the desire for a more liberal and comely way of conceiving life, make themselves felt, urging those who experience this desire to search out first one and then another means of intellectual or imaginative enjoyment, and directing them not merely to the discovery of old and forgotten sources of this enjoyment, but to the divination of fresh sources thereof – new experiences, new subjects of poetry, new forms of art* » (*Ren* 1).

2 Aussi distinguerons-nous la Renaissance, période historique, et la renaissance patérienne, expérience psychique.

de l'esprit[3] à travers la figure des « personnalités unies, polyvalentes et complètes » (*R* 51)[4] du XVe siècle. Léonard de Vinci, Joachim du Bellay et Winckelmann, qui en reproduit le sentiment au XVIIIe siècle[5], illustrent la renaissance en concentrant chacun un rapport au temps et au savoir manifesté dans leurs œuvres où se réalise la ressaisie de l'être. Ces sujets ont une valeur illustrative de la Renaissance entendue comme époque où se manifeste un esprit d'unification[6] de tendances diverses constitutives du mouvement (antinominianisme, retour à la nature, à l'Antiquité) dont chacun est un représentant. Entre la Renaissance et ses acteurs, un rapport en navette : ses derniers représentent l'époque tandis qu'elle s'incarne en chacun d'entre eux : « c'est en proportion exacte où ceux qui prirent part à la Renaissance et en devinrent ses principaux représentants, que cette condition se réalise chez eux. » (*R* 68)[7] Toutefois, ni les hommes, ni le mouvement ne sont miroir l'un de l'autre, chacun gardant sa singularité : « Ils se refusent à la classification » (*R* 68)[8], précise Pater avant d'opposer Léonard de Vinci et Raphael : « Le mouvement que connut le XVe siècle fut double : ce fut en partie la Renaissance, en partie la venue de ce qu'on appelle l'"esprit moderne" avec son réalisme et son appel à l'expérience. Il y eut un retour à l'Antiquité et un retour à la nature. Raphaël représente le retour à l'Antiquité, Léonard, le retour à la nature. » (*R* 126)[9] Raphaël comme Léonard sont nécessaires aux multiples facettes de la Renaissance. Pic de La Mirandole illustre les tentatives de conciliation du paganisme et du christianisme, les sculpteurs toscans l'expressivité en matière de sculpture, Botticelli la redécouverte de l'Antiquité, l'École de la Pléiade

3 « *the most interesting period in the history of the mind* », écrira Pater dans « Sandro Botticelli » (*Ren* 40). La référence hégélienne est explicite.

4 « *personalities, many-sided, centralised, complete* » « Preface » (*Ren* xxxiii).

5 « *Winckelmann here reproduces for us the earlier sentiment of the Renaissance.* » (*Ren* 118)

6 « *eras of more favourable conditions, in which the thoughts of men draw nearer together than is their wont, and the many interests of the intellectual world combine in one complete type of general culture* », W. Pater, « Preface » (*Ren* xxxiii).

7 « *just in proportion as those who took part in the Renaissance become centrally representative of it, just so much the more is this condition realised in them* » (« Two Early French Stories » *Ren* 17).

8 « *They refuse to be classified* » (*Ren* 18).

9 « *The movement of the fifteenth century was twofold ; partly the Renaissance, partly also the coming of what is called the "modern spirit," with its realism, its appeal to experience : it comprehended a return to antiquity, and a return to nature. Raffaelle represents the return to antiquity, and Leonardo the return to nature* » (*Ren* 70).

la Renaissance s'atteignant comme savoir absolu au sens hégélien, tandis que Winckelmann illustre le « sentiment » de la Renaissance. De leur juxtaposition au sein de l'ouvrage éponyme, la Renaissance émerge dans son unité paradoxalement composite.

Pater fait subir un net infléchissement aux principales caractéristiques de l'esthétique beuvienne du portrait. Si Sainte-Beuve élabore un sujet structuré par une crise qui lui ouvre les voies de son destin d'auteur, et surtout par ses traits caractéristiques, les artistes ou les penseurs choisis par Pater participent d'un processus d'abstraction et de réduction au signifiant inédit créant une parfaite homologie entre la vie, l'apparence physique et l'œuvre. Les sujets patériens sont particuliers : ils ne sont pas idéaux mais signifiants, au sens où ils sont créés par les signifiants de Pater mais également sous la garde d'un signifiant ou de ce que Pater nomme la « formule » de l'artiste ou du penseur et exprimant le plus exactement ce qu'il est, soit son rapport au registre symbolique. Plus tard, Pater appliquera le terme à l'artiste ou au penseur. Ainsi, écrit-il de Mérimée :

> La formule de Mérimée, la voici : l'amateur enthousiaste de la force crue, rude et nue chez l'homme et la femme, où qu'elle se puisse trouver, pendant qu'il se cache toujours sous l'habit conventionnel du monde moderne qu'il porte avec une grâce infinie et condescendante, comme s'il s'agissait d'une fin en soi[10]. (*TE* 101)

La formule résume moins l'œuvre que son créateur dont elle signe la singularité[11]. Rempardé derrière le masque de la modernité, Mérimée n'en proclame pas moins son amour de la force native.

Plus proche de Sainte-Beuve sur ce point, Pater n'hésite pas à utiliser des anecdotes qui font tout à la fois ressortir la singularité de l'artiste et son appartenance à la communauté des hommes : ce sera la rencontre entre Marsile Ficin et Pic[12] où se noue le destin du néoplatonisme à la

10 « *There is the formula of Mérimée ! the enthusiastic amateur of rude, crude, naked force in men and women wherever it could be found ; himself carrying ever, as a mask, the conventional attire of the modern world – carrying it with an infinite, contemptuous grace, as if that, too, were an all-sufficient end in itself.* » (*MS* 14)

11 Pater écrit de Raphaël : « *The* formula *of his genius, if we must have one, is* this : *genius by accumulation ; the transformation of meek scholarship into genius – triumphant power of genius.* » (*MS* 39)

12 « *it happened that they fell into a conversation, deeper and more intimate than men usually fall into at first sight. During this conversation Ficino formed the design of devoting his remaining years to the translation of Plotinus* », « Pico della Mirandola » (*Ren* 25).

Renaissance ou, quelques années plus tard, les rires condamnant Mérimée à la méfiance et à une ironie irréductible[13]. Cette dernière anecdote à valeur destinale se lie à une autre détermination de l'esthétique du portrait patérien : le *fatum* familial, *i.e.* le désir parental à l'origine de la destinée du sujet. Pic sera soutenu par sa mère, Winckelmann sera seul[14]. Quant au contexte historique contre lequel l'artiste lutte afin que le génie s'élève au-desus de l'époque, selon l'aphorisme de W. Blake[15], Pater le fait sien. Ce grand poncif du XIXe siècle peut également être interprété dans la perspective d'une singularité subjective qui aura la valeur paradigmatique d'un « cas » lorsque le « génie » relève d'une particularité absolue suscitant l'interprétation.

S'attaquant ouvertement à l'utilisation des sources biographiques et à l'importance du nom, Pater accorde aux premières l'importance d'une légende conservant les signifiants clés de l'histoire du sujet tout en minant la valeur expositoire du second, pour la remplacer par une simple valeur désignatoire. Lorsque le nom devient le tenant-lieu d'une absence fondamentale, Pater redéfinit contre Sainte-Beuve la valeur de l'école littéraire ou artistique – l'École de la Pléiade ou celle de Giorgione – regroupant des individus autour d'un nom appelé à fonctionner comme Nom-du-Père, signifiant radicalement absenté du sujet (S_1) qui, dès lors, se manifeste sur le mode du trait signifiant dans les œuvres de l'école ainsi créée. Le repérage d'une école comme celle des sculpteurs toscans, encore que le terme n'apparaisse pas explicitement, permet en outre à Pater de distinguer très rigoureusement le type et l'individu, le second s'extrayant partiellement du premier pour affirmer son ipséité. L'examen de l'esthétique du portrait telle qu'elle apparaît dans l'inaugural *Renaissance* permet de suivre la constitution de ce que nous appellerons le « sujet patérien », appelé à être le support d'une authentique étude de cas dans l'œuvre ultérieure.

---

13 « *Corrected for some childish fault, in passionate distress, [Mérimée] overhears a half-pitying laugh at his expense, and has determined, in a moment, never again to give credit – to be for ever on his guard, especially against his own instinctive movements. Quite unreserved, certainly, he never was again* », W. Pater « Prosper Mérimée » (*MS* 13-14). Pater reprend une anecdote mentionnée par Taine dans l'introduction des *Lettres à une Inconnue*, Paris, Michel Lévy, 1874, t. 1, p. ix.

14 « *The child of a poor tradesman, he passed through many struggles in early youth [...] he served a painful apprenticeship in the tarnished world of Germany* », « Winckelmann » (*Ren* 114).

15 « *"The ages are equal," says William Blake, "but genius is always above its age"* », « Preface » (*Ren* xxxi).

DE L'ESPRIT AU SUJET

La Renaissance est affaire de sujets représentatifs dont le premier est, selon Pater, Abélard, individu représentatif du Moyen Âge, compris, à la suite de Renan et de Michelet[16], comme époque d'une première renaissance[17] se manifestant par l'apparition du style gothique et la poésie courtoise[18], le retour de l'éros, soit une diversité d'éléments esthétiques, poétiques et psychologiques dont il se fait tout à la fois le lieu de rassemblement et le tenant-lieu. Son œuvre poétique exprime une libération recherchée obscurément :

> Dans cette poésie, se fait sentir la passion terrestre avec toute son intimité, sa variété, sa liberté – la liberté du cœur –; et le nom d'Abélard, le grand savant et amant, rapproche l'expression de cette liberté du cœur du libre jeu de l'intelligence humaine devant tous les sujets qui lui sont présentés, telle qu'on la comprenait à cette époque. (*R* 54)[19]

À travers ses *Lettres* et sa poésie, Abélard unifie diverses tendances sous forme d'un « esprit[20] », terme dérivé de la notion renanienne, mais que Pater choisit d'incarner, d'individualiser. C'est à partir de cet individu qu'il propose un panorama de la renaissance médiévale en France en commentant ensuite *Li Amitiez de Amis et Amile* et *Aucassin et Nicolette*, deux textes illustrant deux tendances[21] dont la mise en tension dyna-

16 Voir J. Michelet, *Histoire de France au XVIe siècle. Renaissance*, Paris, Chamerot, 1855 ; E. Renan, « L'Art du moyen âge et les causes de sa décadence », *Revue des Deux Mondes*, t. 40, 1er juillet 1862, p. 203-228.

17 « *a Renaissance in the end of the twelfth and the beginning of the thirteenth century, a Renaissance within the limits of the middle age itself – a brilliant, but in part abortive effort to do for human life and the human mind what was afterwards done in the fifteenth* » (*Ren* 1).

18 « *in Pointed architecture, in the doctrines of romantic love, in the poetry of Provence* », « Two Early French Stories » (*Ren* 1-2).

19 « *In that [medieval] poetry, earthly passion, with its intimacy, its freedom, its variety – the liberty of the heart – makes itself felt; and the name of Abelard, the great clerk and the great lover, connects the expression of this liberty of heart with the free play of human intelligence around all subjects presented to it, with the liberty of the intellect, as that age understood it.* » (*Ren* 2)

20 « *It is the same spirit which has moulded the famous "letters," written in the quaint Latin of the middle age* » (*Ren* 3).

21 Pater a trouvé l'opposition de la force (« *strength* ») et de la douceur (« *sweetness* ») dans *Culture and Anarchy* de M. Arnold (1869), chez qui leur dialectisation constitue la culture.

mise la Renaissance médiévale. Histoire d'une amitié parfaite[22], *Li Amitiez de Amis et Amile* illustre la force[23], *Aucassin et Nicolette*, la douceur (« *sweetness* »), voire son excès[24]. Toutefois, le texte patérien en resterait au commentaire talentueux s'il ne s'intéressait d'abord à l'esprit qu'ils manifestent, exemplairement incarné par Abélard ainsi qu'en l'humble demeure où il réside : « c'est ainsi que des ombres de cette maison sur les rives de la Seine, nous voyons cet esprit s'en aller, avec ses qualités déjà bien définies, son intimité, sa douceur langoureuse, sa rébellion et son adresse subtile à séparer les éléments de la passion humaine, son souci de la beauté physique, son culte du corps charnel » (*R* 55)[25]. Investissant l'homme et la demeure, cet esprit ne demande qu'à nourrir la Renaissance médiévale, elle-même annonciatrice de son déploiement au XVe siècle.

C'est cependant par son absence dans l'œuvre de ses successeurs immédiats qu'Abélard est le plus significatif, comme le montre *La Divine comédie* de Dante pourtant toute inspirée de ses écrits (*R* 54-55). Le sujet se manifeste à travers une absence venant implicitement irriguer les œuvres de la postérité, démontrant que la transmission se soutient avant tout d'un refoulement. Cette caractéristique se retrouve tout au long des écrits patériens pour culminer dans « L'École de Giorgione ». Au nom s'attache souvent une « légende » synthétisant et l'homme et l'époque, laquelle fait ici du savant l'amant d'une jeune femme elle-même versée dans l'art et le savoir païen[26].

En tant que récit signifiant, la légende synthétise l'existence et montre l'homologie de l'homme auquel elle s'attache et de l'aspect antinomien de la Renaissance qu'il illustre : nul ne sera surpris de constater que la légende d'Abélard s'arrête sur la promesse d'un changement capable d'infléchir le cours de l'histoire pour faire de la Renaissance médiévale

22 « *that free play of human affections, makes itself felt in the incidents of a great friendship, a friendship pure and generous, pushed to a sort of passionate exaltation, and more than faithful unto death* » (*Ren* 5). Pour Pater, cette amitié homoérotique est un « thème classique » (« *classical motive* » [*Ren* 5]), à entendre comme d'origine grecque.

23 « *strength of the old French story* » (*Ren* 10).

24 « *a languid excess of sweetness [...] a story which comes, characteristically from the South, and connects itself with the literature of Provence* » (*Ren* 10).

25 « *from the room of this shadowy house by the Seine side we see* that spirit going abroad, *with its qualities already well defined, its intimacy, its languid sweetness, its rebellion, its subtle skill in dividing the elements of human passion, its care for physical beauty, its worship of the body* » (*Ren* 3, nous soulignons).

26 « *rumour even asserted that, through the knowledge of languages, enabling her to penetrate into the mysteries of the older world, she had become a sorceress, like the Celtic druidesses* » (*Ren* 2-3).

autre chose qu'un mouvement inchoatif[27]. L'extrait s'éclaire de la référence à *Tannhäuser*[28] dont Pater signale que son héros voulait effectuer la réconciliation du paganisme et du christianisme, avant de poursuivre : « Abélard préfigure le caractère de la Renaissance, ce mouvement où, de façons diverses, l'esprit humain gagne un nouveau royaume de sentiment, de sensation et de pensée, qui ne s'oppose pas au système spirituel qui se réalisa alors, mais qui l'excède et qui en est indépendant. » (*R* 55)[29] Que le voyage d'Abélard à Rome soit controuvé n'annule pas sa valeur de vérité signifiante. Le savant et amant illustre le conflit médiéval, entre un système contraignant, incarné par « les simples ministres professionnels, officiels, laquais de ce système, avec leur culte ignorant du système pour lui-même » (*R* 56) et ses tentatives de dépassement réalisées lors de la Renaissance. « [V]éritable enfant de la lumière[30] » (*R* 56), Abélard s'oppose à l'obscurantisme des ministres de la religion en défendant les droits de la raison, du cœur et des sens, droits appelés à trouver leur pleine expression au XVe siècle. Comme le moine « dans son cloître », présenté dans « Les poèmes de William Morris » (1868) qui, « à travers une "vision intérieure" et seulement spirituelle », « devina, désira et appréhenda finalement la lumière du jour, une lumière plus belle et purement sensuelle[31] », Abélard préfigure le retour du refoulé païen – dimension centrale de la Renaissance pour Pater. À travers un

---

27 « *When Abelard died, like Tannhäuser, he was on his way to Rome : what might have happened had he reached his journey's end is uncertain ; and it is in this uncertain twilight that his relation to the general beliefs of his age has always remained.* » (*Ren* 4)

28 Le récit fait de Tannhäuser un chevalier et un poète qui découvrit le *Venusberg* (« Mont de Vénus »), la demeure souterraine de Venus, et y passa une année à adorer la déesse. Après l'avoir quittée, Tannhäuser, pris de remords, se rend à Rome pour y demander l'absolution d'Urbain IV qui lui répond que le pardon est aussi impossible que la refloraison de son propre bâton. Trois jours après le départ de Tannhäuser, le bâton se met à fleurir ; des messagers sont envoyés pour retrouver le chevalier, mais celui-ci est reparti au Venusberg, pour n'en jamais revenir. La légende est célèbre au XIXe siècle grâce à l'opéra en trois actes, *Tannhäuser* de Richard Wagner (1845).

29 « *In this, as in other things, [Abélard] prefigures the character of the Renaissance, that movement in which, in various ways, the human mind wins for itself a new kingdom of feeling and sensation and thought, not opposed to, but only beyond and independent of the spiritual system then actually realised.* » (*Ren* 4)

30 « *The opposition into which Abelard is thrown, which gives its colour to his career, which breaks his soul to pieces, is a no less subtle opposition than that between the merely professional, official, hireling ministers of that system, with their ignorant worship of system for its own sake, and the true child of light, the humanist, with reason and heart and senses quick, while theirs were almost dead.* » (*Ren* 4-5)

31 W. Pater, « La poésie esthétique » (1889) (*EA* 49).

véritable travail du négatif, paradoxalement présenté comme le produit de la lumière, à travers un « antinominianisme[32] » (*R* 67) trouvant entre autres son expression dans les écrits de Joachim de Flore[33], Abélard dépasse la réalité pour atteindre l'idéal contenu en germe[34] à l'intérieur du système culturel et religieux médiéval. Ce travail lui permet de s'inscrire dans le mouvement plus général de recherche d'une douceur passant par la redécouverte des sources païennes[35]. C'est alors le retour, d'abord discret, des dieux en exil, appelés à revenir plus explicitement dans l'art du XVe siècle, pour réconcilier christianisme et paganisme.

La poésie qu'analyse Pater à travers *Li Amitiez de Ami et Amile* et *Aucassin et Nicolette* nous fait assister aux prémices de la Renaissance :

> [Au] spectacle de la formation d'un nouveau sens artistique. Un art nouveau, la musique de la poésie rimée, est en train de naître, et à travers les poèmes d'*Aucassin et Nicolette*, qui semblent toujours être sur le point de devenir poésie rimée, mais qui se retiennent en quelque sorte, sans jamais s'envoler, on voit des individus prendre conscience des éléments d'une nouvelle musique en leur possession, et anticiper combien cette musique pourrait devenir plaisante. (*R* 63)[36]

Rien n'est réalisé ou même explicite : la renaissance retient poétiquement son souffle et fait éprouver presque inconsciemment la jouissance

32 « *its antinomianism, its spirit of rebellion and revolt against the moral and religious ideas of the time. In their search after the pleasures of the senses and the imagination, in their care for beauty, in their worship of the body, people were impelled beyond the bounds of the Christian ideal ; and their love became sometimes a strange idolatry, a strange rival religion. It was the return of that ancient Venus, not dead, but only hidden for a time in the caves of the Venusberg, of those old pagan gods still going to and fro on the earth, under all sorts of disguises.* » (*Ren* 16)

33 « *this rebellious element, this sinister claim for liberty of heart and thought, comes to the surface. The Albigensian movement, connected so strangely with the history of Provençal poetry, is deeply tinged with it. A touch of it makes the Franciscan order, with its poetry, its mysticism, its "illumination," from the point of view of religious authority, justly suspect. It influences the thoughts of those obscure prophetical writers, like Joachim of Flora, strange dreamers in a world of flowery rhetoric of that third and final dispensation of a "spirit of freedom," in which law shall have passed away.* » (*Ren* 16) Pater s'inspire d'E. Renan, « Joachim de Flore et l'Évangile éternel », *Revue des Deux Mondes*, tome 44, 1er juillet 1866, p. 94-143.

34 « *possibly contained in essential germ within it.* » (*Ren* 5)

35 « *the rude strength for sweetness generated there becomes the seed of the classical revival in it, prompting it constantly to seek after the springs of perfect sweetness in the Hellenic world* » (*Ren* 2).

36 « *much of the interest lies in the spectacle of the formation of a new artistic sense. A novel art is arising, the music of rhymed poetry, and in the songs of Aucassin and Nicolette, which seem always on the point of passing into true rhyme, but which halts somehow and can never quite take flight, you see people just growing aware of the elements of a new music in their possession, and anticipating how pleasant such music might become.* » (*Ren* 11)

du monde plus tardif. À cette recherche, d'abord celle de la douceur et n'empruntant les voies du retour à l'Antiquité qu'au titre de moyen, s'oppose Winckelmann qui, lui, reproduit « le premier sentiment de la Renaissance » (*R* 180) lorsque la renaissance est devenue de l'ordre, non plus d'un avènement mais d'un événement susceptible d'être reproduit. L'homme Abélard représente quant à lui les contradictions de l'époque telles que Pater les a précédemment repérées : intégré au système de son époque, il y échappe en partie à travers un amour du savoir susceptible de verser dans l'hérésie ou l'hétérodoxie, mais qui lui découvre à son insu le retour discret des dieux en exil. Toutefois, c'est plus particulièrement dans « Pico della Mirandola » (« Le Pic de la Mirandole[37] », 1871) que se précise la méthode du portraitiste.

L'HOMME, LA VIE ET L'ŒUVRE

Pic de La Mirandole illustre exemplairement l'homologie entre l'homme, la vie et l'œuvre créant littéralement le sujet patérien dans son caractère abstrait, détaché des contingences et de l'historicité, pour apparaître dans une étrange intemporalité qui n'est autre que celle du signifiant pris dans sa valeur de dé/voilement subjectif. Son portrait s'inscrit sur fond de réconciliation du christianisme et du paganisme unifiant la culture à partir de sa diversité[38], elle-même aspect essentiel de la Renaissance. Dès lors qu'advient le retour des dieux en exil, cette réconciliation s'effectue principalement à travers l'art[39], et suscite ce qu'il faut bien appeler une division du sujet[40]. Toutefois, cette division se voit désamorcée dès lors que l'art élève ses adeptes à la dignité d'officiants d'un culte dont il est l'objet[41]. Ce véritable culte de l'art avant l'heure

---

37 D'abord paru en revue : W. Pater, « Pico della Mirandula », *Fortnightly Review*, ns vol. 10, October 1871, p. 377-386.

38 « *in one many-sided type of intellectual culture* », « Pico della Mirandola » (*Ren* 20).

39 « *the religious significance which had once belonged to [the pagan story] was lost sight of, and it came to be regarded as the subject of a purely artistic or poetical treatment* » (*Ren* 20).

40 « *men's allegiance was divided.* » (*Ren* 20)

41 « *in its pursuit of art that it consecrated everything with which art had to do as a religious object* » (*Ren* 20).

s'allie à une « curiosité » (*R* 72)[42] concernant le retour du paganisme ainsi qu'à une « soif de savoir inexhaustible et sans rivale » (*R* 76)[43]. Lorsque le désir, car tel est le sens de la curiosité patérienne[44], s'allie à la soif d'un savoir – ce qui en suppose l'existence latente –, la renaissance peut commencer ; elle sera le fait de sujets désirants exprimant un rapport à la possibilité, sinon à la proximité du savoir – d'un savoir inconscient.

Pater oppose la vision relativiste de la religion de l'érudit contemporain (« *modern scholar* ») à celle des hommes du XVe siècle fondée sur une interprétation allégorique parfois délicate[45]. Cherchant à rendre les religions compatibles entre elles[46], l'allégorie cherche leur fondement commun quoiqu'implicite au-delà de leurs apparentes différences : « il fallait donc aller sous la surface et ramener les significations supposées secondaires ou plus éloignées, et cette signification gardée en réserve, "*in recessu divinius aliquid*", latente dans quelque trait surprenant d'Homère ou quelque figure de rhétorique du Pentateuque. » (*R* 73)[47]

À cette méthode fondée sur la recherche d'une unité implicite dont les textes anciens sont les gardiens, Pater oppose les efforts artistiques de ses contemporains caractérisés par leur hétérogénéité : derrière le charme de méthodes prétendument dépassées, il s'agit de trouver un sol rendant compte du christianisme et du paganisme, sans les cliver, ni tenter d'en obérer les disparités sous la fallace de l'éclectisme. Telle fut la réussite de Pic, réconciliant sans les confondre ou les réduire à des traits hétéroclites paganisme et christianisme, éprouvant ce dont le retour des dieux en exil fait métaphore sur un mode libérateur et paisible, peu susceptible d'accentuer la division subjective, laissant au contraire se déployer la pacification signifiante. Car la méthode dite « allégorique » présentée par Pater ressemble fort à l'exercice du signifiant unifiant le divers et l'incompatible de l'existence et du

---

42 « *the leading instinct, the curiosity, the introductory idea* » (*Ren* 22).

43 « *with an inexhaustible, unrivalled thirst for knowledge* » (*Ren* 25).

44 Voir la « Conclusion » où Pater exige que l'individu ne se satisfasse de rien d'établi au profit d'une recherche permanente : « *What we have to do is to be for ever curiously testing new opinions and courting new impressions, never acquiescing in a facile orthodoxy of Comte, or of Hegel, or of our own.* » (*Ren* 152)

45 Pater évoque « *the quicksand of allegorical interpretation* » (*Ren* 22).

46 « *as subsisting side by side, and substantially in agreement with one another* » (*Ren* 23).

47 « *one must go below the surface, and bring up the supposed secondary, or still more remote meaning,* in recessu divinius aliquid, *latent in some stray touch of Homer, or figure of speech in the books of Moses.* » (*Ren* 22-23)

monde sous un même sceau. La nature signifiante du christianisme et du paganisme, soit leur expression langagière et réductible au langage, permet leur réconciliation, laquelle trouve dans l'humaniste une séduisante incarnation.

Pater prend soin de se référer à la biographie[48] de Pic traduite par Thomas More soulignant sa grande beauté physique et l'harmonie de sa personne telle qu'elle apparaît à Marsile Ficin :

> un jeune homme tout juste arrivé d'un long voyage, « de traits et de forme convenables et agréables, d'une belle et haute stature, d'une chair tendre et douce, d'un visage charmant et plaisant, à la peau claire mêlée çà et là d'incarnat, aux yeux gris et perçants, aux belles dents blanches, à l'épaisse chevelure blonde », et dont les vêtements surpassaient l'artifice habituel de l'époque. (*R* 75)[49]

On retrouve le « morceau de bravoure[50] » beuvien qu'est la description du visage étendu ici à la silhouette[51]. La beauté des personnages portraiturés par Pater n'est pas incidente : elle exprime une harmonie intérieure liée ici à l'équilibre entre christianisme et paganisme structurant l'œuvre de Pic. Son existence est « l'analogue » d'une œuvre vouée à la réconciliation des mondes païen et chrétien, et c'est en ceci qu'elle est exemplaire : « sa propre histoire constitue une sorte d'*analogie* ou d'*équivalent visible* de l'expression de ce propos dans ses écrits » (*R* 74, nous soulignons)[52]. Sous forme quasi légendaire, la vie narrativisée exprime le projet de l'œuvre, elle l'incarne, et, référée à l'harmonie physique, elle conjoint l'homme et l'œuvre sous une même unité.

La réconciliation commence lorsque Pic voit arriver Marsile Ficin, comme une apparition miraculeuse dont seules les étoiles peuvent

---

48 « *Pico della Mirandola, whose life, written by his nephew Francis, seemed worthy, for some touch of sweetness in it, to be translated out of the original Latin by Sir Thomas More, that great lover of Italian culture* » (*Ren* 23).

49 « *a young man fresh from a journey, "of feature and shape seemly and beauteous, of stature goodly and high, of flesh tender and soft, his visage lovely and fair, his colour white, intermingled with comely reds, his eyes grey, and quick of look, his teeth white and even, his hair yellow and abundant," and trimmed with more than the usual artifice of the time.* » (*Ren* 24)

50 Voir H. Dufour, *Portraits*, *op. cit.*, p. 188-193.

51 « *Pico, who, even in outward form and appearance, seems an image of that inward harmony and completeness, of which he is so perfect an example.* » (*Ren* 24)

52 « *it is for his share in this work, and because his own story is a sort of* analogue or visible equivalent *to the expression of this purpose in his writings, that something of a general interest still belongs to the name of Pico della Mirandola* » (*Ren* 23, nous soulignons).

rendre compte *a posteriori*[53], c'est-à-dire sur un mode avouant le défaut de la cause. C'est pendant la conversation qui s'ébauche entre les deux hommes que Ficin formera le projet de traduire Plotin. Leur relation intellectuelle illustre la vertu de la rencontre inscrite sous les aspects d'un véritable transfert où, parce qu'il est lui-même animé d'une soif inextinguible de savoir[54], Pic éveille le désir de savoir de Marsile Ficin[55].

Lettré, Pic a formé le vœu de réconcilier les philosophes entre eux, puis avec l'Église[56]. Néanmoins les neuf cents paradoxes qu'il prétend soutenir lui valent les soupçons de la papauté et le conduisent à une prudente retraite. Ne réconcilie pas paganisme et christianisme devant n'importe quel public qui le souhaite, et Pic apparaît d'abord face à un échec le renvoyant aux croyances de sa jeunesse[57] tandis qu'il reste de ces paradoxes l'introduction traitant de « la dignité de la nature humaine » (*R* 77)[58]. Certes, en liant microcosme et macrocosme, son système philosophique se fonde sur une erreur[59] mais confère sa dignité à l'homme[60], à l'inverse du Moyen Âge où ce dernier était déprécié au profit du Créateur[61], illustrant la « réhabilitation » (*R* 77) renaissante de l'homme, cœur et corps compris[62]. On peut sourire d'une semblable conception[63], que Pater rapproche d'une vision enfantine[64], pourtant le philosophe se révèle dans toute sa force dans son commentaire de l'éros platonicien où, mêlant sources païennes, juives et

53 « *at least, [Ficino] ever afterwards believed that it was not without the co-operation of the stars that the stranger [Pico] had arrived on that day* » (*Ren* 24-25).

54 « *with an inexhaustible, unrivalled thirst for knowledge* » (*Ren* 25).

55 Il ne serait pas infondé de voir en cette vignette une illustration de la définition lacanienne du transfert comme amour s'adressant au savoir. C'est parce qu'il est supposé savoir que Pic éveille le désir de savoir de Ficin. Son savoir est lui-même présenté comme soif et non possession.

56 « *the generous hope, so often disabused, of reconciling the philosophers with each other, and all alike with the Church* » (*Ren* 25).

57 « *an early instance of those who, after following the vain hope of an impossible reconciliation from system to system, have at last fallen back unsatisfied on the simplicities of their childhood's belief* » (*Ren* 26).

58 « *its subject is the dignity of human nature, the greatness of man* » (*Ren* 26).

59 « *misconception of the place in nature both of the earth and of man* » (*Ren* 26)

60 « *the bond or copula of the world, and "interpreter of nature"* » ; « *this high dignity of man [...] was supposed to belong to him, not as renewed by a religious system, but by his own natural right* » (*Ren* 26)

61 « *to depreciate man's nature* » (*Ren* 26).

62 « *that rehabilitation of human nature, the body, the senses, the heart, the intelligence, which the Renaissance fulfills* » (*Ren* 27).

63 « *For Pico the world is a limited place, bounded by actual crystal walls, and a material firmament; it is like a painted toy, like that map or system of the world, held, as a great target or shield, in the hands of the grey-headed father of all things* » (*Ren* 27).

64 « *childish dream* » (*Ren* 27).

chrétiennes, il essaie de définir le passage de l'âme du beau sensible au beau invisible[65]. Ce commentaire témoigne d'un changement intérieur[66]. Platonicien renaissant, Pic se tourne vers Dieu, tout en gardant le désir d'une réconciliation avec les anciens dieux[67]. À une époque où les dieux antiques reviennent dans la culture, il tente de les intégrer à la pensée chrétienne à travers une démarche fondée, si l'on suit Pater, sur l'analogie :

> [Dans l'*Heptaple*] [t]out l'univers est traversé par un système ininterrompu de correspondances. Chaque objet du monde terrestre est analogue, est le symbole ou la contrepartie d'une réalité supérieure du monde céleste qui est lui-même analogue à une loi de la vie angélique au-delà. Il existe un élément igné dans le monde matériel, le soleil est le feu céleste tandis que le feu de l'intelligence séraphique réside dans le monde supra-céleste. (*R* 80)[68]

L'explicitation du sens second ou caché des discours païen et chrétien en montre la similarité profonde au regard des différences, et place l'univers – du macrocosme au microcosme – sous la garde d'une loi ou d'un principe. Ce système fondé sur rien moins que sur la primauté du signifiant confère un style particulier à Pic, que Pater rapproche de celui de Platon. Ce « style figuré » (*R* 81) est avant tout le fruit d'un accueil du monde fondé « des sources sous-jacentes d'émotion passionnée » (*R* 81)[69] tandis que disparaît la séparation du corps et de l'esprit au profit d'une écriture fondée sur l'unité individuelle elle-même douée d'une dignité propre. Et cette écriture devient à son tour l'analogue d'une existence placée sous le signe de la brièveté : « ses mots possèdent une lueur et une véhémence qui rappellent la manière dont se dissipa sa brève existence. » (*R* 81)[70] Pic observe une existence charitable et humble, abandonnant

65 « *[Pico] attempts to define the stages by which the soul passes from the earthly to the unseen beauty* » (*Ren* 30).

66 « *A change indeed had passed over [Pico], as if the chilling touch of the abstract and disembodied beauty Platonists profess to long for was already upon him* » (*Ren* 28).

67 « *even after his conversion, [Pico did not] forget the old gods. He is one of the last who seriously and sincerely entertained the claims on men's faith of the pagan religions* » (*Ren* 28).

68 « *Everywhere [in the* Heptaplus, *or* Discourse on the Seven Days of the Creation*] there is an unbroken system of correspondences. Every object in the terrestrial world is an analogue, a symbol or counterpart, of some higher reality in the starry heavens, and this again of some law of the angelic life in the world beyond the stars. There is the element of fire in the material world; the sun is the fire of heaven; and in the super-celestial world there is the fire of the seraphic intelligence.* » (*Ren* 29)

69 « *we have a constant sense in reading him, that his thoughts, however little their positive value may be, are connected with springs beneath them of deep and passionate emotion* » (*Ren* 30).

70 « *there is a glow and vehemence in his words which remind one of the manner in which his own brief existence flamed itself away.* » (*Ren* 30)

les querelles intellectuelles, donnant ses biens, détruisant ses poèmes, avant d'être enterré sous l'habit des Dominicains. Pour Pater, l'habit ne fait pas le moine : la vie et la personne de l'humaniste illustrent au contraire la préservation des dieux antiques aux côtés des enseignements du christianisme afin d'assurer la continuité culturelle, comme l'indique la citation prise à Wordsworth[71] : « C'est parce que la vie de Pic lui-même, gisant sous l'habit dominicain, et reposant pourtant parmi l'idée des dieux antiques, comme l'une de ces belles divinités, réconcilié en effet avec la religion nouvelle, mais entretenant encore de la tendresse pour la vie antérieure et désireux littéralement de "lier les âges entre eux par la piété naturelle" » (*R* 80)[72]. Pic est l'analogue des dieux exilés qu'il sut si bien accueillir, comme le montre l'*Heptaple* où le *Timée* et la Genèse dialoguent. Mieux : la réconciliation du paganisme et du christianisme s'opère sur le mode d'un retour, d'une réapparition, de l'ouverture d'un tombeau dont l'œuvre mirandolienne donne la plus belle image : « lire une page de l'un des écrits oubliés de Pic, c'est comme jeter un coup d'œil sur l'un de ces anciens sépulcres où arrive parfois par hasard celui qui erre en terre antique, avec ses vieux ornements inutilisés et le mobilier encore intact d'un monde tout à fait dissemblable. » (*R* 77-78)[73] Lire Pic, c'est célébrer un culte païen en terre chrétienne et participer à la réconciliation imaginative de la Renaissance dont ses écrits ont voulu donner la formule théorique[74].

En effet : l'humaniste est animé d'une soif de savoir[75] traduite par son désir de lire les auteurs dont il se réclame dans le texte, soif parfois susceptible d'être trompée lorsqu'il achète fort cher de faux manuscrits.

71 Pater cite Wordsworth, « My Heart Leaps Up » : « *My heart leaps up when I behold / A rainbow in the sky. / So was it when my life began ; / So is it now I am a man ; / So be it when I grow old, / Or let me die ! / The Child is father of the Man ; / And I could wish my days to be / Bound each to each by natural piety.* »

72 « *It is because the life of Pico, thus lying down to rest in the Dominican habit, yet amid thoughts of the older gods, himself like one of those comely divinities, reconciled indeed to the new religion, but still with a tenderness for the earlier life, and desirous literally to "bind the ages each to each by natural piety"* » (*Ren* 29).

73 « *to read a page of one of Pico's forgotten books is like a glance into one of those ancient sepulchres, upon which the wanderer in classical lands has sometimes stumbled, with the old disused ornaments and furniture of a world wholly unlike ours still fresh in them* » (*Ren* 27).

74 « *For that age the only possible reconciliation was an imaginative one, and resulted from the efforts of artists, trained in Christian schools, to handle pagan subjects ; and of this artistic reconciliation work like Pico's was but the feebler counterpart.* » (*Ren* 30)

75 « *[Pico's] eagerness for mysterious learning* » (*Ren* 31).

Ses connaissances sont cependant justifiables d'un principe assurant leur préservation[76]. Comme les dieux en exil – qui en sont le vecteur – la connaissance ou, plus précisément, le savoir revient, il se définit même par son retour et par son effet d'illumination. Un savoir semblable anime Winckelmann, conduisant littéralement à l'« *éclaircissement* » (*R* 72) du XVIIIe siècle ainsi qu'à la libération personnelle de l'historien de l'art. Le savoir dont il est question – et auquel, significativement Pater n'attribue nul contenu précis le faisant équivaloir à des connaissances – relève bien de l'*Unbewußt* freudien. Son apparition réconcilie l'homme avec la part refoulée de lui-même, qu'elle prenne ou non, la forme d'un dieu païen exilé.

La réconciliation culturelle générale n'est pas mieux illustrée qu'à travers l'image de la fleur poussée sur un terreau qu'évoque Pater à la fin de son portrait :

> Lorsque l'on mêla la terre sainte en provenance de Jérusalem à la terre du Campo Santo de Pise, il en sortit une fleur nouvelle, qui ne ressemblait à nulle autre fleur que les hommes avaient contemplée, l'anémone aux cercles concentriques étrangement colorés, que ceux qui la quêtent longtemps, trouvent encore dans l'herbe haute des Maremmes. C'est à cette étrange fleur que ressemble la mythologie de la Renaissance italienne née de deux traditions, de deux sentiments, le sacré et le profane. (*R* 81-82)[77]

Comme l'anémone, comme la mythologie renaissante, Pic est le produit d'une hybridation, cette « pittoresque union de contrastes », lisible sur sa personne ou sur l'image qu'il lègue à la postérité : « c'est pour cette raison que sa personnalité est si attirante. » (*R* 82)[78] On ne saurait mieux évoquer l'homologie de l'homme, de la vie et de l'œuvre que tresse le portrait patérien. Cette homologie n'est pas seulement illustrative :

---

76 « *[Pico] believed there was a spirit of order and beauty in knowledge, which would come down and unite what men's ignorance had divided, and renew what time had made dim.* » (*Ren* 32)

77 « *When the ship-load of sacred earth from the soil of Jerusalem was mingled with the common clay in the Campo Santo at Pisa, a new flower grew up from it, unlike any flower men had seen before, the anemone with its concentric rings of strangely blended colour, still to be found by those who search long enough for it, in the long grass of the Maremma. Just such a strange flower was that mythology of the Italian Renaissance, which grew up from the mixture of two traditions, two sentiments, the sacred and the profane.* » (*Ren* 31)

78 « *It is because this picturesque union of contrasts, [...], pervades, in Pico della Mirandola, an actual person, that the figure of Pico is so attractive.* » (*Ren* 31)

elle souligne l'humanisme de la Renaissance dont Pater infléchit la définition commune :

> cette croyance dont [Pic] semble n'avoir jamais douté, que rien de ce qui a un jour intéressé les hommes et les femmes ne saurait perdre sa vitalité : aucun langage qu'ils aient parlé, aucun oracle devant lequel ils se soient tus, aucun rêve que forma jamais l'esprit humain, rien qui ait jamais suscité leur passion ou à quoi ils aient consacré leur temps et leur zèle. (*R* 83)[79]

L'humanisme célèbre l'individu et surtout l'homme gardien de la mémoire, du savoir antérieur, le sujet d'un savoir fondé et transmis par voie signifiante, toujours prêt à irriguer la culture. De nouveau, son représentant illustre cette transmission en s'égalant à la relique toujours vivante du savoir renaissant : « il demeure, comme un homme au tombeau – "*caesiis et vigilibus oculis*", les yeux gris et vifs – ainsi que le décrit son biographe, avec cette peau rubiconde et claire – "*decenti rubore interspersa*", mêlée de bel incarnat – comme illuminée par le soleil matinal » (*R* 82)[80]. Se dessine le portrait d'un sujet attaché au savoir ainsi qu'à sa transmission afin de lier les hommes, non par la piété comme le voulait Wordsworth, mais par le partage à partir d'un fondement et d'un fonds commun dont Pater donne la clé dans « Winckelmann ».

VANITÉ DES VIES, VALEUR DE L'INTIMITÉ

Dans ses portraits, Pater s'appuie sur des biographies ou ce que l'on appelait des « Vies », vénérable genre[81], ainsi que sur le modèle plutarquiste, qu'il subvertit en en faisant ressortir la valeur de « *vraie vérité* » (*R* 157) c'est-à-dire de vérité symbolique exprimée sous forme

---

79 « *that belief of which [Pico] seems never to have doubted, that nothing which has ever interested living men and women can wholly lose its vitality – no language they have spoken, nor oracle beside which they have hushed their voices, no dream which has once been entertained by actual human minds, nothing about which they have ever been passionate, or expended time and zeal.* » (*Ren* 32)

80 « *he himself remains, as one alive in the grave,* caesiis et vigilibus oculis*, as his biographer describes him, and with that sanguine, clear skin,* decenti rubore interspersa*, as with the light of morning upon it* » (*Ren* 32).

81 Voir M. Wascek (dir.), *Les « Vies d'artistes*, *op. cit.*

romanesque. Tel est le cas de Pic ou de Léonard de Vinci. Botticelli représente en revanche un accroc dans cet art du portrait nourri d'éléments biographiques, car son existence est dépourvue d'événements saillants[82]. La critique est revenue sur des jugements erronés concernant certains artistes renaissants ; elle serait bien embarrassée dans le cas de Sandro Botticelli, tant les éléments sont rares, à commencer par ce nom qui n'est pas le sien[83]. Les seuls événements remarquables de son existence sont les peintures exécutées dans la Chapelle Sixtine et sa conversion aux idées de Savonarole, avant sa disparition de la scène publique, disparition référée à une mélancolie ayant saisi l'artiste[84].

La pauvreté d'éléments biographiques semble obérer la possibilité d'une appréciation esthétique fondée sur la reconstitution du sujet[85], mais elle laisse en fait le portraitiste libre de se concentrer sur l'œuvre et de poser la question de sa valeur esthétique à une époque marquée par la redécouverte de l'artiste :

> Quelle est donc la sensation singulière, quelle est donc la qualité particulière de plaisir que son œuvre a la propriété de susciter en nous et que nous ne pouvons trouver nulle part ailleurs ? Car telle est bien la question principale à laquelle doit répondre un critique, surtout lorsqu'il doit parler d'un personnage comparativement peu connu. (*R* 85)[86]

Heureux hasard que celui qui a quasiment fait disparaître toute donnée biographique pour laisser le portraitiste aller jusqu'à faire fi de l'homme et s'intéresser à l'œuvre, non pour elle-même, mais pour en reconstruire le sujet supposé à partir des impressions qu'elle génère. Il arrive parfois que ce que Pater appelle la « légende », c'est-à-dire la tradition recueillie

82 « *In an age when the lives of artists were full of adventure, [Botticelli's] life is almost colourless.* » « Sandro Botticelli » (*Ren* 33)

83 « *He did not even go by his true name : Sandro is a nickname, and his true name is Filipepi, Botticelli being only the name of the goldsmith who first taught him art.* » (*Ren* 33).

84 « *a sort of religious melancholy, which lasted till his death in 1515, according to the received date.* » (*Ren* 33-34)

85 Pater en arrive à souhaiter un plus grand nombre d'éléments biographiques susceptible d'infléchir la thèse d'une mélancolie chez Botticelli : « *one almost wishes that some document might come to light, which, fixing the date of [Botticelli's] death earlier, might relieve one, in thinking of him, of his dejected old age* » (*Ren* 34).

86 « *What is the peculiar sensation, what is the peculiar quality of pleasure, which his work has the property of exciting in us, and which we cannot get elsewhere ? For this, especially when he has to speak of a comparatively unknown artist, is always the chief question which a critic has to answer.* » (*Ren* 33)

discursivement et s'attachant à un nom, vienne soutenir les affirmations du critique ; or, chez Botticelli, il n'y a « nulle légende à dissiper » (*R* 86)[87], et le portraitiste est face à l'œuvre nue. Homme sans qualités, Botticelli est exemplaire d'une démarche esthétique inversant la relation entre l'œuvre et le sujet puisque le portrait vise à reconstruire le sujet supposé de celle-ci à partir des impressions qu'elle suscite, par-delà son thème[88], selon la définition de l'esthétique de la « Préface » dont l'écho est ici sensible.

Botticelli apparaît comme un « peintre poétique » (*R* 86)[89], voire « visionnaire » (*R* 87)[90], l'illustrateur de Dante, quoique différent de l'orthodoxe artiste florentin[91] par sa relecture moderne des textes anciens :

> Au milieu du XVe siècle, Botticelli avait déjà anticipé une bonne part de la subtilité méditative que l'on suppose parfois être propre aux grands artistes de la fin du siècle. [...] il chercha son inspiration dans ce qui était pour lui des œuvres modernes – les écrits de Dante et de Boccace – et dans sa propre interprétation des récits antiques (*R* 85)[92].

L'impression suscitée par son œuvre est celle d'une mélancolie dont la tradition a justement recueilli le souvenir et que Pater prend comme point de départ. Dans cette perspective, l'influence supposée de Savonarole vient étayer le sentiment mélancolique émanant des œuvres du peintre. Un autre biographème mentionne un tableau illustrant un poème de Matteo Palmieri, « La Città Divina », dont le caractère hétérodoxe aurait suscité les foudres de l'Église car il « représentait l'espèce humaine sous la forme incarnée de ces anges, qui, lors de la révolte de Lucifer, ne prirent parti ni pour Jéhovah, ni pour Ses ennemis » (*R* 88)[93]. Botticelli aurait donné une incarnation toute sensible de cette indifférence religieuse.

87 « *In Botticelli there is no legend to dissipate* » (*Ren* 33).

88 « *the original sentiment, which touches you as the real matter of the picture through the veil of its ostensible subject* » (*Ren* 33).

89 « *poetical painter* » (*Ren* 34).

90 « *visionary painter* » (*Ren* 35).

91 « *[Botticelli] is far enough from accepting the conventional orthodoxy of Dante* » (*Ren* 35).

92 « *In the middle of the fifteenth century he had already anticipated much of that meditative subtlety, which is sometimes supposed peculiar to the great imaginative workmen of its close. [...] he sought inspiration in what to him were works of the modern world, the writings of Dante and Boccaccio, and in new readings of his own of classical stories* » (*Ren* 33).

93 « La Città Divina *[...] represented the human race as an incarnation of those angels who, in the revolt of Lucifer, were neither for Jehovah nor for His enemies* » (*Ren* 35).

Mais qu'il s'agisse de l'influence supposée de Savonarole ou de Palmieri, il convient de revenir à l'œuvre même :

> Vraie ou fausse, l'anecdote exprime une grande part du sentiment qu[e Botticelli] insuffle à ses personnages sacrés ou profanes, beaux et en un certain sens, angéliques, mais imprégnés d'un sentiment d'exil ou de perte, qui ont la nostalgie des exilés, qui sont conscients d'une passion excédant celle que pourrait expliquer leurs arias, sentiment qui traverse toute son œuvre avec un courant de mélancolie ineffable. (*R* 88)[94]

Qu'elle soit ou non supportée par la réalité biographique, la mélancolie émanant de l'œuvre renvoie au sentiment d'un exil et à l'élection par le peintre du monde des hommes et de leurs faiblesses, de leur nostalgie, de leur exil, aux dépens du monde idéal et divin :

> [Botticelli] ne s'intéresse ni à la bonté pure des saints de Fra Angelico, ni au mal parfait qui peuple l'*Enfer* d'Orcagna, mais à des hommes et des femmes, de condition mêlée et incertaine, toujours attirants, parfois animés par la passion, doués d'un caractère charmant et énergique, et pourtant perpétuellement attristés par l'ombre portée de ces grandes choses devant lesquelles ils reculent. (*R* 89)[95]

Ce détournement de l'idéal, ce refus de l'action, cet assombrissement marqué sur tous ses personnages fait du peintre, en dépit de son caractère « visionnaire », selon l'expression de Pater, un réaliste, soit un artiste attaché à peindre les hommes tels qu'ils sont, et le tenant d'un art « imperturbé par nulle ambition morale » destiné à produire « son œuvre la plus sincère et la plus authentique. » (*R* 89)[96] Botticelli ne peint pas l'idéal mais bien le réel de la condition humaine – « la nostalgie des exilés » (*R* 88) –, exprimant ainsi une morale fondée sur la sympathie envers autrui : « Sa morale est toute compassion, et c'est cette

94 « *True or false, the story [of Botticelli's indebtedness to Matteo Palmieri's ideas] interprets much of the peculiar sentiment with which [Botticelli] infuses his profane and sacred persons, comely, and in a certain sense like angels, but with a sense of displacement or loss about them – the wistfulness of exiles, conscious of a passion and energy greater than any known issue of them explains, which runs through all his varied work with a sentiment of ineffable melancholy.* » (*Ren* 36)

95 « *[Botticelli's] interest is neither in the untempered goodness of Angelico's saints, nor the untempered evil of Orcagna's Inferno ; but with men and women, in their mixed and uncertain condition, always attractive, clothed sometimes by passion with a character of loveliness and energy, but saddened perpetually by the shadow upon them of the great things from which they shrink* » (*Ren* 36).

96 « *He thus sets for himself the limits within which art, undisturbed by any moral ambition, does its most sincere and surest work* » (*Ren* 36).

compassion qui transmet à son œuvre plus que la mesure habituelle de la véritable complexion de l'humanité, et qui fait de Botticelli, tout visionnaire qu'il est, un réaliste si puissant. » (*R* 89)[97] Tristement conscient de la Chute de l'homme, et sans s'exclure de sa portée, Botticelli est animé par le désir de montrer l'origine de ce dernier, une origine païenne lorsqu'elle s'incarne dans la « *Vénus sortant des eaux* » (*R* 90) (*La Naissance de Vénus*), chrétienne à travers ses indifférentes Madones[98], mais qui n'en est pas moins marquée au coin de la mélancolie, si l'on en croit la pâleur de la lumière[99], la maussaderie de l'expression des personnages, ou la tristesse lisible sur le visage de la déesse de l'amour. Cette lecture soutenue par des arguments techniques ou historiques[100] est contestable ; elle est cependant cohérente car Pater pose la question de l'attrait que les femmes botticelliennes exercent sur le spectateur[101]. Chrétiennes ou païennes, toutes montrent une même tristesse mortifère car pleinement consciente de la finitude :

> Botticelli a peint d'autres épisodes de l'histoire de la déesse de l'amour en dehors de sa naissance marine, mais toujours avec une ombre de mort sur la chair grise et les fleurs pâles. Il a peint des madones qui se détournent de la pression de l'enfant divin et plaident en d'immanquables accents sous-jacents en faveur d'une humanité inférieure et plus chaleureuse. (*R* 92)[102]

Vénus ou Madones, toutes sont humaines, trop humaines ; elles sont le fruit d'un « tempérament » ayant sondé la condition humaine :

> le résultat d'un mélange de compassion pour l'humanité en sa condition incertaine, en son caractère attirant, lorsqu'elle est investie, à des moments plus rares par un caractère de beauté et d'énergie, et par l'ombre portée des

97 « *His morality is all sympathy ; and it is this sympathy, conveying into his work somewhat more than is usual of the true complexion of humanity, which makes him, visionary as he is, so forcible a realist.* » (*Ren* 36)

98 « *[Madonnas] who are neither for Jehovah nor for his enemies* » (37).

99 « *The light is indeed cold – mere sunless dawn* » (*Ren* 38).

100 « *Botticelli meant all this imagery to be altogether pleasurable ; and it was partly an incompleteness of resources, inseparable from the art of that time, that subdued and chilled it.* » (39)

101 « *Perhaps you have sometimes wondered why those peevish-looking Madonnas, conformed to no acknowledged or obvious type of beauty, attract you more and more, and often come back to you when the Sistine Madonna and the Virgins of Fra Angelico are forgotten.* » (*Ren* 37)

102 « *He paints the story of the goddess of pleasure in other episodes [...], but never without some shadow of death in the grey flesh and wan flowers. He paints Madonnas, but they shrink from the pressure of the divine child, and plead in unmistakable undertones for a warmer, lower humanity* » (*Ren* 39).

> grandes choses auxquelles elle se refuse, et [...] ce mélange apportait à son œuvre une touche supplémentaire de ce que la peinture réussit habituellement à atteindre de la véritable complexion de l'humanité. (*R* 91-92)[103]

La tristesse émanée des personnages est celle de l'humanité sous le coup de la finitude[104], non plus d'une humanité idéale chargée d'accomplir sur terre le message chrétien. Se refusant à tout art didactique pour se consacrer à ce qu'il voit, Botticelli peint l'humanité dans son inhibition. La mélancolie qu'il prête à ses personnages est celle d'une humanité ayant découvert sa mortalité et dont il ne s'exclut pas. Et l'on voit comment par le biais d'une analyse consacrée à un artiste renaissant, Pater prend place dans le débat contemporain sur les rapports de l'éthique et de l'esthétique en le reformulant.

Pater renverse les rapports entre l'œuvre et son auteur, donnant la primauté à celui-ci, perçu à travers son *tempérament* : « le propos de cette brève étude est atteint si j'ai défini correctement le tempérament avec lequel a travaillé Botticelli. » (*R* 92)[105] Ce tempérament pourrait être qualifié de mélancolique consécutivement à sa découverte, non plus de la dignité de l'homme comme chez Pic, mais de son indignité, ou plus précisément de sa mortalité. Cette notion permet d'éclairer le « moment pathique[106] » où s'établit le rapport de l'artiste à la réalité et de redéfinir la mélancolie prêtée à Botticelli : ce n'est pas une affection, mais bien un rapport ou une humeur[107] – « *mood* » est souvent en concurrence avec « *temper* » chez Pater – soit un rapport au monde. Le tempérament

---

103 « *the peculiar character of Botticelli is the result of a blending in him of a sympathy for humanity in its uncertain condition, its attractiveness, its investiture at rarer moments in a character of loveliness and energy, with his consciousness of the shadow upon it of the great things from which it shrinks, and that this conveys into his work somewhat more than painting usually attains of the true complexion of humanity.* » (*Ren* 39)

104 Pater s'appuie sur l'*Enfer* et mentionne l'existence du commentaire qu'aurait fait l'artiste de *La Divine comédie* (*Ren* 36).

105 « *the object of this brief study has been attained, if I have defined aright the temper in which he worked.* » (*Ren* 39)

106 Selon Henri Maldiney, le « moment pathique » est « la communication avec l'être-donné des phénomènes dans l'ébranlement de notre propre présence. Aussi ne peut-il être objectivé en thème. » « Le dévoilement des concepts fondamentaux de la psychologie à travers la *Daseinanalyse* de L. Binswanger » (1963), *Regard, parole, espace*, Genève, l'Âge d'homme, 1975, p. 94.

107 À entendre au sens de la *Stimmung* qui « désigne antérieurement à cette scission de l'extérieur et de l'intérieur, la tonalité d'une situation et des comportements fondés en elle. » H. Maldiney, « Présentation », *Regard, parole, espace*, *op. cit.*, p viii.

constitue l'une des notions permettant de passer du portrait à visée mimétique à l'étude de cas[108], et montrera sa fécondité lorsque Pater dressera les portraits des mélancoliques Coleridge[109] et Watteau.

En donnant à Botticelli, artiste mineur aux yeux des Victoriens[110], la possibilité de prendre place dans la culture, aux côtés des « grands hommes », Pater se montre fidèle à ses principes où le plaisir définit la valeur esthétique et donc le canon artistique :

> à côté de ces grands hommes, il existe un certain nombre d'artistes doués d'une faculté distincte et bien à eux à travers laquelle ils nous transmettent un plaisir d'une qualité particulière introuvable ailleurs : ils ont donc leur place dans la culture commune et doivent faire l'objet d'une interprétation par ceux qui ont ressenti fortement leur charme, tandis qu'ils font souvent l'objet d'une considération et d'une diligence spéciales, pleinement affectueuses, simplement parce qu'ils n'ont ni grand nom et ni autorité importante. (*R* 93)[111]

Faire du plaisir le critère suprême de la critique, c'est non seulement conférer sa place à Botticelli dans l'histoire de l'art[112] à partir des impressions que suscite son œuvre, c'est aussi s'autoriser à occuper une place essentielle pour Pater, celle de « l'interprète », sur la base d'une affinité particulière non réductible à l'*Einfühlung*[113] mais bien à un tempérament partagé, c'est-à-dire un rapport commun au signifiant,

108 L'importance du tempérament chez Pater a été remarquée par R. C. Child, *The Aesthetic of Walter Pater*, New York, Macmillan, 1940, p. 99.

109 Lorsqu'il rédige son portrait de Botticelli, Pater a publié la première version de son essai sur Coleridge (1866), sans toutefois évoquer la mélancolie du poète qui tiendra une grande place dans la version de 1880.

110 « *a secondary painter* » (*Ren* 40). Sur la querelle feutrée entre Ruskin et Pater concernant la redécouverte de Botticelli, voir G. Weinberg, « Ruskin, Pater, and the Rediscovery of Botticelli », *Burlington Magazine*, nº 129, 1987, p. 25-27 ; P. Tucker, « "Reanimate Greek" : Pater and Ruskin on Botticelli », *Walter Pater : Transparencies of Desire*, L. Brake, L. Higgins, C. Williams (dirs.), Greensboro, ELT P, 2002, p. 119-132.

111 « *besides those great men, there is a certain number of artists who have a distinct faculty of their own by which they convey to us a peculiar quality of pleasure which we cannot get elsewhere ; and these, too, have their place in general culture, and must be interpreted to it by those who have felt their charm strongly, and are often the objects of a special diligence and a consideration wholly affectionate, just because there is not about them the stress of a great name and authority* » (*Ren* 40).

112 Son œuvre a été absorbée par les grands hommes de la Renaissance, selon Pater (*Ren* 40) qui assigne en outre à la critique générale (« *general criticism* ») la tâche de les classer.

113 Voir M. Nowak, « The Complicated History of Einfülhung », *Argument*, vol. 1, 2/2011, p. 301-326.

à la finitude. C'est enfin se détourner de la biographie et du pouvoir du Nom et du renom[114] au profit d'une explicitation de la situation de l'artiste à l'intérieur de la Renaissance : « Botticelli [...] possède la fraîcheur, la promesse incertaine et timide qui appartient à la première Renaissance » (*R* 93)[115] Parce que Botticelli inaugure cette Renaissance à valeur paradigmatique, il permet à son exégète de repérer la place de l'art italien dans la culture.

114 « *the stress of a great name and authority* » (*Ren* 40).

115 « *[Botticelli] has the freshness, the uncertain diffident promise, which belong to the earlier Renaissance period itself* » (*Ren* 40).

« [D]AVANTAGE QUE LES CONTOURS FLOUS DES JOURS[1] »

Dans « Luca della Robbia » (1871), le portraitiste s'affronte à l'absence radicale de tout renseignement biographique sur les sculpteurs toscans du XVe siècle[2], absence propre à susciter la curiosité :

> On souhaiterait pénétrer l'existence de ces hommes qui ont exprimé tant de force et de douceur, mais c'est en partie du fait de la réserve, de la dignité austère et de la simplicité de leur vie, que les récits qui en existent sont pour la plupart brefs ou perdus. De leurs vies, comme de leurs œuvres, tout le vacarme, tout le tumulte coloré se sont éteints. C'est en vain que l'on voudrait posséder davantage que les contours flous [de leurs] jours (*R* 95)[3]

Le foisonnement de l'existence a définitivement disparu au profit d'une ombre, ne reste que l'œuvre encore palpitante[4] d'une expressivité témoignant d'une subjectivité particulière : « cette empreinte intime d'une âme intérieure » (*R* 94)[5]. Quelques années plus tard, Pater, rigoureux dans l'emploi des termes, fera de l'âme (« *soul* ») la trace du sujet, en regard de l'intellect (« *mind* ») désignant quant à lui son rapport au langage[6]. L'âme relève de ce que la psychanalyse nous apprend à reconnaître

1 *« more than a shadowy outline of their actual days. »* (*Ren* 41)

2 *« Mino, the Raffaelle of sculpture, Maso del Rodario, whose works add a new grace to the church of Como, Donatello even »*, « Luca della Robbia » (*Ren* 41).

3 *« One longs to penetrate into the lives of the men who have given expression to so much power and sweetness ; but it is part of the reserve, the austere dignity and simplicity of their existence, that their histories are for the most part lost, or told but briefly. From their lives, as from their work, all tumult of sound and colour has passed away. [...] one asks in vain for more than a shadowy outline of their actual days. »* (*Ren* 41)

4 *« their fire still smoulders »* (*Ren* 41).

5 *« that profound expressiveness, that intimate impress of an indwelling soul »* (*Ren* 41).

6 *« By mind, the literary artist reaches us, through static and objective indications of design in his work, legible to all. By soul, he reaches us, somewhat capriciously perhaps, one and not another, through vagrant sympathy and a kind of immediate contact. »* W. Pater, « Style » (*Ap* 25). « Par l'esprit, l'artiste littéraire nous atteint au moyen des indications statiques et objectives qui révèlent le dessein de l'œuvre et qui sont perceptibles par tous. Par l'âme, il nous

comme l'intime[7], né de la rencontre de l'homme et du langage et dont Pater donne cette formule exemplaire : « ne faire que suggérer ce qui ne peut jamais être explicité, parce que c'est différent de – ou plus obscur que – ce qui vient à être effectivement dit, mais parce que cela contient cette substance pleine dont on trouve seulement une facette dans ce qui est exprimé[8]. »

Toute œuvre, avance Pater dans « Luca », porte donc la marque (« *impress* ») de son créateur, de celui qui l'a œuvrée. Dès lors, la tâche du portraitiste consiste à définir le cadre artistique de son expression, soit le rapport à l'art des sculpteurs toscans sur lequel apparaîtra le portrait de Luca della Robbia, lequel se définit d'abord comme un artiste vouant sa vie à une recherche artistique exigeante[9]. Pour mieux saisir l'originalité foncière du « sujet Luca », Pater le distingue du groupe des sculpteurs toscans qu'il vient de présenter par leur disparition, non sans avoir d'abord souligné qu'il en fait partie intégrante[10]. L'individu s'efface ensuite au profit de l'artiste, effectuant la réduction de l'homme à ses œuvres : « les objets de terre cuite bleu pâle et blanc qu'il réalisa et qui ont assuré sa célébrité et qui sont comme des fragments de la voie lactée chus dans les rues fraîches pour en éclairer les églises obscures. » (*R* 95)[11]

Parmi les sculpteurs toscans (Mino da Fiesole, Maso del Rodario, Donatello), dont nul ne se distingue par quelque élément biographique

touche, d'une manière quelque peu capricieuse – l'un y sensible, l'autre pas –, par une sympathie flottante et une espèce de contact immédiat. » *Qu'est-ce que le style ?* traduit de l'anglais par C. Molinier, Montpellier, L'Anabase, 1993, p. 38.

7 Voir B. Coste, « "The Perfection of Nobody's Style" : Impersonality and Emotion in Pater's Prosper Mérimée », *Impersonality and Emotion in Twentieth-Century British Literature*, C. Reynier & J.-M. Ganteau (dirs.), Montpellier, Publications de l'Université Paul Valéry, 2005, p. 29-42.

8 W. Pater, *Qu'est-ce que le style*, *op. cit.*, p. 41. « *it is still a characteristic of soul, in this sense of the word, that it does but suggest what can never be uttered, not as being different from, or more obscure than, what actually gets said, but as containing that plenary substance of which there is only one phase or facet in what is there expressed.* » (*Ap* 27)

9 « *the trial of new artistic processes, the struggle with new artistic difficulties, the solution of purely artistic problems* » (*Ren* 45).

10 « *Part of the charm of this work, its grace and purity and finish of expression, is common to all the Tuscan sculptors of the fifteenth century ; for Luca was first of all a worker in marble, and his works in earthenware only transfer to a different material the principles of his sculpture.* » (*Ren* 41)

11 « *those pieces of pale blue and white earthenware by which he is best known, like fragments of the milky sky itself, fallen into the cool streets, and breaking into the darkened churches.* » (*Ren* 41)

remarquable, Luca, comme l'appelle Pater tout au long de son portrait, représente une exception, semble-t-il, si l'on examine son œuvre car elle laisse entrevoir un léger supplément relevant de l'intimité. Pater n'entend pas le terme comme Sainte-Beuve[12] : il égale l'intimité à l'expression de l'originalité foncière du sujet, à ce qui nous fait reconnaître son œuvre parmi toutes les autres et qui est, dit-il, l'expression, le sceau de sa singularité[13]. Les sculpteurs toscans se sont littéralement absentés dans leur œuvre, mais Luca della Robbia a laissé poindre son originalité, la trace de son rapport au monde, et c'est par opposition à ce trait signifiant qu'est leur absence que Pater repère cet autre trait signifiant qu'est l'originalité de l'artiste toscan.

Dans une perspective où la sculpture toscane se définit par l'utilisation du bas-relief afin d'atténuer la lourdeur inhérente de cet art et de travailler le plus précisément le jeu de l'ombre et de la lumière[14], le travail sur la taille et le contraste permet aux artistes d'illustrer « l'expression », c'est-à-dire de lutter contre la pesanteur liée à la sculpture en lui donnant la précision susceptible de saisir le plus bref mouvement : « L'expression, le passage d'un sourire sur le visage d'un enfant, le rideau froissé par le souffle de l'air à la fenêtre ouverte, telle est toute l'essence de leurs œuvres. » (*R* 96)[15] Grâce à l'usage d'un système représentatif fonctionnant sur la convention, soit d'une sémiotique, leurs sculptures élèvent leur modèle à la dignité de l'individu :

> ces sculpteurs mettent dans leurs œuvres toute une intensité d'expression individualisée. Leurs sculptures les plus nobles sont de soigneux portraits mortuaires [...]. Et [ils] unissent ces éléments de repos et de tranquillité à une intensité d'expression individualisée à travers un système conventionnel

---

12 Pour Sainte-Beuve, l'intimité, « l'un des mots clés de la technique du portrait », « tente de saisir ce qu'il y a de plus profond et en même temps de plus familier en chaque être », H. Dufour, *Portrait*, *op. cit.*, p. 190.

13 « *some subtler sense of originality – the seal on a man's work of what is most inward and peculiar in his moods and manners of apprehension* » (*Ren* 46).

14 « *These Tuscan sculptors of the fifteenth century worked for the most part in low relief, giving even to their monumental effigies something of its depression of surface, getting into them by this means a pathetic suggestion of the wasting and etherealisation of death. They are haters of all heaviness and emphasis, of strongly-opposed light and shade, and seek their means of expression among those last refinements of shadow, which are almost invisible except in a strong light, and which the finest pencil can hardly follow* » (*Ren* 42).

15 « *The whole essence of their work is expression, the passing of a smile over the face of a child, the ripple of the air on a still day over the curtain of a window ajar.* » (*Ren* 42)

> aussi adroit et subtil que celui des Grecs, en contenant toutes les courbes qui indiquent la forme massive et en n'utilisant que le bas-relief. » (*R* 98-99)[16]

Appliqué à l'art funéraire, ce système de bas-relief permet de révéler le sujet en sa perfection signifiante. Il n'est pas étonnant que semblable art soit funéraire car le sujet qui y apparaît a perdu les qualités qui en faisaient un sujet manquant, soumis à ce que Lacan appelait « l'une-bévue[17] », pour ne plus apparaître que dans la perfection de la mortification signifiante, soumise à l'appréciation du critique esthétique, seul capable de repérer son mode d'élaboration.

Della Robbia choisit quant à lui « l'intimité », soit le point de hors sens au cœur du sujet pour le porter à son apparition artistique. Sa vie ne diffère pas de celle de ses confrères puisqu'il s'attacha à résoudre, comme eux, les difficultés inhérentes à la sculpture. Elle fut somme toute ponctuée par ce seul événement : le « transfert » (« en transférant les principes », *R* 95) de la technique du marbre à un autre matériau, la terre cuite, qu'il colore pour lui conférer une « grâce supplémentaire[18] ». Il réalise en effet la synthèse de l'art oriental et romain en important la couleur du premier sur le second :

> La renommée de la poterie orientale aux belles couleurs étranges – les couleurs de l'art, des couleurs que n'avait pas la pierre naturelle – se mélangea à la tradition locale de la vieille poterie romaine. Les petites cruches rouges ou vermeilles d'Arezzo que l'on déterrait de temps en temps étaient très appréciées, et leur couleur hantait la fantaisie de Luca. « Il continuait à chercher quelque chose de plus, nous dit son biographe, et, au lieu de faire des formes en terre cuite simplement blanches, il eut l'idée de leur donner de la couleur, à l'étonnement et au ravissement de tous ceux qui les virent ». « *Cosa singolare, e multo utile per la state* ! » : « Une chose curieuse et très utile en été, pleine de repos pour la main et l'œil ! » (*R* 99-100)[19]

---

16 « *these sculptors fill their works with intense and individualised expression : their noblest works are the studied sepulchral portraits of particular persons [...] and they unite these elements of tranquillity, of repose, to that intense and individual expression by a system of conventionalism as skilful and subtle as that of the Greeks, subduing all such curves as indicate solid form, and throwing the whole into lower relief.* » (*Ren* 45)

17 Ainsi Lacan traduit-il l'*unbewußt* freudien, voir J. Lacan, « L'insu que sait de l'une-bévue s'aile à mourre », « Séminaire XXIV (1976-1977) ». Inédit.

18 « *another artistic grace* » (*Ren* 45).

19 « *The fame of the oriental pottery, with its strange, bright colours – colours of art, colours not to be attained in the natural stone – mingled with the tradition of the old Roman pottery of the neighbourhood. The little red, coral-like jars of Arezzo, dug up in that district from time to time,*

La sculpture se mue alors en objet usuel où la beauté ne se distingue pas de l'utilité. Suivant un « humble chemin » (*R* 99)[20], l'artiste se distingue du groupe en se confrontant au problème de la création, laquelle relève du transfert chez lui d'une technique à un autre matériau, soit de la métaphore pure. Cet acte ruine de fait toute création *ex nihilo* pour l'inscrire sous le signe de la reprise (et non de la répétition) et de l'hybridation. Della Robbia commence par s'inscrire à l'intérieur d'un groupe défini par l'avènement du sujet en sa beauté signifiante dont il s'écarte à travers une double opération : il transfère le principe de la sculpture toscane à un autre matériau[21] avant de lui adjoindre la couleur[22]. À travers ce transfert de l'art des sculpteurs toscans – l'art de l'individu devenu signifiant de pierre – aux objets du quotidien, Luca laisse transparaître son originalité, ce qui témoigne d'un rapport unique, tout en inscrivant l'art comme rapport entre un sujet et un objet distincts et distingués d'un groupe. Son rapport à la création devient

> le sceau d'une qualité personnelle, d'une expressivité profonde, que les Français appellent l'*intimité* et qui signifie l'impression d'originalité ou encore le sceau sur l'œuvre de ce qui est particulièrement intérieur et singulier dans les états d'âmes d'un individu : c'est ce que nous appelons l'expression, mais portée à son plus haut degré d'intensité. (*R* 100)[23]

Luca apparaît alors comme un sujet singulier : il se soustrait d'un groupe typifiant l'individu en donnant aux objets du quotidien la qualité ou la valeur d'une chose[24] unique, distincte et donc en tension avec le sujet

---

are still famous. These colours haunted Luca's fancy. "He still continued seeking something more," his biographer says of him; "and instead of making his figures of baked earth simply white, he added the further invention of giving them colour, to the astonishment and delight of all who beheld them" – Cosa singolare, e multo utile per la state ! – *a curious thing, and very useful for summertime, full of coolness and repose for hand and eye* ». (*Ren* 46)

20 « *humble path* » (*Ren* 45).

21 « *Luca's new work was in plain earthenware first* » (*Ren* 45).

22 « *giving [various fruits] their natural colours, only subdued a little, a little paler than nature.* » (*Ren* 46)

23 « *the impress of a personal quality, a profound expressiveness, what the French call* intimité, *by which is meant some subtler sense of originality – the seal on a man's work of what is most inward and peculiar in his moods, and manner of apprehension : it is what we call expression, carried to its highest intensity of degree.* » (*Ren* 46)

24 À entendre au sens heideggérien, voir M. Heidegger, « La chose », *Essais et conférences*, traduit de l'allemand par André Préau, Paris, Gallimard, coll. Tel, 1980.

créateur[25]. Il se sépare par une double opération – du marbre à la terre, et de la terre à la terre colorée – de la sculpture toscane pour créer des objets mêlant l'art et l'utilité. Plus que la source biographique toujours défaillante, l'objet permet bien la reconstruction de son sujet supposé, jusque dans cette *intimité* excédant le système signifiant. À l'aube de la Renaissance, della Robbia choisit cette dernière contre la convention de la sculpture toscane, élisant la singularité contre la collectivité, et illustrant l'un des enjeux du portrait littéraire patérien : la désignation de l'ipséité subjective. Nul besoin d'avoir des connaissances « avérées[26] » sur les sculpteurs pour la repérer, il suffit d'avoir reçu l'éducation esthétique et démocratique patérienne[27] pour la percevoir et ressentir, à travers elle, la proximité des artistes, nonobstant leur éloignement temporel et culturel : « l'art de Luca della Robbia possèd[e] à un degré inhabituel cette caractéristique particulière qui appartient à tous ceux de son école, caractéristique qui, en l'absence d'informations avérées concernant leur vie, semble les rapprocher de nous. » (*R* 100)[28]

Le sujet se définit par son tempérament, il se définit également par son *intimité* qu'il est de la tâche du critique esthétique de cerner, fût-ce au moyen d'une comparaison avec un groupe ou une école appelés à incarner le type. C'est donc par un travail constant de différenciation que s'élaborent peu à peu le sujet et l'esthétique du portrait patérien.

25 Dans ses textes consacrés à l'art grec, Pater repèrera la première manifestation de cette double création du sujet et de l'objet dans la Grèce antique (voir « L'Âge héroïque de l'art grec », *EMAG* 153). Dans « Deux vieilles histoires françaises », il évoque les sentiments complexes des hommes du Moyen Âge devant l'objet d'art : « *the enjoyment of beautiful handiwork by a primitive people, their simple wonder at it, so that they give it an oddly, significant place among the factors of human history* » (*Ren* 6).

26 « *positive information* » (*Ren* 46).

27 Dans sa « Préface », Pater définit l'éducation du « critique esthétique » comme expérience continue de la singularité des impressions à travers leurs différences : « *Our education becomes complete in proportion as our susceptibility to these impressions increases in depth and variety. And the function of the aesthetic critic is to distinguish, analyse, and separate from its adjuncts, the virtue by which a picture, a landscape, a fair personality in life or in a book, produces this special impression of beauty or pleasure, to indicate what the source of that impression is, and under what conditions it is experienced.* » (*Ren* xxx)

28 « *the work of Luca della Robbia possessed in an unusual measure that special characteristic which belongs to all the workmen of his school, a characteristic which [...] seems to bring those workmen themselves very near to us* » (*Ren* 46).

LA LÉGENDE CONTRE LES ANTIQUAIRES

Luca della Robbia est un cas-limite mettant en péril l'activité du portraitiste. Achoppant sur l'inexistence de toute donnée autobiographique, Pater a alors recours à des sources secondaires dont la biographie. Le portrait s'appuie sur certains textes mais ceux-ci n'ont nulle valeur d'exactitude comme le montre l'appel à la « légende » (*R* 120), situant dès lors la démarche dans le registre de la vérité de l'œuvre, ainsi qu'il apparaît dans le cas de Léonard de Vinci. Car les « Vies » sont elles-mêmes sujettes à caution : les deux éditions des *Vies* de Vasari présentent deux portraits antithétiques de Léonard : le penseur « audacieux » et l'homme renvoyant une image « plus conventionnelle » (*R* 119)[29], là où son œuvre s'enveloppe de mystère et sa personne devient énigmatique[30]. D'autre part, ces « Vies » présentent une succession d'anecdotes contestables, ainsi que le montrent les révisions de Carlo Amoretti au début du XIXe siècle[31]. Resteraient les documents autographes, tout aussi sujets à caution : Léonard a-t-il rédigé treize carnets ou bien fut-il aidé par ses assistants ? Ses recherches furent-elles ordonnées en une progression quasi mathématique démentie par son existence désordonnée[32] ? Le recours aux sources dites primaires ne résout rien, il dissout parfois le mystère de l'existence en une succession d'épisodes dépourvus de toute articulation logique lorsqu'ils ne sont pas contradictoires. L'on comprend alors que l'intérêt exclusif pour les sources et les « Vies » n'est guère du goût de Pater dénonçant dans l'« *antiquarianism* » – que l'on pourrait traduire par « l'historianisme d'art » – l'attachement excessif à l'exactitude factuelle, aux dépens de la vérité du sujet supposé à l'œuvre, avant d'opposer l'antiquaire et l'« amant d'âmes étranges ». Le premier se délectera des « Vies », le second se laissera pénétrer par ses impressions

29 « *In Vasari's life of Leonardo da Vinci as we now read it there are some variations from the first edition. There, the painter [...] was a bold speculator, holding lightly by other men's beliefs, setting philosophy above Christianity* » ; « *in the second edition the image was changed into something fainter and more conventional* » « Leonardo da Vinci » (*Ren* 63).

30 « *a certain mystery in [Leonardo's] work, and something enigmatical beyond the usual measure of great men* » (*Ren* 62).

31 « *in 1804, Carlo Amoretti applied to [Leonardo's legend] a criticism which left hardly a date fixed, and not one of those anecdotes untouched.* » (*Ren* 64)

32 « *this rigid order was little in accordance with the restlessness of [Leonardo's] character* » (*Ren* 64).

pour comprendre le génie du créateur : « un amant d'âmes étranges peut encore analyser pour lui-même l'impression que font ces œuvres, et essayer ainsi d'atteindre une définition des principaux éléments du génie de Léonard. » (*R* 120)[33] L'esthétique patérienne se démarque ainsi de l'histoire de l'art. Si Pater est attiré par Botticelli, il n'est qu'en partie fasciné par Léonard qui « peut-être dégoûte à moitié » (*R* 119)[34] D'ailleurs comment évoquer son existence ? Sa vie est entachée de moments de révolte[35] ; le hasard a fait disparaître certaines œuvres sur lesquelles se fondaient son renom, à moins qu'elles ne soient confondues avec celles d'artistes mineurs. Son type de beauté est plus étrange que plaisant car il s'y mêle une touche d'altérité que l'on ressent et qui, si elle est en même temps la trace de ce qu'il y a de plus intime en lui, renvoie à un savoir qui lui serait propre : « Son modèle de beauté [...] semble refléter des idées, des vues et quelque modèle du monde intérieur davantage que celui des autres artistes, si bien que Léonard parut posséder quelque sagesse secrète et profane aux yeux de ses contemporains » (*R* 119-120)[36]

Pour Michelet, ce savoir fait de Léonard l'anticipateur de la science moderne. Pater se contente de débuter son portrait en remarquant que le rapport inhabituel de Léonard à son œuvre l'abstrait du train du monde[37]. La mention de Michelet est éclairante car elle témoigne de l'inflexion que Pater fait subir aux enseignements de la biographie : le Français mesure le génie léonardien à l'aune du présent, Pater le situe essentiellement au regard de la notion même de génie. La question cesse d'être celle des conditions historiques du génie pour devenir celle de *l'étrange* génie léonardien. Seule la réponse à cette question, telle qu'elle se déploie dans ce très long portrait, permet à Pater de resituer Léonard dans l'histoire de l'art qui, chez lui, demeure le vecteur privilégié de l'histoire.

---

33 « *a lover of strange souls may still analyse for himself the impression made on him by those works, and try to reach through it a definition of the chief elements of Leonardo's genius.* » (*Ren* 64)

34 « *he fascinates, or perhaps half repels.* » (*Ren* 63)

35 « *His life is one of sudden revolts, with intervals in which he works not at all, or apart from the main scope of his work.* » (*Ren* 63)

36 « *His type of beauty [...] seems more than that of any other artist to reflect ideas and views and some scheme of the world within ; so that he seemed to his contemporaries to be the possessor of some unsanctified and sacred wisdom* » (*Ren* 63).

37 « *[Leonardo] is so possessed by his genius that he passes unmoved through the most tragic events, overwhelming his country and friends, like one who comes across them by chance on some secret errand.* » (*Ren* 63)

Le refus des « Vies », de l'exactitude et du démon des sources, participe d'un projet distinct de celui des biographes : il s'agit de la vérité du sujet. Le portrait ne cherche pas la vérité factuelle ou historique et la ressemblance à l'artiste, mais la vérité de l'être, et dans cette perspective, la légende est utilisée pour soutenir les affirmations nées du rapport du critique à l'œuvre : « Corrigée et agrandie par ses critiques, la légende peut intervenir ici ou là pour soutenir le résultat de cette analyse. » (*R* 120)[38] Ce rapport s'effectue sous le signe d'une *Wissendrang*[39] dans le cas de Botticelli ou de Luca della Robbia, ou de la fascination dans le cas de Léonard – « la fascination est toujours le mot qui le décrit » (*R* 126)[40] –, voire du désir.

À travers un autre renversement de l'esthétique du portrait, l'œuvre vient d'abord désigner le sujet, ce que la légende disant de l'homme servant seulement d'aide. Le portraitiste part d'une position de manque affirmée, de savoir incomplet voire inaccessible, comme le montrera exemplairement le cas de Giorgione. S'appuyant sur la « légende » de l'artiste entendue comme tradition écrite attachée à un homme et à un nom, Pater lui donne un sens différent de celui de la critique l'assimilant à une réalité, déformée alors qu'elle renvoie à la vérité du sujet telle que l'œuvre permet de la saisir. Mettant les impressions esthétiques au fondement de son approche, il fait de Léonard un artiste mystérieux, fascinant, dont il retrace l'existence à partir du sentiment né de la fréquentation de l'œuvre pour « essayer ainsi d'atteindre une définition des principaux éléments du génie de Léonard. » (*R* 120)[41] L'art devient le *pré*-texte permettant au critique d'analyser le génie individuel.

En conclusion de son portrait, Pater opposera les questions des biographes – Léonard fut-il croyant ? le roi fut-il à ses côtés à l'instant du trépas[42] ? – à celles du portraitiste avant de rejeter les premières. Il ne

---

38 « *The* legend*, as corrected and enlarged by its critics, may now and then intervene to support the results of this analysis.* » (*Ren* 64).

39 *Wissendrang* ou *Wissentrieb* des théories sexuelles infantiles de Freud, désir de savoir animant l'obsessionnel qu'est l'Homme aux rats, dont Lacan rappelle qu'il n'existe pas : « il n'y a pas de désir de savoir », J. Lacan, *Séminaire* XX, *op. cit.*, p. 134.

40 « *Fascination is always the word descriptive for him* » (*Ren* 69).

41 « *a lover of strange souls may … try to reach through [the impression made on him by those works] a definition of the chief elements of Leonardo's genius.* » (*Ren* 64)

42 « *Two questions remain, after much busy antiquarianism, concerning Leonardo's death – the question of the precise form of his religion, and the question whether Francis the First was present at the time* » (*Ren* 82).

s'agit pas de se livrer à un décompte précis des faits et gestes individuels et collectifs pour aboutir à une impasse historique renvoyant la question de la vérité du côté du témoignage toujours incertain, relatif et contestable, mais d'estimer le génie de l'artiste, c'est-à-dire ce qui le différencie absolument d'autrui. Aussi, aux questions de l'« annaliste » (présence du roi, religion), Pater oppose déjà la question de l'analyste : comment Léonard qui fut animé par le désir d'un beau très particulier fit-il l'expérience du sans-visage de la mort : « la façon dont celui qui avait toujours été si désireux de la beauté, mais la désira toujours sous des formes si définies et si précises – mains, fleurs, chevelure – se préparait désormais à cette terre vague, et comment il fit l'expérience de la dernière curiosité. » (*R* 140)[43] Si le génie de Léonard se définit comme le conflit de la curiosité et du désir du beau[44], la question prend tout son sens : comment celui qui répondit à la question de la finitude humaine en opposant curiosité (désir) et désir du beau, qui est sa limite, fit-il l'expérience de la mort ? En infléchissant le sens de termes renvoyant à des notions connues de ses contemporains (le beau, la curiosité) Pater se situe déjà dans l'interrogation rigoureuse de la psychanalyse puisque cette question sera reprise par Lacan, s'interrogeant sur le désir de l'obsessionnel[45], qui lui aussi s'en est accommodé sur un mode très singulier consistant à en repousser l'advenue.

43 « *how one who had been always so desirous of beauty, but desired it always in such definite and precise forms, as hands or flowers or hair, looked forward now into the vague land, and experienced the last curiosity* » (*Ren* 82).

44 « *Curiosity and the desire of beauty – these are the two elementary forces in Leonardo's genius ; curiosity often in conflict with the desire of beauty, but generating, in union with it, a type of subtle and curious grace* » (*Ren* 70).

45 « C'est toujours à demain que l'obsessionnel réserve l'engagement de son véritable désir. » J. Lacan, *Le Séminaire VI. Le désir et son interprétation*, Paris, La Martinière, coll. Le Champ Freudien, 2013, p. 506.

LE NOM ET LE RENOM

Pater sape un autre concept relevant de ce qu'A. Compagnon appelle la « vicœuvre[46] » : le nom. Dans « L'École de Giorgione », d'abord publié dans la *Fortnightly Review* en octobre 1877 et ajouté à l'édition de 1888 de *La Renaissance*, Pater définit « l'école vénitienne de peinture » (« *the school of Venice* ») comme l'héritière de l'art byzantin et fait de Giorgione son parfait représentant. Bien qu'il ait été dépossédé de ses œuvres par les historiens de l'art plus tardifs, l'artiste résume « l'esprit de la peinture vénitienne[47] ». Della Robbia avait créé un objet où l'art se mêlait à l'usage, la peinture vénitienne le transforme en objet transportable car détaché, elle en fait une œuvre d'art au sens moderne, définie par son insertion dans le système des arts et par son échange et sa circulation :

> Ces espaces où la couleur se fond plus habilement pour remplir la place qui lui convient, et qui n'avaient été jusqu'alors qu'un procédé architectural, Giorgione les détache du mur ; il les fait encadrer par un artisan habile, de façon à ce qu'on puisse facilement les emporter partout avec soi, comme on le ferait d'un manuscrit ou d'un instrument de musique, afin de s'en servir à volonté comme moyen d'instruction, de stimulation ou de réconfort ; et comme une présence animée, ils viennent enrichir l'air d'un cabinet comme le ferait un parfum de choix ou de véritables personnes qui partageraient notre existence pour un jour ou pour toujours. (*R* 148)[48]

De nouveau, à travers une véritable stratégie rhétorique, le texte souligne le peu d'éléments biographiques connus. Avec le Titien, Giorgione est l'élève de Bellini, avant que celui-là ne devienne son élève le plus brillant[49]. De

46 Voir A. Compagnon, *La Troisième République des lettres*, Paris, Le Seuil, 1983.

47 « *Giorgione, who, though much has been taken by recent criticism from what was reputed to be his work, yet, more entirely than any other painter, sums up, in what we know of himself and his art, the spirit of the Venetian school.* » (*Ren* 89)

48 « *Those spaces of more cunningly blent colour, obediently filling their places, hitherto, in a mere architectural scheme, Giorgione detaches from the wall ; he frames them by the hands of some skilful carver, so that people may move them readily and take with them where they go, like a poem in manuscript, or a musical instrument, to be used, at will, as a means of self-education, stimulus or solace, coming like an animated presence, into one's cabinet, to enrich the air as with some choice aroma, and, like persons, live with us, for a day or a lifetime.* » (*Ren* 90)

49 « *Giorgione stands to Titian in something like the relationship of Sordello to Dante, in Mr. Browning's poem. Titian, when he leaves Bellini, becomes, in turn, the pupil of Giorgione* » (*Ren* 90).

cet homme discret n'est au fond connu que le renom lui-même fabuleux : « quelque chose de fabuleux et d'irréel s'est toujours mêlé à l'éclat du renom de Giorgione. » (*R* 149)[50] Dès leur réalisation, ses œuvres soulèvent des problèmes d'attribution[51]. D'autre part, il se trouve que son existence et son œuvre sombrent dans l'oubli et les déformations afférentes vers une date particulière, 1550, fonctionnant comme écran ou frontière[52] derrière lequel disparaît la vérité du peintre. Ces oublis et ces déformations seront encore perceptibles chez les modernes historiens d'art Crowe et Calvacaselle[53], que cite Pater, réduisant la « flamme vivante » de Giorgione « au nom » (*R* 150)[54]. La paronomase souligne la dégénérescence s'attachant aux artistes lorsque des « antiquaires » ou des historiens d'art se mêlent de leur réputation. En outre, le nom est dépossédé de ses œuvres-mêmes lorsqu'il ne renvoie pas à des œuvres apocryphes, devenant presque de l'ordre du signe vide de tout contenu. Ne resterait qu'un tableau dont on est sûr que Giorgione est l'auteur. Certes, la nature éphémère de ses œuvres joue en sa défaveur[55], mais l'artiste lui-même semble s'évanouir sous les méthodes quasi policières[56] de l'histoire de l'art qui, loin de rendre le passé plus compréhensible en le complétant autant que faire se peut, l'ont au contraire décomplété[57], avant de refaire surface à travers les affirmations des historiens d'art modernes réduisant le tout à un nom qui n'est que renom, c'est-à-dire semblant. En s'appuyant sur un tableau dont l'attribution est indiscutable, le « Concert » du Palais Pitti (*Le Concert champêtre*), Crowe et Cavalcaselle, les « nouveaux Vasari », ont privé l'artiste des œuvres qu'on lui avait attribuées : une « Sainte Famille » au Louvre, la

---

50 « *something fabulous and illusive has always mingled itself in the brilliancy of Giorgione's fame* » (*Ren* 91).

51 « *The exact relationship to [Giorgione] of many works – drawings, portraits, painted idylls – often fascinating enough, which in various collections went by his name, was from the first uncertain.* » (*Ren* 91)

52 « *a barrier or borderland* » (*Ren* 91).

53 J. A. Crowe et G. B. Calvacaselle avaient fait paraître *A New History of Painting in Italy from the Second to the Sixteenth Century*, London, Murray, 1864-1871, 5 vols. Pater s'en démarque, non sans leur emprunter quelques connaissances.

54 « *what remains of the most vivid and stimulating of Venetian masters, a live flame, as it seemed, in those old shadowy times, has been reduced almost to a name* » (*Ren* 91).

55 « *Much of the work on which Giorgione's immediate fame depended, work done for instantaneous effect, in all probability passed away almost within his own age, like the frescoes on the façade of the* fondaco dei Tedeschi » (*Ren* 91).

56 « *in the "new Vasari," the great traditional reputation, woven with so profuse demand on men's admiration, has been scrutinised thread by thread* » (*Ren* 91).

57 « *The accomplished science of the subject has come at last, and [...] has not made the past more real for us, but assured us that we possess of it less than we seemed to possess.* » (*Ren* 91)

« Fête champêtre », « Le Chevalier rencontrant une dame », « La Tempête », « Jacob rencontrant Rachel », « L'épreuve » et « La Découverte de Moïse ». Cette science libérée, persifle Pater, n'a de surcroît rien ajouté à ce que l'on savait déjà[58] : la naissance du peintre en 1477, et son trépas ayant donné lieu à deux versions contradictoires quoique mêlant l'amour et la mort : un chagrin d'amour causé par la découverte de l'infidélité supposée de l'amante ou une maladie d'amour transmise, toujours par sa maîtresse[59]. D'aucuns s'arrêteraient à ce constat ironiquement désenchanté, mais pour Pater, il convient au contraire de partir de l'œuvre et de ce patronyme capable d'engendrer une légende et de donner lieu à diverses attributions : « Ce qui reste suffit toutefois à expliquer pourquoi *la légende s'éleva sur le nom*, et pourquoi le nom s'attacha à de nombreuses reprises à l'œuvre la plus audacieuse. » (*R* 150, nous soulignons)[60]

Avec Giorgione, Pater ne recourt plus à la « Vie », mais situe sa démarche dans le registre d'un signifiant originaire devenu renom fabuleux, puis simple nom se rattachant de façon ténue à quelques œuvres. La critique a dépossédé Giorgione de la plupart de ses œuvres mais elle ne lui a pas enlevé son nom et la légende, ici au sens de récit fantaisiste, possède une valeur stimulante[61]. Devant une telle incertitude, Pater commence par s'en tenir aux œuvres, qu'elles soient ou non les siennes et à un nom pris dans sa dimension presque indicielle. Car ce qui se lie au nom, ce que le nom en est venu à véhiculer est de l'ordre d'un vrai en défaut mais néanmoins stimulant pour la part de vérité qu'il comporte. Il reste de surcroît quelque chose permettant de rendre compte de la légende et d'un nom ayant fini par être désarrimé de son

58 « *Nor has the criticism, which thus so freely diminishes the number of [Giorgione's] authentic works, added anything important to the well-known outline of the life and personality of the man : only, it has fixed one or two dates, one or two circumstances, a little more exactly.* » (*Ren* 93)

59 « *It happened, about his thirty-fourth year, that in one of those parties at which [Giorgione] entertained his friends with music, he met a certain lady of whom he became greatly enamoured, and "they rejoiced greatly," says Vasari, "the one and the other, in their loves." And two quite different legends concerning it agree in this, that it was through this lady he came by his death : Ridolfi relating that, being robbed of her by one of his pupils, he died of grief at the double treason ; – Vasari, that she being secretly stricken of the plague, and he making his visits to her as usual, he took the sickness from her mortally, along with her kisses, and so briefly departed.* » (*Ren* 93-94)

60 « *Yet enough remains to explain why the legend grew up*, above the name, *why the name attached itself, in many instances, to the bravest work of other men.* » (*Ren* 91-92, nous soulignons)

61 « une grande part de ce qui relève de l'imaginaire est souvent très stimulante lorsque l'on traite d'un grand nom. » (*R* 153) « *in what is connected with a great name, much that is not real is often very stimulating* » (*Ren* 94).

référent (libérant alors les virtualités du sujet) pour aller s'attacher à d'autres œuvres, fût-ce sous l'appellation du « giorgionesque ». Par sa migration, le nom désigne l'œuvre comme ensemble de traits signifiants spécifiques.

Plutôt que de dresser le portrait d'un homme dont la mort elle-même est entourée de mystère, de se référer à un nom dont la valeur est celle d'un simple signe, Pater part de nouveau des œuvres qu'on lui attribue, à leur tour copiées, des traditions qui s'inspirèrent de son art pour retrouver le sujet supposé de l'œuvre. Car l'homme à l'origine de l'œuvre, le sujet Giorgione, pourrait-on dire, ne s'est pas absenté de l'œuvre, il y apparaît sur le mode particulier du voilement et du dévoilement, alors que Luca apparaissait à travers son « intimité ». Il y est présent sous la forme de son absence, et c'est seulement à partir de cette singulière forme de présence que la critique peut reconstituer un sujet auquel elle donnera le nom de Giorgione, lequel ne sera plus alors que l'image, le reflet d'un lieu plutôt que d'un temps. Aux yeux du « critique esthétique » abordant toute œuvre à travers les impressions et aux yeux du « philosophe esthétique » (« *aesthetic philosopher* ») ; au-delà de l'homme conçu comme entité référentielle[62], se trouve ce que Pater appelle le « giorgionesque » :

> une influence, un esprit ou un type d'art actif chez des hommes aussi différents de ceux auxquels on peut vraiment attribuer nombre de ses œuvres supposées. Une véritable école naquit en fait à partir de toutes ces œuvres fascinantes qui lui furent attribuées à tort ou à raison ; à partir de nombreuses copies ou de variantes effectuées par des artisans inconnus ou incertains, dont les dessins et les desseins furent, pour diverses raisons, aussi prisés que les siens (*R* 153)[63]

Le giorgionesque est un « esprit » se manifestant sous l'aspect d'une collection de traits signifiants destinés à constituer une école, soit un ensemble d'œuvres possédant des caractéristiques repérables et communes. C'est à partir de cet ensemble témoignant d'une impression reçue par d'autres, puis transmise, que le critique pourra, *à rebours*, définir Giorgione,

62 « *over and above the real Giorgione and his authentic extant works* » (*Ren* 94).

63 « *an influence, a spirit or type in art, active in men so different as those to whom many of his supposed works are really assignable – a veritable school, which grew together out of all those fascinating works rightly or wrongly attributed to him ; out of many copies from, or variations on him, by unknown or uncertain workmen, whose drawings and designs were, for various reasons, prized as his* » (*Ren* 94).

non comme individu réel mais bien comme sujet, sous l'aspect d'une « image » : « à partir de l'impression qu'il fit sur ses contemporains et qui resta dans leurs esprits ; à partir de nombreuses traditions en matière de sujet et de traitement qui viennent réellement de lui jusqu'à nous et au moyen desquelles, nous remplissons à rebours l'image originale. » (*R* 153)[64] Il s'agit, à partir des impressions reçues par l'Autre des contemporains et transmises par voie signifiante, de faire apparaître la figure de celui qui se manifeste sur le mode de la disparition, dont le réel est toujours déjà devenu de l'ordre de l'image, de la représentation. L'image qui en apparaît a ceci de particulier qu'elle reflète non plus un sujet, mais un lieu : Venise – « Giorgione devient ainsi une sorte d'incarnation de Venise, son idéal ou son reflet projeté, et tout ce qui était intense et désirable en elle se cristallisa autour du souvenir de ce merveilleux jeune homme. » (*R* 153)[65] Giorgione est d'abord l'incarnation d'un idéal cristallisé sur sa légende ; il est ensuite l'unité subjective reconstruite *a posteriori* permettant de rendre compte de l'œuvre ; il est enfin est le reflet, l'image née d'une reconstruction passant par l'Autre. La majeure partie des sujets de *La Renaissance* illustre des moments de l'histoire, Giorgione représente essentiellement un lieu distinct – c'est l'une des raisons de l'insertion de ce chapitre dans l'édition de 1888 – de Florence dont les artistes sont majoritairement présents dans *La Renaissance.* Pater n'ira jamais plus loin dans sa déconstruction de l'entité subjective. Car l'artiste se voit débarrassé de toute matérialité, de toute historicité, pour n'être plus que reflet, image, voile recouvrant sa disparition. Il devient sujet absenté qui, par son absence, permet à un style, qualifié de giorgionesque, d'émerger dans le monde du semblant. Le portrait se définit alors comme représentation littéraire d'un sujet tenant-lieu du sujet (originairement dira la psychanalyse) forclos et lieu d'unification de traits distinctifs, c'est-à-dire de signifiants.

La méthode esthétique consiste ici à désigner les traits du giorgionesque, *contre* les historiens d'art et leur « critique négative » (*R* 153)[66],

64 « *out of the immediate impression he made upon his contemporaries, and with which he continued in men's minds ; out of many traditions of subject and treatment, which really descend from him to our own time, and by retracing which we fill out the original image* » (*Ren* 94).

65 « *Giorgione thus becoming a sort of impersonation of Venice itself, its projected reflex or ideal, all that was intense or desirable in it thus crystallising about the memory of this wonderful young man.* » (*Ren* 94)

66 « *negative criticism* » (*Ren* 94).

esquivant l'épineuse et stérile question de l'attribution des tableaux corrélée à un nom, c'est-à-dire de repérer un trait définitoire permettant, non la soudure d'une œuvre à un patronyme mais la définition d'un style, qu'elle que soit sa manifestation, son lieu et son époque : le giorgionesque, « où que nous le puissions trouver dans la peinture vénitienne en général ou *dans des œuvres de notre époque*. De cet idéal, le *Concert*, œuvre indiscutablement de Giorgione, est à la fois le modèle typique et le témoignage authentifiant les liens de l'école et de son esprit avec le maître. » (*R* 153, nous soulignons)[67] Compris comme style, le giorgionesque transcende les époques, l'espace de son exposition et les artistes s'en réclamant[68]. Sous la plume de Pater, *Le Concert champêtre* devient alors l'œuvre typique autour de laquelle rayonne un style défini par le choix du sujet[69], la dextérité de traitement du mouvement[70], l'instant singulier où se concentre toute une destinée[71], l'importance de la musique[72], de la représentation théâtrale[73], la présence de l'eau[74], le traitement harmonieux du paysage et des personnages[75], soient tous les traits de l'école vénitienne et par extension de tout art s'en inspirant.

67 « *the Giorgionesque, wherever we find it, whether in Venetian work generally, or* in work of our own time – *and of which the* Concert, *that undoubted work of Giorgione in the* Pitti *Palace, is the typical instance, and a pledge authenticating the connexion of the school with the master.* » (*Ren* 94-95, nous soulignons)

68 J.-B. Bullen souligne les résonances contemporaines de ce texte évoquant obliquement le peintre D. G. Rossetti : « *another favourite picture in the Louvre, the subject of a Sonnet by a poet whose own painted work often comes to mind as one ponders over these precious things – the* Fête Champêtre » (*Ren* 92). Voir J.-B. Bullen, « Walter Pater and contemporary visual art », *Cahiers victoriens et édouardiens*, n° 68, octobre 2008, p. 87-103.

69 « *dexterous choice of that subject, or phase of subject* » (*Ren* 95).

70 « *the resolution, the ease and quickness, with which [Giorgione] reproduces instantaneous motion* » (*Ren* 95).

71 « *[The Concert] presents us with a kind of profoundly significant and animated instants [where] all the motives, all the interests and effects of a long history, have condensed themselves, and which seem to absorb past and future in an intense consciousness of the present* » (*Ren* 95).

72 « *the perfect moments of music itself, the making or hearing of music, song or its accompaniment, are themselves prominent as subjects* » (*Ren* 96).

73 « *the play which is like music ; to those masques in which men avowedly do but play at real life, like children "dressing up"* » (*Ren* 97).

74 « *the presence of water – the well, or marble-rimmed pool, the drawing or pouring of water, as the woman pours it from a pitcher with her jewelled hand in the Fête Champêtre, listening, perhaps, to the cool sound as it falls, blent with the music of the pipes – is as characteristic, and almost as suggestive, as that of music itself* » (*Ren* 97).

75 « *that balance, that modulated unison of landscape and persons* » (*Ren* 97).

Ceci pour le versant général, car sur le plan individuel, ces traits constituent ce que Pater appelle « *la vraie vérité* » de Giorgione, en français dans le texte :

> C'est quelque chose de cet ordre qui me semble être la *vraie vérité* de Giorgione, si je puis adopter une expression fort utile à travers laquelle les Français reconnaissent ces impressions plus généreuses et plus durables, situées au-delà de la gamme étroite des faits strictement vérifiés concernant toute individu ou tout sujet ayant occupé l'attention des hommes avec complexité, et qu'elles doivent compléter. (*R* 157)[76]

Cette vérité est celle de l'impression « durable » ressentie par le critique, c'est la vérité du signifiant opposée à l'exactitude factuelle. Au-delà des faits, le critique se confronte à une absence. Vouloir l'élever en obstacle infranchissable à la volonté de savoir, c'est se condamner à la position du « Vasari nouveau » (*R* 157) ayant seulement dépossédé l'artiste de ses œuvres putatives. Or, et c'est en cela que réside la valeur exemplaire[77] de Giorgione aux yeux de Pater, leur critique négative a fait place nette à une absence, elle l'a cernée, et c'est sur sa valeur signifiante que doit se fonder la critique esthétique. Cette absence est un ferment de vérité[78], en elle s'est cristallisée l'essentielle vérité de la disparition du sujet, au profit d'une influence repérable dans l'art : « l'influence indirecte à travers laquelle un homme comme Giorgione [...] accroît son efficacité permanente et se fait bien réellement ressentir dans notre culture. C'est dans une juste impression de ces aspects que réside la vérité essentielle, la *vraie vérité*, en ce qui le concerne. » (*R* 157)[79] Au-delà des faits[80], la

76 *Something like this seems to me to be the* vraie vérité *about Giorgione, if I may adopt a serviceable expression, by which the French recognise those more liberal and durable impressions which, in respect of any really considerable person or subject, anything that has at all intricately occupied men's attention, lie beyond, and must supplement, the narrower range of the strictly ascertained facts about it.* (*Ren* 98)

77 « *Giorgione is but an illustration of a valuable general caution we may abide by in all criticism. As regards Giorgione himself, we have indeed to take note of all those negations and exceptions, by which, at first sight, a "new Vasari" seems merely to have confused our apprehension of a delightful object, to have explained away out of our inheritance from past time what seemed of high value there.* » (*Ren* 98)

78 « *a salt of genuineness in our knowledge* » (*Ren* 98).

79 « *that indirect influence by which one like Giorgione, for instance, enlarges his permanent efficacy and really makes himself felt in our culture. In a just impression of that, is the essential truth, the* vraie vérité *concerning him.* » (*Ren* 98)

80 « *all those strictly ascertained facts, we must take note of* » (*Ren* 98).

vraie vérité de l'artiste n'est autre que celle de sa disparition, soit le refoulement originaire du sujet (S_1), lequel ne se manifestera plus que sous la forme du retour du refoulé parfois méconnaissable.

Il existe un ensemble de signifiants référable à un nom et se manifestant dans la culture sous la forme de cette « influence » qu'il appartient à l'esthète d'examiner. Le sujet a disparu sous le nom, puis sous un renom et une légende que Pater s'est attaché à déconstruire strate par strate afin de retrouver non l'authentique Giorgione mais le sujet en sa vérité. De Giorgione, radicalement absenté et pourtant fondateur à son insu, peut-être, d'une école, l'on pourrait faire le refoulé originaire de la peinture vénitienne, le signifiant originaire, le Nom-du-Père ou le *Vorstellungs-Repräsentanz* qui désormais se manifestera à travers le miroitement des signifiants, revenant comme seul le refoulé secondaire revient : sous la forme d'un signifiant aussitôt chassé par un autre.

Pater ne s'élève pas seulement contre une méthode à prétention scientifique basée sur l'attribution des œuvres, c'est-à-dire le lien entre l'œuvre et le nom, lequel n'est jamais que semblant ; il fait porter sa réflexion sur le nom, un nom ou un représentant originairement refoulé, à l'origine du sujet, dont il désigne l'essentielle absence, et destiné à être le tenant-lieu d'une collection de traits constitutifs du giorgionesque. Le sujet Giorgione n'est ni dicible ni localisable : il est le sujet supposé, le nom faisant l'unité invisible car radicalement inconsciente de la variété de ses expressions, avant de la porter à la diversité transhistorique de ses manifestations à travers les images de la peinture vénitienne. C'est au moment de sa systématisation que Pater s'écarte radicalement de l'histoire de l'art fondée sur l'illusion du nom et de la conscience qui s'y dissimule pour privilégier l'approche d'un sujet dont le nom même peine à rendre à compte, un sujet poétiquement diffracté par son portrait, absenté et pourtant présent dans le miroitement des signifiants de l'œuvre picturale ou du portrait littéraire. Semblable méthode était sans doute trop en avance ou difficilement compréhensible par tout positivisme historique pour lequel l'homme se définit par ses qualités.

La décomposition nominale de « L'École de Giorgione » permet de relire le portrait rédigé quelques années plus tôt, mais placé après dans *La Renaissance* : « Joachim du Bellay ». Daté de 1872, ce portrait évoque la notion d'école littéraire à travers Ronsard, ainsi que le groupe qui se créa autour de lui, la Pléiade[81]. Très cavalièrement, Pater substitue aux textes ronsardiens ceux de Rémy Belleau, avant de s'intéresser à l'individu le plus représentatif de l'École de la Pléiade : du Bellay. Il évalue les liens entre l'individu et le groupe, définissant celui-ci par celui-là, mais la poursuite de ses méditations dans « L'École de Giorgione » permet de préciser sa pensée et de faire du chef de l'École de la Pléiade (Ronsard) un autre signifiant absenté qu'éclaire obliquement, le sujet auquel est principalement consacré le portrait, Joachim du Bellay. Ce texte est important car s'y rejoue l'articulation entre le type et le sujet *via* l'école artistique, déjà évoquée à travers la figure de Luca della Robbia. Du Bellay illustre la poésie de l'École de la Pléiade[82] tout en possédant une valeur singulière.

L'ÉCOLE LITTÉRAIRE ET L'INTIMITÉ

« Léonard de Vinci » s'achevait sur l'importation de la Renaissance italienne en France par l'entremise de l'artiste[83], « Joachim du Bellay » s'ouvre par une affirmation apparemment contradictoire :

> Ce que l'on appelle la Renaissance en France n'est donc pas tant l'introduction d'un nouveau goût venu tout prêt d'Italie que la phase la plus belle et la plus subtile du Moyen Âge même, sa dernière splendeur évanescente, son été de la Saint-Martin bien tempéré. (*R* 159)[84]

Toutefois, il convient de rappeler que la Renaissance commence en France, et qu'il se pourrait bien que l'introduction de l'art italien par

81 « *Ronsard soon came to have a school. Six other poets threw in their lot with him in his literary revolution –Remy Belleau, Antoine de Baif, Pontus de Tyard, Etienne Jodelle, Jean Daurat, and lastly Joachim du Bellay* », « Joachim du Bellay » (*Ren* 101). Pater consacrera un portrait littéraire à Ronsard et se livrera à une analyse incisive de sa poésie dans *Gaston de Latour.*

82 « *the Renaissance ends also in France, in French poetry, in a phase of which the writings of Joachim du Bellay are in many ways the most perfect illustration* », « Preface », xxxii.

83 Rejoignant François Ier en France, Léonard importe la Renaissance : « *Italian art dies away as a French exotic.* » (*Ren* 82)

84 « *What is called the Renaissance in France is thus not so much the introduction of a wholly new taste ready-made from Italy, but rather the finest and subtlest phase of the middle age itself, its last fleeting splendour and temperate Saint Martin's summer.* » (*Ren* 98)

Léonard de Vinci ait ravivé un mouvement continu quoiqu'atténué. La Renaissance française se caractérise par une révolution poétique attachée au nom de Ronsard[85], ranimant la poésie française en lui donnant une touche étrangère puisqu'il accepte

> le flot du goût renaissant qui laisse aux bâtiments, au langage, à l'art, et à la poésie française son caractère intrinsèquement gothique, tout en dorant sa surface d'un aspect étranger, curieux et délicieux qui passe sur cette terre septentrionale, et qui n'est en lui-même ni plus profond ni plus permanent qu'un effet de lumière aléatoire. Ronsard renforce et double la délicatesse française par la finesse italienne (*R* 161)[86]

Que cette révolution ait eu des échos plus modernes n'est pas douteux : Pater ne se prive pas d'évoquer la redécouverte romantique du XVIe siècle en France (*R* 166), avant de s'intéresser plus particulièrement à ses enjeux résumés dans la *Deffense et Illustration de la langue Françoyse*[87] : ennoblir et illuminer la langue[88]. À une époque particulière où la Renaissance finissante apparaît comme savoir absolu hégélien, la *Deffense* apparaît quant à elle comme nouveauté : « si quelque part, la Renaissance devint consciente d'elle-même, comme dirait un philosophe allemand, si elle fut jamais comprise comme un mouvement systématique, ce fut bien dans ce petit livre de Joachim du Bellay, qu'il est impossible de lire sans éprouver l'excitation, l'animation du changement et de la découverte. » (*R* 162)[89] Désirant ajuster la culture française à la culture classique[90], son auteur énonce des principes permanents, défend également la singularité des langues, fût-ce au moyen de traductions des classiques. Le

85 « *the object of the revolution in poetry which is connected with Ronsard's name.* » (*Ren* 101)

86 « *that influx of Renaissance taste, which, leaving the buildings, the language, the art, the poetry of France, at bottom, what they were, old French Gothic still, gilds their surfaces with a strange, delightful, foreign aspect passing over all that Northern land, in itself neither deeper nor more permanent than a chance effect of light. [Ronsard] reinforces, he doubles the French daintiness by Italian* finesse. » (*Ren*101)

87 « *The first note of this literary revolution was struck by Joachim du Bellay in a little tract written at the early age of twenty-four* » (*Ren* 102).

88 « *its problem is how to illustrate or ennoble the French language, to give it lustre.* » (*Ren* 102)

89 « *if anywhere the Renaissance became conscious, as a German philosopher might say, if ever it was understood as a systematic movement by those who took part in it, it is in this little book of Joachim du Bellay's, which it is impossible to read without feeling the excitement, the animation, of change, of discovery.* » (*Ren* 102)

90 « *Du Bellay's object is to adjust the existing French culture to the rediscovered classical culture* » (*Ren* 102).

traducteur d'une partie de l'*Énéide* plaide avant tout pour sa langue maternelle, seule capable d'exprimer la passion[91].

Pater souligne d'abord la valeur exemplaire, typique, de sa poésie : « La plupart des poésies de du Bellay illustrent davantage l'école et l'époque auxquelles il appartint que son génie et son propre tempérament. » (*R* 165)[92] Cette époque se caractérise par l'élévation des manières à la dignité de fin en soi[93], donnant alors lieu à une poésie élitiste[94], galante, érudite et courtisane, dont Ronsard est le prince[95].

Pater examine ensuite le rapport de la Pléiade à la finitude. Non contente de ne pas se prendre au sérieux, l'école réduit toute chose au statut de colifichet, toute figure sacrée à une image : « L'antique mythologie gréco-romaine qui avait offert un sujet si impressionnant et si sévère aux grands Italiens devient pour eux un simple jouet, et l'Amour, ce "Dieu d'aspect formidable", le garçon ou le petit enfant Amour. » (*R* 168)[96] Précurseurs d'un rapport à l'Autre sexe que Freud définira comme « américain[97] », c'est-à-dire où la mort est absente, les poètes transforment l'éros en flirt dérisoire au regard de son modèle médiéval : « Leurs amours ne sont qu'à moitié réelles, elles ne sont qu'un effort pour prolonger les amours imaginatives du Moyen Âge au-delà de leur existence naturelle » (*R* 168)[98]. Enfin, la mort même est niée lorsqu'elle se transforme en « ornement[99] ». Le maniérisme, l'élitisme, l'érudition

---

91 « *what Du Bellay is pleading for is his mother-tongue, the language, that is, in which one will have the utmost degree of what is moving and passionate.* » (*Ren* 103)

92 « *Much of Du Bellay's poetry illustrates rather the age and school to which he belonged than his own temper and genius* » (*Ren* 106).

93 « *it is part of the manner of a time – a time which made much of manner, and carried it to a high degree of perfection.* » (*Ren* 107)

94 « *It is poetry not for the people, but for a confined circle, for courtiers, great lords and erudite persons, people who desire to be humoured, to gratify a certain refined voluptuousness they have in them.* » (*Ren* 107).

95 « *[Ronsard] has the ambition not only of being a courtier and a lover, but a great scholar also* » (*Ren* 107).

96 « *The old Greek and Roman mythology, which for the great Italians had been a motive so weighty and severe, becomes with them a mere toy. That "Lord of terrible aspect,"* Amor, *has become Love, the boy or the babe.* » (*Ren* 108)

97 S. Freud, « Considérations actuelles sur la guerre et sur la mort » (1915), trad. P. Cotet, A. Bourguignon, A. Cherki, *Essais de psychanalyse*, Paris, Payot, 1981, p. 28.

98 « *Their loves are only half real, a vain effort to prolong the imaginative loves of the middle age beyond their natural lifetime.* » (*Ren* 107)

99 « *the imagery of death serves for delicate ornament, and they weave into the airy nothingness of their verses their trite reflexions on the vanity of life* » (*Ren* 108).

et la dénégation de la finitude humaine à travers un éros ramené au flirt, qui, selon H. Rey-Flaud, « n'est que la parade de l'amour, le ballet érotique, composé d'attaques et d'esquives, où l'objet du désir est sans cesse cerné et serré toujours de plus près, à la réserve expresse de n'être jamais atteint[100] », sont également des caractéristiques de la poésie bellayienne dont « D'un vanneur de blé aux vents » est le paradigme : « Ce poème a, au plus haut point, les qualités, la valeur de toute l'école poétique de la Pléiade, et de toute la phase du goût dont elle dérive qui est cette certaine grâce argentine d'imagination ; presque tout le plaisir qu'il contient réside dans la surprise que l'on éprouve devant la façon heureuse et habile avec laquelle est traitée une chose si triviale en soi. » (*R* 173)[101] Si le XVIe siècle en France illustre une phase où la Renaissance se saisit elle-même, cette phase s'appréhende *via* l'école elle-même animée d'un « esprit[102] » incarné par le poète. Du Bellay est par ailleurs un sujet singulier car l'art ne saurait avoir de valeur purement historique ; sa valeur esthétique dépend de la subjectivité qui s'y exprime :

> si son œuvre doit avoir le plus haut degré d'intérêt, si elle doit excéder la simple satisfaction de la curiosité, si elle doit avoir une valeur esthétique distincte de sa valeur historique, il ne suffit pas que le poète ait été le véritable enfant de son temps, qu'il se soit conformé aux conditions esthétiques et qu'il ait charmé et stimulé l'époque en s'y conformant ; il est nécessaire que l'on puisse percevoir quelque chose d'individuel, d'inventif et d'unique, le sceau de son propre tempérament et de sa propre personnalité dans son œuvre. (*R* 170)[103]

Or cette « marque » (« *impress* ») est liée à l'existence même du poète telle que Pater l'a retracée auparavant, en soulignant les éléments les plus importants à ses yeux. Du Bellay est d'abord l'enfant de temps troublés,

---

100 H. Rey-Flaud, *La névrose courtoise*, Paris, Navarin, 1983, p. 164.

101 « *[It] has, in the highest degree, the qualities, the value, of the whole Pleiad school of poetry, of the whole phase of taste from which that school derives – a certain silvery grace of fancy, nearly all the pleasures of which is in the surprise at the happy and dexterous way in which a thing slight in itself is handled.* » (*Ren* 112)

102 « *a spirit [...]. Here is style there ; one temper has shaped the whole* » (*Ren* 106).

103 « *But if his work is to have the highest sort of interest, if it is to do something more than satisfy curiosity, if it is to have an aesthetic as distinct from an historical value, it is not enough for a poet to have been the true child of his age, to have conformed to its aesthetic conditions, and by so conforming to have charmed and stimulated that age ; it is necessary that there should be perceptible in his work something individual, inventive, unique, the impress there of the writer's own temper and personality.* » (*Ren* 110)

l'orphelin élevé par son frère avec lequel il rêve de « gloire militaire[104] » et dont l'éducation est « négligée[105] ». À vingt ans, il se retrouve soutien de famille de son jeune neveu, avant que la maladie ne lui fasse frôler la mort[106]. C'est alors qu'il lit les auteurs classiques qui auront pour effet paradoxal, non d'en faire un pédant, mais l'« amant » de sa propre langue elle-même « chétive » à l'époque[107]. L'absence d'une éducation digne de ce nom, la maladie l'empêchant de suivre la voie familiale militaire, et enfin la découverte tardive de la littérature sont autant de défauts destinés à se métamorphoser en destin de poète moderne[108]. Mais le sort est coquin, qui s'attache au jeune homme lorsqu'il suit son cardinal d'oncle à Rome où il restera cinq ans. C'est pourtant lors de cet exil forcé qu'il accède à la dignité de poète :

> ce voyage en Italie, qu'il déplora comme la plus grande infortune de sa vie, mit Du Bellay en pleine possession de son talent et fit éclore toute son originalité. [...] Des aspects magnifiques de Rome, ses pensées s'en retournent continûment vers la France, vers la fumée des cheminées de son petit village, vers les crépuscules langoureux du Nord et le doux climat d'Anjou, vers « *la douceur angevine* ». (*R* 171)[109]

Loin de s'abandonner aux charmes de la Rome renaissante, loin de subir le véritable retour du refoulé païen en quoi elle consiste principalement, en proie à un exil du pays natal redoublant son absence d'éducation littéraire, Du Bellay s'affronte à la nécessité qui en fait successivement un orphelin, un déclassé et un exilé avant de revenir mourir au pays natal, là encore de façon prématurée. La vie n'est pas le prétexte de l'œuvre mais l'œuvre vient énoncer le rapport du sujet à ce que la psychanalyse nous apprend à reconnaître comme finitude ou castration symbolique. À l'inverse de Taine, Pater ne fait pas du poète un sujet déterminé par

---

104 « *day-dreams of military glory* » (*Ren* 105).

105 « *neglected* » (*Ren* 105).

106 « *a sickness attacked [Du Bellay] which brought him cruel sufferings, and seemed likely to be mortal* » (*Ren* 105).

107 « *a lover of his own homely native tongue, that poor starveling stock of the French language.* » (*Ren* 105)

108 « *It was through this fortunate shortcoming in his education that he became national and modern* » (*Ren* 105).

109 « *that journey to Italy, which he deplored as the greatest misfortune of his life, put him in full possession of his talent, and brought out all its originality. [...] From the stately aspects of Rome his thoughts went back continually to France, to the smoking chimneys of his little village, the longer twilight of the north, the soft climate of Anjou* – la douceur angevine" » (*Ren* 110-111).

sa famille, sa race, son moment ou son pays mais un individu démentant *in vivo* toute idée de détermination, réduisant celle-ci à un *fatum* qui ne fut jamais suivi mais toujours combattu. Le portrait littéraire ne fonctionne plus sur l'héroïsation d'un sujet lui-même virtuellement héroïque jusqu'au premier chef-d'œuvre mais devient portrait d'un sujet unique – placé devant semblables circonstances, nul autre que lui n'eût réagi ainsi –, et déjà portrait d'un sujet discrépant face à tout modèle, à tout système. L'expression de ce rapport particulier au registre symbolique, à l'Autre barré de Lacan, est la poésie bellayienne. Prise dans sa dimension personnelle, elle révèle le rapport singulier du poète à la disparition :

> nous trouvons là cette *intimité* : les troubles de sa vie sont analysés et le sentiment qui s'en dégage, touchent directement notre esprit ; ce n'est ni un grand chagrin ni une grande passion, c'est seulement l'impression d'une perte du temps qui passe, l'*ennui* du rêveur qui doit plonger dans les affaires du monde, l'opposition de la vie et de l'idéal, le désir ardent du repos, la nostalgie, le mal du pays – ce chagrin avant tout enfantin, mais si suggestif car il exprime le regret final des hommes devant la terre familière et la voûte du ciel. (*R* 171)[110]

Du Bellay est le poète de la perte douloureusement éprouvée, du rapport inharmonieux entre le rêve et la réalité, d'une nostalgie aboutissant à cette volonté de retour à l'inanimé empruntant la figure de l'attrait des ruines du passé. Son ipséité s'exprimera à travers son rapport au temps et à la disparition où le temps même n'est que le masque jeté sur le néant en même temps que source de souffrance : « La durée des contours durs et nets des choses le chagrine, et passant ses jours de lassitude parmi les ruines de la Rome antique, il se console avec la pensée que tout doit un jour finir, et avec le sentiment de "*la grandeur du rien*". » (*R* 171)[111] Ce rapport est si douloureux que le poète en vient à souhaiter la disparition de la disparition même : « il pense que "*le*

110 « *you do find intimacy,* intimité, *[in the Regrets]. The trouble of [Du Bellay's] life is analysed, and the sentiment of it conveyed directly to our minds ; not a great sorrow or passion, but only the sense of loss in passing days, the ennui of a dreamer who has to plunge into the world's affairs, the opposition between actual life and the ideal, a longing for rest, nostalgia, home-sickness – that pre-eminently childish, but so suggestive sorrow, as significant of the final regret of all human creatures for the familiar earth and limited sky* » (*Ren* 111).

111 « *The duration of the hard, sharp outlines of things is a grief to him, and passing his wearisome days among the ruins of ancient Rome, he is consoled by the thought that all must one day end, by the sentiment of the grandeur of nothingness* – la grandeur du rien. » (*Ren* 111)

grand tout" où toutes choses existent et disparaissent, devrait lui-même périr et disparaître. » (*R* 171)[112] Du Bellay rêve au fond d'en finir avec ce que la psychanalyse nous apprend à reconnaître comme la coupure signifiante. Cette volonté d'en finir avec la coupure signifiante en la soumettant elle-même à ses effets naît de l'expérience de l'exil et de la perte. À Rome, en terre italophone, il rédige d'admirables poèmes en français :

> Des aspects magnifiques de Rome, ses pensées s'en retournent continûment vers la France [...]. Et pourtant, ce n'est pas tant la France – on n'en peut douter – avec ses rues sombres et ses toits d'ardoise rudement taillée, que cet autre pays aux méandres, aux tours élancées, aux arbres semblables à des fleurs, sous un soleil adouci, brillant au-dessus des champs et des chemins aux proportions plus gracieuses, que l'imagination de l'exilé, du pèlerin et de l'écolier éloigné de son foyer, et de ceux qui restent involontairement chez eux, bâtit partout devant ou derrière eux. (*R* 171-172)[113]

Il n'est au fond de natal que perdu par l'exil et recréé par le langage constituant lui-même un autre éloignement, un exil supplémentaire de la réalité. Du Bellay illustre la double perte à laquelle est soumis tout sujet lorsque « *ce petit Liré* » (*R* 165), fonctionne comme Chose lacanienne[114] organisant son trajet autour de la recherche et de la re-création d'un objet qu'il n'a jamais possédé. En ceci réside la valeur typique du poète. Par ailleurs, la place qu'occupe la demeure dans les écrits patériens est capitale : la nostalgie bellayienne longuement analysée annonce celle de Florian Deleal et d'Emerald Uthwart, eux aussi exilés de leur demeure, de leur *home* où s'entend déjà le *heim* de la psychanalyse.

---

112 « *he thinks that the great whole* – le grand tout – *into which all other things pass and lose themselves, ought itself sometimes to perish and pass away.* » (*Ren* 111)

113 « *From the stately aspects of Rome his thoughts went back continually to France, to the smoking chimneys of his little village, the longer twilight of the North, the soft climate of Anjou – la douceur Angevine; yet not so much to the real France, we may be sure, with its dark streets and its roofs of rough-hewn slate, as to that other country, with slenderer towers, and more winding rivers, and trees like flowers, and with softer sunshine on more gracefully-proportioned fields and ways, which the fancy of the exile, and the pilgrim, and of the schoolboy far from home, and of those kept at home unwillingly, everywhere builds up before or behind them.* » (*Ren* 111)

114 On en donnera ici la définition suivante : « ce qui du réel pâtit du signifiant », J. Lacan, *Séminaire VII. op. cit.*, p. 150. Plus loin, Lacan fait du « champ de la Chose » : « ce champ où se projette quelque chose au-delà, à l'origine signifiante, lieu où est mis en cause tout ce qui est lieu d'être, lieu élu où se produit la sublimation », *ibid.*, p. 253. Voir les chapitres IV et V, « Das Ding », *ibid.*, p. 55-86.

La poésie bellayienne est également singulière. Elle est « *intime* » écrit Pater en français, dans ce texte où se lit l'influence beuvienne[115] car elle se présente comme l'analyse de son chagrin, d'une perte, d'un désaccord entre le réel et l'irréel, d'un désir de repos, d'une nostalgie. Si tout sujet se confronte à la perte de la Chose – une Chose qu'il n'a jamais eue précisera la psychanalyse, mais sur laquelle il fonde son trajet existentiel –, Du Bellay lui consacre un poème à la fois unique et synthétique du projet d'hybridation linguistique de la Pléiade en reprenant en français un poème d'Andrea Navagero[116]. « D'un vanneur de blé aux vents », le poème cité par Pater en guise de conclusion, illustre à la fois l'art de l'École de la Pléiade et la singularité bellayienne. Il s'agit d'une traduction rappelant que la Renaissance en France fut « une époque de traductions[117] » (*R* 163), mais également que l'accès du sujet au réel est toujours médiatisé par la voie obligée du langage qui est lui-même de l'ordre de la traduction. De ce poème, précise Pater, l'on ne saurait extraire le suc avec des gestes brutaux[118], car il illustre une École caractérisée par la recherche d'une musique[119] se réduisant au souffle : « le mouvement des vans » (*R* 173)[120]. Le thème en est prosaïque au point de la banalité, tout en étant élevé à la dignité poétique par le traitement[121]. Le poème emploie quelques-uns de ces diminutifs que l'École de la Pléiade chercha vainement à introduire dans la langue française[122]. Ceci pour le versant collectif, car il concentre et symbolise,

115 Voir C.-A. Sainte-Beuve, « Anciens poètes français : Joachim du Bellay », *Revue des Deux-Mondes*, vol. 29, 15 octobre 1840, p. 161-190. Si Pater reprend les citations beuviennes de Du Bellay, il donne une toute autre architecture à son portrait qui le fait culminer dans « D'un vanneur de blé au vent ».

116 « *Du Bellay has almost been the poet of one poem ; and this one poem of his is an Italian thing transplanted into that green country of Anjou ; out of the Latin verses of Andrea Navagero, into French : but it is a thing in which the matter is almost nothing, and the form almost everything ; and the form of the poem as it stands, written in old French, is all Du Bellay's own.* » (*Ren* 111-112)

117 « *an age of translations* » (*Ren* 103).

118 « *The sweetness of it is by no means to be got at by crushing, as you crush wild herbs to get at their perfume.* » (*Ren* 112)

119 « *[the Poets of the Pleiad School] desire a music of greater compass perhaps than words can possibly yield, to drain out the last drops of sweetness which a certain note or accent contains* » (*Ren* 108). L'École se caractérisait par la recherche d'une musicalité obtenue en unissant la rime et le rythme (*Ren* 107).

120 « *the measured falling of the fans* » (*Ren* 112).

121 « *the happy and dexterous way in which a thing slight in itself is handled* » (*Ren* 112).

122 « *[the Poets of the Pleiad School] delight in diminutives*, ondelette, fontelette, doucelette, Cassandrette. » (*Ren* 107)

au sens fort, le rapport bellayien au temps. Pater ne s'y trompe pas en concluant par une phrase restée justement célèbre :

> Une lumière soudaine transfigure quelque objet trivial, une girouette, un moulin à vent, un van, la poussière au seuil de la grange. Un instant, et la chose a disparu, car elle n'était que pur effet, mais elle laisse un arrière-goût, un désir ardent que l'incident se reproduise. (*R* 173)[123]

La poésie bellayienne est l'expérience ravissante de la coupure signifiante où le temps n'est expérimenté que dans la disparition de sa manifestation sensible. Cette disparition radieuse crée le désir de son retour, rend le sujet nostalgique pour le mettre sur les voies de la recherche d'une répétition de l'expérience intensément jouissive. Expérience fugace, le poème est déjà recherche de la réitération d'un avènement originel seulement sensible dans le temps de son évanouissement. C'est comme *tuché* que la psychanalyse lacanienne[124] théorisera ce moment dont Du Bellay a fixé le vertige, tel que Pater a su le repérer à travers cette scène susceptible de faire écho à l'expérience du lecteur. *In fine* le poème découvre la scène originaire d'un apparaître-disparaître portant en lui le devenir-poète du sujet, Rosebud stratégiquement placé à la toute fin du portrait. Joachim du Bellay est un type chez qui la réduction des fins dernières de l'homme au colifichet ou au flirt masque mal l'angoisse ; il est aussi ce sujet chez qui la nostalgie s'inscrit sous les aspects d'une lumière rasante, trop tôt disparue. Typique et individuelle, cette double détermination subjective se retrouve dans d'autres portraits littéraires patériens. Ainsi, Coleridge est un mélancolique dont la pensée « malade[125] » a limité le « don poétique unique[126] ». Désirant l'absolu sur fond de manque, vivant à une époque de relativisme scientifique et philosophique, il apparaît non comme le type du mélancolique incarné par le René de Chateaubriand[127], « forme élémentaire d'existence », mais comme « véritable fleur d'*ennuyé* »

---

123 « *A sudden light transfigures a trivial thing, a weather-vane, a windmill, a winnowing flail, the dust in the barn door : a moment – and the thing has vanished, because it was pure effect ; but it leaves a relish behind it, a longing that the accident may happen again.* » (*Ren* 113)

124 Lacan qualifie de « fonction de la *tuché*, du réel comme rencontre – la rencontre en tant qu'elle peut être manquée, qu'essentiellement elle est la rencontre manquée », en l'opposant à l'*automaton*, J. Lacan, *Séminaire XI*, *op. cit.*, p. 65.

125 « *sickly thought* », W. Pater, « Coleridge » (*Ap* 68).

126 « *his unique poetic gift* » (*Ap* 69).

127 « *of the type of René* » (*Ap* 104).

(*TE* 72)[128]. Dans la typologie des mélancoliques, elle-même illustrée par René, Coleridge se détache par sa singularité car nul autre n'a su mettre son malaise au service de son art. Pater conjoindra toujours sans pour autant les confondre le type et le sujet. Souvent dans les portraits imaginaires patériens, il revient au personnage d'être l'*idiotes* d'un type illustré par certains « Grands Hommes » chers à Carlyle. Que Pater réduise ces derniers au rôle de faire-valoir de l'aventure individuelle dit assez la valeur qu'il accorde à l'individu.

LE *FATUM* RÉVISÉ

Une autre caractéristique du portrait chez Sainte-Beuve est le moment de crise[129], que Pater infléchit afin de lui donner la valeur du destin. Chacun de ses portraits en possède une, parfois discrète, parfois plus élaborée comme c'est le cas dans « Prosper Mérimée[130] ». Elle révèle que l'existence du sujet de l'œuvre ainsi reconstruite s'organise autour d'un événement immotivé et fondateur, acquérant une portée destinale. Il n'existe ni « vie réussie », ni même de génie à l'existence extraordinaire, comme le pensaient les Romantiques. Il n'y a d'existence que celle qui se structure autour de l'accueil et de l'assomption du hasard faisant dès lors destin. Les portraits patériens démontrent que la pratique de l'art ne se comprend pas sans l'assomption du destin auquel est convié le sujet, assomption prenant la voie du « symptôme » de l'artiste, comme en témoigneront exemplairement Michel Ange et Léonard.

En regard de l'accueil d'un hasard si déterminant, Pater mentionne également le *fatum* familial du sujet, c'est-à-dire les paroles rapportées

128 « *The perfect flower of any elementary type of life must always be precious to humanity, and Coleridge is a true flower of the* ennuyé » (*Ap* 104).

129 J.-L. Diaz rappelle que le portrait beuvien a besoin d'un événement central autour duquel organiser l'histoire romanesque de son modèle, promu par cette simplification de sa destinée au rang de quasi-personnage. Art. cité, p. 53.

130 « *Corrected for some childish fault, in passionate distress, [Mérimée] overhears a half-pitying laugh at his expense, and has determined, in a moment, never again to give credit – to be for ever on his guard, especially against his own instinctive movements. Quite unreserved, certainly, he never was again* », « Prosper Mérimée » (*MS* 13-14).

par la légende, constitutives du premier regard de l'Autre sur le sujet. Ce regard parental s'exprime souvent par des prédictions : l'on se souviendra de la diseuse de bonne aventure consultée par la mère de Freud assurant à la future mère que son fils accomplirait de grandes choses. Freud souligne que ce n'est pas la vérification de la prophétie qui compte mais l'effet d'assurance et de confiance en soi, ou d'inhibition dans le cas d'une prophétie de malheur, qu'elle suscite[131]. Pater souligne quant à lui l'importance de la parole féminine dans la destinée de Pic, encouragé à étudier par sa mère persuadée de son avenir[132], et confortée par l'un de ces signes mystérieux qu'envoie le Ciel, lequel n'est que la projection du désir de l'Autre[133]. Plus tard, une autre femme prédira sa mort[134], survenue en 1494. Très significativement les prophéties auront accompagné toute l'existence d'un homme ayant établi un système de correspondances entre le sensible et l'invisible[135]. Également susceptible aux signes de l'Autre, Michel Ange n'hésitera pas à orienter sa vie en fonction de ceux-ci[136], témoignant d'une acceptation du symbolique que son art porte au sublime. La prophétie ou le rêve s'inscrivent dès lors comme discours visant à rendre compte du destin individuel ; ce discours est sujet aux variations historiques et culturelles qui lui font prendre divers aspects dont celui de la diseuse de bonne aventure ou de la mère. La prophétie ou le *fatum* familial participent du « mythe individuel du névrosé[137] » assurant au sujet sa prise dans le discours de l'Autre.

---

131 S. Freud, *L'interprétation des rêves*, *op. cit.*, p. 171.

132 « *[Pico's] mother, delighting in his wonderful memory, sent him at the age of fourteen to the famous school of law at Bologna. From the first, indeed, she seems to have had some presentiment of his future fame* », « Pico della Mirandola » (*Ren* 25).

133 « *with a faith in omens characteristic of her time, she believed that a strange circumstance had happened at the time of Pico's birth – the appearance of a circular flame which suddenly vanished away, on the wall of the chamber where she lay.* » (*Ren* 25)

134 « *Camilla Rucellai, one of those prophetic women whom the preaching of Savonarola had raised up in Florence, declare, seeing [Pico] for the first time, that he would depart in the time of lilies – prematurely, that is, like the field-flowers which are withered by the scorching sun almost as soon as they are sprung up* » (*Ren* 28).

135 « *Omens, prophecies, supernatural coincidences, accompany Pico himself all through life.* » (*Ren* 30)

136 « *[Michelangelo] believed in dreams and omens. One of his friends dreamed twice that Lorenzo, then lately dead, appeared to him in grey and dusty apparel. To Michelangelo this dream seemed to portend the troubles which afterwards really came, and with the suddenness which was characteristic of all his movements, he left Florence.* » (*Ren* 50)

137 J. Lacan, « Le Mythe individuel du névrosé ou poésie et vérité dans la névrose » (1953), *Ornicar ?* n° 17-18, 1978, p. 290-307.

Le *fatum* patérien trouve un éclairage dans ce que Freud nomme les « hasards de la constellation parentale[138] », lesquels jouent un grand rôle chez Léonard, le fils illégitime, successivement élevé par sa véritable mère, puis par sa belle-mère. À ce discours accompagnant l'entrée du sujet dans le registre symbolique, il faut initialement se soumettre, sauf à rechuter dans ce que l'analyste appelle la « conception pieuse du monde dont Léonard lui-même prépara le dépassement[139] », c'est-à-dire à l'illusion d'une providence attachée à la préservation de notre narcissisme. Les hasards, rappelle Freud, sont sans rapport avec nos désirs et nos illusions. Ils sont ce sur qui butent ces derniers. Le *fatum* garde quant à lui la mémoire inconsciente du désir parental à l'origine du sujet, de cette cause que nul ne saurait détenir pour autrui sauf à le rendre fou.

LE CHIFFRE D'UN DESTIN

Lecteur attentif de Sainte-Beuve, Pater structure généralement l'existence en différentes périodes, comme l'illustrent ses portraits de Léonard[140], Michel Ange, et plus tard, Raphaël. Ces périodes correspondent généralement aux lieux où vécut l'artiste et se singularisent par les œuvres qu'il y créa, comme c'est le cas de Michel Ange à Rome[141], ou des différentes Madones de Raphaël. Pater reprend également à Sainte-Beuve la narration du moment critique de la réalisation de la première œuvre, généralement sous les aspects d'un heureux hasard révélant au sujet le chiffre de son destin.

Verrocchio, le maître de Léonard, a reçu commande pour un baptême du Christ et permet à son apprenti d'achever une partie du tableau[142].

138 S. Freud, *Un Souvenir d'enfance*, *op. cit.*, p. 275.

139 *Ibid.*, p. 277.

140 « *[Leonardo's] life has three divisions – thirty years at Florence, nearly twenty years at Milan, then nineteen years of wandering, till he sinks to rest under the protection of Francis the First at the* Château de Clou. » « Leonardo da Vinci » (*Ren* 64).

141 « *Three great works fill the remainder of his life – three works often interrupted, carried on through a thousand hesitations, a thousand disappointments, quarrels with his patrons, quarrels with his family, quarrels perhaps most of all with himself – the Sistine Chapel, the Mausoleum of Julius the Second, and the Sacristy of* San Lorenzo. » « The Poetry of Michelangelo » (*Ren* 51)

142 « *It happened that Verrocchio was employed by the brethren of Vallombrosa to paint the Baptism of Christ, and Leonardo was allowed to finish an angel in the left hand corner.* » « Leonardo da Vinci » (*Ren* 65).

L'œuvre est inaugurale car elle fait se rencontrer le jeune homme et l'histoire de la peinture italienne : « Ce fut l'un de ces moments où le progrès d'une grande chose – ici, l'art italien – pèse lourdement sur le bonheur d'un homme à travers le découragement et le déclin qui, chez des individus plus fortunés, permet à l'humanité de faire un pas vers son succès final. » (*R* 121)[143] La première œuvre met en tension le sujet et l'art, donnant une nouvelle cohérence à celui-ci, en inscrivant celui-là dans un devenir artistique. Elle annonce et concentre les œuvres futures en révélant du premier coup l'artiste que sera Léonard : le futur auteur de *La Cène* participe à un tableau dont le thème est christique, et l'on pourrait dire qu'il s'agit d'un baptême artistique pour ce fils dont Pater a souligné l'illégitimité, et qui se voit derechef placé dans une filiation artistique et divine. Léonard peint un ange[144], c'est-à-dire un personnage hors-sexualité, notation importante pour un artiste appelé à peindre des visages « au sexe douteux » (*R* 131)[145], ce qui pose la question de son rapport à la castration, *i.e.*, de la reconnaissance de l'Autre sexe. Enfin, sa participation à une œuvre collective est replacée dans le contexte plus large de l'histoire de l'art en Italie dont il permet le déploiement, non sur le mode d'une rupture mais d'une révolution commencée individuellement.

La première œuvre annonce en outre les périodes d'inhibition rythmant la vie de l'artiste[146]. Fût-elle de l'ordre d'une participation, plutôt que d'une création – et l'on trouve sur un mode mineur le thème clé de l'attribution des œuvres léonardesques et des rapports de Léonard à toute communauté –, elle préfigure les suivantes et montre sur un mode discret quoiqu'intégral le rapport du sujet à l'Autre et à la castration. Elle signe en outre l'avènement de l'artiste dépassant le maître, sans pour autant l'oublier[147], s'inscrivant dans le registre d'une étrange et double filiation à un maître et à Dieu. Enfin, par l'insatisfaction qu'elle suscite, le « mécontentement » (*R* 122)[148] latent de son auteur, elle lui révèle un

143 « *It was one of those moments in which the progress of a great thing – here, that of the art of Italy – presses hard and sharp on the happiness of an individual, through whose discouragement and decrease, humanity, in more fortunate persons, comes a step nearer to its final success.* » (*Ren* 65)

144 « *the bright animated angel of Leonardo's hand* » (*Ren* 65).

145 « *a face of doubtful sex* » (*Ren* 74).

146 « *the hesitation [between art and science] which had haunted Leonardo] all through his life, and made him like one under a spell* » (*Ren* 81).

147 « *to the last Leonardo recalls the studio of Verrocchio, in the love of beautiful toys* » (*Ren* 65).

148 « *because it was the perfection of that style, it awoke in Leonardo* some seed of discontent *which lay in the secret places of his nature.* » (*Ren* 66, nous soulignons)

tempérament qu'il ne se connaissait pas et qui l'entraîne sur les chemins de la recherche et de l'inscription subjective dans le champ de l'Autre de la communauté[149]. « Il était frappé par l'amour de l'impossible » (*R* 123)[150], précise Pater. En sondant les raisons de son insatisfaction, Léonard va se tourner vers la nature. C'est alors le début d'une quête infinie conduisant parfois l'artiste hors des chemins de l'art. Plutôt que d'étouffer la question par quelque hypothèse artificiellement plaquée, Pater rend compte de cette impasse et en examine les conséquences.

En effet, l'un des propos avoués de *La Renaissance* consiste à définir la singularité absolue du sujet, s'égalant, dans le cas de Léonard, à une tension malheureuse entre la curiosité et l'amour du beau[151]. Cette singularité constitue la base de son œuvre subtilement et curieusement gracieuse, comme le démontre la suite du portrait, encore que cette tension fasse parfois s'écarter l'artiste des voies de l'art[152]. La première œuvre contenait l'à-venir du sujet, elle en signait l'irréductibilité, mais également le symptôme. Et devant celui-ci, Pater ne reculera pas car *La Renaissance* n'est pas uniquement le lieu d'élaboration d'une esthétique singulière, elle est déjà de l'ordre de l'étude de cas.

LE SUJET IDÉAL

La critique s'est longtemps demandé pourquoi Pater avait conclu un ouvrage sur la Renaissance par un chapitre consacré à Winckelmann qui vécut au XVIIIe siècle. Pater a lui-même rendu compte de cette insertion dans la « Préface » : « J'ai rajouté un essai sur Winckelmann, qui n'est pas incongru avec les études qui le précèdent car Winckelmann, qui vécut au XVIIIe siècle, appartient en réalité par son esprit à une époque

149 « *[Leonardo's] art, if it was to be something in the world, must be weighted with more of the meaning of nature and purpose of humanity.* » (*Ren* 66)

150 « *He was smitten with a love of the impossible* » (*Ren* 66).

151 « *Curiosity and the desire of beauty – these are the two elementary forces in Leonardo's genius ; curiosity often in conflict with the desire of beauty, but generating, in union with it, a type of subtle and curious grace.* » (*Ren* 70)

152 « *Sometimes this curiosity came in conflict with the desire of beauty ; it tended to make him go too far below that outside of things in which art begins and ends.* » (*Ren* 72)

antérieure. » (*R* 51)[153] Winckelmann relève d'un esprit renaissant plutôt que classique : « Par son enthousiasme pour l'intelligence et l'imagination pour elles-mêmes, par son hellénisme, sa vie passée à essayer d'atteindre l'esprit grec, il est en connivence avec les humanistes d'un siècle précédent. » (*R* 51)[154] Pater le présente comme le « dernier fruit[155] » portant la Renaissance à son achèvement, le dernier d'une lignée inaugurée par Pic célébrant rien moins que la dignité de l'homme. En outre, la renaissance patérienne est un mouvement progressif. Le Moyen Âge en voit les débuts, et le XVe siècle, le déploiement, appelant à son tour sa réalisation plus tardive comme Pater le signale dans son portrait de l'humaniste : « la Renaissance du XVe siècle fut plus grande par ce qu'elle conçut que par ce qu'elle réalisa. Une grande part de ce qu'elle aspira à faire et ne réussit qu'imparfaitement ou de façon erronée, s'accomplit à travers ce que l'on appelle l'*éclaircissement* du XVIIIe siècle, ou à travers notre génération » (*R* 72)[156]. Parce que la Renaissance réalise ses virtualités postérieurement à sa matérialisation historique, elle s'incarne dans un sujet destiné à en illustrer un aspect particulier : son retour à l'esprit grec[157]. Elle est aussi rétrospection. « Winckelmann » est le texte le plus long de *La Renaissance*, parce que Pater propose une histoire fondée sur le retour permanent, quoique plus marqué à certaines époques, à et de l'esprit grec appelé à fonctionner comme signifiant originaire, ce qui lui permet de relire l'histoire de la culture européenne et d'en récapituler les différents aspects incarnés par un individu. La principale qualité de Winckelmann n'est pas la fondation de l'histoire de l'art, mais sa capacité de faire l'expérience d'un rapport à un savoir oublié, de connaître une véritable réminiscence. Il est donc indispensable de suivre l'analyse

---

153 « *I have added an essay on Winckelmann, as not incongruous with the studies which precede it, because Winckelmann, coming in the eighteenth century, really belongs in spirit to an earlier age.* » (*Ren* xxxiii)

154 « *By his enthusiasm for the things of the intellect and the imagination for their own sake, by his Hellenism, his life-long struggle to attain to the Greek spirit, he is in sympathy with the humanists of an earlier century.* » (*Ren* xxxiii)

155 « *the last fruit of the Renaissance, [Winckelmann] explains in a striking way its motive and tend*encies. » (*Ren* xxxiii)

156 « *The Renaissance of the fifteenth century was, in many things, great rather by what it designed than by what it achieved. Much which it aspired to do, and did but imperfectly or mistakenly, was accomplished in what is called the* éclaircissement *of the eighteenth century, or in our own generation* » (*Ren* 22).

157 Sur cet aspect fondamental, voir S. Evangelista, *British Aestheticism and Ancient Greece : Hellenism, Reception, Gods in Exile*, Basingstoke, Palgrave, 2009, « Pater and the Aesthetic Life », p. 25-39.

patérienne d'un homme récapitulant la Renaissance, montrant qu'elle trouve sa fin dans cette récapitulation ; un homme qui s'avère sujet idéal car sujet de la réminiscence.

Pater commence par retracer ses premières années où nous retrouvons des éléments déjà présentés : l'affrontement à une condition éloignée de l'art à une époque d'obscurantisme[158], et l'opposition entre l'obscurité intellectuelle des premières années et la lumière, voire l'illumination suscitée par la découverte de l'Antiquité : « En [...] quittant [le monde intellectuel terni de l'Allemagne de la première moitié du XVIIIe siècle] pour entrer dans la lumière de l'antique, il eut un sentiment d'ivresse presque physique. » (*R* 176)[159] Winckelmann éprouve une nostalgie sans objet défini[160] aimantant son désir d'un savoir sur le beau – « un désir ardent d'atteindre la connaissance du beau : "*sehnlich wünschte zur Kenntniss des Schönen zu gelangen*" » (*R* 177-178)[161]. Lecteur de Platon, il découvre l'art grec par l'intermédiaire de l'artiste Oeser : « C'est alors qu'une nouvelle voie de communion avec la vie grecque s'ouvrit à lui. Jusque-là, il n'avait manié que les mots de la poésie grecque, qui l'avaient ému et stimulé, tout en devinant par-delà quelque pulsation inexprimée de la vie sensuelle, quand soudain il est en contact avec elle, encore brûlante dans les reliques de l'art. » (*R* 180)[162] Passant de la lettre à l'objet, Winckelmann voit se découvrir une tout autre voie d'accès à ce monde grec fonctionnant comme objet originaire. Il connaît alors une renaissance individuelle donnant le modèle de la renaissance patérienne dont la Renaissance est la réalisation historique :

> Winckelmann reproduit pour nous ce premier sentiment de la Renaissance : soudain, l'imagination se sent libre. Que cette vie des sens et de l'entendement est facile et directe, lorsque nous l'avons appréhendée une fois ! C'est bien là

---

158 « *[Winckelmann] served first a painful apprenticeship in the tarnished intellectual world of Germany in the earlier half of the eighteenth century.* » W. Pater, « Winckelmann » (*Ren* 114).

159 « *Passing out of that into the happy light of the antique, [Winckelmann] had a sense of exhilaration almost physical.* » (*Ren* 114)

160 « *a wistful sense of something lost to be regained, than the desire of discovering anything new* » (*Ren* 115).

161 « *a longing desire to attain to the knowledge of beauty* – sehnlich wünschte zur Kenntniss des Schönen zu gelangen. » (*Ren* 116)

162 « *there opened for him a new way of communion with the Greek life. Hitherto he had handled the words only of Greek poetry, stirred indeed and roused by them, yet divining beyond the words an unexpressed pulsation of sensuous life. Suddenly he is in contact with that life, still fervent in the relics of plastic art.* » (*Ren* 118)

> qu'est ce mode de vie plus libéral que nous cherchions depuis si longtemps et qui était si proche de nous tout ce temps. (*R* 180)[163]

Retrouvant ce « mode de vie plus libéral » simplement tenu en retrait de la conscience, Winckelmann reproduit le sentiment ayant animé la Renaissance et qui, souligne Pater, est devenu étranger à ses contemporains[164]. Reproduisant ce sentiment, il lui permet d'être mieux appréhendé par tous. La renaissance individuelle est avant tout libération, réconciliation de l'entendement et des sens indûment séparés ; elle conduit à une existence qui n'était pas forclose, mais simplement dissimulée au sujet. La renaissance est un avènement, une déclosion (au sens heideggérien) révélant une autre réalité qui, parce qu'elle est répétée par Winckelmann, apparaît dans sa pleine intelligibilité. Winckelmann effectue la réconciliation du sensuel et de l'intellectuel grâce à une « tendance native » (*R* 180)[165] lui permettant de résoudre des questions devant lesquelles la philosophie s'avère impuissante, et surtout de trouver l'objet de sa nostalgie, de son désir[166] : l'art grec. Cette trouvaille s'effectue *nachträglich*, révélant que son objet n'a jamais été perdu[167] et que le sujet se fonde autour du manque d'objet dont son trajet existentiel repère les coordonnées, et qui, sans le cas de Winckelmann, suscite un enthousiasme brûlant « comme la lave » (*R* 181)[168].

Apparaît le moment critique permettant au sujet la réalisation de son désir et une subjectivation exemplaire sur fond de réponse à un méchant destin[169]. Ayant rédigé son premier ouvrage, *Réflexions sur l'imitation*

---

163 « *Winckelmann here reproduces for us the earlier sentiment of the Renaissance. On a sudden the imagination feels itself free. How facile and direct, it seems to say, is this life of the senses and the understanding, when once we have apprehended it ! Here, surely, is the more liberal life we have been seeking so long, so near to us all the while.* » (*Ren* 118)

164 « *Filled as our culture is with the classical spirit, we can hardly imagine how deeply the human mind was moved, when, at the Renaissance, in the midst of a frozen world, the buried fire of ancient art rose up from under the soil.* » (*Ren* 118)

165 « *the native tendency of Winckelmann to escape from abstract theory to intuition, to the exercise of sight and touch* » (*Ren* 118).

166 « *It is what Goethe calls [Winckelmann's]* Gewahrwerden der griechischen Kunst, *his* finding *of Greek art.* » (*Ren* 119)

167 Évoquant *das Ding*, Lacan écrit : « cet objet, puisqu'il s'agit de le retrouver, nous le qualifierons de perdu. Mais cet objet n'a en somme jamais été perdu quoiqu'il s'agisse de le retrouver. » *Séminaire VII*, *op. cit.*, p. 72.

168 « *Within its severe limits his enthusiasm burns like lava.* » (*Ren* 119)

169 Ainsi résumé par Goethe : « *"A lowly childhood," […] "insufficient instruction in youth, broken, distracted studies in early manhood, the burden of school-keeping ! He was thirty years old before*

des œuvres grecques dans la peinture et la sculpture, Winckelmann part à Rome. Pour Pater, sa situation est du plus grand intérêt puisqu'il est pris dans le carcan d'une culture en plein renouvellement[170]. Se retrouve la confrontation d'un Abélard au système religieux médiéval, mais également à l'avènement d'une véritable terre promise, qui prendra dans son cas la figure de la lumière hellénique, jamais aussi bien perçue que sur fond d'obscurité : « L'hellénisme, qui est avant tout le principe de la lumière intellectuelle [...] a toujours été le plus efficacement conçu par ceux qui y sont arrivés au sortir d'un monde où prédominaient les éléments sombres. » (*R* 184)[171] Or cet « éclaircissement » – Pater joue bien sûr sur le double sens du terme – est celui de la Renaissance et c'est lorsque la « répression » (*R* 184)[172] est levée que Winckelmann éprouve pleinement son affinité avec l'hellénisme. Cette affinité s'incarne dans l'enthousiasme de l'historien d'art : « L'enthousiasme, au sens le plus largement platonicien du *Phèdre*, fut le secret du pouvoir de divination du monde hellénique qui anima Winckelmann. » (*R* 184)[173] Littéralement possédé[174], physiquement excité, Winckelmann effectue la réconciliation du sensuel et de l'intellectuel dans son activité même[175]. Aussi, sa carrière donne-t-elle l'impression d'être placée sous le signe de l'inspiration :

---

he enjoyed a single favour of fortune : but as soon as he had attained to an adequate condition of freedom, he appears before us consummate and entire, complete in the ancient sense." » (*Ren* 119)

170 « *Winckelmann's first years in Rome present all the elements of an intellectual situation of the highest interest. The beating of the intellect against its bars, the sombre aspect, the alien traditions, the still barbarous literature of Germany, are afar off ; before him are adequate conditions of culture, the sacred soil itself, the first tokens of the advent of the new German literature, with its broad horizons, its boundless intellectual promise.* » (*Ren* 122)

171 « *Hellenism, which is the principle pre-eminently of intellectual light [...], has always been most effectively conceived by those who have crept into it out of an intellectual world in which the sombre elements predominate.* » (*Ren* 122)

172 « *This repression, removed at last, gave force and glow to Winckelmann's native affinity to the Hellenic spirit.* » (*Ren* 122)

173 « *Enthusiasm – that, in the broad Platonic sense of the* Phaedrus, *was the secret of his divinatory power over the Hellenic world.* » (*Ren* 122)

174 ἐνθους, inspiré, possédé par un dieu. Lecteur du *Phèdre*, Pater précise : « *This* enthusiasm, *dependent as it is to a great degree on bodily temperament, has a power of re-enforcing the purer emotions of the intellect* with an almost physical excitement. » (*Ren* 122, nous soulignons)

175 Pater précise que son affinité avec l'hellénisme se relie à ce que l'on appelle de nos jours son orientation sexuelle : « *That his affinity with Hellenism was not merely intellectual, that the subtler threads of temperament were inwoven in it, is proved by his romantic, fervent friendships with young men.* » (*Ren* 122) Voir S. Evangelista, « "Lovers and Philosophers at Once" : Aesthetic Platonism in the Victorian "Fin de Siècle" », *The Yearbook of English Studies*, vol. 36. 2, 2006, p. 230-244.

> L'impression qui se dégage de la vie littéraire de Winckelmann, est une impression d'excitation, d'intuition, d'inspiration, plutôt qu'une impression d'évolution contemplative de principes généraux. Cet enthousiaste, vif et susceptible, dont la peau olivâtre, les yeux perçants aux orbites enfoncées et les mouvements rapides trahissaient le tempérament, n'appréhenda pas les principes les plus subtils à travers l'entendement mais à travers l'instinct ou le toucher. (*R* 186)[176]

L'hellénisme suscite chez Winckelmann de nouveaux sens ; il en irrigue la personnalité et les écrits : « Il est à son contact, il s'en laisse pénétrer et ce monde devient une partie de son tempérament. » (*R* 186)[177] Or cette re-découverte de l'hellénisme relève de la re-découverte à un savoir toujours déjà là, sur le mode de la réminiscence :

> [Winckelmann] semble accomplir cette idée de la réminiscence d'un savoir oublié, caché un temps dans l'esprit, comme si l'esprit d'un amant et philosophe dans une phase d'existence antérieure – φιλοσοφήσας ποτέ μέτ' ἔρωτος – tombé en un cycle nouveau, recommençait sa carrière intellectuelle, mais avec un certain pouvoir d'en anticiper les résultats. (*R* 186-187)[178]

Winckelmann incarne le retour d'un savoir simplement caché dans la psyché sur un mode dont le refoulement freudien sera une autre version. Ce savoir n'est pas seulement rétrospectif : il est anticipatoire. Comme la renaissance médiévale jouissant d'une découverte inchoative, comme Abélard préfigurant la Renaissance[179] ou Botticelli anticipant son siècle[180], Winckelmann voit s'ouvrir non seulement le passé mais l'avenir. Le savoir refoulé auquel il a désormais accès lui ouvre les portes

176 « *The impression which Winckelmann's literary life conveyed to those about him was that of excitement, intuition, inspiration, rather than the contemplative evolution of general principles. The quick, susceptible enthusiast, betraying his temperament even in appearance, by his olive complexion, his deep-seated, piercing eyes, his rapid movements, apprehended the subtlest principles of the Hellenic manner, not through the understanding, but by instinct or touch.* » (*Ren* 124)

177 « *that world in which others had moved with so much embarrassment, seems to call out in Winckelmann new senses fitted to deal with it. He is in touch with it ; it penetrates him, and becomes part of his temperament.* » (*Ren* 124)

178 « *[Winckelmann] seems to realise that fancy of the reminiscence of a forgotten knowledge hidden for a time in the mind itself ; as if the mind of one, lover and philosopher at once in some phase of pre-existence* – philosophesas pote met' erotos – *fallen into a new cycle, were beginning its intellectual culture over again, yet with a certain power of anticipating its results.* » (*Ren* 124)

179 « *[Abelard] prefigures the character of the Renaissance* », « Two Early French Stories » (*Ren* 4).

180 « *In the middle of the fifteenth century he had already anticipated much of the meditative subtelty, which is sometimes supposed peculiar to the great imaginative workmen of its close.* » « Sandro Botticelli » (*Ren* 33).

d'une renaissance individuelle dont la Renaissance est la manifestation collective. Pic était possédé d'une « soif inextinguible de savoir » rarement payée de retour ; Winckelmann montre quelle est la nature de ce savoir ; il est savoir refoulé, *unbewußt*, qui dès lors qu'il accède à la conscience, renouvelle profondément le sujet. Il est savoir lié à l'Antiquité, laquelle représente pour Pater l'origine de la culture européenne.

Winckelmann n'épuisera pas ce savoir ; il en recueille les premiers fruits tandis que son désir de voyage en Grèce restera insatisfait[181]. Le destin ne tarde pas à le rattraper lorsqu'il repart pour Vienne. La « nostalgie inversée[182] » qu'il éprouve en quittant la ville éternelle montre que Rome est bien le lieu élu de l'Antiquité chez lui. Il sera assassiné sans avoir regagné l'Autriche, et sans avoir achevé son maître ouvrage. Et Pater commente : « On aurait dit que les dieux, en récompense de sa dévotion, lui avaient donné une mort que, par sa rapidité et son moment, il aurait pu désirer » (*R* 188)[183], inscrivant définitivement son destin dans une culture païenne où les dieux récompensent leurs desservants en abrégeant leurs jours.

Winckelmann illustre le retour d'un savoir libérateur, activement recherché par les hommes de la Renaissance. En répétant la découverte lumineuse, il permet de comprendre la Renaissance non plus comme manifestation historique mais comme manifestation psychique, déclosion d'un savoir inconscient, renaissance individuelle, et renaissance collective lorsque toute la culture se soumet à cette ressaisie de l'être. Cependant, le risque est grand de considérer la renaissance comme une pluralité d'occurrences individuelles sans principe commun. La diversité des personnages examinés par Pater ne montre-t-elle pas que chacun y entretient un rapport singulier ? Abélard en montre la pointe, Pic est animé d'une volonté de réconciliation témoignant exemplairement d'une division subjective, Della Robbia témoigne de l'avènement d'un sujet autonome, Botticelli (ré)découvre la leçon grecque de la finitude humaine teintant ses œuvres de mélancolie, Léonard peint le retour d'un refoulé insupportable, Du Bellay exprime la nostalgie, et Winckelmann le rapport à « l'esprit grec ». La renaissance patérienne

181 « *[Winckelmann's] plan of a visit to Greece remained unfulfilled.* » (*Ren* 125)

182 « *as [Winckelmann] left Rome, a strange, inverted home-sickness, a strange reluctance to leave it at all, came over him* » (*Ren* 125).

183 « *It seemed as if the gods, in reward for his devotion to them, had given him a death which, for its swiftness and its opportunity, he might well have desired* » (*Ren* 126).

est de l'ordre d'une expérience psychique, d'une réminiscence plus freudienne que platonicienne mais elle ne s'y réduit pas tant que n'est pas déterminé le sol originaire où elle se nourrit. Tel est le propos de Pater dans le long développement suivant son portrait de Winckelmann. Les hommes renaissants ont un rapport à un savoir transmis par voie signifiante, un rapport à une origine précise unifiant les manifestations de la renaissance dans leur pluralité. Il existe en effet une tradition dite « classique » (*R* 178)[184] que Raphaël a célébrée au Vatican[185] et dont Winckelmann illustre la persistance[186], s'incarnant tant dans le langage que dans les reliques artistiques[187], où l'a retrouvée l'historien de l'art à travers son rapport sensuel[188]. Attentif aux reliques d'art, Winckelmann témoigne de la persistance et de « l'autorité » de cette tradition collective. Parce qu'elle satisfait un besoin permanent, la tradition hellénique se manifeste dans « l'histoire générale de la culture[189] », et elle s'y manifeste sur le mode du retour d'un signifiant. Le passé ne disparaît totalement mais survit souterrainement ; l'élément hellénique réapparaît périodiquement :

> Les forces spirituelles du passé, qui ont suscité et pénétré la culture d'une époque postérieure, vivent en effet d'une vie souterraine et concentrée à l'intérieur de cette culture. Seul l'élément hellénique n'a pas été absorbé ou satisfait par cette vie souterraine : de temps en temps, il est remonté à la surface et la culture a été ramenée à ses sources pour être clarifiée et corrigée. L'hellénisme n'est pas uniquement un élément absorbé de notre vie intellectuelle, il en est une tradition consciente. (*R* 189-190)[190]

184 « *the classical tradition* » (*Ren* 127). C'est à la fin de son ouvrage où le signifiant est apparu à plusieurs reprises que s'en révèle le sens profond d'éros grec.

185 Pater fait bien sûr référence à *L'École d'Athènes* de Raphaël (1509-1510) au Palais du Vatican.

186 « *Winckelmann's intellectual history authenticates the claims of this tradition in human culture.* » (*Ren* 127)

187 « *[this tradition] still lurked about its own artistic relics, and changes of language had not broken its continuity* » (*Ren* 127).

188 « *remote in time and place, [Winckelmann] feels after the Hellenic world, divines the veins of ancient art, in which its life still circulates* » (*Ren* 127).

189 « *the general history of culture.* » (*Ren* 127)

190 « *The spiritual forces of the past, which have prompted and informed the culture of a succeeding age, live, indeed, within that culture, but with an absorbed, underground life. The Hellenic element alone has not been so absorbed, or content with this underground life ; from time to time it has started to the surface ; culture has been drawn back to its sources to be clarified and corrected. Hellenism is not merely an absorbed element in our intellectual life ; it is a conscious tradition in it.* » (*Ren* 127-128)

L'histoire de la culture est ainsi un retour *à* l'hellénisme et un retour *de* l'hellénisme, réapparition sensible, consciente, témoignant, en dépit du changement historique souligné par Pater, d'un élément de permanence[191]. La « norme de goût » (*R* 190) que Pater reprend à Hume[192] se transmet sur le mode intellectuel pour influencer l'artiste par le biais des œuvres du passé qui ont « excité » et modelé son sens du beau : « Cette norme [...] agit sur l'artiste [...] à travers les productions artistiques de la génération précédente qui furent les premières à exciter son sens du beau et à le diriger vers une voie particulière. » (*R* 190)[193] Chaque œuvre d'art contient un reflet témoignant de cette « norme » apparue jadis ; leur ensemble toujours ouvert constitue une série de « points élevés » (*R* 190) éclairés par la lumière hellénique[194]. C'est en Grèce que naît cette norme et qu'elle naît comme tradition, c'est-à-dire douée d'une inscription temporelle, et fondant la temporalité[195]. La culture et son expression artistique se ressourcent alors par un mouvement rétrogressif à cette « norme de goût » qu'il serait erroné de confondre avec toute normativité. La culture patérienne se fonde donc sur un refoulement et sur un retour du refoulé permanent collectif, refoulement et retour d'un savoir refoulé qu'illustre exemplairement Winckelmann présenté comme « relique de l'antiquité classique découverte par accident dans notre atmosphère moderne qui lui est étrangère. » (*R* 203)[196] La Renaissance est le retour du refoulé païen en terre chrétienne[197] sur un plan collectif ; elle est le retour d'un savoir libérateur, ou parfois destructeur, sur un plan individuel.

Par-delà la diversité des œuvres et des arts, ces retours unissent les personnages présentés par Pater dans ce qui se révèle être un véritable

191 « *an element of permanence, a standard of taste, which genius confesses.* » (*Ren* 128)

192 Voir D. Hume, « De la norme du goût » (1755) dans *Essais esthétiques*, Paris, Éditions Garnier Flammarion, 2000.

193 « *This standard [...] acts upon the artist [...] by means of the artistic products of the previous generation, which in youth have excited, and at the same time directed into a particular channel, his sense of beauty.* » (*Ren* 128)

194 « *The supreme artistic products of each generation thus form a series of elevated points, taking each from each the reflexion of a strange light, the source of which is not in the atmosphere around and above them, but in a stage of society remote from ours.* » (*Ren* 128)

195 « *This standard takes its rise in Greece, at a definite historical period. [...] it originates in a spontaneous growth out of the influences of Greek society.* » (*Ren* 128)

196 « *This key to the understanding of the Greek spirit, Winckelmann possessed in his own nature, itself like a relic of classical antiquity, laid open by accident to our alien modern atmosphere.* » (*Ren* 141)

197 Voir la métaphore de l'anémone mêlant les traditions païenne et chrétienne (*Ren* 31).

texte théorique, dont, à notre sens, la portée sera reprise par la psychanalyse freudienne elle-même structurant le sujet autour du retour des signifiants de son histoire. *La Renaissance* est un grand texte poétique ; c'est également un texte théorique fondamental proposant une réflexion esthétique à partir de la redéfinition de la subjectivité. Le sujet patérien est irréductible à toute conscience, au retour heureux des représentations inconscientes ou d'un paisible savoir dont un quelconque moi se ferait l'ordonnateur. Pater souligne à plusieurs reprises que la condition moderne est celle d'une division sur fond d'unité perdue : « avec ses prétentions antagonistes, ses intérêts embrouillés, distraits par tant de chagrins, de préoccupations et une expérience si troublante, la question de l'unité avec nous-mêmes dans l'allégresse et le calme, est bien plus difficile que pour le Grec qui connaissait les simples conditions de la vie antique. » (*R* 209)[198] *La Renaissance* évoque davantage la pestilence que la béatitude, le danger que l'assurance, les failles que la linéarité attachée au retour de ce qu'il faut appeler un refoulé, qu'il s'agisse des dieux exilés ou de la fascination de la corruption révélée par la « Lady Lisa[199] » léonardienne. L'unité subjective est assurée par la division, démontrant avec Hegel[200] qu'une chaussette déchirée vaut mieux qu'une chaussette reprisée, soit que l'unité factice d'un moi ne saurait masquer la division du sujet, thèse qui trouvera sa relève chez Freud.

Pater cite Goethe à plusieurs reprises dans son commentaire de la vie de Winckelmann, mais également dans une visée d'examen du rôle joué par Winckelmann auprès de Goethe, lequel permet d'examiner la conception patérienne de la transmission. La renaissance resterait en effet inopérante et d'ordre solipsiste si elle ne se transmettait pas individuellement afin de constituer la continuité historique repérée par Pater à travers la diversité de ses manifestations. À la rencontre heureuse entre Pic et Marsile Ficin, conduisant à la traduction de Plotin, s'oppose la rencontre avortée entre Winckelmann et Goethe dont Pater souligne cependant les conséquences bénéfiques puisque cet échec permit à

198 « *for us of the modern world, with its conflicting claims [...] the problem of unity with ourselves, in blitheness and repose, is far harder than it was for the Greeks* » (*Ren* 146).

199 « *the animalism of Greece, the lust of Rome, the mysticism of the middle age with its spiritual ambition and imaginative loves, the return of the Pagan world, the sins of the Borgias* » (*Ren* 80).

200 « Une chaussette reprisée plutôt qu'une chaussette déchirée ; il n'en va pas de même de la conscience de soi [*Selbstbewußtsein*] » Hegel, *Écrits d'Iéna*, fragment n° 65. Thèse reprise par Heidegger : « Mieux vaut une chaussette déchirée [*zerreißen*] qu'une chaussette reprisée ».

Goethe de devenir le véritable *fils symbolique* de Winckelmann comme l'indique la comparaison à Dante : « Winckelmann devint un peu à ses yeux ce que Virgile avait été pour Dante. » (*R* 188)[201] Débarrassé par l'assassinat de Winckelmann des conséquences d'une rencontre réelle et muni des seuls ouvrages de ce dernier, Goethe est d'autant plus libre d'en recevoir l'enseignement. L'histoire intellectuelle a perdu l'occasion d'une amitié littéraire stimulante ; elle gagne la possibilité de se constituer à travers la réception des ouvrages d'un sujet appelé à fonctionner comme père symbolique de celui qui le reconnaît comme tel en incorporant l'un de ses traits, ici la révolte[202]. Recevant cette note de révolte à travers les écrits de Winckelmann, Goethe sera l'artisan de la réconciliation romantique avec l'Antiquité, illustrée par Euphorion :

> Goethe illustre l'union de l'esprit romantique, dans ses aventures, sa variété, sa profonde subjectivité d'âme, avec l'esprit hellénique dans sa transparence, sa rationalité, son désir du beau ; il illustre le mariage de Faust et d'Hélène dont l'art du XIXe siècle est l'enfant, Euphorion le beau jeune homme tel que Goethe l'imagine, sur les falaises, le front illuminé de lumière, dans « la splendeur de la bataille et harnaché pour la victoire ». Goethe illustre aussi la prépondérance de l'élément hellénique dans ce mariage ; et c'est par l'intermédiaire de Winckelmann qu'il connut l'essence de cet élément. (*R* 208)[203]

Toutefois, il serait erroné de réduire l'apport de Winckelmann à une seule note de révolte pour rendre compte d'un mode spécifique de transmission. Pater précise :

> la complétude et la généralité [...] c'est ce que Winckelmann imprime dans l'imagination du jeune Goethe, sous sa forme la plus originale et la plus simple, comme à travers un fragment d'art grec échoué sur la côte

201 « *As it was, Winckelmann became to him something like what Virgil was to Dante.* » (*Ren* 126)

202 « *that note of revolt against the eighteenth century, which we detect in Goethe, was struck by Winckelmann.* » (*Ren* 145)

203 « *Goethe illustrates that union of the Romantic spirit, in its adventure, its variety, its profound subjectivity of soul, with Hellenism, in its transparency, its rationality, its desire of Beauty – that marriage of Faust and Helena – of which the art of the nineteenth century is the child, the beautiful lad Euphorion, as Goethe conceives him, on the crags, in the "splendour of battle and in harness as for victory," his brows bound with light. Goethe illustrates, too, the preponderance in this marriage of the Hellenic element ; and that element, in its true essence, was made known to him by Winckelmann.* » (*Ren* 145-146)

> allemande imprécise et encombrée du XVIIIe siècle. À travers Winckelmann, ce modèle vient à Goethe, non dans un livre ou une théorie, mais de façon plus importune puisqu'il vient à travers une personnalité, une vie passionnée. (*R* 209)[204]

Quelques lignes plus haut, Winckelmann s'était réduit à la « relique » hellénique revenant, bien vivante s'imposer au jeune Goethe sous la forme non d'un fragment mort mais bien d'une personnalité, d'un sujet – celui-là même dont Pater vient de tracer les voies. Seule la personnalité, seul le sujet, corps et âme, peut transmettre ce dont il est porteur : l'art grec miraculeusement ressuscité. Car enfin, le propos de cette transmission purement symbolique dont le « son clair » (*R* 178)[205] fait métaphore, consiste à réviser radicalement l'histoire intellectuelle : « Le propos d'une critique juste consiste à placer Winckelmann dans une perspective intellectuelle où Goethe figure au premier plan. » (*R* 208)[206] Cette révision en passe par l'examen de l'apport symbolique de Winckelmann chez Goethe auquel se livre Pater. Le sujet est le lieu d'une récapitulation du savoir transmis par voie signifiante qu'autrui s'appropriera dès lors qu'il aura vivifié, enthousiasmé celui qui l'a le premier accueilli, et fait l'expérience de la renaissance.

Rapports inversés entre l'homme et l'œuvre, critique du biographisme et de la prétention scientifique de l'histoire de l'art, décomposition du nom trop souvent fétichisé, valeur de l'anecdote contre les moments beuviens de crise, accent sur le moment critique devenu noyau du symptôme, *fatum* révisé, tels sont les *topoï* du genre du portrait où Pater a exercé un bouleversement notable. Il est vrai que l'époque où il rédige ses portraits voit les prémices du divorce entre le champ littéraire et la critique se détournant peu à peu d'une approche biographique marquée par la recherche d'un hypothétique homme avant l'écrivain caractérisé par la crise au profit de la réflexivité du portraitiste avant d'élire au XXe siècle l'impersonnalité moderniste puis structuraliste, remaniant de

204 « *It is this which Winckelmann imprints on the imagination of Goethe [...] as in a fragment of Greek art itself, stranded on that littered indeterminate shore of Germany in the eighteenth century. In Winckelmann, this type comes to him, not as in a book or a theory, but more importunately, because in passionate life, in a personality.* » (*Ren* 146)

205 « *clear ring* » (*Ren* 146).

206 « *The aim of a right criticism is to place Winckelmann in an intellectual perspective, of which Goethe is the foreground.* » (*Ren* 145)

ce fait la notion de sujet. Les positions d'un T. S. Eliot[207], les thèses du structuralisme formaliste attaché à en finir avec le concept d'homme, ont rendu Pater étranger à son propos en même temps qu'ils nous l'ont rendu obscur. À se refuser à examiner les reformulations qu'il apporte à des genres convenus[208], la biographie, le portrait, la critique d'art, reste l'idée d'un écrivain que l'on lit, non pour la véracité de ses propos, mais pour son « style ». Celui-ci est avant tout l'expression d'une pensée tout aussi rigoureuse que la pensée d'un Freud. Comprendre le sujet patérien nécessite un dialogue avec la psychanalyse, qu'elle soit freudienne ou lacanienne, dès lors qu'elle se fonde, comme chez lui, sur la division subjective et en explore les manifestations. Les connaissances patériennes de la Renaissance ont été infirmées par la recherche postérieure, mais sa pensée ne saurait se réduire à un savoir dépassé, sauf à démontrer qu'au début du XXIe siècle, nous n'avons toujours pas quitté le XIXe siècle.

À travers une reformulation du portrait beuvien, l'esthétique patérienne transforme progressivement le portrait en étude de cas, comme le montrent les deux portraits les plus importants de *La Renaissance* : celui de Michel Ange et celui de Léonard, soit le portrait d'un artiste tourmenté par une violence et une force excessive, et celui d'un homme de science et d'art déchiré par un conflit intérieur. Si la critique[209] a montré avec justesse que Pater était redevable à Théophile Gautier et à la critique française, il faut de nouveau nous méfier de l'attrait d'une lecture orientée par le démon des sources et prise dans le carcan du seul climat intellectuel. Ce qu'écrit Pater de Léonard se rapproche davantage des thèses de Freud que de Gautier ou de Montégut[210]. Toutefois, on aurait tort de réduire Pater à un précurseur de Freud en attente de l'illumination de psychanalyse : la conceptualisation du sujet soutenue par une esthétique possède sa propre cohérence.

---

207 T. S. Eliot, « Tradition and the Individual Talent » (1919) *Selected Essays*, New York, Harcourt, Brace and Co, 1950, p. 3-11.

208 Voir A. Henry, « Walter Pater ou le plaisir esthétique », *Essais sur l'art et la Renaissance*, *op. cit.* ; et Ed Block Jr, « Walter Pater's "Diaphaneitè" and the Pattern of Reader Response in the Portrait Essay », art. cité.

209 Voir J.-B. Bullen, « Walter Pater's *Renaissance* and Leonardo da Vinci's Reputation in the Nineteenth Century », *MLR*, vol. 74, n° 2, 1979, p. 268-279.

210 É. Montégut, « La Nouvelle littérature française. Les Romans de M. Victor Cherbuliez », *Revue des Deux Mondes*, tome 69, 15 mai 1867, p. 482-501.

DEUXIÈME PARTIE

VERS L'ÉTUDE DE CAS

LA « TRANSMUTATION DES IDÉES EN IMAGES »

En 1869 et en 1871, Pater publie « Leonard de Vinci » et « La poésie de Michel Ange », dans la libérale *Fortnightly Review*[1], avant de les inclure en 1873 dans la première édition de *La Renaissance.* Ces deux articles signés sont nourris par les voyages de Pater en Italie en 1865 avec C. Shadwell, et par ses lectures multiples – C. Clément, T. Gautier, A.-F. Rio, A. Swinburne entre autres – dont les analyses colorent ses propos au point de la citation implicite. Pater exprime cependant une vision tout à fait singulière des artistes en les présentant à travers leurs vicissitudes, plutôt qu'en se livrant à des appréciations esthétiques gratuites ou des considérations sur le contexte socio-historique. Centrée sur une analyse des œuvres et de leurs créateurs, sa critique s'inscrit dans le processus d'autonomisation de l'art en lui fournissant une réponse elle-même débarrassée de toute considération morale extérieure aux œuvres elles-mêmes abordées comme lieu d'une coalescence entre éthique et esthétique[2]. L'esthétique du portrait littéraire est à l'œuvre dans les portraits de Léonard et Michel Ange et dès l'origine elle relève déjà de l'étude de cas. L'artiste n'apparaît plus exclusivement sous la lumière d'un génie singulier auquel il faudrait rendre un hommage respectueux, mais plutôt comme un sujet traversé de doutes, d'inhibitions, de questions et de maux auxquels son art tente de répondre, cette réponse constituant la « formule » de son génie.

Adoptant une curiosité bienveillante envers ses sujets, Pater fonde ses essais sur l'examen des questions suscitées par les périodes d'inactivité artistique de Léonard ou par l'opinion reçue selon laquelle Michel Ange illustre la force dans l'art. Il ne s'agit plus seulement de saisir le moment

1 W. Pater, « Notes on Leonardo da Vinci », *Fortnightly Review*, vols. 6, November 1869, p. 494-508 ; « The Poetry of Michelangelo », *Fortnightly Review*, vols. 10, November 1871, p. 559-570.

2 Voir B. Coste, *Walter Pater, esthétique*, *op. cit.*, p. 33.

critique où l'homme devient artiste, mais de comprendre comment il devient l'artiste singulier qu'il est. Le destin ne se révèle plus à la lumière de la réalisation d'un devenir intrinsèque égal à ses promesses, mais comme le produit d'un travail psychique confronté à des questions de symbolisation dans le cas de Léonard, ou d'acquisition progressive d'un équilibre littéralement pulsionnel entre force et douceur dans celui de Michel Ange. La vie de l'artiste devient la réponse patiemment élaborée à un symptôme, sans garantie de succès. Le portrait littéraire se mue en étude de cas.

L'enjeu de l'approche patérienne n'est pas psychologique : Pater n'est pas A. Bain[3] ni J. Sully. À une époque de recomposition disciplinaire et d'autonomisation de la psychologie, où prévaut encore le modèle physiologique et psycho-physiologique[4], Pater choisit de situer sa réflexion dans le champ du verbe plutôt que dans celui de l'anatomie ou de la physiologie, et de la critique « esthétique » dont la visée n'est ni plus ni moins que la reconceptualisation de la critique d'art. Sa reformulation induit diverses conséquences telles l'inscription dans le canon d'œuvres et d'artistes mineurs à l'époque. Par avance, elle rend problématique toute idée de continuité simplement historique avec la psychanalyse freudienne héritée quant à elle de la neurologie et de la psychiatrie[5].

Pour Pater qui s'intéresse aux œuvres et aux discours qui les environnent (« Vies », légende, anecdotes), les problèmes de symbolisation de Léonard posent la question de l'accueil d'un art très particulier, incompréhensible peut-être, ou inintégrable par la communauté des hommes ; le travail d'acquisition de la douceur par Michel Ange exige de revenir sur la thèse courante d'un artiste illustrant la force et dont les continuateurs auraient amplifié la tendance, avec pour effet d'inscrire l'histoire de l'art dans une chronologie évolutionniste. Or l'histoire de l'art ne se soutient nullement d'un déroulement progressif fondé sur l'exagération de tendances au point de la transformation totale : elle est

3 Alexander Bain est le principal représentant de la psychophysiologie en Grande-Bretagne, à travers ses ouvrages : *Manual of Mental and Moral Science* (1868), *Mind and Body* (1872) et *The Senses and the Intellect* (1885). M. Gauchet souligne qu'il fait se rencontrer l'associationnisme et le schème sensori-moteur en physiologie. Voir M. Gauchet, *L'inconscient cérébral*, *op. cit.*

4 Voir J. Bourne Taylor, « Psychology at the fin de siècle », art. cité ; E. Demont, *La psychologie. Histoire, concepts, méthodes, expériences*, Paris, La Découverte, 2009 ; R. Smith, *Between Mind and Nature. A History of Psychology*, London, Reaktion Books, 2013.

5 P.-L. Assoun, *Introduction à l'épistémologie freudienne*, Paris, PUF, 1990.

une reprise par les artistes de traits signifiants de l'Autre, *à leur insu.* Comme le démontre « Winckelmann », tous les grands artistes s'en reviennent par un mouvement régressif, quoique pas toujours conscient, à l'œuvre de leurs prédécesseurs, le point de visée de ce mouvement se situant dans la Grèce antique à travers dans une reprise de « l'esprit grec » (« *Greek spirit* ») qui, par son refoulement, a fondé la possibilité d'une reprise lors de la Renaissance. L'histoire de l'art, c'est-à-dire son déroulement historique, apparaît alors comme le retour progressif d'un refoulé originaire (qui n'apparaîtra jamais pleinement), sous la forme de rejetons sensibles ou de ce qu'il faut appeler des traits signifiants repris par certains artistes. Faire de Michel Ange le sujet d'un travail de maîtrise de la tension entre la douceur et la force, c'est aussi l'inscrire dans une généalogie fondée sur le refoulement et en chercher les descendants ailleurs qu'à l'époque baroque. C'est pour Pater, démontrer la validité de son approche. Outre ses enjeux psychologiques, le portrait littéraire a des enjeux artistiques et historiques.

Il y a quelque outrecuidance à évoquer le « Léonard » de Pater, parce qu'il s'agit d'un texte très connu, ayant eu une influence majeure, entre autres sur Freud[6], lui-même rédacteur de ce texte marquant de notre modernité qu'est *Un Souvenir d'enfance de Léonard de Vinci*. En outre, cette démarche soulève certaines questions méthodologiques. Faut-il lire les deux textes dans une visée comparative[7] ? S'intéresser au texte patérien en faisant fi des apports freudiens ? Ou bien évaluer ses thèses à l'aune d'une discipline étrangère à sa démarche ? La première démarche est peu crédible, et la seconde participe de ce monstre théorique qu'est la psychanalyse appliquée. Nous avons choisi de lire « Léonard de Vinci » à travers un dialogue entre les thèses et les concepts patériens avec la psychanalyse freudienne et lacanienne, sans nous livrer à une étude de l'influence de Pater sur Freud, lequel a lu très attentivement le texte de Pater et en cite significativement les passages les plus importants. Nous nous situons dans le champ freudien pour répondre à la pensée rigoureuse et complexe de Pater tant il est impossible d'ignorer l'apport freudien et lacanien concernant l'artiste : rejetant tout rabattement de la

6 Bien que Freud mentionne très peu *La Renaissance* dans son *Souvenir d'enfance de Léonard de Vinci*, il a lu le texte de Pater envoyé par Ernest Jones.

7 C'est le choix de Sharon Bassett, voir « Pater and Freud on Leonardo Da Vinci : Two Views of the Hero of Art », *Literature and Psychology*, n° 23, 1973, p. 21-26.

psychanalyse sur l'œuvre d'art, Lacan ne lui consacre-t-il pas la dernière séance du *Séminaire IV*[8] ? Nous lisons Pater *après* et *avec* Freud et Lacan. La même démarche, le même rapport au savoir inconscient est à l'œuvre chez Pater et en psychanalyse mais se formule différemment puisque Pater s'intéresse à la transmutation des idées en images, aux interruptions de l'activité artistique, aux rapports entre le peintre et ses élèves, à la position de Léonard face à l'Autre sexe, thèmes que les œuvres du maître – la *Méduse* des Offices, les Madones, la *Cène*, la *Joconde*, le *Saint Jean-Baptiste* et *La Bataille d'Anghiari* – lui permettent de confirmer. Son portrait est consacré au rapport à l'ordre symbolique de Léonard à travers les thématiques évoquées. Pour sa part, Freud s'intéressera également au rapport au symbolique à travers l'inhibition de l'artiste, son souvenir d'enfance, sa position devant la mère et le père pour traiter dans un second temps du fantasme originaire, de l'homosexualité, de la sublimation et de la névrose obsessionnelle[9]. Quelques décennies plus tard, dans son commentaire du texte freudien, Lacan présente rapidement

8 Voir J. Lacan, « De Hans-le-Fétiche à Léonard-en-miroir », *Séminaire IV. La relation d'objet*, Paris, Le Seuil, 1994, p. 411-435. Selon Lacan, Léonard est pris dans une aliénation imaginaire (a-a') qu'il sublime. Reprenant le commentaire freudien, et notant que Freud superpose l'expérience et la clinique de façon dialectique et logique (420), Lacan remarque en outre le nombre de faits biographiques remarqués par Pater. Ce texte où Freud mentionne le terme de « narcissisme » pour la première fois est le « commencement de la structuration comme telle du registre de l'imaginaire dans l'œuvre freudienne », *ibid.*, p. 426.

9 *Un Souvenir d'enfance* s'attache à l'énigme qu'est Léonard, au conflit entre le chercheur et l'artiste, à l'inachèvement des tableaux et à l'amour de l'impossible, lesquels sont le symptôme d'une inhibition, à son intérêt pour ses élèves et à l'emprise qu'il exerça sur leur art, et finalement, au sourire ambigu des femmes léonardiennes. Freud voit en Léonard le fils d'une mère l'installant dans une certaine position face au manque, avant le refoulement de la sexualité infantile qui donnera lieu à un évitement de la sexualité de la sensualité, voire de la sexualité en même temps qu'il se produit une sublimation de la pulsion de savoir et de voir, ne laissant qu'une portion congrue de la libido à la sexualité. La fixation à la mère est préservée dans l'inconscient tandis que l'amour refoulé donne lieu à l'homosexualité du peintre. Cet homme du regard et du savoir connaîtra, dans l'ombre du père de substitution, Ludovico, une période de créativité où il représente ses objets sexuels, hommes et femmes riant, avant le début d'une régression névrotique manifestée sous les aspects de l'inhibition à peindre et de l'inachèvement des toiles. C'est à ce moment que Léonard se révèle chercheur alors que la seconde sublimation de la pulsion érotique laisse place à la sublimation originale préparée par le refoulement infantile. La recherche prend alors la place de l'activité artistique, recherche marquée des traits de l'inconscient : insatiabilité, rigidité, inadaptation à la réalité. Vers la cinquantaine et de façon fortuite en rencontrant la Joconde, Léonard conquiert son inhibition en retrouvant le stimulus de sa jeunesse à travers cette femme réveillant le souvenir de

ce qui est devenu le « cas Léonard », en soulignant que l'étrangeté de l'artiste constitue le point de départ de la réflexion freudienne sur la singulière constitution du peintre, avant de commenter longuement à son tour le fragment du souvenir d'enfance léonardien par le truchement de l'œuvre d'Horapollon pour revenir sur l'erreur du maître viennois concernant le vautour[10]. Léonard est l'auteur d'une œuvre toujours à la limite de l'impossible et du réalisable, très isolé au milieu de ses contemporains, tout en faisant l'objet d'une l'idéalisation de son vivant et après sa mort, idéalisation que Freud déduit de son rapport à la mère[11]. Ce rapport permet à l'analyste d'introduire l'importance de la mère phallique pour l'enfant plus tard destiné à se confronter au problème du phallus manquant de la femme (signifiant du manque symbolique de l'Autre). Lacan réfute la thèse freudienne d'un Léonard précurseur de la science moderne[12], et souligne pour sa part l'originalité des dessins et de l'écriture inversée léonardienne qui lui sert à asseoir sa thèse de la prise de Léonard dans une aliénation imaginaire.

Chez Pater comme chez les psychanalystes, la démarche s'appuie sur le caractère mystérieux, énigmatique de l'artiste et, bien que les questions et les outils conceptuels soient différents, elle est similaire. Rédigé en 1869, marquant une rupture thématique avec ses précédents écrits consacrés à un essayiste (Coleridge), un historien d'art (Winckelmann) et un poète (Morris), le texte patérien consacré à un artiste est un véritable « cas », suivi de l'enfance au trépas, littéralement scandé en plusieurs lieux auxquels correspondent les humeurs de l'artiste, insistant sur la fascination qu'il exerce sur ses contemporains[13] avant de l'exercer sur l'Autre du spectateur sur un trouble mode : « Léonard fascine, ou peut-être dégoûte à moitié. » (*R* 119)[14]

Fidèle à ses principes, Pater refuse la position de l'historien de l'art, pour se faire « l'amant d'âmes étranges » (*R* 120) et se situer à la place du spectateur, s'abandonnant aux charmes se dégageant de Léonard

sa mère. Léonard sublime sa libido en désir de savoir, et l'analyste conclut sur le devenir brillant mais incertain car non documenté de l'artiste.

10 Il s'agit d'un milan. Freud a lu la version de Herzfeld évoquant un « vautour », voir J. Lacan, *Séminaire IV*, *op. cit.*, p. 421-426.

11 *Ibid.*, p. 421.

12 *Ibid.*, p. 427.

13 « *We see [Leonardo] in his boyhood fascinating all men by his beauty* » (*Ren* 64).

14 « *[Leonardo] fascinates or perhaps, half repels* » (*Ren* 63).

de Vinci dont il a choisi un dessin de son école en guise de frontispice à l'édition de 1877 afin d'en définir le génie. Ce génie se compose de curiosité et d'amour du beau[15], c'est-à-dire, si nous suivons les définitions patériennes, de désir et de rapport à un beau qui se révèle problématique. Pater transforme Léonard en artiste romantique[16], c'est-à-dire moderne à son époque, et l'élève à une valeur exemplaire indubitable. Tout au long du portrait, Léonard apparaît comme une énigme[17] tant par sa vie désorganisée[18] que par la disparition de certaines de ses œuvres, à moins qu'elles ne soient en partie celles de ses assistants. Il ne reste nul portrait de sa jeunesse, mais il semble, signale Pater, qu'il fascine par sa voix et par son aspect[19]. Mais si Léonard est fascinant, c'est qu'il est lui-même fasciné, dira Pater, avant de démontrer que le peintre est sous l'emprise d'une image à laquelle les femmes qu'il peint donneront chair, avant qu'elle ne trouve son incarnation la plus aboutie avec la Joconde. Le lecteur est invité à un renversement critique dans cette étude de cas partant de la fascination symptomatique du spectateur pour remonter à l'organisation du rapport au réel et à la représentation de l'artiste.

Ayant souligné les incohérences entre les deux éditions des *Vies* de Vasari, Pater commence par ordonner le divers de l'existence de Léonard en trois périodes et trois lieux : Florence, Milan, la France, scandant une existence éclatée en périodes d'activité intense et d'inhibition. Scander ainsi l'existence, c'est s'écarter du modèle beuvien ou évolutionniste en vigueur à l'époque pour se tourner vers ce qui donne sens et cohérence à cette vie décousue : le symptôme de Léonard. Nous entendons ici symptôme au sens traditionnel freudien d'une jouissance substitutive, mais également au sens du dernier Lacan, évoquant « Joyce

---

15 « *his genius, composed in almost equal parts of curiosity and the desire of beauty* » (*Ren* 70).

16 Dans « Post-Scriptum » paru en 1876, puis repris en 1889 dans *Appreciations*, Pater donne sa définition du romantisme la plus aboutie : « Dans l'art, c'est l'ajout de l'étrange au beau qui constitue le caractère romantique, et si le désir du beau est un élément fixe dans chacun des arts, c'est l'ajout de la curiosité à ce désir qui fait le tempérament romantique car la curiosité et le désir du beau possèdent chacun leur place dans l'art comme dans toute critique véritable. » (*TE* 30)

17 « *something enigmatical beyond the usual measure of great men* » (*Ren* 63).

18 « *His life is one of sudden revolts, with intervals in which he works not at all, or apart from the main scope of his work.* » (*Ren* 63)

19 « *No portrait of [Leonardo's] youth remains ; but all tends to make us believe that up to this time some charm of voice and aspect, strong enough to balance the disadvantage of his birth, had played about him.* » (*Ren* 69)

le Symptôme », c'est-à-dire rendant compte de l'écrivain à travers son rapport au symbolique[20].

Son père conduit l'enfant illégitime[21] à l'atelier d'un Verrocchio destiné à fonctionner comme père artistique. Dans ce lieu se révèle sa destinée lorsque le jeune homme complète un ange sur un tableau du maître. Ce moment destinal contient le futur de l'œuvre et de l'artiste. Par cet ange, Léonard succombe au désir de l'art[22] et surpasse son maître[23]. Son ange permet en outre à Pater d'associer presque librement les éléments légendaires s'attachant à la figure du peintre et de rendre compte de son destin par l'insatisfaction suscitée par cette première œuvre : « parce qu'il s'agissait de la perfection de ce style, elle éveilla en Léonard quelque germe de mécontentement qui se cachait dans les replis secrets de sa nature. » (*R* 122)[24] À cette époque, se pose déjà la question d'un accès au désir collectif : comment s'inscrire dans la communauté spectatrice[25] ?

L'intérêt pour la nature, c'est-à-dire ici le réel, découle de cette insatisfaction ontologique liée à la représentation[26] :

> La nature était « la véritable maîtresse des intelligences supérieures », et Léonard se plongea dans son étude [...]. Il médita sur les vertus cachées des plantes et des cristaux, sur les lignes que tracent les étoiles dans leur cours céleste, sur les correspondances qui existent entre les différents ordres du monde vivant à travers lesquels ils s'interprètent mutuellement pour les yeux qui savent voir ; et durant des années, ses proches eurent l'impression qu'il semblait écouter une voix qu'il pouvait seul entendre. (*R* 122-123)[27]

---

20 « Qu'il y ait eu un homme pour songer à faire le tour de cette réserve et à donner de l'escabeau la formule générale, c'est là ce que j'appelle Joyce le Symptôme », « Joyce le Symptôme », J. Lacan, *Autres Ecrits*, Paris, Seuil, 2001, p. 568. L'escabeau est le Symbolique théorisé par Lacan dans les années 1970 aux côtés du Réel et de l'Imaginaire. P. Julien en fournit une explication claire, voir « Du symptôme au sinthome : la psychose lacanienne », *La clinique lacanienne*, n° 5, 2001/1, p. 63-67.

21 « *the love-child* » (*Ren* 64).

22 « *the ambitious desire of expanding the destiny of Italian art by a larger knowledge and insight into things, a purpose in art not unlike Leonardo's still unconscious purpose* » (*Ren* 63).

23 « *in this Baptism the pupil had surpassed the master* » (*Ren* 63).

24 « *because it was the perfection of that style, it awoke in Leonardo some seed of discontent which lay in the secret places of his nature* » (*Ren* 66).

25 « *[Leonardo's] art, if it was to be something in the world, must be weighted with more of the meaning of nature and purpose of humanity.* » (*Ren* 66)

26 « *the way to perfection is through a series of disgusts* » (*Ren* 66).

27 « *Nature was "the true mistress of higher intelligences." So he plunged into the study of nature. [...] he brooded over the hidden virtues of plants and crystals, the lines traced by the stars as they moved in the sky, over the correspondences which exist between the different orders of living things, through which, to eyes opened, they interpret each other* » (*Ren* 66).

À ce titre, le système de correspondances – relevant tant de l'esthétique baudelairienne que d'un système signifiant – qu'offre la nature permet à Léonard de concevoir une symbolisation *a minima*[28]. Cet intérêt se retrouvera dans la précision délicate de ses paysages et de ses portraits, mais son premier effet consiste à isoler l'artiste[29]. S'introduit ici le thème d'un rapport singulier, presque impartageable au monde qui sera ce que nous appellerons après H. Rey-Flaud, le « chiffre » de Léonard : ce qui « contient et détient le secret *impartageable* d'une jouissance perdue[30] ». La jouissance perdue n'est pas celle de la mère comme chez Freud, elle est celle d'une véritable image originaire.

À ce moment, le tempérament de Léonard s'assombrit parce qu'il perd un accès jusqu'alors transparent à la réalité[31] et succombe à « l'amour de l'impossible » (*R* 123)[32] exprimé par des projets faramineux nécessitant le recours à la magie, c'est-à-dire la croyance en un Autre savoir échappant à l'ordre signifiant[33]. L'assimilation de ces projets à quelque vision futuriste, comme le fait *a posteriori* Michelet, les désapproprie du sujet qu'ils représentent. Pour Pater, il convient de les réinscrire dans les composantes et la genèse du génie léonardien où ils sont des rêveries[34] trouvant leur source dans une impression infantile très forte : « Deux idées s'affirmaient tout particulièrement comme reflets de choses qui avaient touché son cerveau alors qu'il était enfant : le sourire des femmes et le mouvement des grandes eaux. » (*R* 123, nous soulignons)[35] Pater avait déjà mentionné l'importance du sourire des femmes – précision tirée de Vasari – mais il complète la remarque : le sourire des femmes et le mouvement des eaux acquièrent un statut particulier et obsédant,

---

28 Ce qu'éclaire Lacan en précisant que la nature pour Léonard est « un autre auquel s'opposer, et dont il s'agit de déchiffrer les signes, et de se faire le double » ; elle n'est donc pas l'Autre comme lieu de l'inconscient, *Séminaire IV*, *op. cit.*, p. 430.

29 « *for years [Leonardo] seemed to those about him as one listening to a voice, silent for other men.* » (*Ren* 66)

30 H. Rey-Flaud, *Comment Freud inventa le fétichisme*, *op. cit.*, p. 57.

31 « *[Leonardo] did not at once or entirely desert his art ; only he was no longer the cheerful, objective painter, through whose soul, as through clear glass, the bright figures of Florentine life, only made a little mellower and more pensive by the transit, passed on to the white wall.* » (*Ren* 66)

32 « *He was smitten with a love of the impossible* » (*Ren* 66).

33 « *all those feats for the performance of which natural magic professed to have the key* » (*Ren* 67).

34 « *[those feats] were rather dreams, thrown off by the overwrought and labouring brain* » (*Ren* 67).

35 « *Two* ideas *were especially fixed in him, as* reflexes of things *that had touched his brain in childhood beyond the measure of other impressions – the smiling of women and the motion of great waters* » (*Ren* 67, nous soulignons).

au-delà de la simple impression, puisque Pater évoque leur fixation (« *fixed* »), terme qui possède un sens particulier en psychanalyse[36] qui n'est pas si éloigné du sens patérien. Ces deux *idées*, qui sont la représentation à l'identique (« *reflexes* ») d'une impression originaire excédant le registre de l'imaginaire traditionnel ou de ce que la psychanalyse nomme le registre spéculaire, vont donner lieu à l'alliance du beau et de l'horrible ultérieurement incarnée dans une image singulière, celle de la femme : « De telles études produisirent un mélange intime de beauté et de terreur extrêmes qui prit forme dans l'esprit de ce jeune homme gracieux, comme une image qui pouvait être vue et touchée, et qui fut si *fixée* qu'elle l'accompagna toute sa vie. » (*R* 123, nous soulignons)[37] L'image infantile unit la beauté et l'horreur, et elle est si prégnante que Léonard le fascinant devient Léonard le fasciné, au point qu'il suit toute personne lui donnant un semblant d'incarnation et tente de la dessiner.

La première réalisation artistique de l'imago originaire, déjà devenue de l'ordre d'une série de représentations[38], apparaît avec la *Madone* des Offices, laquelle renvoie à une Méduse, perdue qui, en relevant d'une « expérience enfantine[39] », donne la vérité de sa contrepartie aux Offices – l'hyperphallique Méduse est l'envers de la Madone asexuée – : « Le sujet a été traité de différentes façons, mais seul Léonard va droit en son cœur, lui seul comprend que Méduse est la tête d'un cadavre exerçant ses pouvoirs à travers toutes les circonstances du trépas. Ce que l'on pourrait appeler la *fascination de la corruption* pénètre chaque touche de sa beauté exquisément finie. » (*R* 124, nous soulignons)[40] Méduse est fascinante car elle représente la mort violente sur le mode de la beauté, unissant le thème du beau, de l'horreur, du féminin et de la mort, et parce que l'artiste l'a représentée sur un mode inversant le grouillement

36 Freud l'utilise pour qualifier l'effet du refoulement originaire qui voit le *Vorstellungs-Repräsentanz* subsister « de façon inaltérable », tout étant lié à la pulsion, *Métapsychologie*, *op. cit.*, p. 48.

37 « *some interfusion of the extremes of beauty and terror shaped itself, as an image that might be seen and touched, in the mind of this gracious youth, so* fixed *that for the rest of his life it never left him* » (*Ren* 67, nous soulignons).

38 « *swarming fancies* » (*Ren* 67).

39 « *Vasari's story of an earlier Medusa, painted on a wooden shield, is perhaps an invention* [ ] *For its real subject is not the serious work of a man, but the experiment of a child* » (*Ren* 67).

40 « *The subject has been treated in various ways ; Leonardo alone cuts to its centre ; he alone realises it as the head of a corpse, exercising its powers through all the circumstances of death. What may be called* the fascination of corruption *penetrates in every touch its exquisitely finished beauty* » (*Ren* 67, nous soulignons).

effrayant dont elle est porteuse[41]. Il s'agit néanmoins d'une étude quasi scientifique comme l'artiste s'y adonne à cette époque : « Scrutant ses creusets, faisant des expériences avec la couleur, essayant, par une étrange variante du rêve de l'alchimie, de découvrir le secret non pas d'un élixir destiné à rendre l'homme immortel, mais à *conférer l'immortalité aux effets picturaux les plus subtils et les plus délicats* » (*R* 125, nous soulignons)[42]. Léonard ne cherche pas l'immortalité de l'homme mais celle de l'art, recherche qui l'abstrait de la communauté pour en faire un « sorcier » doué d'un Autre savoir qu'il est seul à posséder : « Léonard apparut à ses contemporains plutôt comme un sorcier, un magicien qui possédait d'étranges secrets et une science cachée, et qui vivait dans un monde dont lui seul possédait la clé. » (*R* 125)[43] Son rapport au savoir est paradoxal car en se fondant sur le raccourci et la subversion[44], il confine à l'initiation échappant alors à toute transmission signifiante : « Aux yeux de Léonard, la philosophie devait conférer une rapidité et une seconde vue étranges, deviner l'origine des sources souterraines, se faire voyante des dons occultes qu'ont des objets communs ou extraordinaires » (*R* 125)[45] Cet Autre savoir peut-être impartageable qu'est le savoir initiatique introduit par la bande le thème du rapport de Léonard à la différence sexuelle, auquel Pater s'intéresse ensuite. Son rapport au savoir participe du « mystère Léonard[46] », c'est-à-dire de l'énigme que sa solitude représente pour ses contemporains mais aussi de l'énigme que constituent l'interruption de toute activité artistique.

Léonard arrive à Milan peu de temps après, non comme peintre, mais comme musicien et organisateur de fêtes auprès d'une population paraissant incarner ses rêves. Cette période permet à Pater de revenir

---

41 « *features singularly massive and grand, as we catch them inverted, in a dexterous foreshortening, sloping upwards, almost sliding down upon us, crown foremost, like a great calm stone against which the wave of serpents breaks* » (*Ren* 68).

42 « *Poring over his crucibles, making experiments with colour, trying, by a strange variation of the alchemist's dream, to discover the secret, not of an elixir to make man's natural life immortal, but rather of* giving immortality to the subtlest and most delicate effects of painting » (*Ren* 68, nous soulignons)

43 « *he seemed to them rather the sorcerer or the magician, possessed of curious secrets and a hidden knowledge, living in a world of which he alone possessed the key* » (*Ren* 68).

44 « *confidence in short cuts and odd byways to knowledge* » (*Ren* 69).

45 « *To him philosophy was to be something giving strange swiftness and double sight, divining the sources of springs beneath the earth or of expression beneath the human countenance, clairvoyant of occult gifts in common or uncommon things* » (*Ren* 69).

46 « *the mystery which at no point quite lifts from Leonardo's life is deepest here* » (*Ren* 69).

sur l'affirmation introductive du génie de l'artiste composé de curiosité et d'amour du beau en précisant que ces deux tendances sont parfois conflictuelles : « la curiosité souvent en conflit avec le désir du beau, mais générant par son union avec celui-ci, une subtile et curieuse grâce. » (*R* 126)[47] L'amour du beau pousse Léonard à devenir portraitiste ; parallèlement, la curiosité donne lieu à son intérêt pour les fleurs et pour la science exprimé par la bizarrerie de ses paysages et le traitement de l'eau :

> C'est chez lui qu'apparaissent pour la première fois le goût du paysage *bizarre* ou *recherché*, des vals où abonde l'ombre verte des rochers d'asphalte, des récifs bordés de basalte qui dessinent sur l'eau d'étranges carrés de lumière – et dont l'*antitype* se trouve dans nos mers occidentales – et tous les effets solennels de l'eau en mouvement. (*R* 127, nous soulignons)[48]

Son traitement pictural élève le paysage au niveau d'un *type inversé*. Lorsque l'on connaît la valeur structurale du type pour Pater, force est de s'arrêter sur un terme dont il n'y a que deux occurrences dans tout le corpus patérien[49], désignant un modèle en regard du modèle, un contretype. Hors médiation, c'est-à-dire transformation ou traduction, le contretype renvoie à l'image originaire hantant l'artiste sur le mode d'un calque.

Léonard appréhende le monde à travers un « étrange voile visuel » qui l'étrangéise. L'eau profonde exprime un rapport *médiat* au réel qui en fait *le* réel de Léonard, c'est-à-dire, une création singulière : « C'est à travers l'*étrange voile visuel* de Léonard, que lui arrivent les choses, *sous un jour et une nuit surnaturels*, comme la lumière affaiblie d'une éclipse, quelque bref intervalle entre deux averses à l'aube, ou à travers une eau profonde. » (*R* 128)[50] Son intérêt pour la nature confère à ses tableaux un charme certain, suscitant la fascination de spectateur, en même

47 « *curiosity often in conflict with the desire of beauty, but generating, in union with it, a type of subtle and curious grace.* » (*Ren* 70)

48 « *In [Leonardo] first appears the taste for what is bizarre or* recherché *in landscape ; hollow places full of the green shadow of bituminous rocks, ridged reefs of trap-rock which cut the water into quaint sheets of light – their exact* antitype *is in our own western seas ; all the solemn effects of moving water* » (*Ren* 71, nous soulignons).

49 Dans « Dionysos, étude » (*EMAG* 43) (« A Study of Dionysus » [*GS* 43]), l'antitype désigne alors la face obscure du dieu *Mellichius*, Dionysos Zagreus, soit le refoulé.

50 « *Through Leonardo's* strange veil of sight *things reach him so ;* in no ordinary night or day, *but as in faint light of eclipse, or in some brief interval of falling rain at daybreak, or through deep water.* » (*Ren* 71, nous soulignons)

temps que ses Madones unissent le thème de la femme et de l'eau sur le mode de la répétition d'un trait :

> On peut en suivre le cours à partir de sa source lointaine parmi les rochers sur la bruyère qui ornent la *Vierge aux Balances*, en passant par la petite chute d'eau d'un calme traître de la *Vierge du Lac*, d'une gracieuse rivière coulant aux pieds des falaises de *La Vierge aux Rochers*, délavant les murs blancs de ses villages lointains et apparaissant discrètement à travers un réseau de ruisseaux dans la *Joconde*, jusqu'à la côte de la *Sainte Anne* – ce lieu délicat où le vent souffle comme la main d'un graveur habile sur la surface tandis que l'épaisse couche des coquillages lisses sur le sable et la crête des rochers toujours épargnés par les vagues, est verdie par une herbe à la finesse de chevelure. (*R* 127-128)[51]

La nature n'est cependant pas la seule inspiratrice de l'artiste qui s'intéresse surtout à l'homme et devient portraitiste « peignant des visages d'un modelé d'une habileté à jamais inégalée, incarnés avec une réalité confinant à l'illusion, surgis de nulle part. » (*R* 128)[52] Visant la réalité, la technique léonardienne se met en mesure, non de la représenter ou de rivaliser avec elle, mais de la surpasser[53].

Ses portraits expriment son obsession des femmes, qu'il s'agisse des maîtresses de Ludovic Sforza, ou de Béatrice d'Este dont le portrait annonce le trépas[54]. Ce portrait exprime de nouveau l'obsession de l'artiste envers la morte, qu'il s'agisse de Méduse ou de Béatrice, et indique un rapport singulier à l'Autre sexe mais n'est cependant qu'un numéro dans une série unissant curiosité scientifique et intérêt pour la femme, exemple privilégié du beau. Et il témoigne presqu'*a contrario* du conflit entre ces deux dimensions qui entraîne l'artiste

51 « *all the solemn effects of moving water [...] springing from its distant source among the rocks on the heath of the* Madonna of the Balances, *passing, as a little fall, into the treacherous calm of the* Madonna of the Lake, *next, as a goodly river, below the cliffs of the* Madonna of the Rocks, *washing the white walls of its distant villages, stealing out in a network of divided streams in* La Gioconda *to the seashore of the* Saint Anne – *that delicate place, where the wind passes like the hand of some fine etcher over the surface, and the untorn shells are lying thick upon the sand, and the tops of the rocks, to which the waves never rise, are green with grass, grown fine as hair* » (*Ren* 70).

52 « *he plunged also into human personality, and became above all a painter of portraits ; faces of a modelling more skilful than has been seen before or since, embodied with a reality which almost amounts to illusion, on dark air.* » (*Ren* 70)

53 « *one so curious in observation, curious in invention* » (*Ren* 71).

54 « *the portrait of Beatrice d'Este, in whom Leonardo seems to have caught some presentiment of early death, painting her precise and grave, full of the refinement of the dead, in sad earth-coloured raiment, set with pale stones.* » (*Ren* 71)

hors des voies de l'art tout en rendant compte de sa « agitation[55] » et de son incapacité à achever ses œuvres, soit de son inhibition : « Parfois, cette curiosité entrait en conflit avec le désir du beau qui l'animait, et tendait à lui faire dépasser l'apparence des choses où l'art commence et finit bien réellement. Cette lutte entre la raison et ses idées, les sens et le désir du beau est la clé de l'existence milanaise de Léonard, de son agitation, de ses retouches infinies et de ses étranges expériences avec la couleur. » (*R* 129)[56] L'inhibition née du conflit entre la raison et les sens – trait inhabituel pour Pater célébrant leur unité dans l'expérience de la renaissance – marque donc une cassure dans le savoir inconscient de l'artiste ; elle s'exprime dans les retouches infinies obérant toute possibilité d'achèvement, et par là même de don à la communauté des hommes, comme en témoigne l'Autre du spectateur : « Aux yeux des autres, Léonard semble viser un effet impossible, vouloir faire de l'art pictural ce qu'il ne peut accomplir. » (*R* 129)[57] Pater oppose la raison et les sens, les idées et le désir du beau pour rendre compte de l'inactivité de l'artiste car le savoir qu'il vise excède sa maîtrise de l'art florentin, ce qui explique les maladresses de son travail[58]. S'appuyant sur ses thèses précédentes, et sur une comparaison aux deux *Faust* de Goethe[59], Pater précise son symptôme : « Son problème était *la transmutation des idées en images.* » (*R* 129, nous soulignons)[60] Replacé dans la définition de la symbolisation patérienne où l'impression vient sous forme d'Idée platonicienne avant d'être transformée en image, le symptôme léonardien prend tout son sens. Pater n'a-t-il pas donné la seconde version de sa théorie de la symbolisation dans « Sandro Botticelli[61] » ? L'œuvre est

55 « *the restlessness of his character* » (*Ren* 68).

56 « *Sometimes this curiosity came in conflict with the desire of beauty ; it tended to make him go too far below that outside of things in which art begins and ends. This struggle between the reason and its ideas, and the senses, the desire of beauty, is the key to Leonardo's life at Milan – his restlessness, his endless re-touchings, his odd experiments with colour* » (*Ren* 72)

57 « *To others he seems to be aiming at an impossible effect, to do something that art, that painting, can never do.* » (*Ren* 72)

58 « *everywhere the effort is visible in the work of his hands* » (*Ren* 72).

59 « *how Goethe, who, [...] the first part of* Faust, *does transmute ideas into images, who wrought many such transmutations, did not invariably find the spell-word, and in the second part of* Faust *presents us with a mass of science which has almost no artistic character at all.* » (*Ren* 72)

60 « His problem was *the transmutation of ideas into images* » (*Ren* 72, nous soulignons).

61 « *the genius of which Botticelli is the type usurps the data before it as the exponent of ideas, moods, visions of its own ; in this interest it plays fast and loose with those data, rejecting some and isolating others, and always combining them anew. To him as to Dante, the scene, the colour,*

le résultat d'un processus de transformation d'une réalité apparaissant elle-même sous forme symbolisée par un unique tempérament; elle est *re*-présentation d'une symbolisation toujours individuelle, soit de ce que la psychanalyse nous apprend à reconnaître comme rapport au symbolique. Qu'en est-il de la « transmutation des idées » ?

Dans ce cas, le rapport médiat au réel témoigne d'un problème de symbolisation, ce qui oblige l'artiste à attendre la levée de ce symptôme afin que la transmutation désirée s'effectue : « Léonard n'œuvre pas tant que n'advient pas cet heureux moment, ce moment de *bien-être* qui, pour les hommes imaginatifs, est un moment d'invention. Il l'attend avec une patience parfaite; certains moments n'en sont que la préparation, d'autres n'en sont qu'un après-goût. » (*R* 129-130)[62] Car lorsque cette alchimie se réalise, l'idée se fait image : « au moment de *bien-être*, l'alchimie est complète : l'idée s'incarne en couleur et en images, un mysticisme vague se voit raffiné en un mystère atténué et gracieux » (*R* 130)[63]. À travers l'alchimie créatrice – métaphore significative –, la symbolisation léonardienne s'effectue, la représentation advient pour engendrer cette beauté curieuse apparaissant principalement dans ses dessins. Cette symbolisation satisfait le sens esthétique[64] conjoignant les sens et l'esprit; elle apaise surtout le sujet en levant l'inhibition née de l'impossibilité de transmuer les idées en images[65]. À celle-ci, Pater opposera quelques années plus tard la capacité de symbolisation exemplaire de Raphaël qui éclaire *a contrario* l'essai de 1869 : « Platon supposait une grâce visible aux idées. Eh bien, chez Raphaël, les idées peintes, la philosophie peinte et visible sont pour une fois aussi belles que Platon croyait qu'elles le seraient si on les appréhendait réellement. » (*TE* 157)

---

the outward image or gesture, comes with all its incisive and importunate reality; but awakes in him, moreover, by some subtle law of his own structure, a mood which it awakes in no one else, of which it is the double or repetition, and which it clothes, that all may share it, with sensuous circumstance. » (*Ren* 35)

62 « *Leonardo will never work till the happy moment comes – that moment of* bien-être, *which to imaginative men is a moment of invention. On this moment he waits; other moments are but a preparation, or after-taste of it* » (*Ren* 73).

63 « *in the moment of* bien-être, *the alchemy complete : the idea is stricken into colour and imagery : a cloudy mysticism is refined to a subdued and graceful mystery* » (*Ren* 73).

64 « *painting pleases the eye while it satisfies the soul.* » (*Ren* 73)

65 Selon Lacan dans le Séminaire IV, la perversion réalise « un mode d'accès à cet au-delà de l'image de l'autre qui caractérise la dimension humaine » à travers une montée vers le moment orgiastique où quelque chose est réalisé qui est « fusion et accès à cet au-delà ». Ces moments ne sont pas ordonnés symboliquement. Voir J. Lacan, *Le Séminaire IV*, *op. cit.*, p. 85.

La symbolisation troublée trouve une expression exemplaire à travers le thème maternel, prédominant chez Léonard. Cet intérêt n'est pas surprenant si l'on accepte avec Freud que la mère est un signifiant particulier du manque et de la castration, thèse qui apparaît justement dans *Un Souvenir d'enfance*[66]. Selon Pater, la mère que dessine Léonard se présente comme l'original dont l'enfant serait une copie[67]. Examinant une série de dessins représentant des individus au sexe indétermin[é68], Pater s'arrête sur une sanguine représentant un « visage au sexe douteux, sous l'ombre de sa propre chevelure, tandis que la courbe de sa joue est en pleine lumière, et qui a quelque chose de plein et de voluptueux dans les paupières et dans les lèvres. » (*R* 131)[69] Ce hors-sexe constitue un type réapparaissant dans nombre de dessins pour constituer « une sorte de série qui illustrerait mieux que tout le type léonardien de beauté féminine. » (*R* 131)[70]. Entre mère et rejeton, nulle différence, un même charme se dégage, brouillant par-delà la différence générationnelle la différence sexuelle.

Cette beauté asexuée apparente la femme à une « voyante » (*R* 131), une païenne, c'est-à-dire un sujet pour lequel la question du père ne se pose pas en termes monothéistes : « Elles ne sont pas de la famille chrétienne ou de celle de Raphaël, ces filles de l'Hérodiade aux fantastiques voiles étrangement plissés et noués pour laisser dégagé l'ovale du visage. » (*R* 131)[71] Hors-sexe et hors christianisme, hors de la religion du père et du fils, ces femmes donnent à voir leur genèse naturelle ainsi que l'opération de *re*-présentation propre à Léonard qui les spiritualise, participant presque d'une sublimation avant l'heure :

> des voyantes, à travers lesquelles, comme à travers des instruments délicats, advient la conscience des forces plus subtiles de la nature et de leurs modes

66 C'est très significativement dans *Un Souvenir d'enfance de Léonard de Vinci* et à partir de son analyse du « cas Léonard » que Freud en vient à élaborer le concept d'un manque dans l'Autre dont la mère est porteuse, soit le futur Phallus de la psychanalyse lacanienne.

67 « *there is much pathos in the reappearance in the fuller curves of the face of the child, of the sharper, more chastened lines of the worn and older face, which leaves no doubt that the heads are those of a little child and its mother.* » (*Ren* 73)

68 « *another head, still more full of sentiment, but of a different kind, a little drawing in red chalk which every one remembers who has examined at all carefully the drawings by old masters at the Louvre.* » (*Ren* 74)

69 « *a face of doubtful sex, set in the shadow of its own hair, the cheek-line in high light against it, with something voluptuous and full in the eyelids and the lips* » (*Ren* 74).

70 « *a sort of series, illustrating better than anything else Leonardo's type of womanly beauty* » (*Ren* 74).

71 « *Daughters of Herodias, with their fantastic head-dresses knotted and folded so strangely to leave the dainty oval of the face disengaged, they are not of the Christian family* » (*Ren* 74).

> d'action, de tout ce qui est magnétique, de toutes ces états embellis où les choses matérielles s'élèvent à cette subtilité d'opération qui les spiritualise, là où seuls peuvent aller les nerfs terminaux et la touche avivée. (*R* 131)[72]

Les voyantes relèvent du chiffre léonardien et sont grosses du savoir étrange de leur créateur auquel elles initieraient volontiers leur adorateur : « ces personnages semblent être la proie de circonstances exceptionnelles, ils semblent les seuls à sentir des pouvoirs à l'œuvre dans l'air, et devenir pour ainsi dire, leur réceptacle afin de nous les transmettre à travers une chaîne d'influences secrètes. » (*R* 131)[73] Elles renvoient également au choix d'objet érotique de Léonard, faisant fi de la différence sexuelle : « Andrea Salaino, que Léonard aimait pour sa chevelure bouclée et annelée – "*belli capelli ricci e inanellati*" – et qui devint ensuite son élève et son assistant préféré. » (*R* 131)[74] Ce choix homo-érotique basé sur la transmission d'un savoir à travers la relation entre maître et disciple rend compte du mode singulier de transmission artistique de Léonard. Cette dernière s'écarte en effet des généalogies patériennes classiques, dont la relation entre Winckelmann et Goethe fournit le modèle, fonctionnant par identification symbolique. Ici, la transmission s'opère par abolition du moi de l'élève s'identifiant pleinement à son maître au point de la confusion : « en retour, Salaino s'est si entièrement identifié à Léonard que la *Sainte Anne* du Louvre lui a été attribuée. » (*R* 132)[75] Si la généalogie patérienne habituelle fonctionne sur l'appropriation d'un trait de l'Autre, soit sur une identification symbolique à l'*Einziger Zug*, Léonard propose une version fondée sur une identification totale[76] *via* l'initiation :

---

72 « *the clairvoyants, through whom, as through delicate instruments, one becomes aware of the subtler forces of nature, and the modes of their action, all that is magnetic in it, all those finer conditions wherein material things rise to that subtlety of operation which constitutes them spiritual, where only the finer nerve and the keener touch can follow* » (*Ren* 74).

73 « *they seem to be subject to exceptional conditions, to feel powers at work in the common air unfelt by others, to become, as it were, receptacles of them, and pass them on to us in a chain of secret influences* » (*Ren* 74).

74 « *Andrea Salaino, beloved of Leonardo for his curled and waving hair* – belli capelli ricci e inanellati – *and afterwards his favourite pupil and servant* » (*Ren* 74).

75 « *in return Salaino identified himself so entirely with Leonardo, that the picture of Saint Anne, in the Louvre, has been attributed to him* » (*Ren* 74).

76 Dans *Psychologie des foules et analyse du moi*, Freud distingue trois sortes d'identifications, l'identification hystérique qui relève du semblant d'un objet littéralement irreprésentable, l'identification par le trait unaire (*Einziger Zug*) et l'identification primordiale au père (sur le modèle de la *Vorbild*). Chez les élèves de Léonard, il s'agit de cette dernière.

> Ce cas illustre le choix habituel que faisait Léonard de ses élèves : des hommes ayant quelque charme personnel naturel ou social, comme Salaino, ou encore des hommes bien nés et menant une vie princière, comme Francesco Melzi, ayant suffisamment de génie pour être *capables d'initiation au secret qu'il possédait* et pour lequel ils étaient prêts à *effacer leur propre individualité.* (*R* 132, nous soulignons)[77]

L'abolition de l'identité symbolique du disciple génère la confusion dans l'attribution des œuvres, lorsqu'elle ne réduit pas les travaux des élèves à de simples copies à travers lesquelles s'entrevoit quelque chose du maître[78]. Si l'école picturale, dont le paradigme est l'école vénitienne, fonctionne sur la reconnaissance par le spectateur d'un ensemble de traits dont le référent est Giorgione absenté pour mettre en tension la singularité et le groupe, il est difficile de parler d'école dans le cas de Léonard. L'initiation à laquelle il soumet ses disciples gomme leur singularité et fait vaciller la limite entre eux et lui, c'est-à-dire mine la différence signifiante à l'œuvre dans toute école. L'initiation apparaît comme un défi subtil au symbolique, comme le reconnaîtra la psychanalyse[79], pour produire des œuvres sur le mode de la trouble copie plutôt que de la reprise de traits signifiants.

Souligner et louer l'initiation à laquelle Léonard soumet ses disciples, c'est pour Pater s'interroger sur un art mettant en cause la différence signifiante, laquelle est sa détermination première. C'est poser la question de son altérité et partant de là, de sa reconnaissance par la « communauté inavouable » chère à M. Blanchot. Poser la question de l'initiation quasiment spéculaire, en regard de la transmission symbolique, c'est enfin poser la question de l'inscription de l'altérité dans le champ de la normalité supposée, de la présence et de l'accueil de la perversion. Nous entendons perversion au sens psychanalytique d'un rapport de

---

77 « *It illustrates Leonardo's usual choice of pupils, men of some natural charm of person or intercourse like Salaino, or men of and princely habits of life like Francesco Melzi – men with just enough genius to be capable of* initiation into his secret, *for the sake of which they were ready to* efface their own individuality » (*Ren* 74, nous soulignons).

78 « *these pupils of his acquired his manner so thoroughly, that though the number of Leonardo's authentic works is very small indeed, there is a multitude of other men's pictures through which we undoubtedly see him, and come very near to his genius* » (*Ren* 74).

79 Voir Guy Rosolato, « Généalogies des perversions », *L'inconscient, revue de psychanalyse,* « La Perversion », vol. 2, avril 1967, p. 51-67. G. Rosolato rapproche gnose et perversion dans « Le Fétichisme », *Le Désir et la perversion* (1967), Paris, Seuil, coll. « Points », 1988, p. 9-40.

défi au symbolique[80] souvent minoré dans le discours commun, entre autres à travers l'appellation même de perversion[81], laquelle permet de comprendre ce qui est en jeu selon Pater dans le cas Léonard. L'enjeu de la thèse patérienne d'une perversion léonardienne est éthique, esthétique et épistémologique : comment penser ce rapport fondé sur l'initiation et surtout, comment le portraiturer sans le dénaturer ou en gommer la spécificité ? Une communauté fondée sur la reconnaissance de la différence signifiante est-elle capable d'accueillir ce qui lui est tout proche quoique distinct[82] ? Posée par l'Autre savoir du maître, « *his secret* », la question traverse tout le texte en même temps qu'il se refend pour opposer le versant personnel de l'artiste et le versant collectif où son art peut être accueilli comme tel.

Sur le plan collectif, le défi au symbolique s'exprime par l'amour de soi (« *self-love* ») qui transparaissait déjà dans la solitude de Léonard et la voix entendue de lui seul. Pater en fait désormais la base d'un culte du beau très singulier, narcissique et niant la différence sexuelle, égalant l'artiste à un tenant de l'art pour l'art : « chez Léonard, la culture solitaire de la beauté semble s'être édifiée sur *un genre d'amour de soi*, et sur un dédain de tout ce qui n'était pas de l'art dans l'œuvre. » (*R* 132, nous soulignons)[83] À l'inverse de ses pairs plaçant l'art après la morale et la politique, Léonard le place au-dessus de toute autre considération et lui donne le statut paradoxal d'un Souverain Bien. Il est l'objet exclusif d'une véritable pulsion, exprimée sous la forme des fruits de son tempérament : « Des lieux secrets d'un tempérament unique, [Léonard] tira d'étranges fleurs et des fruits jusqu'alors inconnus ; à ses yeux, l'impression nouvelle, l'effet exquis comptaient comme une fin

80 Dès le Séminaire I, la perversion est « l'exploration privilégiée d'une possibilité existentielle de la nature humaine », *Séminaire I. Les écrits techniques de Freud 1953-1954*, (1975) Paris, Seuil, coll. « Points », 1998, p. 335 et p. 340-343. Dans le *Séminaire XI*, soit après son « Kant avec Sade » (1963), Lacan la définit ainsi : « C'est le sujet qui se détermine lui-même comme objet, dans sa rencontre avec la division de la subjectivité. » Voir *Séminaire XI*, *op. cit.*, p. 207.

81 B. Coste, *« Cette époque de doute » : penser la croyance avec Walter Pater*, *op. cit.*

82 Cette question prend également la forme d'une acceptation de ce qui va se constituer en homosexualité. Voir R. Dellamora, *Masculine Desire. The Sexual Politics of Victorian Aestheticism*, Chapel Hill, The University of North Carolina P, 1990. Notre approche se situe sur un plan psychanalytique et esthétique.

83 « *in him this solitary culture of beauty seems to have hung upon* a kind of self-love, *and a carelessness in the work of art of all but art itself* » (*Ren* 75, nous soulignons).

en soi, comme une parfaite fin. » (*R* 132)[84] Le tempérament léonardien s'exprime à travers un art de l'effet masquant le faire et leurrant potentiellement son spectateur.

Sur le versant individuel, la singularité léonardienne est celle d'un chiffre discernable dans d'autres œuvres[85], mais bien plus encore dans ses propres œuvres sous forme d'un type[86] dont l'original a disparu. Or, être capable de créer des types, c'est être capable d'inscrire son chiffre dans la communauté. En témoigne le *Saint Jean-Baptiste* du Louvre[87] étrangement semblable à *Bacchus*[88], confondant le religieux et le profane, c'est-à-dire faisant vaciller la différence signifiante. Ce Bacchus évoque l'idée du retour des dieux en exil chère à Pater, c'est-à-dire un schème collectif rendant compte du retour du refoulé, à ceci près qu'ici, le dieu revenant est aussi une « invention symbolique » propre à Léonard. Ces « inventions symboliques » (*R* 133)[89] font équivaloir Bacchus et le Baptiste dans le regard du spectateur, comme en témoigne la réflexion de Gautier[90], abolissant la différence signifiante. Elles s'éclairent également de la valeur du symbolisme en psychanalyse. Dans ces formations de l'inconscient que sont pour Freud le rêve, l'hallucination hystérique le folklore ou le mythe, le symbole (soit un système de signes, un langage sans arbitraire) désigne « la place vide du signifiant qui vient "fixer" la pulsion et que Freud a appelé le "représentant de la représentation". Le *symbolisme* intervient donc dans ces diverses formations de l'inconscient

84 « *Out of the secret places of a unique temperament he brought strange blossoms and fruits hitherto unknown ; and for him, the novel impression conveyed, the exquisite effect woven, counted as an end in itself – a perfect end.* » (*Ren* 75)

85 « *the lost originals have been re-echoed and varied upon again and again by Luini and others.* » (*Ren* 75)

86 « *At other times the original remains, but has been a mere theme or motive, a type of which the accessories might be modified or changed ; and these variations have but brought out the more the purpose, or expression of the original* » (*Ren* 75).

87 « *It is so with the so-called Saint John the Baptist of the Louvre [...] whose delicate brown flesh and woman's hair no one would go out into the wilderness to seek, and whose treacherous smile would have us understand something far beyond the outward gesture or circumstance.* » (*Ren* 76)

88 « *Saint John's strange likeness to the Bacchus which hangs near it* » (*Ren* 76).

89 « *one of those symbolical inventions in which the ostensible subject is used, not as matter for definite pictorial realisation, but as the starting-point of a train of sentiment as subtle and vague as a piece of music.* » (76)

90 « *Returning from the [Saint John] to the original, we are no longer surprised by Saint John's strange likeness to the Bacchus which hangs near it, which set Theophile Gautier thinking of Heine's notion of decayed gods, who, to maintain themselves, after the fall of paganism, took employment in the new religion.* » (*Ren* 76)

quand le *symbolique* fait défaut[91] » précise H. Rey-Flaud. Les « inventions symboliques » de Léonard sont donc à comprendre comme *une* version du symbolique, relèvent d'un *symbolisme* très particulier, corrélé à l'Autre savoir, permettant à l'artiste d'exprimer un rapport obliquement médiat aux sujets qu'il peint, c'est-à-dire de défier le symbolique en transformant les sujets sacrés en sujets profanes : « la personne ou le thème donné – saint Jean dans le désert ou la Vierge qui se tient sur les genoux de sainte Anne – ne sont souvent qu'un simple prétexte pour un genre d'œuvre qui nous transporte au-delà de la gamme de ses associations conventionnelles. » (*R* 133)[92] À travers son symbolisme, Léonard, « le plus profane des peintres » (*R* 133) est capable de désenchâsser les sujets religieux conventionnels et communs de leurs associations traditionnelles, *i.e.* d'un espace collectif, repérable par tous, pour les amener vers son chiffre, c'est-à-dire de s'approprier le symbolique pour en faire l'expression de son *chiffre.* Cette opération l'apparente à un artiste profane – et profanateur – c'est-à-dire à un sujet sachant bien qu'il peint des thèmes sacrés mais leur faisant subir une torsion pour les amener dans un espace dont il a seul la clé, lequel se caractérise par l'équivalence du Baptiste et de Bacchus. Léonard peintre profane, c'est Léonard profanateur, et avant tout du symbolique. En témoignera la *Cène*, peinte à l'occasion de la mort de la duchesse Béatrice[93]. L'œuvre met l'artiste à la torture des repentirs et de l'inhibition[94], mais il l'achève, sans doute à cause de l'événement qu'elle célèbre et qui incarne dans le réel le fantasme de la mort de la mère sous-jacent à la représentation de Méduse. Hélas, la technique utilisée par Léonard pour exprimer son rapport à l'art composé de temps d'inhibition et de moments de transmutation, lui joue un mauvais tour, prouvant que le hasard est grand maître,

---

91 H. Rey-Flaud, *Comment Freud*, *op. cit.* p. 311. L'analyste ajoute que le signifié du symbolisme se réduit à la coupure et qu'il n'est donc de symbolisme que sexuel.

92 « *though [Leonardo] handles sacred subjects continually, he is the most profane of painters ; the given person or subject, Saint John in the Desert, or the Virgin on the knees of Saint Anne, is often merely the pretext for a kind of work which carries one quite out of the range of its conventional associations* » (*Ren* 76).

93 « *In the damp wall of the refectory, oozing with mineral salts, Leonardo painted the* Last Supper *[...] in oils, the new method which he had been one of the first to welcome, because it allowed of so many afterthoughts* » (*Ren* 76).

94 « *his retouchings and delays [...] show [Leonardo] refusing to work except at the moment of invention, scornful of whoever thought that art was a work of mere industry and rule, often coming the whole length of Milan to give a single touch* » (*Ren* 76).

lorsque l'œuvre disparaît[95]. Restent alors les dessins préparatoires[96] sur lesquels se base Pater pour examiner la tête de Jésus. Avec la *Cène*, Léonard s'attaque à la représentation divine pour la ramener dans le registre profane en faisant du Christ un simple homme prenant congé des siens[97]. Peut-être l'artiste a-t-il défailli devant cette représentation suprême si l'on en croit Vasari, ou bien le temps l'a-t-il effacée[98] ? Très subversivement, Pater préfère penser qu'elle manifeste la disparition du sacré et de dieu dans l'histoire en même temps que l'effacement du sujet qui lui est corrélé : « la tête de Jésus n'est que le sentiment consommé qui anime toute la compagnie [...]. Cette figure n'est que la plus ténue, la plus spectrale de toutes. » (*R* 134-135)[99]

Léonard est alors le témoin d'occasion mais en tout cas symptomatique d'un « désenchantement du monde[100] » où la figure divine devient visage de l'ami, puis spectre de plus en plus pâli, pendant que les hommes deviennent eux-mêmes inconsistants, signe de l'entrée dans l'ère de leur évanescence. Ceci pour le registre de la communauté où l'œuvre ainsi recréée symbolise un basculement anthropologique. Car dans le registre de la jouissance chiffrée du peintre, il s'agit d'une représentation du père témoignant de son effacement, de son absence. Si Lacan a pu définir la perversion comme version vers le père[101], Léonard donne de la formule une brillante quoique subtile incarnation puisque les fils eux-mêmes s'absentent tandis que le père hésite entre Baptiste et Bacchus.

À partir de ce tableau qui semble abolir le clivage léonardien entre la curiosité et l'amour du beau, l'artiste revenu à Florence se remet

95 « *on a plastered wall no process could have been less durable. Within fifty years [The Last Supper] had fallen into decay* » (*Ren* 77).

96 « *we have to turn back to Leonardo's own studies, above all to one drawing of the central head at the Brera, which, in a union of tenderness and severity in the face-lines* » (*Ren* 77).

97 « [*The Last Supper*] *was another effort to lift a given subject out of the range of its conventional associations. Strange [...] was the effort to see it, not as the pale Host of the altar, but as one taking leave of his friends* » (*Ren* 77).

98 « [*The Last Supper*] *ow[es] part of its effect to a mellowing decay* » (*Ren* 77).

99 « *finished or unfinished [...] this central head does but consummate the sentiment of the whole company – ghosts through which you see the wall, faint as the shadows of the leaves upon the wall, on autumn afternoons ; this figure is but the faintest, most spectral of them all. It is the image of what the history it symbolises has more and more become for the world, paler and paler as it recedes into the distance* » (*Ren* 77).

100 Référence à M. Gauchet, *Le Désenchantement du monde. Une histoire politique de la religion*, Paris, Gallimard, 1985.

101 Voir J. Lacan, *Séminaire XXII. RSI*, séance du 27 janvier 1975.

fébrilement au travail : « les quatre années suivantes furent un ravissement prolongé ou une extase d'invention. C'est alors qu'il peignit [...] ses œuvres les plus authentiques. » (*R* 135)[102] Il retrouve son thème préféré, les femmes bien réelles[103], dont Mona Lisa permettant à Pater de rassembler les fils qu'il a soigneusement déroulés : « *La Joconde* est au sens le plus vrai, le chef d'œuvre de Léonard, l'exemple révélateur de son mode de pensée et de travail. » (*R* 136)[104]

Avec celles qu'il a élevées à la dignité de son symbolisme, Mona Lisa relève du chiffre de Léonard que Pater définit lui-même comme langage crypté destiné à montrer et cacher en même temps ses « fantaisies » :

> Tout comme nous l'avons vu utiliser les événements bibliques non pour eux-mêmes ou comme simples sujets de réalisation picturale, mais comme *langage chiffré de fantaisies qui n'appartenaient qu'à lui*, il trouva un débouché pour ses pensées en prenant l'une de ces femmes languides pour l'élever *au septième ciel de l'expression symbolique*, comme il l'avait fait avec Léda ou Pomone sous la forme respective de *La Modestie et la Vanité.* (*R* 136, nous soulignons)[105]

Certaines représentations féminines tirées de la mythologie participaient par trop du chiffre léonardien, mais la Joconde se voit débarrassée de toute trace de symbolisme[106] pour atteindre la perfection élevant cette œuvre père-verse au rang de chef d'œuvre de la communauté inavouable.

Ce tableau, qui fait textuellement pendant à la *Cène*, c'est-à-dire à l'élaboration la plus aboutie de la version du père léonardien, concentre le rapport au féminin tel que Pater l'a esquissé tout au long de son commentaire. La Joconde renvoie aux premiers dessins de l'artiste dans l'atelier de Verrocchio[107] qui sont eux-mêmes la manifestation de l'image

---

102 « *the next four years are one prolonged rapture or ecstasy of invention. He painted the pictures of the Louvre, his most authentic works* » (*Ren* 78).

103 « *his work was less with the saints than with the living women of Florence* » (*Ren* 78).

104 « La Gioconda *is, in the truest sense, Leonardo's masterpiece, the revealing instance of his mode of thought and work* » (*Ren* 79).

105 « *As we have seen him using incidents of sacred story, not for their own sake, or as mere subjects for pictorial realisation, but as* a cryptic language for fancies all his own, *so now he found a vent for his thoughts in taking one of these languid women, and raising her, as Leda or Pomona, Modesty or Vanity, to* the seventh heaven of symbolical expression. » (*Ren* 78-79, nous soulignons)

106 « *no crude symbolism disturbs the effect of its subdued and graceful mystery* » (*Ren* 79).

107 « *certain designs by Verrocchio, faces of such impressive beauty that Leonardo in his boyhood copied them many times. It is hard not to connect with these designs of the elder, by-past master, as with*

obsédante qu'elle va miraculeusement incarner : « Depuis son enfance, nous voyons *cette image se définir sur le tissu de ses rêves*, et n'eût été le témoignage explicite de l'histoire, nous pourrions croire que c'était sa femme idéale, enfin incarnée et contemplée. » (*R* 137)[108] Là encore, le hasard a présidé à la découverte par Léonard de la femme incarnant son idéal[109] et lui permettant de « projeter[110] » parfaitement et sans conflit l'image qu'il porte en lui. L'image « fixée » d'un étrange et sinistre sourire[111] trouve son incarnation dans la Joconde[112], donnant consistance à ce dont les dessins de Verrocchio furent la première réalisation, la première figure obscurément apparue (« *dimly* »). La Joconde matérialise l'image obsédante, ambiguë, où la corruption se mêle à la beauté ; elle incarne un féminin où le beau masque et démasque la mort.

La célèbre *ekphrasis* patérienne de la Joconde fait du tableau l'espace pictural où se mêlent les significations collectives et le chiffre de Léonard[113]. Illustrant la Renaissance comme retour du refoulé sur le plan collectif, la « Lady Lisa » est en même temps *la* femme de Léonard, ambiguë et sinistre, dé/masquant la mort, le symbole d'une image consciente hantant l'artiste : « Depuis son enfance, nous voyons cette image se définir sur le tissu de ses rêves » (*R* 137). L'on sait ce que Freud fera de cette image destinée à construire sa théorie de la découverte de la castration maternelle, élaborée plus tard par Lacan en un signifiant particulier, celui du manque dans l'Autre. Mona Lisa participe du chiffre léonardien référé à la Mère, pendant que son sourire possède les deux statuts solidaires repérés par H. Rey-Flaud dans sa lecture du texte freudien : « sur la scène du monde, il est l'attribut énigmatique qui détient le secret des "femmes" de Léonard, tandis que sur l'Autre Scène, où se trouve la mémoire oubliée du sujet, il est le signifiant de

its germinal principle, the unfathomable smile, always with a touch of something sinister in it, which plays over all Leonardo's work. » (*Ren* 79)

108 « *From childhood we* see this image defining itself on the fabric of his dreams *; and but for express historical testimony, we might fancy that this was but his ideal lady, embodied and beheld at last* » (*Ren* 79, nous soulignons).

109 « *Present from the first incorporeally in Leonardo's thought, dimly traced in the designs of Verrocchio, she is found present at last in Il Giocondo's house* » (*Ren* 79).

110 « *was it in four years and by renewed labour never really completed, or in four months and as by stroke of magic, that the image was projected ?* » (*Ren* 79).

111 « *the unfathomable smile, always with a touch of something sinister in it* » (*Ren* 79).

112 « *his ideal lady embodied and beheld at last* » (*Ren* 79).

113 « *the revealing instance of his mode of thought and work* » (*Ren* 79).

"toutes les femmes", précisément parce qu'il est le signifiant "élu" de son premier objet d'amour, la Mère[114] ». Pour Freud, la Joconde est la mère, pour Pater, la « Lady Lisa » est la Femme subsumant toutes les autres.

Elle incarne surtout le point de jonction entre la communauté des hommes et le chiffre de Léonard, soit entre ce que la psychanalyse différencie comme névrose et perversion. Sur le plan de la perversion, le tableau est l'idéal léonardien enfin réalisé, la mère hors sexe, comme le repère Lacan dans son commentaire du « Léonard » cette fois à travers la figure de sainte Anne, figure énigmatique instaurée dans un rapport purement féminin, purement maternel, qui est l'« Autre, avec un grand A[115] ». Sur le plan de la névrose, le tableau exprime une récapitulation du passé, un retour du refoulé, une incarnation de l'Idée platonicienne, il est le signifiant originaire et toujours refoulé (*urverdrängt*) revenant incessamment hanter les hommes en les ravissant : « La présence qui s'élève ainsi si curieusement près des eaux exprime ce que les hommes en sont venus à désirer depuis dix siècles » (*R* 137). La « Lady Lisa » incarne le refoulé peut-être le plus subtil de la renaissance individuelle, dès lors que sa beauté donne chair au mal, à l'altérité, au paganisme, qu'elle procure visage humain à ce que le sujet ne cesse de rejeter pour se fonder : sa finitude. Elle incarne ce beau dont Lacan dira que sa fonction est « précisément de nous indiquer la place du rapport de l'homme à sa propre mort, et de ne nous l'indiquer que dans un éblouissement[116]. » De cet éblouissement, Pater se fait le talentueux scribe[117] … non sans avoir démontré que l'œuvre qui lui donne chair picturale est aussi le fruit d'un défi à l'Autre barré. La « Lady Lisa » voile la perversion de l'artiste dans l'éblouissement du lecteur.

Il n'est pas étonnant que le tableau symbolisant le chiffre de Léonard tout en l'inscrivant dans la communauté des hommes et en réconciliant sa curiosité et son amour du beau, suscite une levée de l'inhibition totale au point que le sujet se confond alors avec son œuvre : « Durant ces

114 H. Rey-Flaud, *Comment Freud inventa le fétichisme*, *op. cit.*, p. 57.

115 J. Lacan, *Séminaire IV*, *op. cit.*, p. 432.

116 J. Lacan, *Séminaire VII*, *op. cit.*, p. 342.

117 La critique française (Clément, Taine, Gautier, Houssaye) avait remarqué la Joconde ; Pater en fera la « Lady Lisa » ensuite incluse sous la forme d'un poème en prose par W. B. Yeats dans son *Oxford Book of Modern Verse, 1892-1935*, Oxford, Clarendon, 1936.

années florentines, l'histoire de Léonard est celle de son art, et il se perd dans cette brillante nuée. » (*R* 138)[118] Lorsque Léonard réapparaît aux yeux du monde, c'est comme un homme voué à une véritable compulsion artistique, comme si l'incarnation de son image chiffrée l'avait libéré de la procrastination et de l'inhibition pour lui faire embrasser son destin d'artiste et d'être-pour-la-mort : « son biographe peut suivre Léonard jour par jour, tendu comme un arc, jusqu'à cette étrange tour à Sienne et aux côtes de Piombino, chaque lieu apparaissant avec le désordre d'un rêve fiévreux. » (*R* 138)[119] Là encore, le hasard ou le temps ont privé l'Autre d'une toile surpassant en puissance la Joconde, « La Bataille d'Anghiari », mais Pater s'accommode habilement de cette disparition en en donnant deux versions contradictoires réconciliant les deux tendances léonardiennes, l'horreur et la beauté[120].

Puis, la trace de Léonard se perd, et quelque temps après, l'artiste retombe dans l'inhibition, fasciné par quelque charme : « L'hésitation qui l'avait hanté toute sa vie et l'avait transformé en un homme envouté, pesait de nouveau sur lui avec une force redoublée. » (*R* 139)[121] De nouveau, le mystère entoure l'artiste, mais Pater en fait un symptôme dont il a expliqué les causes : l'inhibition étreint Léonard lorsque le processus de transmutation de l'idée en image se bloque, le laissant dans un *no man's land* où le désir est figé et dont il a seul la clé[122], entre autres par la pratique de l'alchimie, science de ce savoir destiné aux initiés s'il en est et destinée à forcer la transmutation frappée d'impossible.

118 « *During these years at Florence Leonardo's history is the history of his art ; he himself is lost in the bright cloud of it* » (*Ren* 80).

119 « *elastic like a bent bow, down to the seashore at Piombino, each place appearing as fitfully as in a fever dream* » (*Ren* 80).

120 « *[Leonardo's] cartoon is lost, and has come to us only in sketches, and in a fragment of Rubens. Through the accounts given we may discern some lust of terrible things in it, so that even the horses tore each other with their teeth ; and yet one fragment of it, in a drawing of his at Florence, is far different – a waving field of lovely armour, the chased edgings running like lines of sunlight from side to side* » (*Ren* 81).

121 « *The hesitation which had haunted him all through life, and* made him like one under a spell, *was upon him now with double force* » (*Ren* 81, nous soulignons).

122 Ce désir figé le rapproche du Léonard freudien qui se révèle *in fine* participer de la névrose obsessionnelle. L'obsessionnel connaît des phases de reconnaissance et de désaveu de la mort du père, des périodes « où l'existence apparaît "gelée", suivis de périodes où la reconnaissance de la mort du père, rétablissent le cours de la chaîne signifiante, restitue au sujet sa capacité à désirer », H. Rey-Flaud, *Le Démenti pervers*, *op. cit.*, p. 2003, p. 144.

Son « indifférentisme politique » (*R* 139)[123] lui coûtera cher puisqu'il est suspecté de sympathies pour l'ennemi français. Il décide alors de partir en France où l'attendent François Ier et la Joconde. C'est là qu'il s'éteindra, laissant en héritage deux questions aux biographes : celle de sa religion et celle de la présence du roi à son chevet, questions que Pater écarte cavalièrement[124] pour poser la question de son rapport à la mort : « la façon dont celui qui avait toujours été si désireux de la beauté [...] se préparait désormais à cette terre vague, et comment il fit l'expérience de la dernière curiosité. » (*R* 140)[125] Comment cet homme taraudé par la curiosité et la recherche qui lui est associée fit-il l'expérience de l'inconnu ? Comment cet artiste chez qui la beauté singulière[126] fut en position d'objet cause du désir fit-il l'expérience de la mort ? Comment le sujet chez qui le signifiant du manque de l'Autre – le Phallus – a provoqué un clivage entre deux tendances, que seul l'art peut unifier de façon très temporaire et dans l'ordre de la représentation artistique, voire de la sublimation, fait-il l'expérience de la mort ? Un rapprochement avec Lacan s'interrogeant dans le *Séminaire VI* sur le rapport au désir de l'obsessionnel[127] voyant se découvrir le maître avec lequel il a joué une partie de cache-cache toute sa vie relance l'interrogation : Léonard relève-t-il de l'obsessionnalité ou de la perversion au sens psychanalytique ?

Freud se refusera à trancher, bien qu'il rapproche Léonard de la névrose obsessionnelle, pour des raisons tenant d'abord à l'avancée de sa théorisation (la perversion n'a pas encore le statut qu'elle prendra dans ses travaux) ainsi qu'à l'éthique de la psychanalyse où le sujet est appréhendé dans sa singularité absolue, comme la rencontre de l'être et de l'Autre[128]. Si nous suivons son raisonnement, Pater semble plus explicite : la Joconde participe du chiffre de Léonard, tout en lui permettant de rejoindre la communauté par la voie de l'art qui le spiritualise, jonction temporaire

---

123 « *political indifferentism* » (*Ren* 81).

124 « *They are of about equally little importance in the estimate of Leonardo's genius.* » (*Ren* 82)

125 « *speculating how one who had been always so desirous of beauty [...] looked forward now into the vague land, and experienced the last curiosity* » (*Ren* 82).

126 « *in such definite and precise forms, as hands or flowers or hair* » (*Ren* 82).

127 J. Lacan, *Séminaire VI. Le désir*, *op. cit.*, p. 497-514. Dans le Séminaire VII, Lacan remarque que « le comportement de l'obsessionnel [...] se règle toujours pour éviter ce que le sujet voit souvent assez clairement comme étant le but et la fin de son désir », *Séminaire VII*, *op. cit.* p. 67.

128 « Un Souvenir d'enfance » est le texte où Freud commence à élaborer une théorie du fétichisme. Cet aspect a été mis en valeur par H. Rey-Flaud, voir *Comment Freud inventa le fétichisme et réinventa la psychanalyse*, *op. cit.*

comme le montrent les périodes d'inhibition de l'artiste lorsque la transmutation des idées s'avère bloquée. À travers le prisme d'un défi au symbolique assimilable à ce que la psychanalyse qualifie de perversion, Léonard pose la question de l'individualité et des rapports de l'art à l'Autre : comment le sujet qui se construit par l'entremise d'un chiffre, du symbolisme, c'est-à-dire d'une version singulière du symbolique, peut-il trouver le chemin, sinon de l'universel, du moins du collectif ? Spiritualisation, transmutation sont les termes qu'utilise Pater pour rendre compte de ce que la psychanalyse va progressivement élaborer comme sublimation[129]. À cette question, Lacan apporte une reformulation dans le *Séminaire IV*, qui n'est pas si éloignée des thèses patériennes. Pour le psychanalyste concevant alors la perversion comme une prévalence de l'image[130], Léonard a donné consistance imaginaire au symbolique, et son art s'aborde sur le versant de la représentation, de l'imaginaire au sens qu'il donne alors à ce registre. Cette thèse s'éclaire des remarques de Lacan portant sur un premier imaginaire figural qu'il situe à travers une référence à « la théorie platonicienne, non pas de la remémoration, mais de la réminiscence[131] ». Cet imaginaire pourrait recouper ce que Pater désigne comme impression originaire ou idée effractant le sujet et s'imprimant (« *fixed* »). Il s'agit alors, non du semblant ou de l'ordre spéculaire, mais d'un imaginaire « figural » (le « contretype » patérien) généralement relevé après le refoulement originaire par un imaginaire marqué par le manque. Ce premier imaginaire se manifeste parfois par une sensation de « vu » très intense, ou par des images obsédantes comme le sourire des femmes de Léonard. Ce sourire témoigne de la « transmutation des idées en images », tandis que son interruption plonge l'artiste dans un monde impartageable et pétrifié dont seule l'Autre

129 Selon H. Rey-Flaud, Freud ne peut concevoir la sublimation en la référant aux seuls registres du fantasme et du signifiant, laquelle « l'impasse théorique » de l'essai sur Léonard de Vinci. H. Rey-Flaud, « La sublimation de Freud à Lacan : le fil rouge de l'amour courtois », *Figures de la psychanalyse*, 2002/2 n° 7, p. 137-148. Viviana Saint-Cyr, « Créer un vide ou de la sublimation chez Lacan », *Recherches en psychanalyse*, 2012/1 n° 13, p. 14-21, retrace les étapes de la réflexion lacanienne de 1954 où la sublimation travaille pour satisfaire les exigences de la loi, avant d'être située dans la « matérialité signifiante » en 1959, définie comme « quelque chose par quoi peuvent s'équivaloir le désir et la lettre » avant la définition cardinale de 1960 où un objet relevant de l'imaginaire est élevé symboliquement à la dignité de la Chose réelle.

130 La dimension imaginaire est « prévalente à chaque fois qu'il s'agit d'une perversion », J. Lacan, *Séminaire IV*, *op. cit.*, p. 120.

131 Voir J. Lacan, *Séminaire I*, *op. cit.*, p. 98.

science peut le sauver. Léonard illustre la rencontre du chiffre singulier – d'autant plus idoine qu'il est le creuset d'un défi au symbolique – et de l'Autre. Tracé par Pater, son portrait montre *in fine* qu'il existe un art capable de recevoir et d'accommoder la perversion au regard de la névrose, l'art du portraitiste attaché à la seule préservation, à la seule énonciation de son propre rapport à la coupure. Pater se situe dans un espace théorique et poétique où ce qui sera distingué au XXe siècle comme névrose et perversion, est pensable et pensé ensemble sans pour autant être confondu. Cet accueil de l'altérité doublé d'une mise en dialogue, que demande la perversion, cessera peu à peu, entre autres du fait de la psychanalyse et de sa focalisation sur la névrose[132]. C'est vers la fin de son existence que Freud retrouvera une structure entrevue très tôt, fondée sur la *Verleugnung* (le démenti), à laquelle Léonard et la clinique de l'Homme aux loups avaient contribué. H. Rey-Flaud n'a pas tort de voir dans la psychanalyse l'outil involontaire d'une marginalisation de la perversion[133]. Le portraitiste qu'est Pater permet de retrouver le moment et le lieu de leur communauté. Non seulement le portrait littéraire patérien possède la cohérence des études de cas freudiennes, mais par sa confrontation du chiffre de Léonard au regard de l'Autre spectateur, par son accueil, lui-même soutenu par un commentaire rigoureux, de la singularité léonardienne, il est de surcroît l'artisan d'un dialogue dont les fils ont été rompus. L'esthétique patérienne se montre capable de penser dans sa différence au sein d'un même espace conceptuel ce que la psychanalyse écartera un temps de l'expérience commune en le théorisant comme perversion.

132 Voir B. Coste, « Cette époque de doute », *op. cit.*

133 « le discrédit qui pèse sur cette position subjective », H. Rey-Flaud, *Le Démenti pervers. Le refoulé et l'oublié*, Paris, Aubier, 2002, p. 240.

UNE « FORCE QUI SE CHANGE SOUVENT EN AMERTUME »

Lorsque la critique s'intéresse à Michel Ange au XIXe siècle, c'est pour en vanter la force confinant à l'étrange, note Pater. Or, à ses yeux, l'artiste ne se résume pas à une qualité qui en expliquerait une autre. En outre, l'art ne saurait être seulement étrange, il doit plaire et ravir l'esthète, il doit être source de jouissance et donc comporter une certaine douceur :

> Une certaine étrangeté, quelque chose comme la floraison de l'aloès, constitue en effet un élément de chaque œuvre d'art authentique : il est indispensable qu'elle nous excite ou nous surprenne. Mais il est également indispensable qu'elle nous donne du plaisir et qu'elle nous charme. Cette étrangeté doit également plaire, ce doit être une charmante étrangeté. (*R* 101)[1]

Que la définition corresponde à celle du Romantisme pour Pater ne doit pas masquer que sa formulation paradoxale oppose exemplairement deux aspects, quels qu'ils soient, comme le fait l'art de Michel Ange pour ses « véritables admirateurs » (*R* 101). Cet art de la mise en tension participe de la mise en tension de l'art. C'est également un art toujours sur le point d'excéder ses limites, de briser sa propre tensorialité. Dès le début de son essai – « La poésie de Michel Ange », titre délibérément ambigu –, Pater s'empresse de donner la « formule » du génie michélangelesque :

> cette douceur et cette force, ce plaisir allié à la surprise, cette énergie de conception qui semble à tout instant faire voler en éclats toutes les conditions présidant à la beauté de la forme, et qui retrouve touche par touche un caractère

1 « *A certain strangeness, something of the blossoming of the aloe, is indeed an element in all true works of art ; that they shall excite or surprise us is indispensable. But that they shall give pleasure and exert a charm over us is indispensable too ; and this strangeness must be sweet also – a lovely strangeness.* » (*Ren* 47)

> plaisant qui n'existe habituellement que dans les choses naturelles les plus simples. *Ex forti dulcedo*[2] : de la force naît la douceur. (*R* 101)[3]

Héritée de M. Arnold[4] lui servant à décrire la culture dont il rêve et l'histoire du monde depuis l'Antiquité définie par leur alternance, l'opposition de la force et de la douceur reçoit chez Pater le sens particulier d'une opposition structurant le génie de Michel Ange sur le mode d'une advenue progressive de la douceur destinée à faire contrepoids à une énergie apparemment excessive. Son art relève en effet d'une tension, d'une articulation s'exprimant à travers des mises en tensions entre la vie et la mort, le sommeil et les rêves, la glace et le feu de sa poésie[5], l'amour et la mort, c'est-à-dire entre le couple Éros et Thanatos que Freud, dans ses dernières œuvres, met au fondement du sujet[6]. C'est ce tenseur entre la force et la douceur qu'incarne Michel Ange à travers son *poïen*, qui donne son titre à l'essai de Pater, à ceci près que chez lui, ce tenseur est déséquilibré et donne lieu à un conflit menaçant l'artiste et potentiellement destructeur de son art[7]. Ainsi, l'Adam de la Chapelle Sixtine est-il dépourvu de la complétude et de l'équilibre résultant de la mise en place de ce tenseur originaire[8]. Or la perte de cette tensorialité et la réduction de l'art et du sujet à l'expression d'un seul de ses termes conduit la critique à ne plus les penser dans leur articulation, ou, dans une perspective freudienne, ne plus penser le sujet de l'inconscient structuré par la tension entre Éros et Thanatos. L'art se réduit alors à une qualité, voire à une essence, s'inscrit dans un monisme le privant de toute possibilité d'évolution et transformant l'histoire de l'art en

2 « Du fort est sorti le doux », Juges, XIV, 14. Traduction Segond.

3 *the true type of the Michelangelesque – sweetness and strength, pleasure with surprise, an energy of conception which seems at every moment about to break through all the conditions of comely form, recovering, touch by touch, a loveliness found usually only in the simplest natural things* – ex forti dulcedo. (*Ren* 47)

4 « Sweetness and Strength » est le titre d'un chapitre de *Culture et Anarchie* (1869) de M. Arnold.

5 « *In Michelangelo's poems, frost and fire are almost the only images – the refining fire of the goldsmith ; once or twice the phoenix ; ice melting at the fire ; fire struck from the rock which it afterwards consumes* » (*Ren* 56).

6 Pour Freud, « Ce développement [de la culture] ne peut que nous montrer le combat entre Éros et mort, pulsion de vie et pulsion de destruction, tel qu'il se déroule au niveau de l'espèce humaine. » S. Freud, *Le Malaise dans la culture*, Paris, PUF, 1998, p. 64.

7 Voir B. Coste, *Walter Pater, esthétique*, *op. cit.*

8 « *a total absence of that balance and completeness which express so well the sentiment of a self-contained, independent life* » (*Ren* 48).

une série d'émergences – d'artistes, de mouvements, d'écoles – dont le lien est insaisissable. Selon Pater, semblable position caractérise les critiques de Michel Ange n'ayant retenu que sa force au détriment de sa tension avec la douceur[9]. En s'appuyant sur l'histoire de l'art, il n'était que trop facile à la critique d'emboîter le pas aux artistes et de penser l'art comme manifestation d'une unique qualité.

Une autre tentation consiste à réduire la douceur, second terme du tenseur, au joli, à l'accessoire[10]. Or Michel Ange ne se situe nullement dans la représentation de l'accessoire ; il est dans le registre d'un monde pur, abstrait, quoiqu'essentiellement humain, où, comme le signale son biographe H. F. Grimm, « il ne reste que ce qu'a formé l'esprit de l'homme. » (*R* 104)[11] Le monde michélangelesque est le monde abstrait, vierge comme peut l'être l'univers à sa naissance, le monde du sujet, l'univers symbolique hors toute dimension imaginaire. En témoigne sa représentation de la Genèse réduite à la création de la lumière et d'Adam et Ève :

> De toute la Genèse, Michel-Ange n'a peint que la création du premier homme et de la première femme, et d'une manière atténuée, du moins pour lui, la création de la lumière. Son génie a pour caractéristique de *se préoccuper presque uniquement de la création de l'homme.* À ses yeux cette création n'est pas, comme dans le récit biblique, l'acte couronnant une série de développements, mais le premier acte, l'acte unique, la création de la vie elle-même en sa forme suprême, spontanée, de façon instantanée, à partir de la pierre froide et inanimée. (*R* 102, nous soulignons)[12]

Le monde michélangelesque n'est pas la nature naturante mais l'univers où l'homme advient dans sa tension avec le fond. Cette création

---

9 « *[Michelangelo's] professed disciples did not share this temper ; they are in love with his strength only, and seem not to feel his grave and temperate sweetness.* » (*Ren* 58) Sur la réception de l'œuvre michelangelesque au XIXe siècle, voir Lene Østermark-Johansen, *The Reception of Michelangelo in Late-Victorian Britain*, London, Routledge, 1998, chapitre 1, « Michelangelo as Text ».

10 « *lovely accidents or accessories* » (*Ren* 47). Pater évoque V. Hugo auquel il reproche de préférer la morale à l'art.

11 « *only what is formed by the spirit of man remains behind* » (*Ren* 48).

12 « *Of the whole story of the creation [Michelangelo] has painted only the creation of the first man and woman, and, for him at least, feebly, the creation of light.* It belongs to the quality of his genius thus to concern itself almost exclusively with the creation of man. *For him it is not, as in the story itself, the last and crowning act of a series of developments, but the first and unique act, the creation of life itself in its supreme form, off-hand and immediately, in the cold and lifeless stone.* » (*Ren* 48, nous soulignons)

avènementielle et événementielle[13], en écho, en hommage ou en défi à la création divine, confère son unité à l'œuvre à travers la diversité de ses réalisations : Michel Ange peindra ou sculptera l'avènement conjoint de l'homme – et non de l'individu dans ses particularités – et du monde :

> Cette création de la vie – la vie advenant toujours comme un soulagement, une guérison et toujours par un contraste marqué avec la masse rudement taillée de laquelle elle est née – constitue de diverses façons le propos de toute son œuvre, que le thème immédiat en soit païen ou chrétien, qu'il s'agisse d'une légende ou d'une allégorie » (*R* 103)[14]

Ainsi perçue, la vie surgissante, presque pulsionnelle, entre en tension avec le fond dont elle naît, et qui l'infléchit en tension. La vie michélangelesque est essentiellement de l'ordre de la coupure au sens psychanalytique, voire de l'effraction. En témoignent deux œuvres : « Léda » (*Léda et le cygne*) d'inspiration païenne, la Chapelle Sixtine[15], d'inspiration chrétienne. La création michelangelesque ne renvoie pas au temps historique : elle est à la fois début et fin, surrection et résurrection. Plus précisément, il s'agit d'un avènement faisant événement à travers lequel l'artiste donne à voir le signifiant naissant du réel de la pierre. Cette mise en tension toute matérielle de l'homme et de la pierre se double en outre de l'inachèvement des statues. La finitude s'indique alors dans cette double mise en tension où le spectateur est lui-même invité à compléter l'objet du lieu de son propre manque : « inachèvement, qui est certainement souvent volontaire et que personne ne regrette – c'est du moins mon avis – et il s'en remet au spectateur pour compléter la forme à demi-émergente. » (*R* 103)[16]. En témoigne le *David* laissant au spectateur la place du Créateur (soit de l'Autre barré)

13 « *the first and unique act, the creation of life itself in its supreme form, off-hand and immediately, in the cold and lifeless stone.* » (*Ren* 48) Nous reprenons les termes élaborés par le philosophe Henri Maldiney dans la perspective phénoménologique qui est la sienne.

14 « *This creation of life – life coming always as relief or recovery, and always in strong contrast with the rough-hewn mass in which it is kindled – is in various ways the motive of all his work, whether its immediate subject be Pagan or Christian, legend or allegory* » (*Ren* 48).

15 « *Not the Judgment but the Resurrection is the real subject of his last work in the Sistine Chapel ; and [Michelangelo's] favourite Pagan subject is the legend of Leda, the delight of the world breaking from the egg of a bird* » (*Ren* 49).

16 « *[Michelangelo] secures that ideality of expression which in Greek sculpture depends on a delicate system of abstraction, and in early Italian sculpture on lowness of relief, by an incompleteness, which is surely not always undesigned, and which I suppose no one regrets, and trusts to the spectator to complete the half-emergent form.* » (*Ren* 49)

tout en proclamant leur commune naissance à partir de la pierre : « au sommet de la tête du *David*, il reste un morceau ayant échappé au ciseau, comme si à travers cette touche, il s'agissait de maintenir son lien à l'endroit d'où il fut tiré. » (*R* 104)[17] Cette volonté de s'en tenir à la surrection du *sujet* explique le refus de Michel Ange de tout détail, de toute ornementation[18].

Michel Ange ne se situe pas dans une quelconque dimension imaginaire au sens lacanien, mais à la jointure entre symbolique et réel. L'artiste délaisse les séductions de l'imaginaire pour se porter vers ce qui fonde la subjectivité ; sculpté ou peint, chacun de ses personnages naît comme *sujet* à partir d'une rupture avec ce qui devient alors fond et fondement dans une infinie dialectique :

> ses personnages sculptés portent en eux quelque chose de la pierre brute, comme s'il voulait incarner l'expression que l'on trouve sur les vieux manuscrits florentins pour décrire le sculpteur – « maître de la pierre vivante » –, ses rochers mêmes semblent être vivants. Il ne leur manque que de secouer la poussière et les scories pour se lever et se tenir debout. (*R* 103)[19]

Cette surrection subjective apparaît à travers l'Adam de la Chapelle Sixtine tout empreint du fond, de la matière dont il naît[20], donnant à voir la naissance du sujet dans la position de passivité originaire[21]. Adam se retient, retenant le monde symbolique en sa force de déploiement. L'artiste désigne la naissance du sujet pensée comme mise en place d'un tenseur entre vie et mort appelé à donner son rythme au sujet, comme l'éclaire la comparaison patérienne à la maladie et la guérison : « les commencements de la vie ont toutes les caractéristiques d'une

---

17 « *on the crown of the head of the David there still remains a morsel of uncut stone, as if by one touch to maintain its connexion with the place from which it was hewn.* » (*Ren* 49)

18 « *[Michelangelo] gives us indeed no lovely natural objects [...] but only the coldest, most elementary shadowing of rock or tree ; no lovely draperies and comely gestures of life, but only the austere truths of human nature ; "simple persons" – as he replied in his rough way to the querulous criticism of Julius the Second, that there was no gold on the figures of the Sistine Chapel – "simple persons, who wore no gold on their garments"* » (*Ren* 49).

19 « *his persons have something of the unwrought stone about them, so, as if to realise the expression by which the old Florentine records describe a sculptor – master of live stone – with him the very rocks seem to have life ; they have but to cast away the dust and scurf that they may rise and stand on their feet* » (*Ren* 49).

20 « *In that languid figure there is something rude and satyr-like, something akin to the rugged hillside on which it lies.* » (*Ren* 48)

21 « *His whole form is gathered into an expression of mere expectation and reception* » (*Ren* 48).

résurrection, ils sont comme une guérison, une reviviscence, empreinte de gratitude, d'effusion et d'éloquence. » (*R* 102)[22] Cette potentialisation subjective (à chaque instant réactivée comme l'indique la référence à la *ré*-surrection) apparaît alors sous la plume de Pater comme la manifestation de la pulsion de vie et donc de la douceur irriguant l'œuvre michélangelesque : « C'est donc dans cette suggestion pénétrante de la vie que l'on trouvera le secret de la douceur de Michel-Ange. » (*R* 104)[23]

Parce qu'il se situe exemplairement au moment originaire de la subjectivation, l'artiste a le pouvoir de nous donner à éprouver la vie en sa plénitude, la vie et rien qu'elle, dans toute sa contingence : « Il nous pénètre cependant d'une sensation de force que nous associons à toute la chaleur et à la plénitude du monde, impression qui fait naître dans nos pensées une volée d'oiseaux, de fleurs et d'insectes. L'esprit gros de la vie est là, et l'été est sur le point d'éclore. » (*R* 104)[24] Or, cet équilibre tensoriel résulte d'une mise en place dont Freud a retracé logiquement les étapes dans « Pulsions et destins des pulsions[25] », à commencer par la haine surgissant sur fond d'indifférence avant de se dialectiser avec l'amour. Dans le cas de Michel Ange, si nous en croyons Pater, l'équilibre tensoriel résulte d'un travail dont son portrait scande les étapes à travers lesquelles l'homme de l'excès et de la tristesse devint l'artiste de l'équilibre et de la mise en tension exemplaire d'Éros et de Thanatos. Nourri entre autres des réflexions de Gautier[26], narrativisant la façon dont Michel Ange en arriva à l'équilibre final, son portrait littéraire est une rigoureuse étude de cas où la poésie michélangelesque titulaire

22 « *the beginning of life has all the characteristics of resurrection ; it is like the recovery of suspended health or animation, with its gratitude, its effusion, and eloquence* » (*Ren* 48).

23 « *it is in this penetrative suggestion of life that the secret of that sweetness of his is to be found* » (*Ren* 49).

24 « *he penetrates us with a sense of that power which we associate with all the warmth and fulness of the world, and the sense of which brings into one's thoughts a swarm of birds and flowers and insects. The brooding spirit of life itself is there ; and the summer may burst out in a moment.* » (*Ren* 49)

25 « le sens originaire de la haine désigne aussi la relation au monde extérieur qui apporte les excitations. L'indifférence se range comme un cas spécial de la haine, de l'aversion, après être apparue d'abord comme le précurseur de celles-ci. » S. Freud, « Pulsions et destins des pulsions », *Métapsychologie*, *op. cit.*, p. 38.

26 Comme le signale J.-B. Bullen, Pater s'est largement inspiré de deux articles de Gautier, « Copie du jugement dernier de Michel-Ange » et de « Statues de Michel-Ange » parus en 1837 dans *La Charte* pour son portrait de Michel Ange. Voir J.-B. Bullen, « Pater and Ruskin on Michelangelo : Two Contrasting Views », *Prose Studies*, vol. 4, n° 1, 1981, p. 55-73.

trouve toute son importance car elle est le lieu d'une réarticulation de ce tenseur qui semblait jusque-là faire défaut à l'artiste. Sa poésie naît partiellement de la confrontation à une femme (castrée) élevée en position d'Autre intouchable derrière laquelle apparaît le signifiant ultime de la mort. C'est avec cette figure que l'artiste va mener une partie qui lui permettra d'atteindre finalement un certain équilibre. Vittoria Colonna constitue l'Autre d'un travail psychique pratiqué par l'intermédiaire d'un retrait du monde. Ainsi, le temps de son intimité avec l'artiste est-il significativement comparé à un lieu « tempéré » dans la vie agitée de Michel Ange[27]. Sa confrontation à la femme lui confère la tensorialité caractéristique d'un très grand artiste. Semblable rôle est de nos jours, joué entre autres par l'analyste, qui se fait le tenant-lieu de l'Autre – primordial ou barré, au gré du travail analytique –, et il est intéressant de voir à travers la démonstration de Pater une autre incarnation.

Michel Ange se tient sur une limite rarement évoquée par la critique, limite ou coupure sous laquelle il semble né puisqu'il voit le jour lors d'un voyage[28]. Dès sa jeunesse, il est présenté comme un homme querelleur au point d'en venir à un acte le privant de beauté[29], où s'exprime le conflit entre la douceur et la violence structurant son existence sur le mode du déchirement. Insouciant et volontaire, il s'expose parfois à des dangers, comme celui qu'il courut en « oubliant[30] » de se procurer le sceau demandé à tout étranger désirant entrer à Bologne. Mais l'artiste sait s'incliner devant le hasard dont nous entretient Freud dans *Un Souvenir d'enfance*, tout en mettant à profit ses « bévues » pour progresser artistiquement en copiant l'œuvre des sculpteurs toscans[31]. Témoignant

27 « *This charmed and temperate space in Michelangelo's life* » (*Ren* 55). Sur Vittoria Colonna, voir L. Østermark-Johansen, « The Matchless Beauty of Widowhood : Vittoria Colonna's Reputation in Nineteenth-Century England », *Art History*, n° 22, June 1999, p. 270-294.

28 « *[Michelangelo] was born in an interval of a rapid midnight journey in March, at a place in the neighbourhood of Arezzo* » (*Ren* 50)

29 « *in a quarrel with a fellow-student [Michelangelo] received a blow on the face which deprived him for ever of the comeliness of outward form* » (*Ren* 50).

30 « *[Michelangelo] neglected to procure the little seal of red wax which the stranger entering Bologna must carry on the thumb of his right hand. He had no money to pay the fine, and would have been thrown into prison had not one of the magistrates interposed* » (*Ren* 50).

31 Ces copies donneront naissance à son *Bacchus*, exécuté à son retour à Florence, illustrant l'importance des rêves : « *that unique presentment of Bacchus, which expresses, not the mirthfulness of the god of wine, but his sleepy seriousness, his enthusiasm, his capacity for profound dreaming. No one ever expressed more truly than Michelangelo the notion of inspired sleep, of faces charged with dreams* » (*Ren* 51).

de sa maturité, son *David* représente une pause avant que Pater ne divise ensuite son existence en trois périodes marquées par des querelles avec autrui comme avec lui-même. La propension à l'emportement, au déséquilibre intérieur caractérisant l'artiste s'exprimera à travers trois œuvres majeures : la Chapelle Sixtine, le Tombeau de Jules II et la sacristie de San Lorenzo[32].

Quant à l'homme, Pater souligne qu'il fit l'expérience de cette amertume qui n'est qu'une force excessive ayant perdu son rapport avec la douceur : « Dans la vie de Michel-Ange, la force qui se change souvent amertume n'est jamais loin. Il y résonne une note dissonante qui en gâche presque la musique. » (*R* 106)[33] Des « incidents[34] » marquent un trouble rapport aux figures de la Loi comme à la mort que Michel Ange se met en mesure de s'infliger ou de provoquer, si bien que Pater en vient à citer Dante[35] : « il est l'un de ceux qui encourent le jugement de Dante pour avoir "volontairement vécu dans la tristesse". » (*R* 106)[36] L'artiste se situe du côté d'une tristesse sombre exacerbant sa capacité à éprouver de la pitié ou de la tendresse[37] et s'exprimant alors par un excès de passion :

> Quelles larmes passionnées verse cette silhouette mystérieuse qui, dans la « *Création d'Adam* », est accroupie sous l'image du Tout-Puissant tandis qu'Il vient en amenant les formes des choses futures, la femme et sa descendance, dans les plis de son vêtement ! Quel sens de l'injustice sur ces deux jeunes *Captifs* qui éprouvent leurs chaînes comme une eau brûlante sur leur chair fière et délicate ! (*R* 106)[38]

Aussi Pater se tourne-t-il vers sa jeunesse dont on sait peu de choses, quoique sa poésie permette de confirmer l'hypothèse selon laquelle elle

32 « *Three great works fill the remainder of his life – three works often interrupted, carried on through a thousand hesitations, a thousand disappointments, quarrels with his patrons, quarrels with his family, quarrels perhaps most of all with himself* » (*Ren* 51).

33 « *In the story of Michelangelo's life the strength, often turning to bitterness, is not far to seek ; a discordant note sounds throughout it which almost spoils the music.* » (*Ren* 51)

34 « *its harsh, untempered incidents* » (*Ren* 51).

35 Voir Dante, *Enfer*, « Chant VII », v. 121-124.

36 « *[Michelangelo] is one of those who incur the judgment of Dante, as having "wilfully lived in sadness."* » (*Ren* 51)

37 « *Even his tenderness and pity are embittered by their [own] strength* » (*Ren* 51).

38 « *What passionate weeping in that mysterious figure which, in the* Creation of Adam, *crouches below the image of the Almighty, as he comes with the forms of things to be, woman and her progeny, in the fold of his garment ! What a sense of wrong in those two captive youths, who feel the chains like scalding water on their proud and delicate flesh !* » (*Ren* 51-52)

fut passionnée[39]. Ses poèmes à la fois platoniciens et sensuels[40] témoignent d'un conflit entre sensualité et culpabilité : « Derrière le calme platonicien de ses sonnets, il y a un plaisir latent et profond à la forme et à la couleur charnelles. Là et plus encore dans ses madrigaux, Michel Ange tombe souvent dans le langage d'affections plus embrasées, tandis que d'autres ont la couleur d'un pénitent rentrant dans sa maison. » (*R* 107)[41] La suggestion d'un retour au foyer annonce le thème du travail psychique effectué par Michel Ange pour contrôler sa nature par trop excessive. En témoignent ses amours peu platoniques, c'est-à-dire son rapport à l'éros : « Pour vagues et rebelles que ses amours aient pu être, elles participaient de la force de sa nature et ne se prêtaient parfois aucunement à la musique, si bien que le bel ordre de ses jours s'en trouvait parfois brisé » (*R* 107)[42]. Sans doute Michel Ange eut-il des « amours rebelles » au regard de la norme ; elles étaient en accord avec sa nature, souligne un Pater sachant qu'il y a plusieurs façons de s'affronter à l'impasse de ce que Lacan appelle le rapport sexuel. Là n'est pas le plus important : il faut chercher dans sa vie et dans ses œuvres la douceur témoignant d'un effort généralement passé inaperçu : « tout comme dans les fruits de son art, nous trouvons des sources de douceur à l'intérieur de leur force excessive, dans l'histoire de sa propre existence, pour amère qu'elle puisse être au sens ordinaire, il y a des pages choisies, cachées parmi les autres, des pages que l'on pourrait négliger par légèreté, mais qui pourtant adoucissent tout l'ouvrage. » (*R* 107)[43] Sa poésie nous rend spectateurs d'un effort pour trouver un équilibre toujours sur le point de s'évanouir : « la lutte d'une puissante nature pour s'embellir et se tempérer, la lutte d'une passion attristante qui désire ardemment être aussi douce et résignée que celle de Dante. » (*R* 107)[44] Elle se présente souvent sous

39 « *We know little of [Michelangelo's] youth, but all tends to make one believe in the vehemence of its passions* » (*Ren* 52).

40 « *Beneath the Platonic calm of the sonnets there is latent a deep delight in carnal form and colour* » (*Ren* 52).

41 « *[some of the poems have] the language of less tranquil affections ; while some of them have the colour of penitence, as from a wanderer returning home* » (*Ren* 52).

42 « *Vague and wayward his loves may have been ; but they partook of the strength of his nature, and sometimes, it may be, would by no means become music, so that the comely order of his days was quite put out* : par che amaro ogni mio dolce io senta » (*Ren* 52).

43 « *in his own story also, bitter as the ordinary sense of it may be, there are select pages shut in among the rest – pages one might easily turn over too lightly, but which yet sweeten the whole volume* » (*Ren* 52).

44 « *The interest of Michelangelo's poems is that they make us spectators of this struggle ; the struggle of a strong nature to adorn and attune itself ; the struggle of a desolating passion, which yearns to be resigned and sweet and pensive, as Dante's was* » (*Ren* 52).

forme de notes d'autant plus précieuses qu'elles rendent compte de la valeur de scansion de la poésie pour lui : « ces poèmes et de ces sonnets, écrits au hasard, parfois sur les marges de ses esquisses, lesquelles sont souvent inachevées, et qui *arrêtent au passage* quelque sentiment saillant, quelque idée inattendue qui passait par là. » (*R* 107)[45] Ponctuant le continuum de l'existence, ces ébauches et ces poèmes témoignent d'une volonté de retour sur soi, quoiqu'elle demeure inaboutie[46].

Pater s'intéresse ensuite à la signification généralement attribuée à ces poèmes très longtemps restés imparfaitement édités[47] : sont-ils une plainte devant la froideur d'une femme[48] ? La vie de l'artiste infirme cette thèse trop séduisante : il est âgé, et Vittoria Colonna a fait le vœu de rester veuve. Il s'agit davantage d'une amitié entre exilés de la sphère mondaine[49] et des séductions de l'imaginaire. D'autre part, seul un petit nombre de *Sonnets* est adressé à Vittoria toutefois mise en position d'Autre sexe. Le texte est explicite, puisqu'il témoigne de la position désespérée de l'amant devant l'amour : « À travers des allusions dans les sonnets, nous pouvons deviner que lorsqu'ils se rencontrèrent, Michel-Ange avait débattu en lui-même pour savoir si cette dernière passion serait la plus dure et la plus désolante [...] Serait-ce une affection charnelle, ou "la lumière brillante de l'état antérieur de l'âme" selon Platon [...] ? » (*R* 108)[50] L'artiste hésite entre l'amour purement charnel et un amour prédestiné dont Platon donne le modèle. L'opposition entre Dante et Platon permet de rendre compte plus exactement du dilemme michélangelesque. Les sonnets apparaissent avant tout comme un instantané de l'artiste à une période précise de retrait, de retour sur soi[51]. Ils lui

45 « *these songs and sonnets, written down at odd moments, sometimes on the margins of his sketches, themselves often unfinished sketches,* arresting *some salient feeling or unpremeditated idea as it passed.* » (*Ren* 53, nous soulignons)

46 Pater leur oppose ses inintéressantes lettres : « *His letters tell us little that is worth knowing about him* » (*Ren* 53).

47 Pater mentionne les problèmes éditoriaux de la première édition par Buonarroti le jeune qui a gommé toute référence à l'homosexualité de Michel Ange.

48 « *a mere cry of distress, a lover's complaint over the obduracy of Vittoria Colonna* » (*Ren* 53).

49 « *already following the ways and tasting the sunless pleasures of weary people, whose hold on outward things is slackening* » (*Ren* 54).

50 « *From allusions in the sonnets, we may divine that when they first approached each other he had debated much with himself whether this last passion would be the most unsoftening, the most desolating of all* – un dolce amaro, un si e no mi muovi*; is it carnal affection, or,* del suo prestino stato *(of Plato's ante-natal state)* il raggio ardente *?* » (*Ren* 54)

51 « *we may regard the volume as a record of this resting-place in Michelangelo's story* » (*Ren* 54).

permettent de contrôler ses passions excessives, d'équilibrer cette force toujours sur le point de verser dans l'amertume, par la douceur, afin de trouver le rythme humain, c'est-à-dire de passer d'une épreuve subie dans la passivité à l'activité exprimée à travers l'écriture[52]. Sans doute l'absence de réalisation sexuelle lui facilita-t-elle la tâche[53]. Comme désarrimé du monde et délivré de la tentation charnelle, le poète put se livrer à une introspection d'autant plus fructueuse qu'elle lui permit de régler son rapport à l'Autre sexe, soit à la castration. Certes, il restera, admirable formule, comme un point (un point de fer) marquant la présence de l'excès dans le dire : « La détresse plaintive de Michel-Ange est toujours là, mais sous forme de résidu, de trace de sel de sidérite tout juste discernable dans le chant qui sourd, comme une source claire et douce, d'un moment charmé de sa vie. » (*R* 110)[54] Ses poèmes sont des méditations, des rêveries, des fantaisies, ils sont un moyen d'essayer de se rendre maître de soi en inscrivant la douceur en regard de la force : « Ils ont pour ton dominant une douceur calme et méditative. » (*R* 110)[55]

Dans cette poésie, Vittoria joue un rôle important puisqu'elle permet à l'artiste de se confronter à ce que Lacan a appelé « l'impossible d'inscrire la relation sexuelle entre deux corps de sexe différent[56] », soit le fait que nul ne trouve sa moitié dans son partenaire, mais que tout couple s'affronte à la castration, celle de l'un et celle de l'autre. Vittoria représente l'Autre sexe auquel se confronte Michel Ange, et, parce que leur union ne fut pas charnelle, elle lui permet de jouer sa partie sur un tapis fort confortable, celui de l'idéalisation ou de l'abstinence, à l'instar de la règle d'abstinence entre analysant et analyste. Cette position s'avère pratique pour un artiste, de surcroît peu intéressé par la femme en tant qu'objet sexuel[57]. Il n'y aura pas de consommation avec Vittoria, fait de structure auquel la femme donne consistance par son vœu de demeurer

52 « *for Michelangelo, to write down his passionate thoughts at all, to make sonnets about them, was already in some measure to command, and have his way with them* » (*Ren* 54)

53 « *It was just because Vittoria raised no great passion that the space in his life where she reigns has such peculiar suavity* » (*Ren* 54).

54 « *The cry of distress is indeed there, but as a mere residue, a trace of bracing chalybeate salt, just discernible in the song which rises as a clear, sweet spring from a charmed space in his life.* » (*Ren* 55)

55 « *Their prevailing tone is a calm and meditative sweetness* » (*Ren* 55).

56 J. Lacan, *Séminaire XX. Encore*, *op. cit.*, p. 152.

57 « *the significance of Vittoria is, that she realises for him a type of affection which even in disappointment may charm and sweeten his spirit* » (*Ren* 55).

fidèle à la mémoire d'un autre. Le secret de la réussite artistique – et thérapeutique dans le cas de l'analyse – réside ici.

Le commerce avec Vittoria ne saurait toutefois seul rendre compte des qualités poétiques de la poésie michélangelesque qui s'inscrit également dans sa filiation à la tradition poétique italienne. Comment exprimer l'impasse sexuelle lorsque l'on vit en Italie au XVIe siècle, sinon en s'appuyant sur deux traditions, la tradition platonicienne et la tradition dantéenne, soient deux façons différentes de s'affronter cette impasse dont Lacan souligne qu'elle constitue le « drame de l'amour[58] ». Pour Dante, la femme ne saurait disparaître : morte, elle demeure sensiblement présente[59], ce qui assimile sa poésie à une dénégation de la mort. Pour Platon, le sujet dépasse le sensible pour atteindre l'éternité de l'intelligible à travers la métempsycose[60], bien qu'il s'agisse, signale Pater, d'un « rêve » (*R* 110). Le premier affirme l'indestructibilité du corps, le second cherche à lui échapper, ce qui est une autre façon de nier la finitude. Évoquant des « principes diamétralement opposés » (*R* 110)[61], Pater souligne que Michel Ange semble davantage platonicien : Béatrice est jeune, Vittoria âgée, la première incarne le sensible, la seconde est pur intellect[62], participant presque de l'Idée platonicienne. Au niveau formel, la poésie dantéenne abonde de détails et d'incidents alors que les sonnets de Michel Ange n'ont d'autres images poétiques que celles du feu et de la glace[63].

Même si des échos dantéens sont perceptibles dans sa sensibilité, sa personnification de l'Amour ou l'utilisation répétée de certains termes[64], sa poésie est structurée par la tension de la glace et du feu ou par ce symbole

58 J. Lacan, *Séminaire XX. Encore*, *op. cit.*, p. 184.

59 « *Dante's belief in the resurrection of the body, through which, even in heaven, Beatrice loses for him no tinge of flesh-colour, or fold of raiment even* » (*Ren* 55).

60 « *the Platonic dream of the passage of the soul through one form of life after another, with its passionate haste to escape from the burden of bodily form altogether* » (*Ren* 55).

61 « *principles diametrically opposite* » (55).

62 « *Vittoria is a woman already weary, in advanced age, of grave intellectual qualities* » (*Ren* 56).

63 « *Dante's story is a piece of figured wood, inlaid with lovely incidents. In Michelangelo's poems, frost and fire are almost the only images [...]. Except one doubtful allusion to a journey, there are almost no incidents.* » (*Ren* 56) Pater pense sans doute à ce distique : « aussi serai-je comme la glace au feu, / qui fond et s'évanouit sans s'enflammer », voir Michel Ange, « 249 », v. 13, dans *Poésies/Rime*, édition bilingue, présentation, traduction et notes d'A.-C. Fiorato, Paris, Les Belles Lettres, 2004.

64 « *[Michelangelo] recalls [Dante] in the repetition of the words* gentile *and* cortesia, *in the personification of Amor, in the tendency to dwell minutely on the physical effects of the presence of a beloved object on the pulses and the heart.* » (*Ren* 56)

de résurrection qu'est le phénix. Elle s'inscrit du côté de l'abstraction où nous retrouvons la surrection caractéristique de la statuaire et de la peinture michelangelesque. Dante est tout pénétré du matérialisme médiéval qui lui fait accueillir le monde sensible, Michel Ange est un idéaliste cherchant à l'excéder à travers le recours au platonisme :

> Chez Dante, le matérialisme aimable et dévot du Moyen Âge sanctifie tout ce qu'offrent l'œil et la main, tandis que Michel-Ange cherche toujours à échapper à « la beauté extérieure qui plaît à l'œil » – « *'l bel di fuor c'agli occhi piace* » – pour appréhender la beauté invisible « qui va au-delà vers la forme universelle » – « *trascenda nella forma universale* », – la forme abstraite de beauté sur laquelle raisonnent les platoniciens. (*R* 111)[65]

Cette recherche confère à sa poésie un dynamisme s'emballant parfois en fuite[66], tandis qu'il fait de l'amour le résultat d'une existence prénatale[67], où l'amant retrouve en l'amante ce qu'il aimait auparavant. L'amour devient une formation de l'inconscient où le sujet retrouve en l'autre ce que Lacan appelait « la trace de son exil[68] » du rapport sexuel, c'est-à-dire les signifiants similaires à ceux qui structurent son rapport à la castration. Néanmoins, l'artiste tire un enseignement de la poésie dantéenne : l'assouvissement du désir est pire que le chagrin teinté d'espoir[69]. Il est bon de laisser son aire au désir plutôt que de lui assigner un objet susceptible de le satisfaire et de bloquer la chaîne signifiante. Car l'objet du désir s'élève sur fond d'un irreprésentable, d'une Chose dont Vittoria s'est provisoirement faite le tenant-lieu.

Héritier de Dante, Michel Ange élève ensuite la femme à la dignité de la ville[70], c'est-à-dire d'un tenant-lieu de la Chose que nul ne saurait

65 « *For Dante, the amiable and devout materialism of the middle age sanctifies all that is presented by hand and eye. Michelangelo is always pressing forward from the outward beauty* – il bel del fuor che agli occhi piace – *to apprehend the unseen beauty* ; trascenda nella forma universale – *that abstract form of beauty, about which the Platonists reason* » (*Ren* 56).

66 « *this gives the impression in [Michelangelo] of something flitting and unfixed, of the houseless and complaining spirit, almost clairvoyant through the frail and yielding flesh.* » (*Ren* 56)

67 « *[Michelangelo] accounts for love at first sight by a previous state of existence* – la dove io t'amai prima. » (*Ren* 56)

68 J. Lacan, *Séminaire XX*, *op. cit.*, p. 183.

69 « [Michelangelo] learns from Dante rather than from Plato, that for lovers, the surfeiting of desire – *ove gran desir gran copia affrena*, is a state less happy than misery full of hope – *una miseria di speranza piena* » (*Ren* 56).

70 « *Above all, [Michelangelo] resembles Dante in the warmth and intensity of his political utterances, for the lady of one of his noblest sonnets was from the first understood to be the city of Florence* » (*Ren* 56).

s'approprier sans mettre la communauté en péril[71]. Il introduit également la tension, déjà présente chez Dante, de l'amour et de la mort sous forme allégorique[72]. Cette amplification dégage, derrière la figure de Vittoria, la mort, réelle partenaire du poète, comme elle le fut pour Dante[73], qu'il s'agisse de la mort sous son aspect matériel, puis sous son aspect abstrait, par où Michel Ange rejoint les Platoniciens, l'élevant eux aussi à la dignité d'un signifiant. L'affrontement à la femme préfigure l'affrontement à la mort, et cet affrontement final est la condition de l'équilibre caractéristique de l'art de Michel Ange[74]. Ce passage ou ce détour par la tradition dantéenne, ainsi que le travail d'écriture vont conduire le poète à accepter la dialectique entre Éros et Thanatos en tant que telle, ce qui lui confèrera un véritable équilibre, exprimé par la mise en tension de la force et de la douceur : « Parce que les dieux l'aimaient, cet homme s'attarda jusqu'à un âge de patriarche, jusqu'à ce que la douceur qu'il avait mis si longtemps à secréter apparut enfin. De la force naquit la douceur : *ex forti dulcedo.* » (*R* 112)[75] Pater reprend le verset utilisé en introduction pour définir précisément l'art de Michel Ange, tout en lui donnant par sa démonstration le sens de l'aboutissement d'un processus où l'artiste excessif se confronta idéalement à l'Autre sexe et s'appuya sur une tradition en tout point opposée à ses préférences intellectuelles. Sa douceur finale est le résultat d'un détour par le monde sensible, mais surtout d'un affrontement à l'Autre sexe dont Vittoria s'est fait la représentante, telle Diotime vis à vis de Socrate, ou l'analyste permettant à l'analysant de travailler ou de perlaborer son rapport à la castration. Le travail de l'analyse, lui aussi pratiqué auprès d'un tenant-lieu de l'Autre[76], lui aussi effectué dans l'abstinence vise

71 « *[Michelangelo] avers that all must be asleep in heaven, if she, who was created "of angelic form," for a thousand lovers, is appropriated by one alone* » (*Ren* 56).

72 « *Once and again he introduces Love and Death, who dispute concerning him* » (*Ren* 56-57).

73 « *like Dante and all the nobler souls of Italy, [Michelangelo] is much occupied with thoughts of the grave, and his true mistress is death ; death at first as the worst of all sorrows and disgraces, with a clod of the field for its brain ; afterwards, death in its high distinction, its detachment from vulgar needs, the angry stains of life and action escaping fast.* » (*Ren* 57)

74 « *in [this period] [Michelangelo's] lifelong effort to tranquillise his vehement emotions by withdrawing them into the region of ideal sentiment, becomes successful* » (*Ren* 55).

75 « *This man [...] lingered on to be of immense, patriarchal age, till the sweetness it had taken so long to secrete in him was found at last. Out of the strong came forth sweetness,* ex forti dulcedo » (*Ren* 57).

76 Dans le Séminaire VIII consacré au transfert, Lacan définit la place de l'analyste comme « celle qu'il doit offrir vacante au désir du patient comme désir de l'Autre », J. Lacan, *Séminaire VIII*, *op. cit.*, p. 128.

à donner au sujet accès à un désir fondé sur le manque plutôt que sur l'assouvissement. La poésie a valeur thérapeutique – lieu commun de notre modernité – auquel Pater rend sa force évocatrice et son sens en repérant quelle place occupent tant Michel Ange que sa partenaire et quels rapports entretient sa poésie à la tradition incarnée par Dante et Platon, lesquels représentent deux positions en apparence antagonistes mais se fondant toutes deux sur une dénégation de la finitude.

Lorsque Michel Ange émergea de l'espace méditatif où il s'était retiré[77], il se retrouva comme en exil dans un monde transformé, dominé alors par la stricte orthodoxie de la Contre-Réforme. Cette situation permet à son exégète de s'intéresser *in fine* aux vicissitudes d'un sujet semblable somme toute à un analysé, ayant « dépouill[é] le scrutin [de sa propre loi][78] », selon la formule de Lacan. Quelle position subjective occupe Michel Ange au sortir de son fécond retrait ? Il sera le voyageur ayant sondé la nature réelle de son existence, il sera un homme libre, « devenu étranger » à une Église catholique figée « dans une orthodoxie glacée » (*R* 112)[79] De retour dans un monde ayant changé, l'artiste retrouvant un idéal divin[80], fera cependant l'expérience de l'apaisement apporté par le catholicisme sur un mode que Pater compare à un tourisme religieux :

> il commença alors à ressentir l'influence apaisante que, depuis cette époque, l'Église catholique a souvent exercée sur des esprits trop indépendants pour être ses sujets, mais qui sont pourtant amenés dans l'orbite de son action, consolés et tranquillisés, comme pourrait l'être un voyageur qui passerait une soirée dans une ville étrangère par l'aspect imposant de celle-ci, par le sentiment de ses différentes fortunes, tout simplement parce qu'il leur est parfaitement indifférent. (*R* 113)[81]

Le catholicisme leste l'âme trop encline à retomber dans un déséquilibre mortifère de cet indifférent fondamental en matière religieuse[82]

77 Selon Pater, ce travail de construction personnelle se déroula entre 1542 et 1547.

78 J. Lacan, *Séminaire VII*, *op. cit.*, p. 347.

79 « *a stranger to [the frozen orthodoxy of the Roman Church]* » (*Ren* 57).

80 « *[Michelangelo] had long since fallen back on that divine ideal, which above the wear and tear of creeds has been forming itself for ages as the possession of nobler souls* » (*Ren* 57).

81 « *consoled and tranquillised, as a traveller might be, resting for one evening in a strange city, by its stately aspect, and the sentiment of its many fortunes, just because with those fortunes he has nothing to do* » (*Ren* 57).

82 Pater avait auparavant souligné sa grande labilité politique : « *The idealist who became a reformer with Savonarola, and a republican superintending the fortification of Florence* » (*Ren* 52).

sans qu'il ne soit pour autant athée. Ce sujet nouveau, dans un monde transformé, quel est-il, sinon un fantôme qui, dans la société du spectacle de son époque[83], est l'un des rares à rêver de la création, des débuts de l'humanité délestés de toute charge imaginaire, sinon symboliques, du moins mythologiques : « il rêve, dans une société épuisée, où la vie, l'art, et la dévotion même sont théâtrales, au matin du monde, à la forme originelle de l'homme, aux images avec lesquelles le monde primitif avait conçu les forces spirituelles. » (*R* 113)[84] Michel Ange se rapproche du panthéisme, à l'instar des Grecs primitifs évoqués par Pater dans ses textes sur la mythologie[85], panthéisme qui est l'une des formes les plus originaires de l'instinct religieux selon lui. En 1959, Lacan concluait pour sa part qu'avoir « mené une analyse n'est rien d'autre qu'avoir rencontré cette limite où se pose toute la problématique du désir », ne plus pouvoir « désirer l'impossible[86] », mais le lecteur de Pater peut préférer le retour de l'artiste aux fondements de la subjectivité, lequel fut et reste la question ayant orienté et donné sens à son existence et à son art.

Au sortir de sa retraite, Michel Ange est devenu l'artiste de la force enfin dialectisée avec la douceur tandis que le tenseur originaire Éros/Thanatos restauré trouve sa plus éclatante matérialisation dans la Chapelle Sixtine célébrant la vie, dans les *Pietà* ou la sacristie de *San Lorenzo* sublimant la mort. Pater a ouvert son texte sur la première, il le clôt sur les secondes non sans préciser, en guise d'amorce à sa conclusion que l'artiste est le dernier représentant de cette dialectisation à l'époque renaissante[87]. Dans la Chapelle Sixtine, il traite de la Création en se situant dans une filiation toscane remontant au Moyen Âge quoique devenue poncif à son époque[88], tradition reprise pour en révéler le sens

83 « *a worn-out society, theatrical in its life, theatrical in its art, theatrical even in its devotion* » (*Ren* 58).

84 « *dreaming [...] on the morning of the world's history, on the primitive form of man, on the images under which that primitive world had conceived of spiritual forces* » (*Ren* 58).

85 Décrivant la statue de Déméter du sanctuaire de Cnide, Pater écrit : « Déméter *Achea*, Cérès *Deserta*, la *mater dolorosa* des Grecs [...]. Il y a quelque chose de la pitié de la *mater dolorosa* de Michel Ange », « Le Mythe de Déméter et Perséphone » (*EMAG* 100).

86 J. Lacan, *Séminaire VII*, *op. cit.*, p. 347.

87 « *serious, passionate, impulsive* » (*Ren* 58).

88 « *The Creation of Man had haunted the mind of the middle age like a dream [...]. As with other artistic conceptions of the middle age, its treatment became almost conventional, handed on from artist to artist, with slight changes, till it came to have almost an independent, abstract existence of its own [...] so that no single workman could claim it as his own, and the book, the image, the legend, had itself a legend, and its fortunes, and a personal history* » (*Ren* 58).

en la « transférant » (*R* 114)[89] sur les fresques de la Chapelle Sixtine. Michel Ange reprend ensuite une autre tradition, « l'Outre-Tombe » des Florentins[90]. Cette tradition, dont ils pensaient qu'elle les élevait, trouve sa contrepartie réelle dans les malheurs du siècle. Cependant, il ne s'agit pas du caractère macabre de la mort, soit de son réel, mais de la mort « abstraite » dont le cadavre aux traits « simplifiés » donne l'image[91]. Il s'agit de la mort symbolique égalant le sujet au signifiant de sa disparition, lequel constitue une limite que nul Florentin ne saurait franchir : « s'arrêtant un instant au point où toute dignité transitoire doit disparaître sans pour autant discerner clairement un nouveau corps, [les Florentins] se retinrent à un moment précis, et s'abstinrent avec un sentiment de profonde pitié. » (*R* 115)[92] Parce qu'elle fonde une éthique de la retenue[93], la mort symbolique apporte de surcroît le sens de la pitié à celui qui s'y confronte[94]. Héritier de ce rapport à la finitude, Michel Ange le porte à son achèvement[95] à travers ses *Pietà* exemplaires[96], rappelant discrètement que « la mise au tombeau, avec ses cruelles "pierres dures" » est « son sujet de prédilection » (*R* 115)[97] parce qu'elle lui permet de revenir sur les rapports du sol et du fond au fondement de sa pratique. Cette fois, l'artiste ne célèbre plus la naissance, mais tente de comprendre la disparition, comme le montre la dialectisation avec la surrection des statues examinée par Pater au début du portrait. Ces

---

89 « *in transferring it to the frescoes of the Sistine Chapel.* » (58-59)

90 « *all the great Florentines were preoccupied with death.* Outre-tombe ! Outre-tombe *! – is the burden of their thoughts, from Dante to Savonarola* » (*Ren* 59).

91 « *After death, it is said, the traces of slighter and more superficial dispositions disappear ; the lines become more simple and dignified ; only the abstract lines remain, in a great indifference* » (*Ren* 60).

92 « *They came thus to see death in its distinction ; and following it perhaps one stage further, dwelling for a moment on the point where all that transitory dignity must break up, and discerning with no clearness a new body, they paused just in time, and abstained* » (*Ren* 60).

93 Cette éthique s'apparente à celle d'Antigone telle que l'analyse Lacan dans le *Séminaire VII* : Antigone recouvrant le corps de Polynice contre la volonté de Créon « maintient [Polynice] dans le symbolique et l'empêche de retourner au néant et à l'indifférence primordiale » (p. 325). Antigone préserve « la coupure signifiante, qui lui confère [à l'être humain] le pouvoir infranchissable d'être envers et contre tout ce qu'il est. » *Séminaire VII*, *op. cit.*, p. 328.

94 « *a sentiment of profound pity* » (*Ren* 60).

95 « *Of all this sentiment Michelangelo is the achievement ; and first of all, of pity* » (*Ren* 60).

96 « *the pity of the Virgin Mother over the dead body of Christ, expanded into the pity of all mothers over all dead sons.* » (*Ren* 60)

97 « *the entombment, with its cruel "hard stones" – that is the subject of his predilection* » (*Ren* 60).

Pietà expriment la mort dans son aspect le plus cru, le plus primitif : « un chagrin sans espoir, sans rayon de soleil, presque païen, un chagrin qui n'est pas divin, mais qui est simple pitié et crainte respectueuse devant les membres roides et les lèvres décolorées. » (*R* 115-116)[98]. Les Pietà illustrent la crainte respectueuse de tout sujet devant la mort, soit cette retenue que l'éthique florentine, éthique du symbolique s'il en est, interdit justement de franchir. Elles renvoient l'artiste à la question, qu'il n'aura cessé d'approfondir, de son art, de la Léda aux Pietà.

L'Outre-tombe, soit la mort symbolique, se retrouvera dans la sacristie de *San Lorenzo* commémorant les jeunes Médicis[99]. Contrairement à l'idée répandue selon laquelle les figures du tombeau sont des allégories de la nuit, du jour, de l'aube et du crépuscule, Pater les interprète comme les dernières manifestations de la position de Michel Ange devant la mort[100], soit devant l'autre terme du tenseur Éros/Thanatos. En dépit de leur caractère massif encore amplifié par leur médium, elles matérialisent les ébauches des « pensées » d'un sujet confronté à la finitude :

> C'est moins au moyen de conceptions définies que par des touches, ou les accents d'un morceau de musique, qu[e ces quatre figures symboliques] concentrent et expriment toutes ces rêveries vagues, ces doutes, ces pressentiments qui se meuvent et se mêlent, se définissent, puis s'évanouissent ensuite, lorsque la pensée essaie sincèrement de s'attacher aux conditions et à l'environnement de l'esprit désincarné. (*R* 116)[101]

Les statues de Julien et Laurent Médicis le jeune expriment les méditations finales de Michel Ange et égalent la sacristie à un second lieu de retrait après la poésie, un lieu de pierre plutôt que de mots, où le spectateur est invité à méditer sur sa finitude : « [un lieu] de spéculation vague et mélancolique. » (*R* 116)[102] Elles réaffirment enfin la filiation

---

98 « *a hopeless, rayless, almost heathen sorrow – no divine sorrow, but mere pity and awe at the stiff limbs and colourless lips* » (*Ren* 60).

99 « *The tombs in the sacristy of San Lorenzo are memorials [...] of Giuliano, and Lorenzo the younger, noticeable chiefly for their somewhat early death.* » (*Ren* 60) Pater reprend les propos de Gautier.

100 « *a more direct expression of his thoughts.* » (*Ren* 61)

101 « *They concentrate and express, less by way of definite conceptions than by the touches, the promptings of a piece of music, all those vague fancies, misgivings, presentiments, which shift and mix and define themselves and fade again, whenever the thoughts try to fix themselves with sincerity on the conditions and surroundings of the disembodied spirit* » (*Ren* 61).

102 « *It is a place [...] of vague and wistful speculation.* » (*Ren* 61)

platonicienne de l'artiste. De nouveau, Pater oppose la tradition dantéenne niant la mort[103] à la tradition platonicienne l'élevant à la dignité d'une question, d'un mystère qui est aussi le lieu de relance du désir. Or, l'espoir qu'ouvre cette tradition pour l'homme se fonde sur une ignorance revendiquée : « l'espoir qu'il a se base sur la conscience de l'ignorance, ignorance de l'homme, de la nature de l'esprit, de ses origines et de ses capacités. » (*R* 116)[104] Là où la Contre-Réforme a tranché concernant la présence du corps du Christ durant l'Eucharistie, Michel Ange professe une indifférence devenue synonyme de son ignorance[105]. Il s'agit de cette passion de l'âme qu'est l'ignorance, si nous croyons Lacan, lorsqu'il lui donne le sens d'une acceptation du non-savoir constitutif du sujet[106]. Ne pas savoir, ni même vouloir savoir, se tenir dans une position d'ignorance assumée, mesurée, n'est-ce pas laisser au sujet du désir la possibilité d'émerger entre deux signifiants, dans le « ru où se situe le désir[107] » ?

Michel Ange apparaît alors comme l'exemple du rapport humain à la disparition, dans toutes ses phases, ses abords, ses détours, de l'interrogation à l'acceptation du mystère, en passant par la révolte et « [le] flot de pitié qui corrige, sanctifie et console » (*R* 117)[108] L'artiste transforme ultimement le sujet de la coupure – celui qui a fait l'expérience de la mort comme la mort dirait Heidegger – que manifestait son art quel qu'en soit le médium, en un rayon de lumière, un rêve, une plume au vent, c'est-à-dire un apparaître/disparaître, étonnante matérialisation du tenseur Éros/Thanatos :

> une lumière qui passe, simple effet intangible, extérieur sur ces visages trop rigides ou trop informes, d'un rêve qui s'attarde un instant puis se retire à l'aube, incomplet, sans but, désarmé, de cette chose qui n'écoute que faiblement, ne

---

103 « *Dante's belief in immortality is formal, precise, and firm, as much so almost as that of a child, who thinks the dead will hear if you cry loud enough* » (*Ren* 61).

104 « *what hope [Michelangelo] has is based on the consciousness of ignorance – ignorance of man, ignorance of the nature of the mind, its origin and capacities* » (*Ren* 61).

105 « *Michelangelo is so ignorant of the spiritual world, of the new body and its laws, that he does not surely know whether the consecrated Host may not be the body of Christ.* » (*Ren* 61)

106 « Passion de l'ignorance. » J. Lacan, *Séminaire XX*, *op. cit.*, p. 153. Quelques pages plus haut, Lacan rappelle le statut du sujet de l'inconscient quant au savoir : « *l'inconscient, c'est que l'être en parlant, jouisse, et,* j'ajoute, *ne veuille rien en savoir de plus.* J'ajoute que cela veut dire – *ne rien en savoir du tout.* », *op. cit.*, p. 134.

107 J. Lacan, *Séminaire VII*, *op. cit.*, p. 371.

108 « *the correcting, hallowing, consoling rush of pity* » (*Ren* 61).

> se souvient que faiblement, n'a qu'un faible pouvoir de toucher, d'un souffle, d'une flamme sur le seuil, d'une plume au vent. (*R* 117)[109]

Telle est essentiellement la fonction de la poésie, du *poïen* de Michel Ange, quel qu'en soit le matériau, dont Pater souligne la valeur exemplaire[110] : elle le réconcilie avec l'ignorance, le mystère, soit le manque qu'il a si souvent porté à sa manifestation sensible pour essayer de le contrôler. Cet effort lui confère *in fine* la capacité de s'abandonner à ce qui arrive, à ce qui ne cesse d'arriver, ainsi que la faculté d'endurer l'ignorance qui n'est jamais que savoir inconscient sur la finitude humaine. Ce rapport à la finitude fondé sur un consentement pacifié s'écarte du *mè phunai* d'Œdipe mourant « de la vraie mort, où lui-même raye son être[111] », consent à son anéantissement, tel que le repérait Lacan dans sa lecture d'*Œdipe à Colonne* pour se révéler éminemment humain et porteur d'espoir.

Pater se situe dans le registre de l'étude de cas, étude rigoureuse, fondée sur l'assimilation de toute l'œuvre au signifiant à travers une analyse lui permettant d'élaborer ses propres outils pour rendre compte de la singularité du sujet ayant suscité ses impressions et sa curiosité. Michel Ange possède une valeur exemplaire : il est un type et son art typifie le fonctionnement artistique[112]. La tension de la force et de la douceur caractérisant son art est également à l'œuvre chez d'autres artistes et sous des formes différentes, Pater citant Blake et Hugo. Michel Ange est également un sujet singulier car sa mise en tension de la douceur et de la force est le fruit d'un travail tout à fait individuel qui en passa par l'affrontement à l'Autre sexe sur fond d'insatisfaction endurée et se nourrit de la poésie de ses prédécesseurs.

---

109 « *a passing light, a mere intangible, external effect, over those too rigid, or too formless faces ; a dream that lingers a moment, retreating in the dawn, incomplete, aimless, helpless ; a thing with faint hearing, faint memory, faint power of touch ; a breath, a flame in the doorway, a feather in the wind* » (*Ren* 61).

110 « *a poet still alive, and in possession of our inmost thoughts* » (*Ren* 61).

111 J. Lacan, *Séminaire VII*, *op. cit.*, p. 353. Lacan rajoute : « C'est une malédiction consentie, de cette vraie subsistance qu'est celle de l'être humain, subsistance dans la soustraction de lui-même à l'ordre du monde. Cette attitude est belle, et comme on dit dans le madrigal, deux fois belle d'être belle. », p. 353.

112 « *The qualities of the great masters in art or literature, the combination of those qualities, the laws by which they moderate, support, relieve each other, are not peculiar to them ; but most often typical standards, or revealing instances, of the laws by which certain aesthetic effects are produced.* » (*Ren* 62)

Le portrait littéraire n'est pas un exercice gratuit ; il s'inscrit dans une volonté de déshistoriciser la critique d'art pour la subjectiver, mieux : pour l'ipséiser. À travers l'étude des impressions nées des œuvres, il s'agit d'élaborer verbalement un sujet les inscrivant sous le sceau d'un principe capable de rendre compte des manifestations similaires chez d'autres artistes. Très tôt chez Pater, l'esthétique subjective du portrait littéraire s'accompagne d'une inflexion vers le symptôme, la souffrance examinés impavidement. Ramener cette inflexion à quelque symptôme personnel[113] ou à l'esthétique fin de siècle, c'est reconduire Pater dans le rang des malades ou des littérateurs, c'est obérer ce qui fait son originalité foncière et lui assure sa postérité. Il allie un usage rigoureux des mots à une logique précise pour considérer le sujet comme un sinthôme, le porteur d'une question qu'il revient au critique de formuler, de ponctuer, d'accompagner sans jamais la clore. Cette démarche sera celle de la psychanalyse née sur le terreau intellectuel victorien des « pathographies » et des portraits. Toutefois, l'on conclurait trop hâtivement en négligeant d'examiner la *persona* critique patérienne à l'œuvre dans la construction des sujets sinthômatiques. L'on reconduirait l'erreur consistant à faire de Pater un successeur anglophone un peu plus débridé de Sainte-Beuve en omettant de se pencher sur la fiction du critique qu'il construit implicitement dans ses portraits.

113 Voir M. Levey, *Walter Pater*, London, Thames and Hudson, 1978.

PORTRAIT DU PORTRAITISTE EN « CRITIQUE ESTHÉTIQUE »

Les portraits consacrés à Léonard et Michel Ange découvrent de rigoureuses études de cas derrière leur inscription apparente dans le genre du portrait. Remaniée par Pater, l'esthétique du portrait présente une forme inédite de subjectivité incarnée par les personnages littéralement diffractés de *La Renaissance*. Le sujet patérien, le sujet supposé à l'œuvre, construit à partir des impressions qu'elle fait naître, a pour pendant le critique esthétique, lequel n'est pas une entité contemplant l'œuvre pour l'analyser objectivement, mais relève de la même construction subjective. Sa structure est justifiable des thèses de la « Conclusion », ayant égalé la psyché à un lieu d'accueil des impressions issues du monde sensible, en même temps qu'à un lieu de recueil sous forme de souvenirs, c'est-à-dire qui l'ont divisée en instances solidaires afin que le sujet ayant accès à la mémoire et à l'impression s'inscrive dans une temporalité ek-statique. Cette psyché, ce sujet sont-ils suffisamment compréhensibles à travers les quelques paragraphes que Pater leur consacre dans sa « Conclusion » ? Conscient des questions éthiques soulevées par son texte, Pater a tenté de répondre à travers *Marius l'Épicurien*, en reprenant, en complétant son analyse de l'épicurisme. Le chapitre IX, « Nouveau Cyrénaïsme », explicite un épicurisme irréductible à toute idée d'hédonisme[1], telle que l'avaient comprise certains de ses contemporains[2]. À la question épistémologique de la « Conclusion » (comment le sujet est-il structuré ?), Pater répond par une saisissante incarnation de l'appareil psychique, nettement plus

1 « *Words like "hedonism" – terms of large and vague comprehension – above all when used for a purpose avowedly controversial, have ever been the worst examples of what are called "question-begging terms;" and in that late age in which Marius lived, amid the dust of so many centuries of philosophical debate, the air was full of them.* » (*ME* 151).

2 « *I wish they would not call me a hedonist [...] it produces such a bad effect on the minds of people who don't know Greek.* » Pater cité dans E. Gosse, « Pater. A Portrait », dans *Critical Kit-Kats*, New York, Dodd, 1903, p. 258.

élaborée, dans « Un Prince des peintres de cour », le portrait inaugural du recueil des *Portraits imaginaires* en 1887. Véritable portrait imaginaire du peintre Watteau d'abord paru en 1885 dans le *Macmillan's Magazine*, ce texte installe en regard du portrait de l'artiste celui de sa rédactrice, la diariste Marie-Marguerite Pater, et offre une méditation aboutie sur la fonction et les qualités du portraitiste, c'est-à-dire, sur les enjeux épistémologiques et esthétiques du genre littéraire du portrait ainsi remanié. Quelles sont les conditions de possibilité du portrait imaginaire ou littéraire ? Quel artiste verbal peut s'instituer portraitiste ? Quelles en sont les qualités ? La réponse à ces questions trame « Un Prince » tandis que la question plus littéraire de l'instance énonciative constitue une voie d'accès à ce texte d'une très grande complexité. C'est avec raison que la critique se pose la question de l'énonciateur des textes patériens, hésitant entre une parole autobiographique[3] à une contestation de la stabilité énonciative.

Dans *La Renaissance*, Pater adopte une impersonnalité quasi totale, seulement rompue par l'angle d'approche choisi et les questions posées : l'accent est mis sur la *persona* de l'artiste, plus que sur celle du critique. Les interventions énonciatives sont sibyllines, ambiguës : « *a lover of strange souls* », « *the aesthetic critic* ». Pater ne dit pas « je », il construit une position susceptible d'accueillir tout énonciateur se reconnaissant dans cette expression, tout lecteur capable de se faire « amant d'âmes étranges » ou « critique esthétique ». Hérité du régime énonciatif des périodiques victoriens, le « *we* » adopté dans les textes théoriques que sont la « Préface » et la « Conclusion[4] » est pareillement ambigu : il inclut l'auteur et le lecteur, référés au registre d'une impersonnalité énonciative ontologique. Il est pure énonciation.

Dans le premier portrait imaginaire, « L'Enfant dans la maison », Florian Deleal apparaît comme le focus narratif repassant les expériences fondatrices[5] du sujet qu'il est devenu, et le narrateur adopte une focalisation interne doublée d'un classique récit à la troisième personne. Toutefois un énonciateur anonyme apparaît au détour d'une phrase pour mettre l'accent sur son activité : « l'enfant dont *je* parle » (*EM* 18, nous

3 « *the autobiographical note of "Marius"* », Mrs Humphry Ward, "Review of *Marius The Epicurean*", May 1885, cité dans *Critical Heritage*, *op. cit.*, p. 127.

4 C'est aussi contre cet impersonnel « we » que résonne le « *me* » de la « Préface » : « *What is this song or picture, this engaging personality presented in life or in a book, to* me ? » (*Ren* xxix)

5 « *the first stage in that mental journey* », « The Child in the House » (*MS* 174).

soulignons)[6]. Incursion subite de l'auteur déniant à Florian l'autorité narrative et énonciative, rappelant son activité de composition, et clivant l'énonciation entre personnage et narrateur, entre celui qui fait l'expérience de cette anamnèse et celui qui la transcrit et l'évalue ? Très significativement à la même époque[7], Pater évoque un souvenir personnel dans « Charles Lamb » (1878), et adopte pour ce faire un système aussi bref que subtil de va-et-vient entre la première et la troisième personne du singulier, le « je » rédigeant le portrait, et l'écrivain s'y inscrivant pour le représenter :

> Lamb ressentait le génie des lieux et *je* pense parfois qu'il ressemble aux lieux qu'il connaissait, qu'il aimait le plus et où sa vie se déroula : Londres il y a soixante-cinq ans avec Covent Garden et les vieux théâtres, avec les jardins du Temple encore intacts, la Tamise qui passe mollement, les champs d'Enfield ou d'Hampton « avec leurs arbres vivants », où les pensées vagabondent « loin du dur bois du bureau », des champs d'un vert plus vif et qui touchaient alors la ville, et où *celui qui rédige ces mots* se rappelle avoir entendu le chant du coucou pour la première fois, un jour où le printemps était gros de l'été. (*EA* 88-89, nous soulignons)[8]

Le portraitiste de Lamb s'avance masqué ou plus précisément feuilleté entre deux instances, celle qui évalue (« je » / « *I* ») et celle qui se remémore (« celui qui rédige ces mots » / « *the present writer* »). La technique est reprise dans *Marius l'Épicurien* où le portrait du jeune homme se forme peu à peu à travers les expériences du jeune homme doublées des réflexions d'un narrateur omniscient, contemporain des victoriens, méditant par-dessus l'épaule du personnage, attirant l'attention du lecteur par ses interventions[9].

---

6 « *the child of whom* I *am writing* » (*MS* 175, nous soulignons)

7 Un mois sépare la publication de ces deux textes : « Imaginary Portraits : I. The Child in the House », *Macmillan's Magazine*, vol. 38, August 1878, p. 313-321 ; « The Character of the Humourist : Charles Lamb », *Fortnightly Review*, vol. 24, October 1878, p. 466-474.

8 « *[Charles Lamb] felt the genius of places ; and I sometimes think he resembles the places he knew and liked best, and where his lot fell – London, sixty-five years ago, with Covent Garden and the old theatres, and the Temple gardens still unspoiled, Thames gliding down, and beyond to north and south the fields at Enfield or Hampton, to which, "with their living trees," the thoughts wander "from the hard wood of the desk" – fields fresher, and coming nearer to town then, but in one of which* the present writer *remembers, on a brooding early summer's day, to have heard the cuckoo for the first time.* » (*Ap* 122, nous soulignons)

9 Le narrateur de *Marius* fait ainsi référence à « *our modern "culture," as it is termed* » (*ME* 137).

Ce feuilletage énonciatif est à l'œuvre dans la majorité des portraits où Pater adopte l'impersonnalité subtile d'un miroir toujours susceptible de dénoncer les faux-semblants de l'illusion référentielle, sur lequel apparaît peu à peu le portrait de l'artiste ou celui, plus imaginaire, d'un Sebastian van Storck, d'un Emerald Uthwart. Cette diffraction trouve son apothéose dans « Un Prince des peintres de cour » à travers les figures de Marie-Marguerite Pater et de l'éditeur de son journal. Dans ce qui est à la fois le portrait imaginaire immédiatement postérieur à « L'Enfant dans la maison », et le premier d'un recueil intitulé *Portraits imaginaires*, Pater clive l'énonciation entre un impersonnel éditeur des « extraits d'un vieux journal français » et l'auteur de celui-ci, Marie-Marguerite Pater, au patronyme significatif[10], dont le prénom n'est jamais précisé et dont la destinée reste tue. L'ambiguïté se renforce puisque Mademoiselle Pater est la sœur d'un artiste, Jean-Baptiste Pater (1695-1736), tout aussi réel que Watteau. Toutefois, en dépit d'effets de réel disséminés dans le récit, l'illusion référentielle s'arrête là. L'éditeur du journal s'offre le luxe d'en souligner l'inexactitude historique à travers une note infrapaginale[11], attirant l'attention du lecteur crédule sur le peu de vérité de ce qui lui est présenté. Si les deux peintres ont réellement existé, et si l'on peut encore voir le portrait de Marguerite-Marie Pater à Valenciennes[12], il s'agit sous la plume de Pater d'un récit « imaginaire » au plein sens du terme, avouant discrètement sa nature fictionnelle.

L'instance énonciative est divisée ; elle est également bisexuée. Pour la seule fois de sa carrière, Pater adopte la position d'une femme masquée par l'anonyme éditeur vraisemblablement masculin, dans un désir aussi intrigant qu'indéfini : mise en scène de l'identité féminine telle qu'elle apparaissait à ses contemporains, peut-être avec une visée ironique[13] ?

---

10 Ce patronyme a peut-être fait naître la légende d'un Pater descendant du peintre comme il se plaisait à le raconter à E. Gosse qui en transmit le souvenir. Voir « Pater. A Portrait », *op. cit.*, p. 240.

11 « *Possibly written at this date, but almost certainly not printed till many years later. – Note in Second Edition* », signale l'éditeur à propos de *Manon Lescaut* que Marie-Marguerite prétend lire en 1717. La seconde édition de *Portraits imaginaires* paraît en 1890. Voir W. Pater, « A Prince of Court Painters » (1885), *Imaginary Portraits* (1887), London, Macmilllan, 1931.

12 J.-B. Pater, *Portrait de Marguerite-Marie Pater*, Valenciennes, musée des Beaux-Arts.

13 L'adoption du sexe féminin par Pater a fait couler beaucoup d'encre d'autant plus qu'elle se double de plusieurs remarques sur les propriétés assignées à l'époque au genre féminin : humilité, patience, résignation, douceur. Voir « *If I understand anything of these matters* »

Désir d'une énonciation fonctionnant sur le principe de l'hermaphrodite partisan de l'« inclusion sans dominance[14] » cher à M. Serres ? Désir d'adopter la position d'« une âme de femme dans un corps d'homme » du juriste K. Ulrichs (1825-1895) promoteur du troisième sexe et de ce que certains contemporains appelaient l'uranisme ? Par sa sobre impersonnalité, la textualité patérienne permet toutes ces interprétations[15].

À quelque propos qu'elle ait obéi, l'instance énonciative devient le révélateur progressif – presque au sens photographique – sur lequel apparaît le portrait de Watteau. Elle remplit les exigences d'accueil et de recueil des impressions par sa division entre l'éditeur qui sélectionne les entrées pertinentes du journal, et Marie-Marguerite accueillant les impressions nées de sa fréquentation des œuvres et du peintre ; elle se dédouble encore lorsque Watteau parti à Paris, et donc loin du regard de la jeune femme[16], son frère Jean-Baptiste est délégué pour rejoindre l'artiste, rédiger des lettres l'évoquant ou revenir auprès de la diariste afin de lui apporter les précieuses impressions destinées à façonner le portrait qu'elle dresse de Watteau. L'instance narrative possède tant la capacité à s'inscrire dans l'im/médiateté de la sensation, fût-elle rapportée, que la capacité à emmagasiner ces impressions au titre de souvenirs, voire de les sélectionner. Elle incarne les exigences assignées à l'appareil psychique dans la « Conclusion ».

Toutefois, l'éditeur et Jean-Baptiste ne jouent qu'un rôle périphérique ; Marie-Marguerite se voit confier la majeure partie de la fonction du portraitiste : accueillir et recueillir les impressions nées de son commerce à l'homme comme à l'œuvre. On lui doit l'analyse du style de Watteau et la description du bouleversement artistique introduit par le peintre[17].

(*IP* 26). Pour certains, Pater tend ironiquement à son lecteur le miroir des stéréotypes féminins également spectatrices passives de la production masculine. Voir L. Higgins, « But who is She ? Forms of Subjectivity in Walter Pater's Writings », *Nineteenth-Century Prose*, 24.2, 1997, p. 37-65.

14 M. Serres, *L'hermaphrodite. Sarrasine sculpteur*, Paris, Flammarion 1987, p. 85.

15 Voir M. M. Kaylor, *Secreted Desires : The Major Uranians : Hopkins, Pater and Wilde*, http://www.mmkaylor.com (consulté le 30/03/2022).

16 « *With how small a part of my whole life shall I be really living at Valenciennes !* » (*IP* 18)

17 « *The room was a landmark, as we used to think, an inviolable milestone and landmark, of old Valenciennes fashion – that sombre style, indulging much in contrasts of black or deep brown with white, which the Spaniards left behind them here. [...] Well ! the rough plaster we used to cover as well as might be with morsels of old figured arras-work, is replaced by dainty panelling of wood, with mimic columns, and a quite aerial scrollwork around sunken spaces of a pale-rose stuff and certain oval openings – two over the doors, opening on each side of the great couch which faces the*

Elle saura goûter le charme du nouveau style, sachant déceler derrière la légèreté, la pureté d'une esthétique conjointe à l'éthique : « une sorte de pureté morale qui se traduit jusque dans les formes et les couleurs[18]. » « Un Prince des peintres de cour » est donc l'unique exemple d'un portrait où le peintre en mots se met en scène dans ses vicissitudes personnelles. Pater propose non seulement une savante analyse de l'art de Watteau[19], mais également une analyse, une dissolution et une méthode de résolution si l'on suit l'étymon aristotélicien, du critique esthétique incarné par Marguerite-Marie Pater. Toutes les impressions suscitées par les œuvres mentionnées, mais également les portraits de Watteau et de Jean-Baptiste Pater – véritable mise en abyme du genre du portrait littéraire et écho du genre pictural du portrait – lui sont attribuables. Ce portrait est donc capital pour apprécier – terme clé du lexique patérien[20] – le sujet de l'art, celui qui fait l'art, mais également pour apprécier ce qu'il faut bien qualifier de sujet de la critique esthétique, construisant progressivement le portrait imaginaire de Watteau. Pater double sa mise en abyme des rapports entre littérature et peinture *via* la confrontation entre la diariste et le peintre, d'une mise en abyme du sujet portraituré et du sujet portraiturant. Texte aussi vertigineux que talentueux, « Un Prince » s'inscrit pleinement dans l'esthétique de la décomposition décadente. Dans la perspective d'une transformation du portrait littéraire en étude de cas, ce texte apparaît tout aussi capital car l'inflexion que Pater fait subir au genre littéraire se double d'une inflexion de la *persona* du critique, appelée à être aussi divisée qu'en proie à une histoire que met en scène son propre texte, déployant sous les yeux du

windows, one over the chimney-piece, and one above the buffet which forms its vis-à-vis – four spaces in all, to be filled by and by with "fantasies" of the Four Seasons, painted by his own hand. He will send us from Paris arm-chairs of a new pattern he has devised, suitably covered, and a painted clavecin. *Our old silver candlesticks look well on the chimney-piece. Odd, faint-coloured flowers fill coquettishly the little empty spaces here and there, like ghosts of nosegays left by visitors long ago, which paled thus, sympathetically, at the decease of their old owners ; for, in spite of its new-fashionedness, all this array is really less like a new thing than the last surviving result of all the more lightsome adornments of past times.* » (*IP* 20-21)

18 « *I am struck by the purity of the room he has re-fashioned for us – a sort of* moral *purity ; yet, in the* forms *and* colours *of things.* » (*IP* 23)

19 Avant L. Østermark-Johansen (2013), John Coates souligne avec une grande justesse que Pater révise le culte de Watteau popularisé par les Goncourt dans *L'Art du dix-huitième siècle* (1875) sur lequel il s'appuie fortement. Voir « Aspects of the Intellectual Context of Pater's Imaginary Portraits », *Yearbook of English Studies*, n° 15, 1985, p. 93-108.

20 Pater intitule son recueil de textes sur la littérature anglaise : *Appreciations* en 1889.

lecteur les éclats ou les scansions de son trajet existentiel. Autre façon, sans doute, de faire vaciller l'impersonnalité critique chère à M. Arnold en la subjectivant, en la narrativisant, en donnant chair au *we*.

En droite ligne de la « Conclusion » évoquant la brièveté de l'existence[21] et le devoir d'en faire le meilleur usage[22] – la diariste s'affronte à la question du temps[23]. Et si les « enfants du monde » « les plus sages » le passent à faire l'expérience de « l'art et du chant » (*R* 216), elle le passe à écrire tout en étant sensible au passage, à la transition, soit à la coupure signifiante[24]. Suivant attentivement la carrière de Watteau de la jeunesse à la vieillesse et à la mort[25], elle décrit, commente son art et sa personne. Son activité scripturaire lui permet de comprendre Watteau et d'en faire un artiste peignant sur fond de mépris du monde. Lui interdisant toute parole directe ou rapportée, elle en donne la « formule » :

> Pour rendre avec une telle perfection ces coquetteries, ces grâces vaines et périssables, il faut en avoir l'intime compréhension. Pour lui, les comprendre, ce doit être les mépriser, bien qu'il persiste (je crois en deviner la raison) à subir leur ascendant. De là ce mécontentement de soi qui va de pair avec sa gloire[26].

Son rapport à Watteau est avant tout celui de la spectatrice, parfois dans l'abstinence visuelle[27]. Elle est également médiatrice entre le peintre et sa famille, devenant lectrice de ses lettres à la mère du peintre, déléguant son activité à Jean-Baptiste à Paris[28]. Observant et colligeant, la portraitiste

---

21 « *this sense of the splendour of our experience and of its awful brevity* » (*Ren* 152).

22 « *we have an interval, and then our place knows us no more. Some spend this interval in listlessness, some in high passions, the wisest, at least among "the children of this world," in art and song.* » « Conclusion » (*Ren* 153).

23 « *With myself, how to get through time becomes sometimes the question, – unavoidably ; though it strikes me as a thing unspeakably sad in a life so short as ours.* » (*IP* 27)

24 Marie-Marguerite apprécie : « *The sullenness of a long wet day is yielding just now to an outburst of watery sunset, which strikes from the far horizon of this quiet world of ours, over fields and willow-woods, upon the shifty weather-vanes and long-pointed windows of the tower on the square – from which the* Angelus *is sounding – with a momentary promise of a fine night.* » (*IP* 25).

25 « *Our incomparable Watteau is no more !* » (*IP* 43)

26 « *Those coquetries, those vain and perishable graces, can be rendered so perfectly, only through an intimate understanding of them. For him, to understand must be to despise them ; while (I think I know why) he nevertheless undergoes their fascination. Hence that discontent with himself, which keeps pace with his fame.* » (*IP* 26-27)

27 « *those works which I for one so thirst to see.* » (*IP* 18-19)

28 Chargé de transmettre ses impressions à sa sœur, Jean-Baptiste sera chassé par Watteau (*IP* 26). Sa proximité et l'enseignement qu'il reçoit du peintre l'apparentent presque à l'artiste absent : « *as he labours, not less sedulously than of old, and still so full of loyalty to his*

se fait la dépositaire du discours de l'Autre qu'elle transmet en retour. L'art est de l'ordre d'une série d'impressions auxquelles elle confère la permanence de l'écriture. Sœur cadette d'un Michel Ange ayant trouvé l'équilibre par la pratique poétique, elle semble assigner à son journal une valeur presque thérapeutique[29]. L'insistance sur son activité se double d'une méditation sur l'art du portrait, menée par l'entremise d'un contraste entre divers portraits et divers arts de la portraitisation. « Un Prince des peintres de cour » fourmille littéralement de portraits : les portraits peints par Watteau, J.-B. Pater, et Rosalba, implicitement opposés au portrait littéraire de Marie-Marguerite, afin d'en montrer la valeur et, pour Pater, de redéfinir l'« empiètement des arts[30] » repéré par Sainte-Beuve en en traçant les limites. Dans un renversement significatif, la diariste ira jusqu'à poser pour Watteau, acceptant de se livrer à l'art du peintre : « avec un costume de promenade taillé d'après ses instructions ; c'est une robe faite d'une soie particulière, qui tombe en petits plis nombreux et qui me donne un *certain air* de piquant qui lui plaît mais qui ne me sied guère. Ma vieille faille flamande, que je porterai toujours, me va mieux[31]. » Ce portrait lui permet d'opposer ce qu'elle est intrinsèquement – et dont la « vieille *faille* flamande » est la paradoxale image – à ce que Watteau fait d'elle sur le mode du mensonge et de l'inauthenticité[32]. Ce portrait, où apparaît la distorsion du réel effectuée par autrui, mais également la perception qu'a le sujet de lui-même, s'oppose également aux portraits croisés de Watteau et de l'artiste Rosalba[33]. Toutefois, ces portraits croisés

---

old master, in that Watteau *chamber, I seem to see Antony himself, of whom Jean-Baptiste dares not yet speak, – to come very near his work, and understand his great parts.* » (*IP* 26)

29 « *One's journal, here in one's solitude, is of service at least in this, that it affords an escape for vain regrets, angers, impatience. One puts this and that angry spasm into it, and is delivered from it so.* » (*IP* 39) Il est possible de lire cette remarque comme un stéréotype de genre ironiquement offert par Pater à ses lecteurs.

30 « Il y aurait beaucoup à dire sur cet empiètement formidable d'un art sur l'autre, sur cette invasion à outrance de la peinture pure dans la prose », A.-C. Sainte-Beuve, « Idées et sensations », dans *Nouveaux Lundis*, cité par H. Dufour, *Portraits, en phrases*, *op. cit.*, p. 96.

31 « *I sat for [my own portrait] in a walking-dress, made under his direction – a gown of a peculiar silken stuff, falling into an abundance of small folds, giving me "a certain air of piquancy" which pleases him, but is far enough from my true self. My old Flemish* faille, *which I shall always wear, suits me better.* » (*IP* 24)

32 « *far enough from my true self* » (*IP* 24) dit le texte original que P. Néel traduit par « qui ne me va guère ».

33 « *he has allowed that Mademoiselle Rosalba –* "ce bel esprit" *– who can discourse upon the arts like a master, to paint his portrait : has painted hers in return ! She holds a lapful of white roses with her two hands.* Rosa Alba *– himself has inscribed it !* » (*IP* 39)

sont reproductibles et appelés à circuler au titre de marchandise[34]. Ils ne font l'objet de nulle appréciation esthétique, mais s'inscrivent aux côtés d'autres portraits présents dans le récit, tous fonctionnant comme mise en abyme de plusieurs techniques ou arts du portrait. Ils permettent d'opposer les « portraits-marchandises », les portraits-miroirs fondés sur une ressemblance au modèle, soient les portraits spéculaires aux portraits où se joue le rapport de l'artiste au monde à travers le langage soient les portraits symboliques.

Marie-Marguerite souligne l'inachèvement caractéristique de Watteau, incapable de finir le portrait qu'il avait commencé d'elle[35]. Toutefois, ce portrait sera achevé par Jean-Baptiste Pater, appelé à devenir le successeur de Watteau, et qualifié pour l'occasion d'« héritier véritable[36] », puisqu'il achèvera d'autres œuvres sous sa direction :

> [Watteau] ne cesse de s'occuper de son art ; mais il ne le fait plus que comme démonstration, et instruit (avec une sorte d'application repentante, dirait-on) Jean-Baptiste à qui il laissera son œuvre inachevée, avec charge de reprendre maints de ses tableaux où il les a laissés. On dirait qu'il n'a plus pour unique souci que de transmettre à son ancien disciple « congédié » ce qui reste de lui-même, et les derniers secrets de son génie[37].

À la différence des portraits-marchandises, le portrait de Marie-Marguerite constitue une véritable mise en abyme du portrait patérien où se joue la transmission de l'art selon un modèle dont la relation entre Winckelmann et Goethe est le paradigme. L'héritier (ici J.-B. Pater) reprend l'inachevé de Watteau ainsi élevé à la dignité de père symbolique à partir d'une présence sensiblement incarnée. La critique esthétique qu'est Marie-Marguerite occupe toutefois une autre position.

Les jugements et les commentaires de Marie-Marguerite sont toujours signalés par des marqueurs d'énonciation encadrant le portrait qu'elle dessine peu à peu[38]. Elle oriente l'appréciation esthétique en établissant

34 « *It will be engraved, to circulate and perpetuate it the better.* » (*IP* 39)

35 « *My own poor likeness, begun so long ago, still remains unfinished on the easel, at his departure from Valenciennes* » (*IP* 35)

36 « *true heir* » (*IP* 42).

37 « *[Watteau] is at work constantly upon his art; but solely by way of a teacher, instructing (with a kind of remorseful diligence, it would seem) Jean-Baptiste, who will be heir to his unfinished work, and take up many of his pictures where he has left them. He seems now anxious for one thing only, to give his old "dismissed" disciple what remains of himself, and the last secrets of his genius.* » (*IP* 42-43)

38 « *methinks* » (*IP* 33) ; « *as I conceive* » (*IP* 34).

par exemple des contrastes entre Porbus et Rubens, avant d'évaluer l'art de Watteau et de J.-B. Pater : l'un méprise le monde et l'autre s'y intéresse de façon très humaine[39]. Dans une perspective psychanalytique, il n'est pas infondé de la rapprocher de l'analyste travaillant à partir de son propre rapport au langage pour aider l'analysant à définir le sien par ses relances ou la ponctuation des séances, le lecteur étant en l'occasion mis à la place de Watteau dans ce travail. Le savoir féminin qu'elle revendique avec une insistance marquée apparaît perpétuellement enrichi par ses appréciations esthétiques, soit par le travail de différenciation exigé dans la « Préface » à *La Renaissance*[40] auquel elle se livre. Cet humble savoir – désigné comme tel à plusieurs reprises à travers les références de la jeune femme à son sexe – nourri d'expériences réitérées n'est-il pas similaire à celui de Socrate dont Lacan fait, dans le *Séminaire VIII*[41], un analyste avant la lettre, ne sachant rien quoique supposé savoir par les participants du *Banquet* ? Là où Watteau s'étourdit littéralement, de demeures en demeures, et de toiles en toiles, Marie-Marguerite réfléchit. Là où il est atteint de bougeotte, elle reste à Valenciennes, menant la vie d'une recluse. N'oppose-t-elle pas le mépris et l'activité incessante du peintre à sa tranquillité native[42] ? Les digressions la concernant s'éclairent progressivement : il ne s'agit pas de narcissisme, de féminité malheureuse ou d'effet de réel, mais bien d'une présentation de soi, d'un portrait de soi (une *Selbstdarstellung* freudienne[43]), autre écran entre le lecteur et l'artiste, destiné à médiatiser son portrait de Watteau. Marie-Marguerite n'est pas seulement une diariste dont l'existence semble suspendue aux commentaires qu'elle fait de l'existence de Watteau : elle occupe la place du portraitiste littéraire selon Pater. Ayant médité sur la destinée en passant de longues heures à contempler les dalles funéraires de ses ancêtres dans l'église de Saint-Vaast, elle se présente comme dépourvue d'ambition[44], détentrice du certain savoir,

39 « *[Jean-Baptiste] approaches that life, and all its pretty nothingness, from a level no higher than its own ; and beginning just where Antony Watteau leaves off in disdain, produces a solid and veritable likeness of it and of its ways.* » (*IP* 27)

40 « *Our education becomes complete in proportion as our susceptibility to these impressions increases in depth and variety* », « Preface » (*Ren* xxx).

41 J. Lacan, *Le Séminaire VIII*, *Le transfert*, Paris, Le Seuil, 2001.

42 « *a certain immobility of disposition in me [...]. He, so brilliant, petulant, mobile !* » (*IP* 28)

43 La *Darstellung* désigne chez Freud la mise en acte du symptôme hystérique, le rêve et l'onanisme. *Selbstdarstellung* (présentation figurale de soi) a été traduit par « Freud présenté par lui-même » (Paris, Gallimard, 1994).

44 « *a tame, unambitious soul such as mine* » (*IP* 8)

manifesté par ses parenthèses et ses incises, lui permettant de donner la « formule[45] » du génie de Watteau. Elle interprète l'art du peintre comme sous-tendu par un mépris sous-jacent du monde : « Il me semble que si Antoine Watteau illustre si bien, à sa propre satisfaction, ce monde des élégances, avec ces dames à poudre et à mouche et ses beaux cavaliers, c'est en partie parce qu'il le méprise[46] ». Cette interprétation se double d'une analyse du rapport du peintre à lui-même[47], et de la personnalité de son frère[48]. Remarquant le détournement du monde de Watteau, elle s'en émeut[49], se demande s'il faut accorder de la pitié à l'artiste[50]. Marie-Marguerite pose alors la question de la position du critique : quel rapport doit-il s'établir entre le critique et l'artiste ? Un rapport de pitié fondé sur une identification spéculaire ? Pour Lacan, ce rapport renferme une grande agressivité lorsque le sujet se confond avec son image au miroir et plus encore avec l'image de l'autre par opposition à l'Autre[51]. Pour Pater, la pitié manifeste une sympathie universelle capable de traduire l'éthique altruiste formulée à travers la *persona* de Botticelli[52]. Cette éthique est à l'œuvre chez la diariste : voyant un oiseau prisonnier dans l'église, elle se demande comment l'aider à s'échapper, non sans établir un parallèle avec la destinée humaine[53]. Sa sympathie s'élevant sur fond de reconnaissance de la finitude lui permet de se réjouir des succès de Watteau ou de le plaindre. Le rapport de l'esthète à l'artiste relève de la sympathie patérienne lorsqu'il en accueille les signifiants à partir de l'expérience de son propre manque.

---

45 « *the formula, as I apprehend, of his success* » (*IP* 35).

46 « *And yet ! (to read my mind, my experience, in somewhat different terms) methinks Antony Watteau reproduces that gallant world, those patched and powdered ladies and fine cavaliers, so much to its own satisfaction, partly because he despises it* » (*IP* 33).

47 « *as I can see, he treats himself to the same quality.* » (*IP* 7)

48 « *a certain meanness of character I have sometimes feared for him* » (*IP* 12).

49 « *a pity which strikes deep, at the thought of a man [...] turning his face to the wall from the things which most occupy men's lives.* » (*IP* 43)

50 « *Is it pity, then, pity only, one must feel for the brilliant one ?* » (*IP* 31)

51 « C'est dans l'Autre que le sujet se constitue comme idéal, qu'il a à régler la mise au point de ce qui vient comme moi, ou moi idéal – qui n'est pas l'idéal du moi – c'est-à-dire, à se constituer dans sa réalité imaginaire. » J. Lacan, *Séminaire XI*, *op. cit.*, p. 162.

52 « *His morality is all sympathy* » (*Ren* 36). Voir T. Albrecht, « The Loveliness of Things and the Sorrow of the World : Arts and Ethics in Pater and George Eliot », *Testing New Opinions and Courting New Impressions. New Perspectives on Walter Pater*, *op. cit.*, p. 92.

53 « *The bird, taken captive by the ill-luck of a moment, re-tracing its issueless circle till it expires within the close vaulting of that great stone church : – human life may be like that bird too !* » (*IP* 15).

Toutefois, la sympathie naît également d'une rencontre structuralement ratée, qui, comme le rappelle Lacan dans le *Séminaire XX*, est le signe de l'amour. Marie-Marguerite est secrètement à l'origine du départ de Watteau pour la capitale lorsqu'elle persuade un peintre ambulant de l'emmener avec lui. Plus tard, elle essaiera de lui procurer à son insu le moyen de partir pour l'Italie où il rêve d'aller. Elle lui offre enfin une bourse brodée pour un autre il y a longtemps, avant d'avoir ce commentaire amer : « Mieux eût valu pour lui – il eût joui d'un bonheur plus pur et plus vrai – demeurer obscurément ici ; pour lui, et pour moi aussi peut-être[54]. » Mais s'agit-il d'amour et d'un amour non payé de retour, comme le pense la critique depuis G. Monsman ? Sa réflexion, derrière laquelle le lecteur est invité à méditer sur l'éthique du portrait imaginaire, trouve un éclairage dans « l'impossible du rapport sexuel[55] » lacanien. Par l'entremise de ces deux irréductibles célibataires que sont Watteau et Marie-Marguerite, échos de Michel Ange et de Vittoria Colonna, Pater offre une illustration du rapport différent des hommes et des femmes à la castration, interdisant la complémentarité sexuelle, au profit de l'amour. N'est-ce pas au moment où leurs existences se séparent que le portrait littéraire de Watteau s'ébauche pour se construire peu à peu ? Le texte de Pater montre la valeur de cet « affrontement à cette impasse, à cette impossibilité d'où se définit un réel[56] » constitutive du « ressort de l'amour » selon Lacan. Parce qu'il n'y a nul rapport sexuel, au sens lacanien, entre Marie-Marguerite et Watteau, l'absence de ce dernier est éprouvée, ressentie, analysée. Le journal brosse progressivement un portrait de Watteau fondé sur une rencontre nécessairement ratée entre diariste et artiste. Ce portrait est lui-même opposé au portrait-miroir du peintre de Rosalba, témoignant quant à lui d'une confusion des identités sexuelles et d'un art miroir de lui-même. À l'art pictural de Watteau, Marie-Marguerite répond par un art littéraire tout inspiré de références livresques, dialectisant deux arts distincts du portrait au lieu de les confondre[57], affirmant la supériorité du second, seul capable de témoigner des arts dans un langage commun.

---

54 « *It would have been better for him – he would have enjoyed a purer and more real happiness – had he remained here, obscure ; as it might have been better for me !* » (*IP* 27).

55 Dans le Séminaire XX, Lacan fait de l'amour ce qui supplée à « l'impossible d'inscrire la relation sexuelle entre deux corps de sexe différent », *Séminaire XX*, *op. cit.*, p. 152.

56 *Ibid.*, p. 182.

57 Cette réflexion s'inscrit dans la lignée des thèses de Pater en 1877 dans « L'École de Giorgione ».

Que la rencontre authentiquement amoureuse soit toujours ratée apparaît à travers la mention de la « boîte façonnée en pièce d'argent » (*IP* 25) trouvée par hasard par la jeune femme. Marie-Marguerite s'imagine ainsi rencontrer Watteau, comme elle s'imaginait, enfant, que toutes les pièces s'ouvraient après avoir trouvé un jour une curieuse boîte : « une petite boîte façonnée en pièce d'argent, je gardai longtemps, par la suite, l'habitude de scruter toutes les pièces qui me passaient par les mains, avec l'espoir de les voir s'ouvrir[58]. » La trouvaille initiale et inattendue de la boîte fonctionne comme rencontre du réel, soumettant le sujet à la recherche compulsive de la Chose dont il ne retrouvera que des traces signifiantes, leurré qu'il est par son apparence, comme l'indique ce fin clinicien qu'est Pater en inventant cette curieuse boîte[59]. L'anecdote donne la vérité du rapport de Marie-Marguerite à un Watteau qu'elle cherche sans jamais le trouver autrement qu'à travers les signifiants de son art, l'auteur étant parti dans quelque capitale ou absenté. Elle donne également la vérité du rapport de Watteau au monde. À chaque toile, à chaque dessin, à chaque ébauche, l'artiste croit pareillement trouver la Chose qu'il ne cesse de chercher, qui ne cesse de se dérober. Leur recherche conduit le duo à se croiser, illustrant la formule patérienne d'une subjectivité prisonnière de « son rêve du monde[60] », incapable d'aborder autrui. Aimantée par la recherche de cette Chose matérialisée par la « boîte façonnée en pièce », la critique d'art devient alors amour – au sens lacanien d'une suppléance à l'impossibilité d'inscrire le rapport sexuel – et l'esthétique qu'elle déploie naît sur fond d'érotique. Marguerite-Marie n'effectue plus seulement l'analyse des impressions suscitées par l'œuvre chez le critique et élaborant alors la fiction d'un sujet créateur, elle advient à partir de l'éros, elle surgit de la rencontre et de l'affrontement à l'impossible d'un rapport harmonieux à l'Autre de l'artiste, qui en fait tout l'intérêt lorsqu'il est enduré. Le ou la critique esthétique doit non seulement avoir un rapport au temps, et cultiver son éducation esthétique, soit effectuer un travail de différenciation

58 « *I have a fancy always that I may meet Antony Watteau there again, any time; just as, when a child, having found one day a tiny box in the shape of a silver coin, for long afterwards I used to try every piece of money that came into my hands, expecting it to open.* » (*IP* 25)

59 Cette boîte produit le même effet que le rayon de soleil concluant « Joachim du Bellay » : « *A moment – and the thing has vanished, because it was pure effect; but it leaves a relish behind it, a longing that the accident may happen again.* » (*Ren* 113)

60 « *each mind keeping as a solitary prisoner its own dream of a world* », « Conclusion » (*Ren* 151).

permanente en analysant ses impressions, mais il ou elle doit de surcroît avoir la réceptivité permettant la rencontre ou la trouvaille. Il ou elle doit en outre posséder l'endurance pour affronter l'impossible de sa répétition, l'impossible du rapport sexuel auquel sa critique érotique va suppléer. À travers les rapports croisés de Marie-Marguerite et Watteau, Pater donne la « formule » du critique, traversant tous ses écrits derrière l'impersonnalité repérée plus haut : le critique est avant tout un amoureux, parfois « d'âmes étranges », et sa relation critique à l'art est une érotique. Au-delà des analyses socio-historiques destinées à expliciter le célibat affiché de ses héros – influence du mouvement tractarien, construction victorienne des genres, homosexualité – il s'agit pour Pater d'une volonté de présentation du sujet dans son affrontement à l'impossible ; il s'agit de considérer le critique esthétique comme un « amant », et la critique esthétique comme surgie sur fond érotique. Marie-Marguerite n'aime pas Watteau au sens courant du terme, pas plus qu'il n'est vrai que son amour ne soit pas payé de retour : elle rencontre l'artiste au sens lacanien, c'est-à-dire en le ratant. De ce ratage redoublant une perte initiale naît la critique d'art. L'érotique supplée à l'impossible du rapport sexuel, mais surtout à l'impossible du rapport critique, textuel. C'est en ce point qu'elle exprime l'éthique patérienne en ses deux dimensions essentielles et solidaires : sympathie pour autrui, mais aussi limite devant tout dévoilement d'une horreur dont l'horreur du cadavre chez les Florentins du XVe siècle donne l'image. Et d'ailleurs, la fonction de l'art de Watteau ne consiste-t-elle pas à apprendre à voir à sa spectatrice ?

> en dehors de cette lumière irréelle, imaginaire qui baigne ces scènes et ces personnages comme un pur don de l'artiste, il y a dans les personnages et les objets eux-mêmes, là tout près, une lumière et une poésie que nous n'avions pas vues. Il nous y a aidés, et si nous nous en trouvons plus riches, moi du moins, je m'en sens meilleure. Dans ce qu'il nous fait voir, dans l'extérieur des choses d'un monde qu'il nous présente de façon si engageante, il y a un souci d'innocence, une soif de pureté ; un signe, une indication au moins de ce qui donne un vrai prix à la vie. Telle est ma simple opinion, bien féminine peut-être, mais à laquelle j'ai le droit de tenir, de la destination des arts[61].

61 « *Besides that unreal, imaginary light upon these scenes, these persons, which is pure gift of his, there was a light, a poetry, in those persons and things themselves, close at hand we had not seen. He has enabled us to see it : we are so much the better-off thereby, and I, for one, the better. The world he sets before us so engagingly has its care for purity, its cleanly preferences, in what one is*

La poésie émanée des œuvres ainsi perçues est une trace donnant sa valeur à la vie, une pédagogie et une éthique, nourries de l'érotique qui s'est déployée depuis le début du portrait. Réapparaissant ici les thèses de la « Conclusion » réclamant une éducation esthétique fondée sur la différentiation des impressions ne sont pas simplement tenues par une femme esseulée de surcroît masquée ou censurée par un homme : elles sont incarnées par un humble sujet pour mieux donner à voir la mise en tension de l'érotique, de l'esthétique et de l'éthique. À travers un rapport érotique entre artiste et critique, l'éducation esthétique conduit alors à la découverte de la fonction éthique de l'art et des arts. À la « mêlée des arts[62] » échangeant leurs valeurs et leurs techniques dans les années 1880, Pater oppose leur distinction et affirme la supériorité de l'art verbal ou littéraire rénové ; à la confusion des images sur fond de narcissisme, il répond par la dialectique érotique entre les sujets créateurs ; à la confusion des individus dans le mirage d'une impossible fusion ou d'une improbable *Einfülhung*, il répond par l'érotique, source de la critique esthétique.

Aussi capital que complexe, « Un Prince des peintres de cour » est donc un véritable huis, un portrait de transition entre les portraits littéraires et les portraits imaginaires *stricto sensu*, tout en étant redevable du véritable travail d'élaboration métapsychologique effectué dans « L'Enfant dans la maison ». À travers une esthétique de la décomposition décadente invalidant au passage toute politique des identités de genre, il offre une savante anatomie du portraitiste en regard du sujet portraitisé. S'affrontant au manque, dépositaire d'un savoir et instruite patiemment sur les enjeux de la relation érotique, le ou la portraitiste patérienne est déjà à la place de Freud … comme en témoigne Marie-Marguerite Pater.

---

to see – in the outsides of things – and there is something, a sign, a memento, at the least, of what makes life really valuable, even in that. There, is my simple notion, wholly womanly perhaps, but which I may hold by, of the purpose of the arts. » (*IP* 32-33)

62 Référence à *La Mêlée des arts. Portraits et Souvenirs* d'Ernest Raynaud, Paris, La Renaissance du Livre, 1920.

TROISIÈME PARTIE

LES FIGURES DE L'HUMAINE CONDITION

« [U]NE FRATERNITÉ PATÉRIENNE D'INTELLECTUELS MALADES[1] »

Rappelons après H. Rey-Flaud « le principe essentiel qui préside à la rencontre de la psychanalyse et de la littérature : aucun texte littéraire ne peut être apprécié comme une relation de cas ». La psychanalyse ne « s'applique » pas à la littérature, et lorsque Freud s'intéresse à Dora ou au président Schreber, « il déchiffre sous les grimaces de la névrose les vérités que le poète élabore comme fiction ». Les études de cas freudiennes sont avant tout l'objet d'un travail de construction visant à présenter « les figures-limites de l'humaine condition en dehors desquelles celle-ci ne saurait plus désormais être pensée[2] ». La typologie qu'elles construisent ont d'abord permis à la psychanalyse de distinguer l'hystérie, l'obsession et la phobie, avant qu'elle n'élabore les structures psychiques névrotiques, perverses et psychotiques. Quelques décennies plus tard, Lacan abordera ces structures par le biais de graphes, du fantasme[3], de mathèmes et de figures topologiques (tore, *cross cap*, bouteille de Klein). La volonté de transmettre l'enseignement de la psychanalyse hors dimension imaginaire motive les élaborations de Lacan[4] qui s'est toujours défié des études de cas, véritables pièges susceptibles à ses yeux à psychologiser la psychanalyse et de réinscrire le sujet sous les aspects d'une unité trompeuse.

Lacan n'a pas dédaigné l'analyse de personnages ou d'œuvres littéraires, livrant tout particulièrement dans les années 1950 des lectures

1 Nous empruntons l'expression à B. Inman : « *Sebastian thus belongs to a Paterian brotherhood of diseased intellectuals that includes Coleridge, Watteau, Amiel, Pascal and the English poet.* » « "Sebastian van Storck" : Pater's Exploration into Nihilism », *Nineteenth Century Fiction*, n° 30, March 1976, p. 470.

2 H. Rey-Flaud, *Le Sphinx et le Graal*, *op. cit.*, p. 267.

3 Il donne ainsi le fantasme de l'obsessionnel dans son séminaire lors de la séance du 19 avril 1961.

4 « La formalisation mathématique est notre but, notre idéal [...] parce que seule elle est mathème, c'est-à-dire capable de se transmettre intégralement », J. Lacan, *Séminaire XX*, *op. cit.*, p. 150.

iconoclastes parce qu'en rupture avec l'exégèse littéraire traditionnelle, devant un public varié[5]. À la suite de Freud, il a tenté d'élaborer ce que pouvait être une lecture psychanalytique. Dans son analyse d'*Antigone* de Sophocle[6] lors du séminaire sur l'éthique de la psychanalyse en 1960, il évoque « cette méthode implacable de commentaire de signifiants » qui est la sienne et invite ses auditeurs à « casser des cailloux sur la route du signifiant » à sa suite[7]. La lecture prend le texte littéraire à la lettre, lui accorde la même créance qu'à la parole de l'analysant et le soumet à la même analyse. Telle est la méthode adoptée ici consistant à casser « des cailloux sur la route du texte[8] » patérien. On ne saurait toutefois confondre création littéraire et clinique : le but de Freud et de Lacan consiste à ramener dans le giron de l'humaine condition ces « figures-limites » que sont l'Homme aux loups ou Antigone, à les rendre compréhensibles pour le lecteur et l'auditeur des séminaires à travers une analyse littéraire brillante. L'enjeu de la lecture d'*Antigone* par Lacan réside avant tout dans la définition de l'éthique de la psychanalyse *via* « la ré-interprétation du message sophocléen[9] ». La littérature donne la vérité de la clinique, l'épure du sujet[10], et, inversement, la clinique confirme la vérité de la littérature. Il s'agit d'une mise en tension irréductible et constante chez Freud et Lacan à laquelle nous souscrivons.

Il existe néanmoins – comme nous le pensons après Freud – des textes se prêtant au déchiffrement d'une relation de cas, textes littéraires qui appellent en quelque sorte une lecture analytique *à la lettre* car ils présentent des personnages pouvant être qualifiés à juste titre de « figures-limites de l'humaine condition ». Tout un courant littéraire naturaliste et décadent de la fin du XIXe siècle s'intéresse à la pathologie et aux symptômes plus qu'à la norme pour constituer en partie un fonds littéraire qui, avec la clinique, permettra à Freud de quitter la nosographie élaborée dans les années 1890 au profit d'une approche langagière et structurale. Ce n'est sans doute pas par hasard que l'analyste consacre sa

5 Lacan se défendra très tôt d'être le « Maître Jacques », *Séminaire VII*, *op. cit.*, p. 332.

6 Voir », J. Lacan, « L'essence de la tragédie. Un commentaire de l'Antigone de Sophocle *Séminaire VII*, *op. cit.*, p. 285-335.

7 *Ibid.*, p. 294.

8 *Ibid.*, p. 330.

9 *Ibid.*, p. 330.

10 L'œuvre d'art « imaginarise exemplairement la structure du sujet », H. Rey-Flaud, *La névrose courtoise*, *op. cit.*, p. 99.

première analyse littéraire systématique à la *Gradiva* de Jensen mettant en scène ce qu'il appelle les « délires[11] » de son personnage principal, Norbert Hanold. Freud rend hommage aux « [écrivains qui] nous devancent de beaucoup, nous autres hommes ordinaires, notamment en matière de psychologie, parce qu'ils puisent là à des sources que nous n'avons pas encore explorées[12] ». Les écrivains ont accès à un savoir que la psychanalyse va explorer[13], démarche qui s'achèvera lorsque Lacan donnera de l'écrit la définition suivante « le savoir supposé sujet[14] » par opposition au « sujet supposé savoir » qu'est l'analyste pour l'analysant. Le savoir inconscient est à l'œuvre dans l'œuvre comme il l'est dans la cure, et il a déjà été souligné qu'il suscite la même position d'écoute[15] chez les artistes, les écrivains et les psychanalystes. En 1904, Freud repère cependant que certains textes sont à verser au registre de la pathographie et précise : « nous n'élèverions aucune objection à ce que *Gradiva* ne s'intitule pas fantaisie mais étude psychiatrique[16] ». Les curieuses pensées de N. Hanold pourraient être celles des patients de Freud car l'écrivain s'appuie sur un savoir conférant un accent de vérité à sa création : « le romancier nous a donné une étude psychiatrique parfaitement correcte, à laquelle nous pouvons mesurer notre compréhension de la vie psychique, nous avons là l'histoire d'une maladie et d'une guérison qui semble destinée à approfondir certaines théories fondamentales de la psychologie médicale[17] ». La psychanalyse se mesure, et mesure son savoir, à l'aune du savoir littéraire, elle interroge la littérature pour approfondir sa théorisation. L'écrivain est un « précurseur de la science » psychanalytique que souhaite établir Freud, sans pour autant quitter

---

11 S. Freud, *Le Délire et les rêves*, *op. cit.*, p. 139.

12 *Ibid.*, p. 141.

13 Ainsi le graveur F. Rops représentant la tentatrice à la place du Sauveur « paraît avoir su que le refoulé, lors de son retour, surgit de l'instance refoulante elle-même », soit que le refoulé et son retour sont la même chose. Voir *Le Délire et les rêves*, *op. cit.*, p. 174. Tel est le savoir Autre que l'écrivain partage avec l'analyste.

14 « je pourrais vous proposer comme *formule de l'écrit* : *le savoir supposé sujet*. » J. Lacan, « Les non-dupes errent », « Séminaire XXI. Les non-dupes errent », séance du 9 avril 1974 (inédit).

15 Il faut entendre cette écoute au sens heideggérien : « ce n'est pas questionner qui est le propre geste de la pensée, mais : prêter l'oreille à la parole où se promet ce qui devra venir en question. » M. Heidegger, « Le déploiement de la parole », *Acheminement vers la parole*, Paris, Gallimard, Coll « Tel » n° 55, 1981, p. 159.

16 S. Freud, *Le Délire et les rêves*, *op. cit.*, p. 182.

17 *Ibid.*, p. 184.

le registre poétique du beau[18], au point que certains textes peuvent être justement qualifiés de « présentation littéraire de l'histoire d'une maladie et de son traitement[19] ». À l'exception du traitement, c'est une excellente définition du portrait imaginaire. Le genre établi par Pater n'a-t-il pas pour projet de suivre la destinée d'un sujet, de son enfance à son trépas, en se concentrant sur des épisodes déterminants, quoique sans le secours du thérapeute et sans visée thérapeutique ?

Freud précise néanmoins les liens qu'il entend créer entre cette « présentation littéraire » et la psychanalyse pour la distinguer de la pathographie et de la psychiatrie de l'époque. Un psychiatre rangerait le « cas Hanold » dans le registre de la paranoïa ou de l'érotomanie fétichiste. Or cette classification nosographique est déclarée « inadéquate » et « inféconde », tout comme l'est l'appellation victorienne de « dégénéré », issue de la théorie morellienne de l'hérédité. Elle conduit à lire le texte contre l'écrivain puisque ce dernier veut « nous rendre le héros plus proche[20] ». Tout diagnostic et toute théorie venant comme tampon devant l'interrogation suscitée par le texte obèrent cette proximité. La spécificité de la lecture freudienne consiste à interroger la particularité du personnage dont le comportement est « tout à fait différent de celui d'un être humain ordinaire[21] », c'est-à-dire à accueillir cette différence comme telle, à s'y laisser prendre avant de l'examiner en détail. L'intérêt de N. Hanold pour le bas-relief présentant le pied érigé d'une jeune Romaine est « la condition fondamentale des événements rapportés », y compris du « processus par lequel le délire est guéri grâce à un heureux concours de circonstances[22] ». La spécificité de la psychanalyse consiste à interroger les symptômes, les accrocs de la subjectivité, non dans une visée étrangéisante mais pour les ramener dans le giron de la communauté des hommes ; elle y trouve son éthique.

Le Délire et les rêves dans la Gradiva de Jensen est un texte clé pour l'historien, l'analyste et le critique littéraire : on y voit en acte le remplacement du diagnostic fondé sur la nosographie par une méthode inédite la condamnant dès lors irrémédiablement. La preuve en sera

---

18 « le traitement poétique d'un thème psychiatrique peut se révéler correct sans rien perdre de sa beauté », *ibid.*, p. 185.

19 *Ibid.*, p. 184 et p. 185.

20 *Ibid.*, p. 186.

21 *Ibid.*, p. 187.

22 *Ibid.*, p. 187.

fournie par la disparition progressive de toute référence à la dégénérescence et de tout appui nosographique, ce qui signe proprement l'entrée de la réflexion dans une époque dite freudienne. La révolution dont on crédite la psychanalyse consiste entre autres, à avoir remplacé une classification étrangéisante conduisant immanquablement à l'exotisation d'autrui, par une attention au discours, au texte, une créance accordée à ses signifiants. Cette créance faite à la parole littéraire ou quotidienne[23] a conduit la psychanalyse à une répartition en trois structures existentiales – névrose, psychose et perversion – selon le rapport du sujet à la castration : refoulement, déni et forclusion. Avec l'utilisation spécifique de la biographie ou du récit de vie, c'est là son apport le plus important.

En ses multiples incarnations, la pathographie décadente annonce stylistiquement et poétiquement les études de cas freudiennes qui leur empruntent leur style et leur technique de présentation biographique lorsqu'elles n'en font pas un précieux matériau. Elle s'inscrit au terme d'un siècle qui a glorifié, magnifié les symptômes et la maladie. Elle clôt une époque de remaniement épistémologique de la notion de sujet. Commencé avec le projet d'avènement d'un sujet total dont l'Idéalisme allemand définit l'aire et les directions, le XIXe siècle s'achève par l'aveu de la division subjective à travers le compte rendu de pathologies diverses tandis que certains textes deviennent autant de témoignages cliniques. Dans cette perspective, la famille Pater, géographiquement et culturellement scindée entre le trio formé par les oxoniens[24] Walter, Clara et Hester, et William, le frère, médecin aliéniste[25] auquel sera significativement dédié *Appreciations* en 1889, illustre une rupture progressive au cours du siècle entre un savoir scientifique et médical et

23 « Le sujet est proprement celui que nous engageons, non pas, comme nous le lui disons pour le charmer à tout dire – on ne peut pas tout dire – mais à dire des bêtises, tout est là. C'est avec ces bêtises que nous allons faire l'analyse, et que nous entrons dans le nouveau sujet qui est celui de l'inconscient. » J. Lacan, *Séminaire XX*, *op. cit.*, p. 31.

24 Sur Clara Pater, voir Laurel Brake, « Pater, Clara Ann (*bap.* 1841, *d.* 1910) », *Oxford Dictionary of National Biography*, Oxford University Press, 2004 [http://www.oxforddnb.com/view/article/48505, accessed 3 May 2020] Clara Ann Pater (*bap.* 1841, *d.* 1910) : doi :10.1093/ref:odnb/48505. Peu de renseignements sont disponibles concernant Hester Pater, la dernière survivante.

25 « our brother the doctor who is always away » selon les Pater. L. Østermark-Johansen, « Introduction », *Imaginary Portraits*, *op. cit.*, p. 1. William fut d'abord assistant au *Fareham Lunatic Asylum* puis à l'asile de Stafford. Voir M. Levey, *The Case of Walter Pater*, *op. cit.*, p. 45. Il vint se faire soigner à Londres où il mourut dans un appartement à Paddington et non chez les Pater.

un Autre discours, fondé sur une conception inédite du sujet, auquel la psychanalyse donnera le nom de sujet de l'inconscient. Dans ce mouvement de redéfinition subjective, Pater occupe une place singulière : le portrait imaginaire participe apparemment de la pathographie. Tous les personnages de ses portraits sont en proie à un malaise, à des symptômes parfois très physiques, tous échouent dans leurs projets, comme le remarquait W. Iser[26]. De Watteau, incapable de jouir de son succès artistique, en passant par Sebastian qui périt au terme d'une courte vie où l'amour de l'abstraction a supplanté l'action, ou par Emerald Uthwart, présenté comme « le génie de la soumission[27] », voire par Hippolyte ayant choisi Artémis plutôt qu'Aphrodite avant de succomber à la vengeance de la déesse délaissée[28], tous les portraits imaginaires mettent en scène ce qu'une certaine psychologie appelait des névroses d'échec. « Chevaliers de l'idée, [les héros des portraits imaginaires] n'excitent que défiance ou hostilité, et la malveillance des hommes se complique d'un destin cruel, ironique, qui les abat à l'instant où ils tendent la main pour saisir le prix de tant d'efforts », écrivait A. Farmer[29], en 1931 à une époque où l'expression était encore utilisée pour décrire ces destinées malheureuses. Faut-il cependant le suivre lorsqu'il l'explique par « le sentiment d'un désaccord irrémédiable entre le beau et les conditions du monde moderne qui a fini par s'imposer à Pater[30] » ? L'appel à un retour à l'expérience sensible de la « Conclusion » de 1873 se verrait désavoué par une modernité condamnant le beau à n'être que vain désir ou rêve inabouti d'un Watteau. Or il ne s'agit pas d'un désaccord entre l'art et la vie mais d'un désaccord plus fondamental entre le sujet, le langage et le réel, ou encore d'un rapport, celui du sujet au langage, examiné à travers chaque portrait.

Chacun des portraits patériens se propose comme l'étude d'une subjectivité en écart à une norme, jamais explicitée comme telle, et devenant du même coup aussi problématique qu'elle le sera chez Freud.

26 W. Iser, *Walter Pater : The Aesthetic Moment* (1957), trad. D. H. Wilson, Cambridge, CUP, 1987.

27 « *Submissiveness ! – It had the force of genius with Emerald Uthwart.* » W. Pater, « Emerald Uthwart » (*MS* 217).

28 « *angry Aphrodite* », W. Pater, « Hippolytus Veiled » (*MS* 185).

29 A. Farmer, *Le Mouvement « esthétique » et décadent en Angleterre, 1873-1900*, Paris, Champion, 1931, p. 61.

30 *Ibid.*, p. 61.

La norme subjective apparaît en creux ; elle n'est que l'hypothèse implicite se dégageant des subjectivités examinées par Pater ou le maître viennois. Dans cette perspective, il faut alors réexaminer la thèse d'une déconstruction du sujet par Pater et par la psychanalyse. La norme y devient impossible : à la place, des sujets traversés par des questions fondant leur existence sur la réponse qu'ils tentent d'y apporter, des rapports déhiscents au temps, au langage, à la sexualité. Les sujets patériens sont des cas s'éclairant des analyses freudiennes sur la névrose mais éclairant en retour le mode de construction du sujet en psychanalyse et le style de l'écriture des cas freudiens. Les « phases » existentielles des sujets et le caractère scandé du portrait patérien trouvent une postérité inattendue à travers les scansions des cas que rédige Freud. Le poète et critique Arthur Symons ne s'y était pas trompé en faisant de chacun des *Imaginary Portraits* « l'étude d'une âme ou plutôt d'une conscience[31] ». Chez Pater, l'âme ou la conscience, soit la subjectivité, ne relève pas de la nosographie ; elle manifeste un « tempérament » (« *temper* »), un mal être ou un désaccord ontologique qui est sa condition de possibilité tandis que le génie peut se comprendre comme réponse à la question que l'Autre adresse au sujet. Il convient donc de lire les portraits imaginaires selon la double perspective de la re-création et de l'étude de cas, pour constater qu'ils proposent une poétique rigoureuse de la subjectivité, qu'ils dessinent d'étonnantes et profondes « figures de l'humaine condition ». Ce dessin est rigoureux et l'ordre choisi dans ce qui suit n'est pas aléatoire : Pater part d'un sujet dont l'exil intérieur suscite la nostalgie et se traduit parfois par ce qu'il qualifie de mélancolie. Examinée et corrélée à sa manifestation mélancolique, cette nostalgie l'amène à s'intéresser aux fondements les plus originaires du sujet et à élaborer un moment de constitution subjective antérieur à l'exil et caractérisé par l'indifférence. Que cette indifférence soit activement recherchée par Sebastian van Storck ou qu'elle ne soit jamais dépassée par Hippolyte, elle fait l'objet d'une élaboration poétique tramant les portraits imaginaires et permettant à l'auteur de préciser sa définition de la subjectivité. Proposant diverses incarnations subjectives destinées

31 « *the study of a soul, or rather of a consciousness* », A. Symons, « Review of Imaginary Portraits », *Time*, n.s. vol. VI, August 1887, p. 157-162, rééd. *Critical Heritage*, *op. cit.*, p. 179. Voir également B. Inman « "Sebastian van Storck" : Pater's Exploration into Nihilism », art. cité, p. 457-476 ; Ed. Block Jr, « Walter Pater, Arthur Symons, W. B. Yeats and the Fortunes of the Literary Portrait », art. cité, p. 759-776.

à penser les « figures de l'humaine condition », Pater fait de chacune de ces dernières le produit d'un moment mythique, au sens où nul n'en garde la mémoire, et qui se manifeste par ses effets de discours. Parce que Pater relève de la même *épistèmé* que la psychanalyse, elle est sans doute la méthode (au sens de *methodos*) d'interrogation la plus adéquate pour en saisir l'extraordinaire acuité. Et pour mesurer *in fine* ce que la psychanalyse elle aussi aura fait à la littérature.

Évoquer la mélancolie à la suite de Freud nous éloigne des victoriens, tant la psychanalyse a marqué une rupture dans la conception d'une entité nosographique qui reste toujours en cours de définition[32]. Dans l'article « Deuil et mélancolie » (1916), la mélancolie devient un deuil provoqué par la perte de la libido que Freud l'oppose au deuil dont elle se différencie par la perte du sentiment d'estime de soi avant de la caractériser par la perte de l'objet à travers la célèbre formule : « l'ombre de l'objet tomba ainsi sur le moi[33] ». Pour Freud la tristesse mélancolique trahit l'impossibilité de faire le deuil d'un objet au statut ambigu puisqu'il se révèle n'avoir jamais été possédé par le sujet et dont l'absence éprouvée frappe le monde de vanité. La mélancolie relève d'une régression de la libido dans le moi, de l'ambivalence et de la régression au narcissisme. Relisant Freud par le truchement de Lacan, M.-C. Lambotte souligne que la régression se traduit par le retrait du monde dans une dynamique autodestructrice où le sujet s'identifie à un objet « beaucoup moins saisissable pour être certainement présent[34] » pouvant aller jusqu'au suicide[35]. La régression au narcissisme originaire

32 En 1887 Freud commence par distinguer les névroses, les neurasthénies et les mélancolies. Dans le manuscrit G, *La Mélancolie* est assimilée à la dépression et Freud essaie de la faire dériver d'une réaction aux excitations sexuelles, mais l'étude est peu concluante. En 1896, la mélancolie névrotique se réduit aux affects et idées obsédantes et peut s'expliquer par la nature même des conflits névrotiques obsessionnels, thèse que Freud ne maintiendra pas. Voir *Lettres à Wilhem Fließ*, *op. cit.*, p. 129-138. L'archéologie de la mélancolie freudienne a été étudiée par M.-C. Lambotte, *Esthétique de la mélancolie*, Paris, Aubier, 1984.

33 « l'ombre de l'objet tomba ainsi sur le moi », S. Freud, « Deuil et mélancolie », *op. cit.*, p. 157.

34 J. Lacan, *Le séminaire VIII*, *Le transfert*, *op. cit.*, p. 458.

35 Selon la psychanalyste, « Le caractère mélancolique de la dévalorisation du moi pourrait ainsi trouver à s'ancrer dans un imaginaire parental qui se rapporterait [...] à une déception déjà inscrite dans le regard accordé à l'enfant comme un regard que le désir n'habite plus. » M.-C. Lambotte, « L'objet du mélancolique », *Essaim* 2008/1 nº 20, p. 19.

suffirait à classer la mélancolie dans le champ de la psychose. Toutefois dès l'essai de 1915, « Vue d'ensemble des névroses de transfert », Freud place la mélancolie dans les névroses narcissiques (avec l'hypocondrie, la démence précoce et la paranoïa) caractérisées par le retrait de la libido sur le moi[36]. En 1924 dans « Névrose et psychose », où il élabore les trois structures existentiales que sont névrose, psychose et perversion[37], il en fera le paradigme des « névroses narcissiques » résultant d'un conflit entre le moi et le surmoi. Dans l'Addenda C d'*Inhibition, symptôme, angoisse* (1927), il examine l'expérience de la douleur sur le modèle de la transformation de la libido d'objet en libido du moi. La question de la douleur et de l'angoisse du nouveau-né éclaire ce qui peut se jouer dans la mélancolie : le nourrisson confronté à un visage étranger à la place du visage maternel manifeste de l'angoisse et de la douleur que le geste tout simple de la mère de cacher et découvrir son visage peut convertir en nostalgie, la mère apparaissant dès lors comme un objet créé par des situations de satisfaction répétées, susceptible dans certains cas de subir un investissement « nostalgique » intense[38]. Il s'agit d'une reformulation du complexe du *nebenmensch* déjà présent dans l'*Esquisse* (1895) pour désigner le point de manque dans l'Autre dont le sujet ne se satisfera jamais[39]. Or c'est cette conversion qui semble défaillante dans la mélancolie où le déplacement de la libido sur un autre objet

36 « les névroses narcissiques remontent à des phases qui précèdent la découverte de l'objet, la démence précoce revient à l'auto-érotisme, la paranoïa au choix d'objet narcissique de type homosexuel, [et] l'identification narcissique à l'objet est au fondement de la mélancolie. » S. Freud, « Vue d'ensemble des névroses de transfert », trad. P. Lacoste, Paris, Gallimard, 1986, p. 32.

37 Freud repère trois types de conflit relatifs aux trois structures : conflit entre le moi et le ça pour la névrose de transfert, conflit entre le moi et le monde extérieur pour la psychose et conflit entre le moi et le surmoi pour la névrose narcissique : « L'analyse nous donne le droit d'admettre que la mélancolie est un spécimen de ce groupe, et ainsi nous revendiquerions pour de telles perturbations le nom de "psychonévroses narcissiques" » S. Freud, « Névrose et psychose » (1924), trad. D. Guérineau, in *Névrose, psychose et perversion*, Paris, PUF, 1973, p. 283-286. La névrose narcissique relève d'un type d'identification spécifique à l'objet.

38 S. Freud, « Addenda C », dans *Inhibition, symptôme, angoisse*, (1927), Paris, PUF, 1986, p. 99 et 100.

39 Dans l'*Esquisse*, Freud divise le complexe du prochain (*Nebenmensch*) ou de l'Autre en deux parties : l'une accessible à l'enfant qui peut, grâce à un « travail de souvenir », ramener cette part de l'Autre à son propre corps, tandis que l'autre partie s'impose à lui en tant que « structure constante, rassemblée sur elle-même comme Chose *(als Ding)*, qui restera à tout jamais inassimilable », H. Rey-Flaud, *Le Démenti pervers*, *op. cit.*, p. 150.

d'amour ou d'intérêt est entravé produisant ce que M.-C. Lambotte appelle « l'aspect désaffectivé du "paysage" mélancolique, de même que sur la tonalité "blanche" de son expression[40] ».

Telle n'est pas la mélancolie romantique de « Dejection : an Ode » du poète Coleridge (1802) de l'« Ode à la Mélancolie » (1820) de Keats, telles ne sont pas les significations du terme chez Pater, héritier, comme il le sait bien, d'un vaste corpus remontant à l'Antiquité où la mélancolie est tout à la fois affection, maladie et marque du génie chez Aristote. J. Starobinski et d'autres ont retracé comment la *melaina chole* est devenue dépression, mélancolie au sein d'un vaste corpus qui en a peu à peu fait miroiter plusieurs facettes à travers l'apparition puis la récurrence de termes clés, d'une véritable constellation signifiante (*taedium vitae*, *acedia*, langueur, mal de vivre, spleen), qualifiant ce qui semble relever d'une condition humaine largement partagée[41]. Alors que le XIXe siècle voit cohabiter différents discours sur la mélancolie se rejoignant pour en voir l'origine dans les passions ou le cœur, dans *La Renaissance*, le terme « mélancolie » apparaît à trois reprises : dans l'étude de Winckelmann où elle est une composante du polythéisme de la Grèce antique[42] élevé au rang de précurseur de l'église médiévale ; dans « Sandro Botticelli » pour souligner les effets de l'influence de Savonarole sur l'artiste[43] devenu mélancolique tandis que son œuvre exprime un « sentiment de mélancolie ineffable[44] ». La mélancolie botticellienne est l'expression d'un rapport au monde de la finitude opposé au monde des béatitudes éternelles, monde pourtant choisi et par l'artiste et par ses personnages. Quelques

---

40 Marie-Claude Lambotte, *Le discours mélancolique De la phénoménologie à la métapsychologie*, Toulouse, Eres 2012, 743.

41 Sur la mélancolie dans la littérature, voir J. Starobinski, *L'Encre de la mélancolie*, Paris, Seuil, « La Librairie du XXIe siècle », 2012 ; J. Clair (dir.), *Mélancolie. Génie et folie en Occident*, Paris, Gallimard / Réunion des Musées nationaux, 2008 ; G. Minois, *Histoire du mal de vivre. De la mélancolie à la dépression*, Paris, Éditions de la Martinière, 2003.

42 « *Scarcely a wild or melancholy note of the medieval church but was anticipated by Greek polytheism !* » (*Ren* 131)

43 « *[Botticelli] fell in later life under the influence of Savonarola, passing apparently almost out of men's sight in a sort of religious melancholy, which lasted till his death in 1515, according to the received date.* » (*Ren* 33-34).

44 « *the peculiar sentiment with which [Botticelli] infuses his profane and sacred persons, comely, and in a certain sense like angels, but with a sense of displacement or loss about them – the wistfulness of exiles, conscious of a passion and energy greater than any known issue of them explains, which runs through all his varied work with a sentiment of ineffable melancholy.* » (*Ren* 36).

années plus tard, en 1889, dans « L'Âge des athlètes vainqueurs », Pater mentionne la mélancolie des jeunes Grecs, et la qualifie de païenne, non sans préciser qu'elle s'aperçoit chez ses contemporains : « une certaine mélancolie (qu'on peut qualifier de mélancolie païenne, même si nous la discernons dans notre jeunesse anglaise) » (*EMAG* 206)[45]. La mélancolie est une constante du sujet corrélée à son inscription dans l'historicité. Et ce, d'autant plus qu'elle se lie au « sentiment païen » (« *pagan sentiment*[46] ») présenté dans « Winckelmann » comme le fondement humain de toutes les religions[47]. Ce sentiment résulte de la mesure par l'homme de sa condition mortelle, et il conduit ce dernier à envisager sa mort sur le mode de la nostalgie (« *home-sickness* ») d'avoir à quitter son séjour terrestre. Telle est la condition ontologique des jeunes athlètes grecs et de leurs descendants oxoniens. Il n'est cependant pas sûr que le terme épuise la réflexion patérienne sur la condition subjective.

La mélancolie est envisagée dans une dimension diachronique et collective, mais elle peut être plus individuelle. Dans son long compte rendu d'essais de Coleridge (1866) complété en 1880, par l'adjonction d'un portrait littéraire en bonne et due forme, Pater égale le poète romantique à un mélancolique combattant son mal par la pratique de la poésie afin d'atteindre un sentiment de « joie » : « Une joie poétique chaleureuse pour toute beauté [...] lui vint de temps à autre après des rêves maladifs, durant le sommeil ou la veille comme un soulagement inoubliable et avec une telle félicité d'expression que la contagion en passe irrésistiblement au lecteur, voici l'élément prédominant dans sa poétique[48] » (*TE* 71). Advenant comme un soulagement destiné à contrebalancer la tristesse du poète, la joie se transmet ensuite au lecteur. S'entrevoient les liens entre la mélancolie et la manie qu'établira Freud, bien que le propos de Pater consiste à sonder les voies du génie

---

45 *« a certain melancholy (a* pagan *melancholy, it may be rightly called, even when we detect it in our English youth) »* (*GS* 296).

46 *« This pagan sentiment measures the sadness with which the human mind is filled, whenever its thoughts wander far from what is here, and now. It is beset by notions of irresistible natural powers, for the most part ranged against man, but the secret also of his fortune, making the earth golden and the grape fiery for him. [...] It is with a rush of home-sickness that the thought of death presents itself »* (*Ren* 129).

47 *« the broad foundation in mere human nature, of all religions »* (*Ren* 129).

48 *« this joy, visiting [Coleridge], now and again, after sickly dreams, in sleep or waking, as a relief not to be forgotten, and with such a power of felicitous expression that the infection of it passes irresistibly to the reader – such is the predominant element in the matter of his poetry »* (*Ap* 101-102).

de Coleridge, à l'époque, très peu reconnu comme poète[49], et à montrer comment en de rares occasions, la poésie fut un remède pour un sujet privilégiant une philosophie excessivement rigide[50]. La critique absolue[51] ou transcendantale déniant la division subjective fait de Coleridge un véritable malade ponctuellement apaisé par sa poésie. Or ce jugement est démenti par le verbe coleridgien, montre Pater, et si son portrait semble faire écho à un grand nombre de pathographies assimilant le créateur à un malade, il propose une approche différente de son existence[52] en articulant autrement symptôme et thérapie. Coleridge ne saurait consciemment démentir sa division, mais tel n'est pas le cas de son talentueux portraitiste, lequel en montre la valeur féconde avant de s'intéresser *in fine* à cet autre grand thème associé au romantisme : la nostalgie. Selon Pater[53], la mélancolie coleridgienne advient sur fond de nostalgie résonnant à travers sa poésie avant d'imprégner toute la littérature moderne. Le critique littéraire dresse au fond le bilan de l'Idéalisme et de la littérature romantique après les avoir présentés à travers une figure individuelle. La mélancolie du poète rejoint celle d'un siècle ayant parié sur l'unité du sujet et de la connaissance avant de voir désavoué. La nostalgie littéraire renvoie à cette unité perdue dans le moment même où s'entrevoit qu'elle ne fut jamais que fantasme, illusion. La littérature moderne n'est pas la seule à l'exprimer : Du Bellay en montre une version exemplaire puisque l'arrachement au pays natal suscite la nostalgie irriguant les *Regrets* : « l'impression d'une perte du temps qui passe, l'*ennui* du rêveur qui doit plonger dans les affaires

---

49 W. Pater, « Coleridge's Writings », *Westminster Review* n.s, n°85, 1866, p. 106-132. Modifié, cet article constitue l'introduction à un choix de poèmes de Coleridge dans *The English Poets*, ed. T. H. Ward, 4 vols, London, Macmillan, 1880, vol. IV, p. 102-114. Cette reprise témoigne du changement de la réception critique de Coleridge, très négative dans les années 1830, améliorée lorsqu'il devient l'incarnation de la moralité pour les victoriens. C'est à cette époque qu'il acquiert le statut de grand poète *via* la publication par A. C. Swinburne de *Christabel and the Lyrical Imaginative Poems of S.T. Coleridge* en 1875, et du portrait de Pater.

50 « *[Coleridge's] passion for the absolute* » (*Ap* 104).

51 « *We see [Coleridge] trying to "apprehend the absolute," to stereotype forms of faith and philosophy, to attain, as he says, "fixed principles" in politics, morals, and religion, to fix one mode of life as the essence of life, refusing to see the parts as parts only* » (*Ap* 103).

52 « *all the time [Coleridge's] own pathetic history pleads for a more elastic moral philosophy than his, and cries out against every formula less living and flexible than life itself* » (*Ap* 103-104).

53 « *that inexhaustible discontent, languor, and home-sickness, that endless regret, the chords of which ring all through our modern literature* » (*Ap* 104).

du monde, l'opposition de la vie et de l'idéal, le désir ardent du repos, la nostalgie, le mal du pays[54] » (*R* 171). Le terme possède une grande importance chez Pater et N. Schroeder n'a pas tort de souligner que les héros des portraits ne sont pas tant « malades d'amour » que « nostalgiques[55] ». L'exemple *princeps* de cette nostalgie sera Florian Deleal dans « L'Enfant dans la maison » : quittant la maison de son enfance, le jeune garçon y retourne pour aller chercher un oiseau oublié. Il fait alors une expérience aussi brutale que complexe :

> Comme il allait le cherchant de chambre en chambre, l'une après l'autre si blêmes et comme désarmées dans leur dépouillement, puis enfin à travers cette petite chambre réduite à sa seule blancheur, l'aspect du lieu le toucha comme eût fait le visage d'un mort ; et la nostalgie de s'y raccrocher l'envahit, si intense qu'il sut qu'elle serait très durable, gâtant ainsi tout le plaisir qu'il prenait à l'accomplissement d'un exode si ardemment attendu. Et c'est ainsi qu'avec l'oiseau retrouvé, mais lui-même en proie à l'agonie d'un mal du chez-soi qui venait de surgir capricieusement en lui, il fut emmené au loin, dans la profondeur rurale, si chèrement caressée en esprit, de cette route de campagne favorite[56]. (*EM* 39-40)

Au moment du départ, la demeure désertée prend l'aspect d'un « visage mort » suscitant paradoxalement l'attachement passionné du sujet (« *clinging back towards it* »), attachement présenté comme générateur de déplaisir (« *spoiling all his pleasure* »). Florian quitte la pièce désertée, sous le coup d'une nostalgie destinée à l'accompagner alors même qu'il est comme poussé au dehors. La maison désormais vide devient un lieu perdu aimantant le désir du sujet, ainsi que l'ont démontré les paragraphes précédents puisque « L'Enfant dans la maison » se présente comme une grande anamnèse. Ce

---

54 « *the sense of loss in passing days, the* ennui *of a dreamer who must plunge into the world's affairs, the opposition between actual life and the ideal, a longing, for rest, nostalgia, home-sickness* » (*Ren* 111).

55 « *the heroes of the* Imaginary Portraits *are not lovesick ; they are homesick.* » N. Schroeder, « Pater's Imaginary Portraits : Love and the Paterian Portrait », *Cahiers victoriens et édouardiens*, n° 16, 1982, p. 154. Quelques décennies plus tôt, G. Hough définissait le « tempérament patérien » (« *paterian temperament* ») comme : « *the nostalgic feeling for domesticity and homeliness* », G. Hough, *The Last Romantics*, London, Methuen ; New York, Barnes and Noble, 1961, p. 167.

56 « *as he passed in search of it from room to room, lying so pale, with a look of meekness in their denudation, and at last through that little, stripped white room, the aspect of the place touched him like the face of one dead ; and a clinging back towards it came over him, so intense that he knew it would last long, and spoiling all his pleasure in the realisation of a thing so eagerly anticipated. And so, with the bird found, but himself in an agony of home-sickness, thus capriciously sprung up within him, he was driven quickly away, far into the rural distance* » (*MS* 196).

n'est qu'en retraçant l'histoire de sa psyché, en revenant sur ses premières expériences, que Florian comprend qu'il s'est en fait constitué sur fond de manque d'un objet devenant sensible au moment où il s'en détache. Quelques décennies avant Freud, le portrait patérien délivre la vérité d'une subjectivité fondée sur le rapport à un objet manquant et créé tel *a posteriori*. La maison occupe un rôle central qui n'a pas manqué d'être perçu par les critiques[57] ; elle est également un équivalent de la Chose freudienne.

Un autre terme revient dans les essais patériens pour contribuer à une véritable constellation mélancolique : l'« ennui » (en français), vraisemblablement hérité de Goethe et Rousseau[58]. Dans « Winckelmann », Pater évoque le moment de perfection qu'a connu la Grèce antique avant « l'*ennui* qui s'attache toujours à l'accomplissement, y compris à l'accomplissement de la vie parfaite » (*R* 205)[59]. L'ennui est une stase mortifère devant être dépassée, sauf à obérer l'histoire. En surmontant l'ennui né de leur perfection, les Grecs ont introduit l'humanité au devenir célébré dans l'épigraphe de la « Conclusion » : « Λέγει που Ἡράκλειτος ὅτι πάντα χωρεῖ καὶ οὐδὲν μένει[60] ». Parce que l'histoire patérienne est dynamique, l'ennui constitue une possibilité originaire nécessairement surmontée, sauf à figer la destinée dans un hors sens létal, à choisir l'être au détriment du devenir. Tant l'ennui des civilisations que celui des individus doivent être dépassés. L'ennui est de nouveau mentionné dans « Prosper Mérimée » (1890), où Pater le lie cette fois à un bouleversement politico-culturel ayant sapé les anciens principes crus éternels[61] avec pour résultat la « désillusion[62] » incarnée par Obermann : « le génie même de l'*ennui*, un Français désabusé, déçu même par le patriotisme,

57 Voir les très belles analyses des maisons patériennes par M. Lambert-Charbonnier, *Walter Pater et les « Portraits imaginaires »*, *op. cit.*, « L'âme de la maison », p. 37-57.

58 Sur l'ennui, voir J. Rigoli, « Psychopathologie et poétique de l'"ennui" en France au XIXe siècle », *Criminocorpus* La pathologie du suicide. http://journals.openedition.org/criminocorpus/3777 (consulté le 30/03/2022).

59 « *the* ennui *which ever attaches itself to realisation, even the realisation of perfection* » (*Ren* 143).

60 Platon, *Cratyle*, 402 *a.*, cité dans la « Conclusion » (*Ren* 150).

61 « *a more general criticism, which had withdrawn from every department of action, underlying principles once thought eternal.* » « Prosper Mérimée » (*MS* 11)

62 « *A time of disillusion followed.* » (*MS* 11) À cette désillusion, le sujet apporte bientôt une réponse qui sera, si l'on en croit Pater : « art, passion, science » sur le mode de l'assuétude : « *in the way of artificial stimulus* » (*MS* 12). Le dix-neuvième siècle se caractérisera par un excès dans ces domaines : « *The science (the* désillusionné*) turns to will be a science of crudest fact ; the passion extravagant, a passionate love of passion, varied through all the exotic phases of French fiction as inaugurated by Balzac ; the art exaggerated, in matter or form, or both, as*

et qui possédait à peine la force de mourir » (*TE* 99)[63]. L'ennui apparaît comme un moment ontologique traversé individuellement ou collectivement, permettant l'inscription dans le devenir, comme en témoignent *a contrario* ceux qui y restent figés. Obermann est le représentant élu, l'exemple d'une position subjective où l'homme se confronte à la perte d'un fondement le privant de toute certitude, pour l'enfermer dans les murs étroits de la subjectivité[64]. Le dépassement de l'expérience de l'ennui permet aux individus de s'ouvrir à une temporalité authentique dans laquelle est appelée à évoluer toute culture.

Qu'il s'agisse de nostalgie, d'ennui, les écrits patériens désignent un moment et un lieu originaires – incarnés par la maison de Florian Deleal ou le pays natal bellayien – dont le dépassement et le retrait respectifs organisent les vicissitudes individuelles. La nostalgie apparaît comme la condition ontologique du sujet exilé, la mélancolie relevant quant à elle d'un tempérament. Pater n'embrasse pas l'esthétique décadente par le choix de personnages mélancoliques : il montre que la mélancolie est inscrite dans la structure subjective. À travers ses portraits, la mélancolie devient moins le produit final des théories sur la mélancolie qui en faisaient la bile noire, le spleen, la tristesse jusqu'au XIXe siècle aux côtés du discours médical[65], qu'une façon de concevoir un rapport d'insatisfaction au monde. Cette mélancolie caractéristique se retrouve chez certains personnages des portraits imaginaires dont Watteau et Sebastian van Storck. À la suite de B. Inman[66], il est possible, dans la variété des personnages patériens, de repérer une famille caractérisée par une certaine incapacité à jouir de l'existence, et d'étudier un rapport au monde fondé sur la déception. En accompagnant Pater dans sa réflexion sur ce rapport d'insatisfaction, toute une métapsychologie subjective trouve à se déployer.

---

in Hugo or Baudelaire. The development of these conditions is the mental story of the nineteenth century, especially as exemplified in France. » (*MS* 12)

63 « *the very genius of* ennui, *a Frenchman disabused even of patriotism, who has hardly strength enough to die.* » (*MS* 11)

64 « *imprisoned now in the narrow cell of its own subjective experience* » (*MS* 12).

65 Pour Pinel, rédacteur du *Traité médico-philosophique* (1801, 2e édition en 1809) les causes de la mélancolie sont morales, la mélancolie est causée par une « lésion des fonctions intellectuelles et effectives ». En 1819 Esquirol en fait une maladie de la sensibilité « inséparable de la connaissance des passions » et distingue la manie des monomanies dont la lypémanie correspondant à la mélancolie. Voir J. Starobinski, *L'encre de la mélancolie*, *op. cit.*, p. 81-151.

66 B. Inman, « "Sebastian van Storck" : Pater's Exploration into Nihilism », art. cité.

ENTRE MÉLANCOLIE ET OBSESSIONNALITÉ

Watteau est l'exemple d'une mélancolie dont il faut mesurer le statut au regard de la mélancolie freudienne, laquelle en fait l'ombre de l'objet tombée sur le moi selon la formule canonique, une perte impossible, que seule une déliaison dans le réel peut réaliser sous la forme du suicide. L'élaboration patérienne montre qu'il n'est pas sûr que Watteau soit un mélancolique au sens freudien. Le portrait se constitue progressivement des « extraits d'un vieux journal français » tenu par Marguerite-Marie Pater et présenté, selon une convention littéraire connue, par un anonyme éditeur ayant effectué leur sélection. Cette stratégie permet une ponctuation exemplaire de la vie du peintre entre 1701 et 1721.

Lorsque s'ouvre le récit, Watteau est un jeune homme aux yeux inquiets, aimantés par tout dessin[1]. Fils d'un maçon de Valenciennes, il est accueilli par la famille Pater dont le père le tient pour un génie et un peintre né[2]. Fasciné par le monde visible, il ne tarde pas à croquer une scène de kermesse tout en possédant une qualité fort prisée par Pater : « un art merveilleux d'omission » pour traiter de la vulgarité (« *pettiness* ») du monde[3]. À partir d'une retenue sélective, Watteau peint la réalité sur le mode d'une idéalisation la transfigurant. Le portrait de Botticelli explicite ce rapport au réel à partir d'une « loi » psychique individuelle incarnée par l'artiste florentin. Botticelli se caractérise par un travail de sélection des informations jouant « sans retenue avec ces données, en rejet[ant] certaines, en isol[ant] d'autres et ne cess[ant] de

1 « *a dark-haired youth, whose large, unquiet eyes seemed perpetually wandering to the various drawings which lie exposed here* » (*IP* 5).

2 « *My father will have it that he is a genius indeed, and a painter born* » (*IP* 5).

3 « *young Antony was found, hoisted into one of those empty niches of the old* Hôtel de Ville, *sketching the scene to the life, but with a kind of grace – a marvellous tact of omission, as my father pointed out to us, in dealing with the vulgar reality seen from one's own window – which has made trite old Harlequin, Clown, and Columbine, seem like people in some fairyland* » (*IP* 5-6)

les combiner toujours de façon neuve[4] » (*R* 87) venues de l'extérieur, avant la recomposition à partir d'une « loi subtile de sa propre structure mentale[5] », suscitant une humeur particulière (« *mood* ») ayant pour caractéristique de les investir de représentations personnelles et d'être partageable. Pater s'écarte de la définition classique du XIXᵉ siècle de la représentation comme fruit d'une « reproduction atténuée[6] » ; la représentation est le produit d'une « humeur » singulière. Cette thèse est généralisée dans « Winckelmann » où Pater apparaît en héritier de la valeur ésemplastique de l'Imagination coleridgienne[7] :

> La base de tout génie artistique réside dans la capacité de concevoir l'humanité de façon nouvelle et frappante, de remplacer notre monde médiocre par le monde heureux de notre création qui génère autour de lui une atmosphère douée d'un nouveau pouvoir de réfraction, qui sélectionne, transforme et combine à neuf les images qu'il reçoit *selon le choix de l'intellect imaginatif.* (*R* 199, nous soulignons)[8]

C'est à partir d'un travail de décomposition de la réalité en éléments signifiants et de recomposition, selon « l'intellect imaginatif », soit la capacité à imager, à unifier comme le fait un tableau (l'*Einbildungskraft* kantienne), que travaille le génie artistique en effectuant un véritable travail de re-création de la réalité, là où l'homme du commun se contente d'un travail de décomposition-recomposition incapable de transformer le monde. N'est-ce pas là la redite de théories artistiques selon lesquelles le peintre recrée le monde en vertu d'une empathie (*Einfühlung*) ? Il convient d'être attentif aux termes patériens car la réalité et l'idéal

4 « *rejecting some [data] and isolating others, and always combining them anew* » (*Ren* 35).

5 « *some subtle law of his own structure* » (*Ren* 35).

6 H. Rey-Flaud, *Comment Freud inventa le fétichisme*, *op. cit.*, p. 230.

7 « *The IMAGINATION then, I consider either as primary, or secondary. The primary IMAGINATION I hold to be the living Power and prime Agent of all human Perception, and as a repetition in the finite mind of the eternal act of creation in the infinite I AM. The secondary Imagination I consider as an echo of the former, co-existing with the conscious will, yet still as identical with the primary in the kind of its agency, and differing only in degree, and in the mode of operation. It dissolves, diffuses, dissipates, in order to recreate ; or where this process is rendered impossible, yet still at all events it struggles to idealise and unify. It is essentially vital, even as all objects (as objects) are essentially fixed and dead.* » S. T. Coleridge, *Biographia Literaria*, chap. XIII (1817), London, Dent, 1967, p. 13.

8 « *The basis of all artistic genius is the power of conceiving humanity in a new, striking, rejoicing way, of putting a happy world of its own creation in place of the meaner world of common days, of generating around itself an atmosphere with a novel power of refraction, selecting, transforming, recombining the images it transmits,* according to the choice of the imaginative intellect. » (*Ren* 137, nous soulignons)

posent problème à Watteau dont la question fondatrice pourrait être : comment peindre ? Quel rapport le sujet peut-il avoir au monde et à sa représentation (« *the images it transmits* ») ? Si le système signifiant ou représentatif s'interpose nécessairement entre le sujet et le réel – thèse de la « Conclusion » – quel rapport le sujet y entretient-il ?

Très vite, le jeune homme « fait des progrès étonnants » tout en se « lass[ant] trop vite de lui-même et de son travail » (*IP* 6). Analysant son rapport au monde, la diariste précise que l'alliage de l'ironie et de la mélancolie le caractérisant est à l'œuvre dans son rapport à lui-même[9]. La mélancolie et l'ironie reviendront qualifier Watteau tout au long de son existence. Très vite, il quitte Valenciennes pour Paris où il travaille dans un atelier tout en vendant des tableaux religieux. Amoureux de « distinction et d'élégance[10] », il s'est déjà accoutumé aux grâces mondaines dont il avait été privé[11] et dédaigne ce qu'il estime secrètement, comme s'il ne pouvait jouir de ce que lui découvre le monde[12]. Remarquant sa joie à cette époque[13], Marie-Marguerite le compare à une fleur sur le point de s'épanouir[14], tandis qu'il charme Jean-Baptiste Pater, le frère de la diariste qui se destine à la peinture[15]. L'échec de Watteau au prix de Rome condamne son désir d'Italie à rester insatisfait.

« [S]i élégant, si avide des couleurs de la vie », le jeune Watteau invente, innove et donne libre cours à son ambition[16]. La diariste s'interroge sur cette « nouvelle manière[17] » qu'elle n'a pas encore vue mais dont elle suppose qu'elle s'écarte de la gravité propre au peintre[18]. Tentant de

9 « *a sort of irony which sometimes crosses the half-melancholy sweetness of manner habitual with him ; only that as I can see, he treats himself to the same quality.* » (*IP* 7)

10 « *lover as he is of distinction and elegance* » (*IP* 10).

11 « *Those worldly graces he seemed when a young lad almost to hunger and thirst for, as though truly the mere adornments of life were its necessaries, he already takes as if he had been always used to them.* » (*IP* 11)

12 « *his half-disdainful way of serving himself with what he still, as I think, secretly values over-much* » (*IP* 11).

13 « *cheerful* » (13).

14 « *I can trace like the bloom of a flower upon him ; and he has, now and then, the gaieties which from time to time, surely, must refresh all true artists, however hard-working and "painful."* » (*IP* 12)

15 « *The charm of all this – his physiognomy and manner of being – has touched even my young brother, Jean Baptiste. He is greatly taken with Antony, clings to him almost too attentively, and will be nothing but a painter* » (12).

16 « *he, so elegant, so hungry for the colours of life* » (*IP* 17).

17 « *A new manner of painting !* » (*IP* 16).

18 « *Only, something of lightness and coquetry I discern there, at variance, methinks, with his own singular gravity and even sadness of mien and mind* » (*IP* 16-17).

concilier une peinture légère et un sombre caractère, Watteau se définit par une division entre son apparence et son caractère d'un côté, et l'art qu'il produit, de l'autre. Le peintre essaie de faire coexister l'« existence dépouillée » de Valenciennes et les « plaisirs délicats » de Paris, mais semble ne pouvoir jouir pleinement de son statut d'artiste reconnu, comme le manifestent son horreur du domicile[19] et la fugacité de ses attachements sociaux[20]. La diariste souligne l'insatisfaction caractérisant sa vie – « Une vie agitée, exigeante, sans satisfaction[21] » – avant de s'interroger : « Est-il vraiment hors d'état de se faire à l'idée de son grand succès, et d'en cueillir les récompenses ? En tout cas, il ne paraît guère apprécier ce monde élégant où il a maintenant le privilège de pénétrer, et n'a certainement que peu de goût pour ses propres œuvres[22] ». Watteau peut-il jouir de ce qu'il cherche, autrement que sous la forme d'un certain déplaisir ? Aussi curieux que Léonard de Vinci, l'artiste passe son temps à rechercher la satisfaction de sa pulsion scopique : scènes vues, églises visitées. Mais sa curiosité n'est satisfaite que ponctuellement tandis que la comédie sociale lui devient apparemment un « fardeau[23] ». À ce moment, il redécore la maison des Pater sur le mode de la renaissance patérienne, donnant forme, comme Léonard, à une image portée depuis l'enfance[24].

Si ses œuvres acquièrent « cette légèreté prodigieuse[25] » qui en fait le charme, Marie-Marguerite précise que Watteau peint sur un fond de mépris[26] organisant le travail de sélection auquel il se livre : « Antoine Watteau ne peint avec tant de verve et de perfection cette vie délicate de Paris, que parce que, en définitive, il la regarde de haut et la méprise[27]. »

19 « *As his gift expands so does that incurable restlessness* » (*IP* 18).

20 « *He has already deserted, somewhat incontinently, more than one of those fine houses, the liberal air of which he used so greatly to affect, and which have so readily received him.* » (*IP* 18-19)

21 « *A life, agitated, exigent, unsatisfying !* » (*IP* 18)

22 « *Has he failed truly to grasp the fact of his great success and the rewards that lie before him ? At all events, he seems, after all, not greatly to value that dainty world he is now privileged to enter, and has certainly but little relish for his own works* » (*IP* 18).

23 « *It is rather as if, with all that success, life and its daily social routine were somewhat of a burden to him.* » (*IP* 20)

24 « *He assures us, indeed, that the "new style" is in truth a thing of old days, of his own old days here in Valenciennes, when, working long hours as a mason's boy, he in fancy reclothed the walls of this or that house he was employed in* » (*IP* 21).

25 « *that wonderful lightness which is one of the charms of [Watteau's] work* » (*IP* 23).

26 « *what it is [Watteau] enjoys, what he selects by preference, from all that various world we pass our lives in* » (*IP* 23).

27 « *Antony Watteau paints that delicate life of Paris so excellently, with so much spirit, partly because, after all, he looks down upon it or despises it.* » (*IP* 26-27)

Toutefois, ce mépris s'allie à l'ascendant du monde que subit le peintre : « Pour rendre avec une telle perfection ces coquetteries, ces grâces vaines et périssables, il faut en avoir l'intime compréhension. Pour lui, les comprendre, ce doit être les mépriser, bien qu'il persiste (je crois en deviner la raison) à subir leur ascendant[28]. » La compréhension méprisante se double d'une fascination témoignant que c'est bien parce que la réalité est à la fois source d'un vif plaisir et d'un déplaisir que Watteau éprouve « ce mécontentement de soi qui va de pair avec la gloire[29] » (*PI* 34)[30]. Entendu comme sphère mondaine ou monde sensible, le monde, soit l'objet désirable, est en même temps l'objet d'une insatisfaction empêchant le sujet d'en jouir pleinement et le poussant à le chercher de façon d'autant plus compulsive que la satisfaction ne cesse de se dérober. Cette réflexion trouve un éclairage chez Freud s'interrogeant sur les hystériques et les obsédés au début de sa réflexion psychanalytique. Dans la correspondance à Fliess[31], Freud évoque deux rapports à l'objet : l'un suscitant le dégoût et l'autre, le plaisir, rapports lui servant à départager hystérie – sur le versant du dégoût – et obsessionnalité – sur le versant d'un plaisir possible mais interdit, impossible à éprouver comme tel. En 1900, dans son « Fragment d'une analyse d'hystérie » Freud affirme : « Je tiens sans hésiter pour hystérique toute personne chez laquelle une occasion d'excitation sexuelle provoque surtout ou exclusivement du dégoût[32]. » Le refus hystérique de la sexualité dont fait preuve Dora apparaît comme le refus d'une satisfaction libidinale par ailleurs reconnue, et ce symptôme apparaît comme un compromis destiné à maintenir une forme de jouissance compatible avec les idéaux de la jeune femme. L'hystérie témoigne d'une opposition entre les exigences libidinales et les exigences du moi, soit entre deux instances dans

28 « *Those coquetries, those vain and perishable graces, can be rendered so perfectly, only through an intimate understanding of them. For him, to understand must be to despise them ; while [...] he nevertheless undergoes their fascination* » (*IP* 27).

29 « *Hence that discontent with himself, which keeps pace with [Watteau's] fame* » (*IP* 27).

30 Marie-Marguerite évoque ensuite un mépris implicite pour son art qu'elle oppose à l'enthousiasme animant son frère : « *Can it be that, after all, he despises and is no true lover of his own art, and is but chilled by an enthusiasm for it in another, such as that of Jean-Baptiste ?* » (*IP* 31)

31 « je subodore entre autres les strictes conditions suivantes : dans le cas de l'hystérie il faut qu'une expérience vécue sexuelle primaire ait eu lieu (avant la puberté) avec dégoût et effroi, dans le cas de la névrose de contrainte qu'elle ait eu lieu *avec plaisir.* » S. Freud, « Lettre à Fliess du 8-10-[18]95 », *Lettres à Wilhem Fließ*, *op. cit.*, p. 184.

32 S. Freud, *Cinq psychanalyses*, *op. cit.*, p. 18.

la première topique freudienne. Relisant les textes freudiens quelques décennies plus tard, Lacan remarque que la « conduite de l'hystérique [...] a pour but de recréer un état centré par l'objet, en tant que cet objet, *das Ding*, est, comme Freud l'écrit quelque part, le support d'une aversion. C'est en tant que l'objet premier est objet d'insatisfaction que s'ordonne l'*Erlebnis* spécifique de l'hystérique. » Cette conduite s'oppose à celle de l'obsessionnel où, dira Lacan, « l'objet par rapport à quoi s'organise l'expérience de fond, l'expérience de plaisir est un objet qui, littéralement, apporte trop de plaisir[33]. »

Dans cette perspective, Watteau se situe dans un pur rapport d'insatisfaction plutôt que de dégoût ou de plaisir. Le monde sensible est insatisfaisant ; il suscite donc d'une part la mélancolie de l'artiste, d'autre part, son ironie, née du savoir portant sur la vanité du monde, ou ce qu'H. Rey-Flaud nomme le système des valeurs et des idéaux qui soutiennent les croyances de la communauté[34]. » La tendance ira en s'accentuant : le peintre devient « agité, inquiet, amaigri, comme une femme atteinte de quelque maladie nerveuse » (*IP* 40)[35]. Placé devant une insatisfaction permanente, Watteau finit par haïr cet art qui ne lui apporte rien ou plus précisément un rien insupportable, tout comme il méprise le monde qui en est l'origine[36]. Son art naît sur fond de mépris envers un monde devenant progressivement source exclusive de déplaisir, c'est-à-dire également de jouissance. La diariste s'interroge sur l'excellence d'un art s'élevant sur une insatisfaction aussi radicale[37]. Le terme de « mélancolie » apparaît lorsque la mélancolie prêtée au peintre devient le moyen d'apporter de la dignité à la sphère mondaine demeurant son terrain d'exercice : « il anoblit, par ce qui est ni plus ni moins en lui qu'une mélancolie profonde, l'insignifiance essentielle de toutes ces nouveautés qu'il veut bien toucher, et transforme en grâce leur simple mièvrerie[38]. » La remarque peut paraître surprenante ; elle fait de la mélancolie du peintre un rapport au monde propre à en sonder la

33 J. Lacan, *Séminaire VII*, *op. cit.*, p. 67.

34 H. Rey-Flaud, *Éloge du rien*, *op. cit.*, p. 200.

35 « *restless and disquieting, meagre, like a woman with some nervous malady* » (*IP* 31)

36 « *Antony Watteau reproduces that gallant world, those patched and powdered ladies and fine cavaliers, so much to its own satisfaction, partly because he despises it* » (*IP* 33).

37 « *if this be a possible condition of excellent artistic production* » (*IP* 33).

38 « *he dignifies, by what in him is neither more nor less than a profound melancholy, the essential insignificance of what he* wills *to touch in all that, transforming its mere pettiness into grace.* » (*IP* 34)

médiocrité pour la transformer. Elle est le remède au mépris de Watteau, la mesure d'un savoir sur l'inanité du monde et des semblants dont l'ironie est l'autre face.

Retranché de la sphère mondaine alors qu'il en est un membre reconnu[39], Watteau l'en méprise davantage. Son mépris pourrait s'incarner à travers la satire ou un art dont, quelques années plus tard, Mérimée donnera le modèle : un art de l'impersonnalité ironique où l'énonciateur rusé arbore comme un heaume le masque du mondain derrière lequel il manipule son trop crédule lecteur[40]. Ici, il s'incarne à travers la mélancolie, moyen sinon de racheter la vanité du monde, du moins de la parer d'une légèreté destinée à en atténuer la médiocrité. À rebours de l'ironie destinée à désigner la vanité des semblants[41], la mélancolie qui s'emploie à les racheter à travers un processus de métaphorisation est la réponse de Watteau à une insatisfaction foncière. Son existence démontre que cette position ne se tient que ponctuellement : le monde du semblant, le monde insatisfaisant revient toujours avec une vengeance.

La diariste s'emploie ensuite à donner l'étiologie de la mélancolie du peintre : « Car, en vérité, Antoine Watteau est toujours le fils du maçon, et subit à l'égard de ce monde une fascination dont, à mon avis, il ne se rend pas compte, intrigué qu'il reste, selon sa propre expression, par "le ton bizarre qu'il possède"[42]. » Célèbre et mûr, Watteau éprouve toujours à l'égard du monde et de l'art la fascination d'un enfant. Il ne peut tirer aucune jouissance de ce qu'il voit ou de ce dont il rêve, car il est toujours le fils du maçon, le fils ayant enfreint une barrière sociale par sa réussite sociale mais ayant surtout transgressé l'interdit paternel mentionné en ouverture : « Son père ne veut pas entendre parler pour lui d'études de peinture[43]. » L'objet fascinant est l'objet défendu par la parole paternelle et la diariste précise : « Il ne surmontera jamais l'influence de ses premières années, et toutes ces choses légères conserveront toujours, à ses

39 Il sera élu à l'Académie de peinture, nommé « Peintre des Fêtes Galantes », puis « Peintre du Roi » (*IP* 15).

40 Voir B. Coste, *« Cette époque de doute »*, *op. cit.*

41 Ce que M.-C. Lambotte qualifie de « cette presque férocité qui incite le mélancolique à traquer l'illusion là où il peut mettre l'Autre en défaut », « Conclusion », dans *Le Discours mélancolique*, *op. cit.*

42 *« For in truth Antony Watteau is still the mason's boy, and deals with that world under a fascination, of the nature of which he is half-conscious methinks, puzzled at "the queer trick he possesses," to use his own phrase. »* (*IP* 34)

43 *« His father will hear nothing of educating him as a painter. »* (*IP* 6)

yeux, une sorte de valeur représentative ou empruntée, et caractériseront *ce monde impossible ou défendu* que le fils du maçon contemplait à travers les portes closes du jardin enchanté[44]. » (nous soulignons)

La valeur du monde a été frappée de dévalorisation dès lors qu'il est interdit et que la Chose qu'il recèle est déclarée interdite. Mais l'interdiction ne déclenche-t-elle pas la transgression, celle-là même qui conduit à une culpabilité inconsciente traduisant l'impossibilité ontologique de jouir pleinement de la Chose[45] ? Lacan donnera de ce mécanisme une saisissante explication en se livrant à une réécriture iconoclaste de l'Épître aux Romains[46] pour montrer que la Chose est l'effet de la Loi et que toutes deux sont structuralement concomitantes, la névrose se caractérisant par le remplacement de l'impossible par l'interdit. Toutefois, impossible ou interdite, la Chose en tant que telle demeure hors d'atteinte, ne libérant que des éclats, des miroitements, préservant son retrait.

La mélancolie prêtée à l'artiste témoigne de son incapacité à tirer aucune satisfaction du monde de l'art comme du monde sur lequel naît son art. Il se voit dès lors condamné à peindre et à ressusciter le monde interdit sous la forme de signifiants renvoyant à un monde impossible : « Ces grâces futiles et mièvres, symboles [*insignia*] à ses yeux d'un monde d'aspirations et d'idées, ressuscitent pour lui, par le pouvoir de l'association, – et même maintenant qu'il en a compris la vraie insignifiance, – toute la vieille griserie magique de son rêve, de son rêve d'un monde meilleur que le monde réel[47]. » S'entend l'expression

44 « *He will never overcome his early training ; and these light things will possess for him always a kind of representative or borrowed worth, as characterising* that impossible or forbidden world *which the mason's boy saw through the closed gateways of the enchanted garden* » (*IP* 34, nous soulignons).

45 « La transgression dans le sens de la jouissance ne s'accomplit qu'à s'appuyer sur le principe contraire, sur les formes de la Loi. » J. Lacan, *Séminaire VII*, *op. cit.*, p. 208.

46 Voir Épître aux Romains VII, 7 de saint Paul. « Est-ce que la Loi est la Chose ? Que non pas. Toutefois je n'ai eu connaissance de la Chose que par la Loi. En effet, je n'aurais pas eu l'idée de la convoiter si la Loi n'avait dit – Tu ne la convoiteras pas. Mais la Chose trouvant l'occasion produit en en moi toutes sortes de convoitises grâce au commandement, car sans la Loi la Chose est morte. Or moi, j'étais vivant jadis, sans la Loi. Mais quand le commandement est venu la Chose a flambé, est venue de nouveau, alors que moi, j'ai trouvé la mort. Et pour moi, le commandement qui devait mener à la vie s'est trouvé mener à la mort, car la Chose trouvant l'occasion m'a séduit grâce au commandement, et par lui m'a fait désir de mort. » J. Lacan, *Séminaire VII*, *op. cit.*, p. 101.

47 « *Those trifling and petty graces, the* insignia *to him of that nobler world of aspiration and idea, even now that he is aware, [...], of their true littleness, bring back to him, by the power of*

de la « Conclusion » égalant le monde perçu au monde individuellement recréé[48]. Toutefois, le « rêve d'un monde » de Watteau n'est pas celui du monde ni même d'un idéal au regard du réel, il est celui d'un monde réduit aux « symboles » [*insignia* dans l'original], c'est-à-dire à des signifiants particuliers, destinés à symboliser, à retenir et à figer le déroulement de la chaîne signifiante. La stratégie est vouée à l'échec car un signifiant chasse l'autre. Telle est la « formule » de son génie caractérisé par l'emprise du monde sur lui, si l'on en croit Marie-Marguerite : « Voilà, à mon sens, la raison profonde [*the formula*] de son succès, de son extraordinaire pénétration de choses si étrangères à sa propre nature[49]. » La Chose a disparu en ne laissant que ces « insignes[50] » sur lesquelles Watteau effectue sa création, ces signifiants méprisables car témoignant d'une disparition aussi insupportable qu'inévitable.

Il reste alors à essayer de convoquer la Chose à travers d'éphémères esquisses, sans « gratte[r] sa palette » et pour un résultat médiocre : « il apparaît déjà que l'œuvre perd en longévité et en durée, et que d'emblée […] les couleurs se fanent ou se transforment[51]. » La façon de peindre de Watteau trahit « une espèce de cupidité, un désir de possession » (*IP* 47) commun à tout peintre, qui s'exprime chez lui dès la première ébauche[52]. Pour qui cherche à saisir la Chose, il convient d'être vif[53], afin de ne pas laisser s'installer le déplaisir et d'aborder l'illusion qu'offre la possibilité de son atteinte à travers son seul caractère plaisant. Cette tentative est structuralement vouée à l'échec par la nature de l'objet : Watteau répète compulsivement ses esquisses et ses ébauches, portraiturant la réalité dans l'instant de son apparition miraculeuse avant qu'elle ne s'affadisse, libérant alors l'insatisfaction dont elle est intrinsèquement porteuse. L'objet caché derrière la réalité sensible se

---

association, all the old magical exhilaration of his dream – his dream of a better world than the real one. » (*IP* 34-35)

48 « *each mind keeping as a solitary prisoner its own dream of a world* » (*Ren* 151).

49 « *There, is the formula, as I apprehend, of his success – of his extraordinary hold on things so alien from himself.* » (*IP* 35)

50 « *marks or tokens indicative of anything* » selon l'OED.

51 « *it is already apparent that the result also loses something of longevity, of durability – the colours fading or changing, from the first, somewhat rapidly* » (*IP* 36).

52 « *It is pleasanter to him to sketch and plan than to paint and finish ; and he is often out of humour with himself because he cannot project into a picture the life and spirit of his first thought with the* crayon » (*IP* 35).

53 « *snatch, as it were with a single stroke* » (*IP* 35).

révèle être la Chose ambivalente, source de plaisir comme de déplaisir. Évoquant la « psychologie de l'obsessionnel », Lacan remarque que « ses défenses ont la forme d'une armature de ferraille, d'une monture, d'un corset, où il s'arrête et s'enferme, pour s'empêcher d'accéder à ce que Freud appelle quelque part une horreur à lui-même inconnue[54]. » À cet égard, la mention de *Manon Lescaut*, que le peintre offre à la diariste, fonctionne comme un parallèle significatif car les deux amants de Prévost sont soumis aux mêmes alternances prenant en l'occasion la figure du plaisir et du remords : « Ces coups de fortune émouvants, ces brusques alternatives [*alternations*] de plaisir et de remords doivent faire partie des conditions d'un amour irrégulier et coupable, comme des criminels jeux de hasard[55] ». Comme les jeux de hasard – comparaison toujours significative chez Pater puisqu'on la trouve dès « Diaphanéité » (1864) et dans « Prosper Mérimée[56] » – l'amour transgressif est soumis à un rythme binaire, compulsif, sans résolution possible. Incapable d'être fidèle, c'est-à-dire s'inscrire dans la Loi, représentée ici par la loi de l'alliance, Manon Lescaut cherche à acquérir un plaisir susceptible de durer, ce que l'argent[57], par sa nature signifiante, ne peut lui offrir. Elle est alors réduite à rechercher les éclats d'un plaisir parfait sur un mode similaire à celui du peintre[58]. Comme Watteau, des Grieux et Manon suivent obstinément une loi qu'ils méconnaissent[59] et sont pris dans un destin qu'ils ne maîtrisent pas et qui les empêche justement de jouir autrement que sur un mode éphémère. Les uns s'élèvent socialement, l'autre, artistiquement, avant de défaillir au moment de la réussite laquelle leur permet cependant de jouir sur le mode du déplaisir. Plus sage, la diariste se défie d'un ouvrage où s'avoue le défi au symbolique : « il ne faut plus lire ce livre ». Le texte original est plus clair quant au désir de Marie-Marguerite : « *I must read the book no more* » (*IP* 37).

54 J. Lacan, *Séminaire VII*, *op. cit.*, p. 238-239.

55 « *Those pathetic shocks of fortune, those sudden alternations of pleasure and remorse, which must always lie among the very conditions of an irregular and guilty love, as in sinful games of chance* » (*IP* 37).

56 Voir B. Coste, *Cette époque de doute*, *op. cit.*

57 « *the story of poor Manon Lescaut – for whom fidelity is impossible, so vulgarly eager for the money which can buy pleasures such as hers* » (*IP* 37).

58 « *with an art like Watteau's own, for lightness and grace.* » (*IP* 37)

59 « *there is a wonderful reality about this lovers' story; an accordance between themselves and the conditions of things around them, so deep as to make it seem that the course of their lives could hardly have been other than it was.* » (*IP* 38-39).

S'étant refusé à aller en Italie[60], Watteau se voit condamné à la découvrir de façon dérivée et partielle à travers les toiles de « Mademoiselle Rosalba – *"ce bel esprit"* » (*IP* 39). Lorsque ces deux phtisiques[61] se peignent respectivement, le thème de la recherche érotique sur le modèle narcissique s'introduit. Ce thème s'éclaire d'une réflexion de Pater sur Mérimée dans le portrait éponyme :

> Sa correspondante, qui sans ses lettres serait restée inconnue et n'y figure que sous son seul prénom, montre là l'image d'un double presque parfait. Comme un miroir, elle réfléchit son caractère taciturne, sa susceptibilité, son incrédulité sauf en matière d'introspection douloureuse. Agité, insatisfait, à travers elle c'est contre lui-même et les défauts de ses propres qualités qu'il lutte[62]. (*TE* 116)

Pater évoque Jenny Dacquin, correspondante des *Lettres à une inconnue* et amie de l'écrivain. La jeune femme est l'image au miroir de Mérimée et lui sert à construire sa relation érotique. Elle est un reflet, un double (partiel) plus qu'une partenaire avec lequel la relation obéit à un rythme binaire sous-tendu par l'agressivité. Mérimée ne cesse d'exiger une impossible franchise[63], ce qui suscite sa plainte, mais également l'aveu inconscient de sa propre incapacité à être franc : « Mérimée plaide toujours pour recevoir ses premières pensées tout en se plaignant de n'en recevoir que les avatars, ceux d'une nature réservée, qui s'impose des limites, qui est écrasée sous le joug de conventions comme il l'est lui-même[64] » (*TE* 117). Sa volonté de s'assurer des sentiments de la femme élevée à la dignité de Chose dépasse très vite la décence ; l'écrivain verse dans la vulgarité : « il montre lui-même tous les tours de l'amour, sa casuistique, ses exigences, ses superstitions et même, mais oui, ses vulgarités[65] » (*TE* 117). Mérimée vise le cœur ignoble qu'il suppose à la

60 « *[Watteau] has always lacked either the money or the spirits to make that long-pondered, much-desired journey to Italy* » (*IP* 39).

61 « *The lady [...] is consumptive, like Antony himself, and like to die.* » (*IP* 39)

62 « *[Mérimée's] correspondent, unknown but for these letters except just by name, figures in them as, in truth, a being only too much like himself, seen from one side; reflects his taciturnity, his touchiness, his incredulity except for self-torment. Agitated, dissatisfied, he is wrestling in her with himself, his own difficult qualities* » (*MS* 34)

63 « *a frankness, [Mérimée] would have been the last to grant* » (*MS* 22).

64 « *Mérimée is always pleading but always complaining that he gets only her second thoughts, that is, of a reserved, self-limiting nature, well under the yoke of convention, like his own* » (*MS* 22).

65 « *[Merimée] displays all the tricks of love, its casuistries, its exigency, its superstitions aye ! even its vulgarities* » (*MS* 23).

Dame élevée au rang de Chose. Il reviendra à Freud, à partir du cas de l'Homme aux rats de donner la formule du rapport de l'obsessionnel à l'Autre, ou plus précisément, au petit autre auquel il l'a réduit[66], avant que Lacan ne poursuive ses réflexions en particulier dans le Séminaire V sur les formations de l'inconscient. La relation de Mérimée et de Jenny Dacquin donne quant à elle la vérité de la relation entre le Watteau et la Rosalba patériennes, témoignant que c'est peut-être du côté de la future obsessionnalité de la psychanalyse que semble se situer le peintre.

À la place de l'Italie, il ira visiter le pays qui lui ressemble le plus, l'Angleterre, « la véritable patrie des phtisiques[67] ». Marie-Marguerite remarque que son appétit du voyage demeure insatisfait et que son agitation est un symptôme de la maladie qui le ronge[68]. En l'absence d'une jouissance complète, le sujet est condamné à chercher d'autres succédanés sur le mode du déplacement, des substituts toujours insatisfaisants, participant de ce que Lacan appelait « cette barrière au-delà de laquelle est la Chose analytique, et où se produisent les freinages, où s'organise l'inaccessibilité de l'objet en tant qu'objet de jouissance[69] ». La Chose n'est pas tant interdite qu'inaccessible, laissant paraître ses éclats que le peintre sait prendre au miroir de ses esquisses. Devenu vieux, Watteau offre l'apparence d'un malade : « Ces sourcils fortement arqués, ces yeux inquiets [...] imposent avec une claire et irrésistible éloquence à l'esprit un retour sur sa vie[70]. » Repassant son existence, Marie-Marguerite lira « quelque chose de l'essentielle mélancolie propre au comédien[71] » sachant bien que le monde n'est pas sérieux, et considérant qu'il ne mérite d'être abordé que sur le seul mode de la dérision ou de l'ironie[72]. Amusant et distrayant le monde sans être jamais amusé, Watteau lui reste extérieur[73]. À refuser l'amour, il reste

66 Voir H. Rey-Flaud, *La Névrose courtoise*, *op. cit.*

67 « *that veritable home of the consumptive* » (*IP* 40).

68 « *the restlessness [...], they tell me, is itself a symptom of this terrible disease !* » (*IP* 40)

69 J. Lacan, *Séminaire VII*, *op. cit.*, p. 239.

70 « *Those sharply-arched brows, those restless eyes [...] speak clearly, and irresistibly set one on the thought of a summing-up of his life.* » (*IP* 40)

71 « *I find, throughout [Watteau's] course of life, something of the essential melancholy of the comedian* » (*IP* 41).

72 Watteau rejoint alors Léonard dont Pater avait remarqué l'« élément de moquerie » traduit par ses « légions de grotesques » (*R* 123-124).

73 « *[Watteau] so fastidious and cold, and who has never "ventured the representation of passion," does but amuse the gay world ; and is aware of that, though certainly unamused himself all the while.* » (*IP* 41)

en retrait tandis que la diariste en appelle vainement à dieu derrière laquelle se dessine la figure d'un Autre compatissant[74]. L'ancien caricaturiste du curé de Nogent devient le plus tranquille des pénitents avant de s'éteindre avec tous les sentiments de la religion tandis que Marie-Marguerite résume ainsi son destin : « Ce fut un malade toute sa vie. Et toujours il chercha dans le monde quelque chose qui ne s'y trouve qu'en proportion insuffisante, ou pas du tout[75]. » On ne saurait donner meilleure définition de la Chose parfois entrevue, et d'une jouissance toujours en proportion insuffisante, ou qui est « celle qu'il ne faut pas », selon Lacan[76].

Watteau s'est retiré du monde des échanges et des biens[77], mais aussi de l'éros par incapacité de s'y intéresser, d'y prendre place en acceptant la part de déplaisir et d'insatisfaction qu'il comporte. Le monde du semblant représentatif et l'éros se voient repoussés au profit d'une recherche compulsive de la Chose vouée à n'être jamais satisfaite. Et s'éclaire alors la position du peintre définie dans l'incipit :

> une sorte de grâce qui, du vieil Arlequin banal, de Paillasse et de Colombine faisait des personnages de féérie ; ou de prodigieux acteurs tragiques qui, accoutrés un jour, par amusement, en bouffons, sauraient faire passer dans leur mine burlesques un monde d'illusions profondes, et jouer une sorte de comédie qui ne serait qu'une sorte de tragédie à l'envers[78].

Comédie et tragédie n'étant que les deux faces de la médaille destinale du sujet, Watteau porte le masque du comédien burlesque pour masquer un tragique savoir intérieur. Ayant depuis toujours sondé la tragique insatisfaction dont le monde est porteur, il masque difficilement l'horreur

74 « *God have mercy on him !* » (*IP* 41)

75 « *He has been a sick man all his life. He was always a seeker after something in the world that is there in no satisfying measure, or not at all.* » (*IP* 44)

76 « On la refoule ladite jouissance, parce qu'il ne convient pas qu'elle soit dite, et ceci pour la raison justement, que le dire n'en peut être que ceci – comme jouissance, elle ne convient pas. [...] elle n'est pas celle qu'il faut, mais celle qu'il ne faut pas. » J. Lacan, *Séminaire XX*, *op. cit.*, p. 79.

77 « *turning his face to the wall from the things which most occupy men's lives* » (*IP* 41).

78 « *a kind of grace – a marvellous tact of omission, [...] in dealing with the vulgar reality seen from one's own window – which has made trite old Harlequin, Clown, and Columbine, seem like people in some fairyland ; like infinitely clever tragic actors, who, for the humour of the thing, have put on motley for once, and are able to throw a world of serious innuendo into their burlesque looks, with a sort of comedy which shall be but tragedy seen from the other side* » (*IP* 6).

de cette découverte sous les aspects d'un burlesque signifiant à tout spectateur averti l'importance du point de vue, de l'angle adopté pour estimer la nature de l'existence.

Sa mélancolie ne participe pas exactement de la mélancolie freudienne définie en 1916 : Watteau ne peut s'autoriser à jouir de ce monde brillant contredisant la volonté du père. L'impossibilité structurale de la Chose devient un interdit qui, refoulé, se manifeste sous la forme de mépris, d'un refus de se laisser prendre aux charmes du monde, lui réservant alors la seule place du tragédien sous le déguisement du comédien. Mais, comme la mélancolie freudienne, la mélancolie du peintre est corrélée à la Chose que son art ne cesse de vouloir capturer et dont Freud précisera qu'elle dégoûte ou fascine. Chez le peintre, elle fascine d'autant plus qu'elle apparaît *a posteriori* comme la source d'une satisfaction que cherche le sujet, sans la trouver jamais ou de façon fugace, fragmentaire. Il est confronté au paradoxe d'une jouissance nécessairement véhiculée par le signifiant, suscitant son mépris envers le système représentatif. Semblable mépris annonce celui dont témoignent les obsessionnels freudiens dont le paradigme est l'Homme aux rats ravalant son père à l'objet usuel[79] avant d'intercaler des négations dans ses prières puis de les remplacer par des injures et « de brèves formules[80] ». Examinant les « formules obsessionnelles » caractérisées parfois par le blasphème, Lacan remarque qu'il « fait déchoir un signifiant éminent … en rapport avec ce signifiant suprême qui s'appelle Père … Le blasphème fait déchoir ce signifiant au rang d'objet[81] ». La déchéance de la figure paternelle n'est que l'expression d'une haine du signifiant et du monde du semblant représentatif dont l'obsessionnel et le mélancolique ont tous deux sondé

---

79 « Le petit se serait alors mis dans une rage terrible et aurait injurié son père pendant que celui-ci le châtiait. Mais, ne connaissant pas encore de jurons, l'enfant lui aurait crié toutes sortes de noms d'objets, tels que : "Toi lampe ! toi serviette, toi assiette !" Le père s'arrête et commente qu'il deviendra "ou bien un grand homme ou bien un criminel" et cesse de le battre à jamais. » S. Freud, « Remarques sur un cas de névrose obsessionnelle », *Cinq psychanalyses*, *op. cit.*, p. 233. L'injure imaginaire au père réel recouvre un appel au père symbolique (H. Rey-Flaud, *Éloge du rien*, *op. cit.*, p. 253), c'est-à-dire à un signifiant qui assurerait la consistance du langage, méconnaissant que le père symbolique est le père mort.

80 Ces formules étaient destinées à empêcher le surgissement de pensées contraires à ses prières, et exprimant, selon Freud, le « conflit entre l'amour et la haine » de son patient. S. Freud, « Remarques sur un cas de névrose obsessionnelle », *Cinq psychanalyses*, *op. cit.*, p. 224.

81 J. Lacan, *Séminaire V*, *op. cit.*, p. 471.

la vanité. Le Watteau qui évolue sous la plume attentive de Marguerite-Pater occupe donc une position entre mélancolie et obsessionnalité, témoignant d'un désir en impasse. Nostalgiques, les personnages patériens ont tous eu accès à cette Chose perdue, qu'ils cherchent à retrouver, certains empruntant des voies radicales. En témoigne Sebastian van Storck dont Pater dresse le portrait en 1887.

« [U]NE MALADIE INTELLECTUELLE COMME UNE AFFECTION PHYSIQUE »

Situant le poète au sein du Romantisme, « Coleridge » avait évoqué l'Idéalisme allemand en guise de toise à sa pensée, à ses thèses et à sa psyché, pour le déclarer par trop absolu. Dans nombre de ses portraits, l'enseignant de philosophie qu'est Pater utilise l'exposition de systèmes philosophiques avec différents propos : dans *La Renaissance*, il s'agit d'un discours discret, d'une toile de fond sur lequel la pensée des hommes de la Renaissance apparaît dans son originalité. Pic est pour sa part un exemple singulier à une époque cherchant à réconcilier paganisme et christianisme à travers une interprétation allégorique exprimée dans son *Heptaple* tandis que la philosophie s'avère supérieure à l'histoire. En 1884, Pater avoue à Violet Paget sa prédilection pour les idées incarnées au détriment des faits historiques : « des idées qui s'élèvent en une noble présence à partir de faits historiques, c'est pour moi, du moins, une chose bien plus intéressante[1] », incarnation qui culminera avec le portrait de Platon en 1893. Pater consacre nombre de portraits à un examen rigoureux des idées philosophiques en les incarnant dans ses personnages réels comme Marc-Aurèle, Platon, mais aussi fictifs, comme Sebastian van Storck. Toutefois, dès *Marius l'Épicurien* rédigé entre le début des années 1880 et publié en 1885, s'est mis en place une véritable « lecture à rebours » des textes philosophiques[2] à travers laquelle Pater se livre à l'examen des philosophies antiques *via* leurs promoteurs et leurs textes largement traduits et cités – l'exemple parfait étant le stoïcisme appréhendé à travers

1 « *ideas gathering themselves as a noble presence out of historic fact, which to me, at least, is a far more interesting thing* », W. Pater, « Lettre à V. Paget », 4 juin 1884 (*Letters* 54).

2 B. Coste, « *Cette époque de doute* », *op. cit.* K. Andrews repère également les biographies des philosophes de Pater (« *a curiously persistent thread* »), « Walter Pater's Lives of Philosophers : Inversions of the Aesthetic Life in "Coleridge's Writings" and "Sebastian van Storck" », dans *Testing New Opinions and Courting New Impressions. New Perspectives on Walter Pater*, A.-F. Gillard-Estrada, M. Lambert-Charbonnier, and C. Ribeyrol (dirs.), *op. cit.*, p. 200.

la figure de Marc-Aurèle et des *Pensées pour moi-même*[3] – avant de conclure à leur défaillance au regard de la question de la mort[4]. Ce n'est pas tant, comme le pense K. Andrews, que la vie des philosophes contredise leurs pensées[5] : c'est une bonne part de la philosophie occidentale qui se voit frappée d'impuissance au regard de la finitude cherchant le plus souvent à la dénier, à l'inverse de certains artistes qui s'y confrontent, le paradigme étant Michel Ange. Lecteur attentif et enseignant de philosophie Pater porte donc un regard plus critique qu'il n'y paraît sur la philosophie, et la technique de la lecture à rebours se voit reprise dans le portrait de Sebastian van Storck (1887) lorsqu'il examine une pensée dont Spinoza est le représentant officiel mais dont le héros est le meilleur exemple[6]. Proche du pessimisme schopenhauerien, ainsi que le soulignait B. Inman[7], cette pensée est tournée vers l'abstraction, l'idéal, le vide, l'immobilité,

3 Voir M. Rutherford, « Marius The Stoic », dans *Pater the Classicist*, C. Martindale, S. Evangelista, and E. Prettejohn (dirs.), Oxford, OUP, 2017, p. 121-134.

4 Outre son indifférence devant les jeux du cirque, qui s'oppose à l'horreur saisissant Marius, Marc-Aurèle forclot littéralement le corps avant qu'il ne fasse retour dans le réel lorsque meurt son fils, Annius Verus. C'est alors l'effondrement : l'empereur étreint le corps de son fils « comme s'il n'inspirait plus qu'à une seule chose : être uni, absolument uni avec lui, dans son obscure détresse » (*M* 242). La pulsion de mort entendue comme au retour à l'inanimé se révèle alors. Le savoir inconscient fait retour sous forme d'une détresse, de « l'intimité d'une souffrance, dont le visage désolé se grava au tréfonds » de la mémoire de Marius (*M* 241). Plus tard, Marius ne verra plus dans l'empereur « ce personnage central, dont la mine habituellement abattue exprimait à présent une véritable souffrance, d'autant plus remarquable qu'elle contrastait avec la superbe armure portée en ce grand jour », mais « l'expression d'un être déjà vaincu » (*M* 244).

5 K. Andrews, art. cité, p. 201.

6 En outre, rappelle J. Coates, Pater répond au *Discours* de Renan (1877), à la biographie du philosophe par Frederick Pollock, *Spinoza his Life and Philosophy* (1880) et aux trois articles d'Arnold, « The Bishop and the Philosopher » (1863) ; « Spinoza and the Bible » (1863) et un essai sur le *Tractatus Theologico-Philosophicus* de 1862. Coates conclut : « *Pater's concern is not to challenge the Arnoldian or Renanian Spinoza directly or by argument but, as with Goncourt's Watteau, to criticize by implications, by suggesting a more complex, subtle and, above all, more interesting picture.* », J. Coates, art. cité, p. 101.

7 B. Inman, art. cité, p. 468. Pour B. Inman, « *Sebastian is a post-Romantic, existential rebel* », *ibid.*, p. 467, et Pater explore une position de retrait d'un monde bourgeois et démocratique ressemblant fort à l'Angleterre du XIXe siècle. La doctrine passionnant Sebastian se rapproche davantage de celle de Schopenhauer ou d'E. von Hartmann dont *La Philosophie de l'inconscient* (1869) avait été traduite en 1884 en anglais. Sebastian permet à Pater de rappeler son opposition à toute doctrine, pensée ou philosophie fondée sur des principes absolus : « *Sebastian van Storck [is] a mild protest against the "vulgarity" of bourgeois democracy as well as a strong protest against overweening intellectuallity and mad nihilism.* » p. 476. Pour K. Andrews, Sebastian échange l'enfermement dans le conformisme social pour un enfermement dans un système idéaliste, art. cité, p. 212.

en opposition avec le monde de l'art très présent dans l'univers diégétique d'un portrait comptant pas moins de 27 références à des tableaux et dessins. « Sebastian van Storck » est sans doute l'un des textes les plus nourris de références picturales : comme l'a montré M. Lambert-Charbonnier[8], ce portrait imaginaire tend à inscrire « l'effet-tableau[9] » à travers de multiples références artistiques et des descriptions figeant l'action, sur fond de chronologie floue et incohérente (1648-1672) comme le constate B. Inman. Le portrait de Sebastian se constitue de la succession des portraits littéraires et imaginaires du jeune homme. Cette abondance permet à Pater d'opposer une pensée fondée sur l'abstraction et la stase à ce qu'il appellera « la vie esthétique[10] », à entendre au sens grec du terme (*aisthanomai*, percevoir par les sens) : une existence placée sous le sceau du sentir sans cesse renouvelé. Le texte insiste sur la présence de l'art, narrativement et thématiquement – de nombreuses références sont faites à la communauté artistique de la Hollande au XVIIe siècle – pour mieux faire ressortir le choix du jeune homme de refuser l'art et de mener ce que Pater définira en 1895 dans « Pascal » comme « l'inversion de "la vie esthétique" » (*TE* 134). Sebastian van Storck rejette l'art et le monde sensible pour élire l'abstraction incarnée par un système philosophique cohérent, référé à un « principe premier[11] », présenté avec force détails. L'inversion à laquelle il voue son existence donne lieu au portrait d'un sujet se détournant de la vie pour élire, sinon la mort, du moins le rien qui en tient lieu. Son rapport au désir est un rapport de négation, examiné à travers le système philosophique dont il se réclame. C'est ce rapport que nous nous proposons d'expliciter à la suite de B. Inman soulignant la finesse d'analyse patérienne[12].

8 M. Lambert-Charbonnier, *Walter Pater et les Portraits imaginaires*, *op. cit.*, p. 145-147.

9 Liliane Louvel définit ainsi « l'effet tableau » pour le lecteur ayant soudain l'impression de voir un tableau, ou décelant une référence à une école de peinture, « Nuances du pictural », *Poétique*, vol. 126, avril 2001, p. 184.

10 Pater a laissé un manuscrit intitulé « The Aesthetic life » que J. Bristow date de 1891-1893. Voir « "What an interesting Period... is this we are in !" : Walter Pater and the Synchronization of Life », dans *Testing New Opinions and Courting New Impressions. New Perspectives on Walter Pater*, A.-F. Gillard-Estrada, M. Lambert-Charbonnier, and C. Ribeyrol (dirs.), *op. cit.*, p. 127-147.

11 « His first principle once recognised, all the rest, the whole array of propositions down to the heartless practical conclusion, must follow of themselves » (*IP* 109).

12 « *Though [Sebastian's philosophy and the Dutch society] [Pater] explores a psychological state, using the primitive psychoanalytical techniques available to him to analyze Sebastian and his relationship to society.* » B. Inman, art. cité, p. 458.

Le premier portrait de Sebastian[13] n'échappe pas à l'« effet-tableau » puisqu'il présente l'image d'un jeune homme en proie à un désir d'immobilité transparaissant à travers sa préférence pour l'hiver « pour son impression d'impassibilité parfaite, ou du moins de parfait repos[14] ». Dès l'exposition, Pater évoque l'expansion[15] de la Hollande au XVIIe siècle et sa floraison artistique inégalée[16] en même temps qu'il souligne le retrait du héros face au monde sensible. Amateur d'art lui-même portraituré[17], le père de Sebastian, le « *Burgomaster van Storck* » (*IP* 90), rêve d'une carrière artistique pour son rejeton tandis que sa demeure accueille volontiers l'art hollandais et la communauté des artistes[18]. Son fils sera peint par Isaac van Ostade[19], tout en suscitant le désir de Thomas de Keyser. Mais le jeune homme refuse[20]. Seul Spinoza esquissera son

13 « *It was a winter-scene, by Adrian van de Velde, or by Isaac van Ostade. All the delicate poetry together with all the delicate comfort of the frosty season was in the leafless branches turned to silver, the furred dresses of the skaters, the warmth of the red-brick house-fronts under the gauze of white fog, the gleams of pale sunlight on the cuirasses of the mounted soldiers as they receded into the distance. Sebastian van Storck, confessedly the most graceful performer in all that skating multitude, moving in endless maze over the vast surface of the frozen water-meadow, liked best this season of the year for its expression of a perfect impassivity, or at least of a perfect repose.* » (*IP* 81-82)

14 « *[Sebastian] liked best this season of the year for its expression of a perfect impassivity, or at least of a perfect repose* » (*IP* 82).

15 « *Holland, just then, was reposing on its laurels after its long contest with Spain, in a short period of complete wellbeing, before troubles of another kind should set in* » (*IP* 84) J. Coates (1985) remarque que Pater a choisi une période de transition comme cadre à son portrait.

16 « *The artists were, in truth, an important body just then, as a natural consequence of the nation's hard-won prosperity ; helping it to a full consciousness of the genial yet delicate homeliness it loved* » (*IP* 83).

17 « *Sebastian the elder [...] had assisted at the Congress of Munster, and figures conspicuously in Terburgh's picture of that assembly, which had finally established Holland as a first-rate power* » (*IP* 84-85). M. Lambert souligne que ce tableau qui représente la signature du traité de Munster est fondamental dans la constitution de l'identité hollandaise (*IP* 147). Voir sa liste des tableaux évoqués par Pater en introduction.

18 « *this house [...] became a resort of the artists, then mixing freely in great society, giving and receiving hints as to the domestic picturesque. Creatures of leisure – of leisure on both sides – they were the appropriate complement of Dutch prosperity, as it was understood just then* » (*IP* 86). Pour B. Inman cette reconnaissance est un anachronisme et Pater décrit plutôt l'Angleterre en pleine voie d'esthétisation.

19 « *[His] mixed expression charmed the eye of Isaac van Ostade, who had painted his portrait from a sketch taken at one of those skating parties, with his plume of squirrel's tail and fur muff, in all the modest pleasantness of boyhood.* » (*IP* 82)

20 « *A little to his surprise, the young man declined the offer ; not graciously, as was thought.* » (*IP* 83) L'artiste essaiera ensuite de le peindre subrepticement : « *catch by stealth the likeness of Sebastian the younger.* » (*IP* 91)

portrait, à l'insu du modèle. La philosophie spinozienne serait-elle la seule à pouvoir représenter le jeune homme ? Le portraitiste « en mots » qu'est Pater ne le pense pas, mais le narrateur oppose la vie artistique de l'époque[21] à l'amour de la mort et de la disparition animant Sebastian. Plus l'art est inscrit comme cadre référentiel et narratif, plus le jeune homme s'en éloigne pour élire ce que nous appellerons le vide. Comme Watteau, quoique sur un mode nettement plus radical, puisqu'il est celui de la rupture, le jeune homme se situe hors des échanges mondains dans un espace dont l'inanimé, le désert ou le zéro sont la métaphore :

> Il paraissait, si l'on peut dire, *amoureux de la mort* ; il préférait l'hiver à l'été ; il trouvait une consolation dans cette seule pensée que la terre sous nos pieds, perd de jour en jour une parcelle de sa chaleur cosmique ; il prenait plaisir à voir les choses s'appauvrir en couleurs, et à voir emporter à son tour le long banc de sable marin qui avait été le rempart d'une ville[22]. (Nous soulignons)

Lorsque l'action débute, Sebastian est déjà en butte à une certaine *acedia*[23]. Prédisposé culturellement et familialement à être un amateur éclairé, il se défie de l'art perçu comme ajout artificiel à l'existence : « Pourquoi ajouter, par une production forcée et artificielle, au cours monotone d'une rude et fuyante existence[24] ? » À ce flux, il préfère la nature inanimée ou le très austère art funéraire incarnant dans la pierre les vertus muettes d'un grand homme trépassé[25]. Il apprécie de même un art figeant à une distance confortable ce qu'il a charge de présenter : « les horizons lointains, [...] [les] choses vues à distance qui semblent nous emporter sur les larges ailes de l'espace même, loin de notre milieu

21 « *The contrast was a strange one between the careful, the almost petty fineness of his personal surrounding – all the elegant conventionalities of life, in that rising Dutch family – and the mortal coldness of a temperament, the intellectual tendencies of which seemed to necessitate straightforward flight from all that was positive.* » (*IP* 98)

22 « *[Sebastian] seemed, if one may say so,* in love with death *; preferring winter to summer ; finding only a tranquillising influence in the thought of the earth beneath our feet cooling down for ever from its old cosmic heat ; watching pleasurably how their colours fled out of things, and the long sand-bank in the sea, which had been the rampart of a town, was washed down in its turn* » (*IP* 98-99, nous soulignons).

23 « *something more than that cheerful indifference of early youth had passed away* » (*IP* 82).

24 « *in truth the arts were a matter he could but just tolerate. Why add, by a forced and artificial production, to the monotonous tide of competing, fleeting existence ?* » (*IP* 88)

25 « *When [...] Peter de Keyser [...] unveiled at last his tomb of wrought bronze and marble in the* Nieuwe Kerk *at Delft, the young Sebastian was one of a small company present, and relished much the cold and abstract simplicity of the monument, so conformable to the great, abstract, and unuttered force of the hero who slept beneath.* » (*IP* 85-86)

ordinaire. Aussi, préférait-il, en matière d'art, ces larges perspectives *à vol d'oiseau* – vol tant espéré de l'oiseau en cage – dont Rubens a le secret[26] ». Déjà présente dans « Un Prince des peintres de cour[27] », la mention de l'oiseau prisonnier[28] définit *a contrario* ce que sera Sebastian, dont le patronyme évoque la cigogne (*stork*) désireuse de prendre son vol.

Les artistes[29] sont encore présents lors d'une soirée où le jeune homme est confronté à l'autre sexe et rencontre Mademoiselle van Westrheene[30], dont Pater souligne le caractère typiquement hollandais l'égalant à une œuvre d'art[31]. Elle est aussi l'incarnation de la chaleur derrière laquelle il n'est pas difficile de reconnaître la pulsion de vie. L'amour qu'elle éprouve pour le jeune homme[32], contraste avec la position de refus de l'éros de Sebastian lors du second rendez-vous. Lui fait-elle des avances[33] qu'il recule en la déclarant « vulgaire[34] », qualificatif à entendre au sens victorien d'obscène. La lettre de rupture qu'il lui écrit la blesse mortellement[35], et provoque sa retraite dans un couvent. Elle montre surtout le mépris de Sebastian pour l'amour, si l'on en croit son brouillon[36]. Pourtant, la décision du jeune homme est motivée

---

26 « *he loved the distant – enjoyed the sense of things seen from a distance, carrying us, as on wide wings of space itself, far out of one's actual surrounding. His preference in the matter of art was, therefore, for those prospects* à vol d'oiseau – *of the caged bird on the wing at last – of which Rubens had the secret* » (*IP* 89).

27 « *a small bird which had flown into the church but could find no way out again. I suspect it will remain there, fluttering round and round distractedly, far up under the arched roof, till it dies exhausted.* » « A Prince of Court Painters » (*IP* 14).

28 Cette référence vient des *Emblems* de Quarles (1635).

29 « *Willem van Aelst [...] Gerard Dow [...] Thomas de Keyser [...]. Albert Cuyp [...] and Willem van de Velde [...]. Thomas de Keyser came, in company with his brother Peter, [...] and young Mr. Nicholas Stone from England* » (*IP* 91).

30 « *Mademoiselle van Westrheene, as she sat there beside the* clavecin *looking very ruddy and fresh in her white satin, trimmed with glossy crimson swansdown* » (*IP* 91).

31 « *Her healthy freshness of mien and mind, her ruddy beauty, some showy presents that had passed, were of a piece with the ruddy colouring of the very house these people lived in ; and for a moment the cheerful warmth that may be felt in life seemed to come very close to him, – to come forth, and enfold him.* » (*IP* 101)

32 « *The girl was by this time fallen in love with Sebastian ; and she was one of the few who, in spite of his terrible coldness, really loved him for himself.* » (*IP* 101)

33 « *the girl herself taking note of this, that on a former occasion of their meeting he had seemed likely to respond to her inclination [...] surprised him on the sudden with those coquetries and importunities, all those little arts of love, which often succeed with men* » (*IP* 101).

34 « *vulgar !* » (*IP* 101-102).

35 « *like one perishing of wounded pride* » (*IP* 102).

36 « *the first copy of this letter, written with a very deliberate fineness, rejecting her – accusing her, so natural, and simply loyal ! of a vulgar coarseness of character* » (*IP* 102).

par sa comparaison des vertus de l'éros à celles de son idéal « de calme indifférence intellectuelle dont il s'était fait le chevalier juré[37] » destinée à souligner l'indignité du premier. Le jeune homme se refuse à occuper sa place de sujet désirant, pour choisir l'indifférence, point culminant de l'échelle des valeurs qu'il établit.

Ce rejet simultané de l'art et de l'éros est suffisamment étrange pour que Pater s'y intéresse et tente de l'expliquer par un amour du rien, un désir du vide incarné par l'effacement de toute trace, naturelle ou humaine :

> Dans sa passion pour le *Schwindsucht* – c'est un mot que nous ne possédons pas –, il aimait à songer à l'élément irrésistible qui laissait à peine de quoi poser le pied sur le sable fuyant ; aux lits anciens de rivières disparues qui ne subsistaient plus que sous forme de chenaux plus profonds dans la mer ; aux restes d'une ville défunte, qui perdant, de mémoire d'homme, ses derniers habitants, se dissolvait et disparaissait sous les flots, avec ses tombes déjà vides[38].

Sebastian imagine ainsi que les reliques découvertes sur l'île de Vleeland sont celles d'un héros trépassé qui éveille son désir de mort : « cette idée étrange qu'il eût aimé, lui aussi, être mort et disparu depuis tant de siècles, avec une sorte d'envie pour ceux dont la mort était depuis si longtemps accomplie[39]. » L'amour de l'impossible, qui semble être un autre projet, se traduit par le rêve de découvrir le fameux passage du Nord-Ouest conduisant à quelque terre désolée au-delà[40]. À moins qu'il n'envie la vie paisible des cloîtres pour sa négation du monde sensible[41] et ne se sente attiré par le catholicisme – la religion de sa mère –, pour son caractère d'apaisement monotone[42]. S'il s'agit d'une vision partiale

37 « *that ideal of a calm, intellectual indifference, of which he was the sworn chevalier* » (*IP* 101).

38 « *In his passion for* Schwindsucht – *we haven't the word – he found it pleasant to think of the resistless element which left, one hardly a foot-space amidst the yielding sand; of the old beds of lost rivers, surviving now only as deeper channels in the sea; of the remains of a certain ancient town, which within men's memory had lost its few remaining inhabitants, and, with its already empty tombs, dissolved and disappeared in the flood.* » (*IP* 93)

39 « *There came with it the odd fancy that he himself would like to have been dead and gone as long ago, with a kind of envy of those whose deceasing was so long since over.* » (*IP* 94)

40 « *perilous voyages to the regions of frost and snow in search after that "North-Western passage," […]. Sebastian, in effect, found a charm in the thought of that still, drowsy, spellbound world of perpetual ice, as in art and life he could always tolerate the sea.* » (*IP* 96)

41 « *from time to time the mind of Sebastian had been occupied on the subject of monastic life, its quiet, its negation* » (*IP* 96).

42 « *what impressed him in that old Catholicism was a kind of lull in it – a lulling power – like that of the monotonous organ-music, which Holland, Catholic or not, still so greatly loves* » (*IP* 96).

du catholicisme à laquelle Pater oppose l'intérêt de cette religion pour le monde sensible[43], Sebastian en privilégie la fonction d'apaisement par la répétition du même.

Cet amour de l'impossible, de l'abstraction et du même trouve sa justification ou sa « confirmation » philosophique lorsque le jeune homme rencontre Spinoza dont la pensée lui permet d'élever son détachement à la dignité d'un Souverain Bien[44]. La pensée spinozienne constitue un système intellectuel rendant compte du rapport à l'Autre de Sebastian que Pater analyse comme amour de l'abstraction, détachement élevé à la dignité d'une « passion véritable[45] ». Quelques décennies plus tard, Lacan qualifie le spinozisme de « réduction du champ de Dieu à l'universalité du signifiant, d'où se produit un détachement serein, exceptionnel à l'égard du désir humain. Dans la mesure où Spinoza dit – le désir est l'essence de l'homme, et où ce désir, il l'institue dans la dépendance radicale de l'universalité des attributs divins, qui n'est pensable qu'à travers la fonction du signifiant, dans cette mesure il obtient cette position unique par où le philosophe [...] pût se confondre avec un amour transcendant[46]. » Spinoza serait donc le desservant d'un dieu ramené au pur signifiant qu'il conviendrait d'aimer, en lequel il faudrait abolir son désir. Le commentaire éclaire les visées du personnage dont il n'est pas sûr qu'il éprouve cet « amour transcendant » sous la plume du narrateur.

L'amour de l'abstraction de Sebastian est surtout défini comme symptôme structurant l'existence du jeune homme : « On eût dit [...] un mal d'amour ou [...] une de ces *affections de l'esprit* qui inclinent à l'indulgence *comme les maladies du corps*, et qui donnaient parfois une douceur résignée et touchante à ses propos ou à ses gestes[47]. » (Nous

43 « *But what he could not away with in the Catholic religion was its unfailing drift towards the concrete – the positive imageries of a faith, so richly beset with persons, things, historical incidents.* » (*IP* 96) Dans *La Renaissance*, le culte du monde visible, promu par le catholicisme, permet à la renaissance médiévale d'advenir.

44 « *a renowned young Jewish divine, Baruch de Spinosa, with whom, most unexpectedly, Sebastian found himself in sympathy, meeting the young Jew's far-reaching thoughts half-way, to the confirmation of his own* » (*IP* 96).

45 « *this youthful enthusiasm for an abstract theorem. Extremes meeting, [Sebastian's] cold and dispassionate detachment from all that is most attractive to ordinary minds came to have the impressiveness of a great passion* » (*IP* 99).

46 J. Lacan, *Séminaire XI*, *op. cit.*, p. 306.

47 « *It was like being in love : or it was an* intellectual malady, *such as pleaded for forbearance, like* bodily sickness, *and gave at times a resigned and touching sweetness to what he did and said.* » (*IP* 99, nous soulignons)

soulignons) Ce symptôme l'amène en outre à exercer un contrôle des moindres détails de son existence et à refuser de prendre place dans l'ordre des générations, comme le montre son refus d'apparaître sur le « tableau de famille[48] ». Plutôt que d'être fils, Sebastian préfère se faire pur esprit[49], se réduisant au signifiant de sa coupure. Cette opération d'une tout autre ampleur nécessite d'abord la mise en ordre permanente du divers de l'existence sous le sceau d'une série de signifiants désincarnés dont il sera plus facile de se détacher : « il persistait à vouloir, à mesure que s'écoulaient les heures, laisser du moins en un ordre impeccable [*in equation*] les inévitables détails de la vie[50]. »

Le manuscrit que laisse Sebastian[51] permet à Pater d'examiner sa pensée et de rendre raison de sa vie placée sous le sceau de l'Infini :

> Faisant de « l'Infini » son commencement et sa fin, il en était arrivé à tenir toutes les formes définies de l'être, la chaude passion de la vie, le cri de la nature même, pour une simple et déplaisante irritation de la surface de l'esprit, seul existant et absolu, pour une pensée passagère et déplaisante comme un rêve gênant, à son plus haut degré d'importunité irritante chez l'ardente créature humaine[52].

Cette pensée fait de l'Infini la mesure sans mesure de toutes choses, condamnant derechef toute forme d'existence soumise à la finitude. Sebastian refuse au fond toute perturbation, tout signifiant, c'est-à-dire tout retour du refoulé à travers lequel un signifiant chasse l'autre. Ce refus apparaît d'abord dans son bureau où le jeune homme a mathématisé le monde pour en faire une équation à résultat nul[53]. Sommes-nous dans le domaine de la croyance mathématique fondée sur la forclusion du sujet de l'inconscient, ou bien dans la « conscience machinée[54] » de

48 « *all his singularities appeared to be summed up in his refusal to take his place in the life-sized family group [...] painted about this time.* » (*IP* 100)

49 « *a son who desired but to fade out of the world like a breath* » (*IP* 100).

50 « *he was persistent, as the hours crept on, to leave all the inevitable details of life at least in order, in equation.* » (*IP* 100)

51 « *The neat and elaborate manuscript volume* » (*IP* 100).

52 « *making the "Infinite" his beginning and his end, Sebastian had come to think all definite forms of being, the warm pressure of life, the cry of nature itself, no more than a troublesome irritation of the surface of the one absolute mind, a passing vexatious thought or uneasy dream there, at its height of petulant importunity in the eager, human creature.* » (*IP* 100)

53 « *A kind of* empty *place ! Here, you felt, all had been mentally put to rights by the working-out of a long equation, which had zero is equal to zero for its result.* » (*IP* 89)

54 H. Rey-Flaud, *Le démenti pervers*, *op. cit.*, p. 202.

l'obsessionnel animé d'une haine envers le discours et sa nécessaire équivoque qu'il souhaiterait remplacer par un discours débarrassé de l'arbitraire du signe ? Semblable obsessionnalité est illustrée par le geste de l'Homme aux rats, patient célèbre de Freud, enlevant puis remettant une pierre sur le chemin[55]. Pour comique que puisse apparaître son acte, l'Homme aux rats témoigne d'une volonté de se rendre maître du langage : analysant ce geste, H. Rey-Flaud plaide pour la seconde hypothèse. Ce que ne supporte pas l'obsessionnel est le désir glissant entre deux signifiants et c'est à cette fin qu'il tente, assez dérisoirement, de maîtriser le déroulement d'au moins un maillon de la chaîne signifiante[56] espérant remonter à sa cause, ce qui apparente sa quête, de nouveau à celle de la Chose dont il conviendrait de bloquer l'émergence. Semblable éclairage concernant Sebastian est conforté par le texte patérien : dans la chambre du jeune homme, il n'y a nulle place pour l'acte ou le sentir traduisant la prise du sujet dans le système signifiant par ses conséquences : « Là, on ne faisait et peut-être on ne sentait rien ; on se contentait de penser[57] » Quelques pages plus loin, Pater résumera le propos de l'existence de son héros : un « grave recueil de pensées abstraites[58] ». Comme l'obsessionnel, Sebastian tient le décompte des mots et cherche à arrêter le déroulement de la chaîne signifiante réduite à une série d'abstractions[59]. Sous sa plume, le signifiant devient simple

55 S. Freud, « Remarques sur un cas de névrose obsessionnelle », *Cinq Psychanalyses*, *op. cit.*, p. 222. « notre patient heurta du pied une pierre dans la rue. Il dut l'enlever de la route, ayant songé que, dans quelques heures, la voiture de son amie, passant à cet endroit, pourrait avoir un accident à cause de cette pierre. Mais quelques instants après il se dit que c'était absurde et dut retourner remettre la pierre au milieu de la route. » Freud commente plus loin : « Le doute dans sa *compulsion à comprendre*, signifie qu[e le patient] doute de l'amour de son amie. Chez cet amoureux, une lutte entre l'amour et la haine, éprouvés pour la même personne fait rage ; et cette lutte s'exprime de façon plastique par un acte compulsionnel à symbolisme très significatif : il enlève la pierre du chemin de son ami mais annule ensuite ce geste d'amour, en la remettant à sa place, afin que la voiture s'y heurte et que son amie se blesse. » *Ibid.*, p. 223.

56 « exclure du champ du langage tout ce qui pourrait être de l'ordre du manque afin d'éviter l'insupportable confrontation avec le signifiant du manque, signifiant du père mort », H. Rey-Flaud, *L'Éloge du rien*, *op. cit.*, p. 142.

57 « *Here one did, and perhaps felt, nothing ; one only thought.* » (*IP* 89-90)

58 « *the studious record of the abstract thoughts which had been the real business of Sebastian's life* » (*IP* 103).

59 Voir également l'exemple de l'Homme aux rats : « Il s'efforçait de comprendre exactement chaque syllabe de ce qu'on lui disait, comme si sans cela, un trésor important allait lui échapper. Il demandait continuellement : "Que viens-tu de dire ?" Et, lorsqu'on lui répétait la phrase, il prétendait avoir entendu d'abord autre chose et restait insatisfait. »

mot (*Wortvorstellung*) représentation de mot freudienne) délesté de son ancrage aux représentations de choses (*Sachvortstellungen*) qui en nourrissent le défilement.

Le refus du signifiant se traduit par l'absence de toute trace personnelle – quelques paragraphes plus haut, Pater mentionnait la destruction par le jeune homme de son portrait par van Ostaade[60] – de toute signature[61]. Or ce que représente la signature n'est pas un signifiant comme les autres, mais le signifiant désignant l'absence essentielle du sujet. Le nom nous désigne sans nous signifier, il vise l'identité symbolique, au-delà de l'image. Selon H. Rey-Flaud :

> le nom est un signifiant insignifiant, seul propre à désigner le sujet dans son être, par suite de quoi ce nom ne peut être pris dans la chaîne signifiante, ni livré au réseau des métaphores et des métonymies : à ce titre il échappe à tout effet de substitution, donc de déguisement. Le nom dans son principe est ce signifiant vide de toute signification qui désigne sans le signifier le sujet du côté du « sans cause », puisqu'il ouvre à l'infini sur la chaîne mythiques des pères et renvoie le sujet jusqu'à un manque de signifiant, soit jusqu'au signifiant du père mort, lui-même perdu dans l'oubli du refoulement originaire[62].

Renvoyant chacun à une origine impossible à énoncer, le patronyme est Nom-du-Père, évitant à chacun de remonter *ad infinitum* vers l'ancêtre mort[63]. La transmission du nom est alors celle du signifiant du père mort marquant l'enfant du signe de la mort sous la forme de la dette symbolique soldée par le sujet qu'il devient. Or c'est cette dette que refuse Sebastian lorsqu'il laisse ses lettres dépourvues de signature. Son univers se réduit à la seule pensée ayant le pouvoir de représenter et de faire exister le monde :

> Ce que la raison pure annonçait tout d'abord comme « commencement de la sagesse », c'est que le monde n'est qu'une pensée ou une suite de pensées et, partant, n'existe uniquement que dans l'esprit. Sébastien conservait, en fixant son regard mental avec une concentration de plus en plus parfaite sur

---

S. Freud, *Cinq Psychanalyses*, *op. cit.*, p. 222. Voir également les prières de l'Homme aux rats qui se réduisent à des formules pour éviter que nulle contradiction se s'y glisse : l'acte est bien sûr voué à l'échec, *ibid.*, p. 224.

60 « *the fragments of the one portrait of [Sebastian] in existence.* » (*IP* 103)

61 « *[Sebastian] left his very letters unsigned* » (*IP* 100).

62 H. Rey-Flaud, *Éloge du rien*, *op. cit.*, p. 209.

63 Freud signalera que « l'origine du nom est perdue », S. Freud, *Totem et Tabou*, Paris, Payot, 1966, p. 169.

> les phénomènes de son existence intellectuelle, un tableau ou une vision de l'univers qui était vraiment, pour autant qu'il pouvait le savoir, le produit de son propre et seul pouvoir pensant, qui était lui-même pensant, zéro sans lui, et possédait, de ce fait, une unité parfaitement homogène[64].

À travers ce solipsisme aigu, le monde se réduit à la pensée, ce qui permet d'en subsumer l'hétérogénéité sous l'unité d'un principe dont le sujet se pense le maître[65]. La maîtrise des représentations conduit Sebastian à se faire le desservant de l'esprit qui les fait naître et les organise : « Il fallait donc, d'autant plus exclusivement, servir l'esprit, le pouvoir intellectuel, et se soumettre à sa seule direction, où qu'elle pût mener. C'est à ce pouvoir que devaient être rapportées toutes choses, à ses termes pour ainsi dire qu'elles devaient être réduites, pour laisser évaluer leur valeur essentielle[66]. »

La réduction du monde des phénomènes à la pensée, soit au signifiant désincarné, conduit à la dévalorisation du monde sensuel où évolue Sebastian qui, lui aussi, « ne représentait qu'un trouble passager de l'esprit absolu et unique[67] ». Le monde réel et sensuel incluant le sujet se voit refusé puisque « toutes choses finies, quelles qu'elles soient, le temps même, les créations les plus durables de la nature et de l'homme, et tout ce qui ressemble le plus à de l'énergie indépendante, ne sont qu'incidents ou expressions futiles[68]. » Et si l'univers tend à la restauration de l'homéostasie incarnée en l'occasion par l'esprit, il convient d'en hâter l'effet en abandonnant tout désir, c'est-à-dire en choisissant le retour à l'équilibre, soit la pulsion de mort : « la sagesse consiste

---

64 *« what pure reason affirmed in the first place, as the "beginning of wisdom," was that the world is but a thought, or a series of thoughts : that it exists, therefore, solely in mind. It showed him, as he fixed the mental eye with more and more of self-absorption on the phenomena of his intellectual existence, a picture or vision of the universe as actually the product, so far as he really knew it, of his own lonely thinking power – of himself, there, thinking : as being zero without him : and as possessing a perfectly homogeneous unity in that fact. »* (*IP* 104)

65 *« to pure reason things discovered themselves as being, in their essence, thoughts : – all things, even the most opposite things, mere transmutations of a single power, the power of thought. All was but conscious mind. »* (*IP* 104)

66 *« Therefore, all the more exclusively, he must minister to mind, to the intellectual power, submitting himself to the sole direction of that, whithersoever it might lead him. Everything must be referred to, and, as it were, changed into the terms of that, if its essential value was to be ascertained. »* (*IP* 104-105)

67 *« a transient perturbation of the one absolute mind »* (*IP* 105).

68 *« all finite things whatever, time itself, the most durable achievements of nature and man, and all that seems most like independent energy, are no more than petty accidents or affections. »* (*IP* 105)

donc à hâter, autant qu'on le peut, l'action de ces forces qui tendent à la restauration de l'équilibre, au calme de la pensée absolue et immuable, à la *tabula rasa*, par l'extinction en soi de tout ce qui n'est que corrélatif à l'illusion finie, – par la suppression de soi-même[69]. » Si, en vertu d'une métaphore commune au XIXe siècle, la psyché est une tablette où le réel ne cesse d'inscrire les signes, il est une position subjective qui en souhaite l'effacement. Le système promu par Sebastian vise l'abolition de la chaîne signifiante et des marques qu'elles ne cessent de laisser dans la psyché. Ces inscriptions issues du monde, les « *Warhnehmungs-Zeichen* » de Freud dont Lacan fera parfois des « signifiants[70] », témoignant de l'effraction subjective, doivent disparaître. Joachim du Bellay souhaitait la disparition de la disparition, soit l'abolition de la temporalité ; Sebastian franchit un stade supplémentaire en choisissant d'en finir avec la subjectivité en remontant pour l'effacer à sa racine incarnée dans le nom. Pater remarque que le jeune homme se rattache à une famille intellectuelle[71] qui a, comme lui, élu l'équilibre atteint dans la mort et placé son existence sous la domination de l'Un :

> C'était une tradition – une tradition constante – que cette pensée hardie qui naissait en lui ; un écho, une voix resurgie de l'âme humaine même, et comme telle, lestée d'une vérité naturelle à laquelle certains esprits ne pouvaient pas plus manquer de prêter attention, que d'en discerner, s'ils étaient vraiment loyaux envers eux-mêmes, la conclusion pratique. Et la seule conclusion, la voici : toutes choses, en dehors de la substance unique, ne sont que ses expressions passagères, qui n'ont à l'être aucun droit nécessaire ou particulier[72].

Les lecteurs de la « Conclusion » ou du premier texte sur « Coleridge » savent que la philosophie platonicienne a été la première à avoir placé toutes choses sous le règne de l'Un avec des résultats catastrophiques

69 « *one's wisdom, therefore, consists in hastening, so far as may be, the action of those forces which tend to the restoration of equilibrium, the calm surface of the absolute, untroubled mind, to* tabula rasa, *by the extinction in one's self of all that is but correlative to the finite illusion – by the suppression of ourselves.* » (*IP* 106-107)

70 J. Lacan, *Séminaire XI*, *op. cit.*, p. 55. La chose est plus complexe, voir H. Rey-Flaud, *Le démenti pervers : Le refoulé et l'oublié*, Paris, Aubier, 2002.

71 « *a sense of kinship with certain older minds.* » (*IP* 107)

72 « *a constant tradition [...] an echo, or haunting recurrent voice of the human soul itself, and as such sealed with natural truth, which certain minds would not fail to heed ; discerning also, if they were really loyal to themselves, its practical conclusion – The one alone is : and all things beside are but its passing affections, which have no necessary or proper right to be.* » (*IP* 107)

soulignés par Pater[73]. Dans *Platon et le platonisme*, il fera plus explicitement dériver cette tradition de Parménide, dont il cite un fragment en 1887 sans revenir sur son jugement[74].

L'élection de cet Un prive l'existence de sa raison d'être ; dans « Sebastian van Storck », Pater s'intéresse aux conséquences pratiques et subjectives de cette philosophie. Car l'élection de l'Un et de l'équilibre a pour conséquence de laisser le sujet en proie à un Autre tout-puissant et indifférent. À cette indifférence correspond l'impuissance du sujet :

> Pour [Sebastian], cet être abstrait, unique ressemblait au pâle soleil arctique qui se lève sur la surface morte d'une mer glaciale, nue et parfaitement solitaire. Le désir vivace de vie en avait été tué par le froid glacial. Ce qu'il fallait admirer et aimer si c'était possible, c'était l'équilibre [entre guillemets dans l'original], le vide, la *tabula rasa*, où, par tous ces efforts apparents de l'homme et de la nature qui ne sont en réalité que forces de désintégration, le monde s'installait. Quant à lui, simple incident dans la série fatale, à quoi l'argile du potier ne fournissait pas de comparaison suffisante, il ne pouvait pas s'attendre à être « aimé en retour[75] ».

Devant l'indifférence de l'Autre, la seule solution consiste à égaler le monde et soi-même à une pensée en faisant fi du corps, à s'identifier à cet Autre

73 « *With a strong native bent towards the tracking of all questions, critical or practical, to first principles, [Coleridge] is ever restlessly scheming to "apprehend the absolute," to affirm it effectively, to get it acknowledged.* » (*Ap* 68)

74 Frappant d'« oblitération virtuelle » tout phénomène, Parménide pose l'identification de la pensée à l'Être : *idem est enim cogitare et esse* (on ne peut connaître ce qui n'est pas) qui va conduire à la recherche vaine de la « Substance, de l'Un, de l'Absolu [...] simple symbole algébrique du néant ! » (*PP* 42-43), chez les philosophes frappés de cette « maladie contagieuse » qu'est leur « étrange passion pour le néant » (43). La pensée de l'Un identifié au néant apparaîtra « dans les vieux rêves hindous d'auto-annihilation », dans les extases néo-platoniciennes, le mysticisme médiéval de Maître Eckhart, dans l'*Imitation*, mais également dans « l'intellectualisme ambitieux de Spinoza » (43) – « ce grand continuateur de Parménide » (49) – chez Descartes, Malebranche, Berkeley, Leibnitz pour lesquels la connaissance de l'Être relève de l'abolition totale du moi, du *cogito* de Descartes : « il importait de s'évanouir constamment pour progresser vers l'état de perfection (quoiqu'inaccessible) de ces deux qualités, lequel ne peut en vérité être atteint que par la suppression de toute règle et de tout contour de sa propre expérience, de sa propre pensée » (44). De l'oblitération du monde sensible, la philosophie en arrive à l'annihilation du corps et/ou du moi.

75 « *For [Sebastian van Storck], that one abstract being was as the pallid Arctic sun, disclosing itself over the dead level of a glacial, a barren and absolutely lonely sea. The lively purpose of life had been frozen out of it. What he must admire, and love if he could, was "equilibrium," the void, the tabula rasa, into which, through all those apparent energies of man and nature, that in truth are but forces of disintegration, the world was really settling. And, himself a mere circumstance in a fatalistic series, to which the clay of the potter was no sufficient parallel, he could not expect to be "loved in return."* » (*IP* 108)

pétrifié, à n'être plus qu'un signifiant appauvri, désarrimé de la chaîne : « sous l'abstraite lumière éternelle, il *mourait à lui-même*, tandis que son esprit avait, en définitive, atteint une liberté propre par l'acte vigoureux qui lui affirmait que, de même que la nature n'était qu'une de ses pensées, de même il n'était lui-même que la pensée fugitive de Dieu[76]. » Puisque tout est de l'ordre de la pensée, il convient de s'y identifier afin d'aboutir à l'équilibre. Le monde se voit vidé de tout propos, de tout objet, de tout but ; le jeune homme rejette tout ce qui renvoie l'homme au sensible, à la sphère mondaine tout comme il rejette son moi assimilé à un vêtement[77] : « le monde et l'individu avaient été également dépouillés de toute signification affective[78]. » Sa volonté de dépouillement dépasse la sphère mondaine ou moïque pour atteindre et éradiquer le cœur du sujet.

Sebastian ne peut admettre la puissance de l'art substituant au monde réel un autre monde, pas plus qu'il ne peut admettre le langage en acte, abstrayant le sujet du réel pour lui offrir à la place le monde du semblant représentatif ainsi présenté :

> Les plus animés des objets finis, les épisodes dramatiques de l'histoire de Hollande, les personnalités brillantes qui y avaient trouvé leur rôle à jouer, cet art doré qui nous entoure d'un monde de rêve, par-delà lequel le monde réel reste discernable, mais idéalisé [texte original : *etherealised*] par le milieu qui le laisse transparaître, toutes ces choses qui attachent d'un nœud si fort la plupart des hommes à l'existence[79].

Devant cette perte, mû par une véritable haine du signifiant et de désir, le jeune homme choisit la fuite[80]. Désinvesti[81], l'univers sensible

76 « *under the abstract "perpetual light," [Sebastian]* died to self *; while the intellect, after all, had attained a freedom of its own through the vigorous act which assured him that, as nature was but a thought of his, so himself also was but the passing thought of God.* » (*IP* 109, nous soulignons)

77 « *Detachment : to hasten hence : to fold up one's* whole self, as a vesture put aside » (*IP* 109, nous soulignons).

78 « *For Sebastian at least, the world and the individual alike had been divested of all effective purpose.* » (*IP* 109)

79 « *The most vivid of finite objects, the dramatic episodes of Dutch history, the brilliant personalities which had found their parts to play in them, that golden art, surrounding us with an ideal world, beyond which the real world is discernible indeed, but etherealised by the medium through which it comes to one : all this, for most men so powerful a link to existence* » (*IP* 109).

80 « *the thought of escape – means of escape – into a formless and nameless infinite world, quite evenly grey.* » (*IP* 109-110)

81 « *The very emphasis of those objects, their importunity to the eye, the ear, the finite intelligence, was but the measure of their distance from what really is. One's personal presence, the presence,*

finit par devenir immatériel et privé de sens. Ce rapport au monde et à l'Autre conduit à la suppression progressive non seulement de l'instance moïque[82] mais également du sujet, à une forme d'impersonnalisation (« *tabula rasa* ») que Pater égale au « nihilisme[83] » non pas politique mais moral qui, à l'époque où il rédige son portrait, équivaut au pessimisme et à la négation de toutes les valeurs et donc à l'athéisme. Fût-il généralisé, ce nihilisme extensible à autrui[84] conduirait, à la mort de toute société. Il n'en demeure pas moins que très vite, qu'il confine au fanatisme[85], tandis que le jeune homme élève la volonté de retour à l'homéostasie au rang de « devoir[86] ». Le monde devient alors un cauchemar[87] dont le sujet doit se détacher absolument. Parce qu'il est l'effet d'une « volonté individuelle[88] », et non d'un désir, placée en position maîtresse et ordonnatrice du sujet, ce fanatisme se retourne contre le sujet et se transforme en « noire mélancolie[89] » – l'expression renvoyant à l'acception classique (*melaina chole*) d'une affection traduite par la complétion subite ou l'inachèvement des tâches quotidiennes par fatigue[90]. Très vite, le « fanatisme » vire à la folie : Sebastian s'échappe de la demeure familiale, pour aller vers le néant d'une demeure isolée[91]. C'est là qu'il mourra, en sauvant un enfant de la noyade[92], tandis que survit cet Autre pétrifié qu'est la demeure.

---

such as it is, of the most incisive things and persons around us, could only lessen by so much, that which really is. » (*IP* 110)

82 « *To restore* tabula rasa, *then, by a continual effort at self-effacement !* » (*IP* 110)

83 « *Actually proud at times of his curious,* well-reasoned nihilism, *[Sebastian] could but regard what is called the business of life as no better than a trifling and wearisome delay.* » (*IP* 110, nous soulignons). Le terme « nihilisme » apparaît chez Bourget, auteur que lisait Pater.

84 « *Bent on making sacrifice of the rich existence possible for him, as he would readily have sacrificed that of other people* » (*IP* 110).

85 « *His odd devotion, soaring or sinking into fanaticism, into a kind of religious mania* » (*IP* 111).

86 « *duty* » (*IP* 111).

87 « that uneasy, tetchy, unworthy dream of a world » (*IP* 111, nous soulignons).

88 « *a vehement assertion of his individual will* » (*IP* 111).

89 « *this dark fanaticism, losing the support of his pride in the mere novelty of a reasoning so hard and dry, turned round upon him, as our fanaticism will, in black melancholy.* » (*IP* 111)

90 « *The theoretic or imaginative desire to urge Time's creeping footsteps, was felt now as the physical fatigue which leaves the book or the letter unfinished, or finishes eagerly out of hand, for mere finishing's sake, unimportant business.* » (*IP* 111)

91 « *the place he liked best : a desolate house, amid the sands of the Helder, [...] and almost surrounded by the encroaching tide, though there were still relics enough of hardy, sweet things about it, to form what was to Sebastian the most perfect garden in Holland.* » (*IP* 113-114)

92 « *when the body of Sebastian was found, apparently not long after death, a child lay asleep, swaddled warmly in his heavy furs, in an upper room of the old tower, to which the tide was almost*

Ce sauvetage a intrigué la critique[93] : s'agit-il de la possibilité d'une action éthique offerte *in fine* au sectateur de la pensée[94] ? Pater a-t-il voulu rédimer un personnage présenté sous un aspect particulièrement sombre ? A-t-il joué à son héros solitaire un mauvais tour en lui faisant sauver une vie, lui à qui sa propre vie était devenue insupportable ? A-t-il écarté le suicide, à l'époque dénoncé par le corps médical, le monde religieux et politique[95] ? Or, sa mère n'avait-elle pas prédit son destin[96] ? La mort de Sebastian se place dès lors sous le sceau de la réponse à un Autre tout-puissant, quoique caché derrière l'absolu de la philosophie : le fils s'est explicitement placé sous la garde maternelle en échangeant les tableaux de Philip de Koninck[97], contre le portrait de sa mère, seul ornement de sa chambre[98], prouvant qu'elle est depuis toujours l'Autre réel dont le seul désir est la mort du sujet, avec lequel il a mené sa partie, à travers ce que M.-C. Lambotte qualifie de « survenue d'une catastrophe dans la désertion du désir chez l'Autre[99] ». À l'inverse de la mère de Pic persuadée de son brillant destin, la mère de Sebastian ne découvre qu'un désir de mort envers son fils, inaugurant une série de personnages maternels au trouble désir.

Quant à la valeur du sauvetage de l'enfant, comme il l'a fait dans *Marius l'Épicurien* avec l'hypothétique conversion de Marius *in articulo mortis*, Pater laisse son lecteur, devant une question, lui demandant individuellement de prendre part à l'acte interprétatif, c'est-à-dire de prendre une place à la table du désir. Semblable position inverse bien évidemment celle du héros ayant choisi le retrait de cette même scène.

---

risen [...]. And it was in the saving of this child, with a great effort, as certain circumstances seemed to indicate, that Sebastian had lost his life. » (*IP* 114)

93 Cette mort a été interprétée comme un sacrifice, la preuve d'une distance impossible en art et dans la vie, une victoire équivoque ou l'affirmation de la nature humaine contre la philosophie. Voir W. Iser, *Walter Pater : The Aesthetic Moment*, *op. cit.*, et G. d'Hangest, *Walter Pater. L'homme et l'œuvre*, tome II, Paris, Didier, 1961, p. 56-57.

94 Voir K. Andrews, art. cité, p. 213.

95 B. T. Gates, *Victorian Suicide : Mad Crimes and Sad Histories*, Princeton, Princeton University Press, 1988.

96 « *His mother thought him like one disembarrassing himself carefully, and little by little, of all impediments, habituating himself gradually to make shift with as little as possible, in preparation for a long journey* » (*IP* 90).

97 « *four of whose choicest works occupied the four walls of his chamber ; visionary escapes, north, south, east, and west, into a wide-open though, it must be confessed, a somewhat sullen land* » (*IP* 89).

98 « *[Sebastian] had exchanged with his mother a marvellously vivid Metsu, lately bequeathed to him, in which she herself was presented. They were the sole ornaments he permitted himself.* » (*IP* 89)

99 M.-C. Lambotte, « Conclusion », *op. cit.*

« Sebastian van Storck » illustre les vicissitudes d'un sujet chez qui le désir est bloqué par ce qui relève d'une véritable haine du signifiant. Sebastian apparaît en proie à ce que la psychanalyse nomme « pulsion de mort[100] », pulsion individuelle mais également collective et transhistorique, selon Pater, puisqu'elle est l'effet du monde moderne, qu'il s'agisse de la Hollande du XVIIe siècle ou de l'Angleterre victorienne[101]. Toutefois, il convient d'élargir son propos : par-delà l'oblique de la société moderne, Pater vise également une condition transhistorique dont témoigne une certaine tradition philosophique. Le frère aîné de Sebastian est Parménide, partisan de la réduction de l'être à la pensée, auquel Pater consacrera une part de son *Platon et le platonisme*, en 1893, retrouvant ses méditations de 1866 sur un autre partisan de l'absolu et de l'Un, Coleridge, et le portrait de 1886.

La question finale ne porte pas tant sur l'interprétation de la mort du jeune homme que sur la question de sa mélancolie. Selon l'usage du terme chez Pater, Sebastian est un mélancolique tel que la tradition remontant aux Pères de l'Église le conçoit : un sujet frappé d'acédie. À suivre la textualité patérienne, caillou à caillou signifiant, il est aussi animé d'une véritable haine du signifiant dont son existence se passe à en refuser l'effet sous la forme du refoulement et du retour du refoulé qui lui est afférent. Sebastian rejoint les obsessionnels freudiens acharnés à établir l'impossible pureté d'un discours d'où le désir serait banni. Néanmoins, l'indifférence qu'il élit comme Souverain Bien et qu'il recherche de plus en plus activement jusqu'à sa fin, le rapproche également de la mélancolie freudienne et surtout du suicide mélancolique examiné dans « Deuil et mélancolie », ici envisagé comme conséquence logique du système philosophique auquel il a fait allégeance. Freud remarque que toute mise en danger réelle du moi provoque une irruption d'angoisse et de pulsion de vie, montrant que le sujet conserve par-delà les vicissitudes du destin une envie de vivre chevillée au corps[102]. C'est

100 « *bent on self-destruction* » (*IP* 114).

101 B. Inman lit « Sebastian van Storck » comme un portrait de la société démocratique anglaise et de l'effet de rejet qu'elle peut produire. La modernité serait : « *a disease then coming into the world ; disease begotten by the fogs of that country [...] on people grown somewhat over-delicate in their nature by the effects of modern luxury.* » (*IP* 115)

102 « Or l'analyse de la mélancolie nous enseigne que le moi ne peut se tuer que lorsqu'il peut, de par le retour d'investissement de l'objet, se traiter lui-même comme un objet, lorsqu'il lui est loisible de diriger contre lui-même l'hostilité qui vise un objet et qui

seulement dans la mélancolie la plus profonde que le moi en vient à consentir à son abolition parce qu'elle lui procure une jouissance où se conjoignent Éros et Thanatos, où la pulsion de mort se voit pervertie pour devenir consentement érotique à la mort que le sujet se donne. Dans cette perspective, Sebastian préfigure ce qui va se constituer comme *structure mélancolique* sous la plume de Freud (la névrose narcissique de « Névrose et psychose »), sans plus guère de ressemblance à la mélancolie romantique perçue à travers ses affects ou ses surprenantes conduites référées à quelque trouble moral. Le personnage patérien constitue une figure de transition entre la conception romantique de la mélancolie et la conception freudienne pour laquelle elle est l'une des réponses possibles à l'intrication d'Éros et de Thanatos, laquelle « traduit la structure du langage, la pulsion de mort supportant la finalité destinale du sujet, arrêtée dès l'effraction du *Real Ich*, la pulsion de vie imposant, en sens inverse, le détour par les voies du système représentatif pour atteindre ce but[103]. » Pour le mélancolique, cette intrication est insupportable et le sujet s'en rend maître par l'inversion de leurs fonctions pour aboutir un « consentement apaisé[104] » à l'Autre. Pater désigne quant à lui cet état comme indifférence activement cherchée par son héros, l'entraînant sur les voies d'un retrait progressif, systématique du monde, d'une fuite vers la maison qui se révèle en l'occasion, dernière demeure, d'un détachement derrière lequel se lit le travail de la pulsion de mort.

Le portrait hésite entre deux conceptions de la mélancolie, l'une l'apparentant à l'obsessionnalité freudienne et l'autre, à la volonté de revenir à l'état d'indifférence originaire du sujet, lui aussi théorisé dans la *Métapsychologie*[105]. Or le terme d'indifférence et ses diverses significations, religieuse, politique, subjective, apparaissent avec une fréquence accrue chez Pater à la suite de « Sebastian van Storck » pour qualifier des états particuliers et plus généralement une position subjective de rejet de l'éros et du monde sensible. L'utilisation des termes « *indifferentism* » et

représente la réaction originaire du moi contre les objets du monde extérieur », S. Freud, « Deuil et mélancolie », *op. cit.*, p. 161.

103 H. Rey-Flaud, *L'Éloge du rien*, *op. cit.*, p. 264.

104 H. Rey-Flaud, *Le Démenti pervers*, *op. cit.*, p. 65.

105 Retraçant la mise en place du sujet de l'inconscient, Freud note qu'au stade du *Real Ich* et du narcissisme primaire, « le moi-sujet coïncide avec ce qui est plaisant, le monde extérieur avec ce qui est indifférent (éventuellement avec ce qui, comme source d'excitation, est déplaisant). » S. Freud, « Pulsions et destins des pulsions », *Métapsychologie*, *op. cit.*, p. 36. Ce n'est qu'au stade du *Lust Ich* que le monde extérieur cesse d'être indifférent.

« *indifference* » montre qu'il distingue très clairement l'indifférence politique d'un Léonard de Vinci et l'indifférence psychique d'un Sebastian van Storck. Dès 1867, « *indifference* » apparaissait dans « Winckelmann », pour qualifier un domaine d'expérience échappant au relativisme et donc relevant de l'être[106]. Dans « La Poésie de Michel Ange », l'indifférence désigne ce qui reste du sujet *post mortem*[107] renvoyant là encore à l'être. Elle acquiert progressivement le statut d'un moment traversé par tout sujet où certains vont rester englués ou conduisant, à sa recherche élevée en but de l'existence, comme c'est le cas avec « Sebastian van Storck », révélant qu'elle confine à la mort, avant de trouver une saisissante incarnation dans les personnages de *Gaston de Latour* et dans « Emerald Uthwart » (1892), ses écrits terminaux.

« Coleridge », « Un prince des peintres de cour », « Sebastian van Storck » montrent que Pater fonde son exploration subjective sur la nostalgie du sujet confronté à la disparition de la Chose et au monde du semblant qu'elle lui lègue pour aborder peu à peu les façons dont il se situe au regard de cette perte, au point d'inscrire tout son trajet existentiel comme un refus de celle-là. Plus que l'étude des vicissitudes subjectives toujours justifiables d'une analyse psychologisante que l'on chercherait en vain sous sa plume, Pater s'intéresse avec une intensité redoublée aux fondements de la subjectivité pour se tourner vers une métapsychologie entendue comme logique de ce processus. Cette logique en passe par la découverte d'un moment d'indifférence tramant l'histoire de certains personnages, comme le confirme l'analyse d'« Emerald Uthwart » et d'« Hippolyte voilé ».

---

106 « *that indifference which lies beyond all that is relative or partial* », « Winckelmann » (*Ren* 140).

107 « *After death, it is said, the traces of slighter and more superficial dispositions disappear ; the lines become more simple and dignified ; only the abstract lines remain, in a great indifference.* » « The Poetry of Michelangelo » (*Ren* 60)

QUATRIÈME PARTIE

D'UNE INDIFFÉRENCE FONCIÈRE

UN DESTIN GOUVERNÉ PAR LES DÉESSES ?

Le spinozisme donne certes la vérité de la position somme toute obsessionnelle du héros patérien, mais il est également un discours créant un certain type de lien social fondé sur la recherche par chacun de l'indifférence. Cette recherche suscite une discrète ironie : si l'univers se peuple de mélancoliques attachés à s'extraire du monde, comment le monde même perdurera-t-il ? La lecture philosophique qu'il en fait en suivant la logique animant le jeune homme jusqu'à sa fin, permet à Pater de conclure que la persistance du monde est un démenti à un tel système[1]. Toutefois, la philosophie n'est pas le seul cadre sur lequel se détache le destin tragique du héros patérien. Helléniste et mythographe à ses heures, Pater a tiré parti du monde grec ordonné par la figure des dieux et des déesses fonctionnant comme des signifiants clés dans l'histoire du sujet[2]. Il leur consacre plusieurs essais et des écrits romanesques destinés à montrer la valeur éthique de la mythologie grecque : ainsi, « Déméter et Perséphone peuvent représenter à nos yeux, dans notre culture, la place à la fois légitime et possible des associations, des conceptions, de l'imagerie de la poésie religieuse grecque en général et de la poésie de toutes les religions. » (*EMAG* 103)[3]

Dans « Winckelmann », la mythologie est la force ailée offrant à l'homme la « promesse d'une destinée infinie[4] », s'alliant au rituel pour

1 « *[Sebastian] did not reflect that if others had inquired as curiously as himself the world could never have come so far at all – that the fact of its having come so far was itself a weighty exception to his hypothesis.* » (*IP* 111) Lacan juge que : « Cette position [spinoziste] n'est pas tenable pour nous. » J. Lacan, *Séminaire XI*, *op. cit.*, p. 306.

2 « *The gods had ever had much to do with the shaping of [one's] fortunes and the fortunes of [one's] kindred* » (*MS* 171).

3 « *abiding thus for the elevation and purifying of our sentiments, long after the earlier and simpler races of their worshippers have passed away, they may be a pledge to us of the place in our culture, at once legitimate and possible, of the associations, the conceptions, the imagery, of Greek religious poetry in general, of the poetry of all religions.* » (*GS* 151)

4 « *[Mythology] brought these conceptions, itself –* he pteron dunamis, *the power of the wing – an element of refinement, of ascension, with the promise of an endless destiny.* » (*Ren* 130)

façonner la religion plurielle[5] des Grecs qui, elle-même se lie à l'art pour produire la culture grecque et la « norme de goût » transhistorique. Entre 1876 et 1877, Pater s'intéresse à la mythologie grecque et rédige une série de textes consacrés aux mythes de Dionysos puis de Déméter et Perséphone[6]. La mythologie est alors conçue comme un discours rendant compte de la mortalité humaine s'exprimant à l'origine par des récits oraux, des légendes locales ensuite relevés par les poètes – Homère et les poètes cycliques – et s'incarnant *in fine* dans la sculpture grecque. « Le mythe de Déméter et Perséphone » propose une reconstitution du déploiement du mythe du stade mystique au stade poétique, puis éthique qui fonctionne en fait comme une série de jeux d'écritures conduisant à l'avènement du signifiant :

> Il y a d'abord la phase à demi-consciente, instinctive ou « mystique » dans laquelle, sous la forme d'une légende orale, passant de bouche en bouche, et dont les détails changent avec ses variantes locales, apparaissent certaines impressions primitives des phénomènes du monde réel. [...] la phase suivante, consciente, dite « poétique » ou littéraire, dans laquelle les poètes sont les dépositaires des produits vagues et instinctifs de l'imagination populaire qu'ils traitent avec un intérêt purement littéraire, en en fixant les contours, en en simplifiant et en en développant les situations. Puis, le mythe passe dans sa troisième phase dite « éthique », dans laquelle les personnes et les événements du récit apparaissent sous forme de symboles abstraits parce que ce sont des exemples intensément caractéristiques de conditions morales ou spirituelles. (*EMAG* 71-72)

Le mythe est l'opérateur faisant passer des impressions variées du monde (la phase mystique), à leur recueil sous formes de signifiants originaires (la phase poétique) avant leur relève par l'art (la phase éthique) destiné à incarner le mythe pour lui conférer une portée éthique, comme c'est le cas du sanctuaire de Cnide largement décrit (et reconstruit) par Pater (*EMAG* 100-102). Pater est alors logiquement conduit à souligner la valeur de la mythologie pour ses contemporains :

---

5 « *In Greece [the religious conceptions] were derived from mythology, itself not due to a religious source at all, but developing in the course of time into a body of religious conceptions, entirely human in form and character.* » (*Ren* 130)

6 « The Myth of Demeter and Persephone » a donné lieu à deux conférences en 1875, au *Birmingham and Midland Institute*, avant d'être publié dans la *Fortnightly Review* en janvier et février 1876. « Dionysus : A Study » sera publié dans la *Fortnightly Review* en décembre 1876. « The Bacchanals of Euripides » aurait été rédigé dans la foulée puisque selon Shadwell, Pater fait imprimer les 4 textes et commence à les réviser, voir « Preface by Charles L. Shadwell » (*GS* 4)

> Le mythe de Déméter et Perséphone illustre le pouvoir de la religion grecque, cette religion d'idées pures, de conceptions sans rapport avec des faits historiques mais qui, parce qu'elles sont naturellement sorties de l'esprit de l'homme et qu'elles ont incarné ses pensées les plus profondes concernant les conditions de son existence physique et spirituelle par l'intermédiaire de symboles adéquats, ont maintenu leur emprise à travers de nombreux changements et ne sont pas dépourvues d'un pouvoir solennisant y compris pour l'âme moderne qui les a jadis admises et reconnues comme des habitantes habituelles, afin d'œuvrer ainsi à l'élévation et à la purification de nos sentiments, longtemps après que les races plus simples et primitives de leurs adeptes aient disparu. (*EMAG* 103)[7]

Véritable système signifiant à portée permanente, la mythologie possède une valeur toujours actuelle en vertu du rabattement de l'ontogenèse sur la phylogénèse à travers lequel chaque individu récapitule l'histoire de l'humanité. Sa fonction essentiellement éthique exige une étude sérieuse doublée d'un examen du système énonciatif adopté par Pater et repris dans ses textes sur l'art grec. À partir du constat de la disparition de la culture gréco-latine, Pater se dissimule derrière les auteurs classiques – Homère, Callimaque, Claudien, Pausanias, Hérodote – pour reconstituer l'histoire du mythe à partir des textes et des traces, adoptant partiellement la méthode qu'il prête à Winckelmann[8]. La voix énonciative contemporaine s'élève sur fond de disparition comme une voix d'outre-tombe, Pater pratiquant un étonnant ventriloquisme destiné à faire résonner ce qui semblait avoir disparu depuis des siècles pour s'en faire « l'interprète[9] ».

Le mythe dionysiaque a sans doute aiguillé Pater vers Euripide, lequel se voit consacrer traductions et essais depuis la seconde moitié du siècle[10]. En 1889, il publie une analyse incisive des *Bacchantes*, significativement intitulée « Les Bacchanales d'Euripide[11] » et sans doute rédigée à la

---

7 « *The myth of Demeter and Persephone […] illustrates the power of the Greek religion as a religion of pure ideas – of conceptions, which having no link on historical fact, yet, because they arose naturally out of the spirit of man, and embodied, in adequate symbols, his deepest thoughts concerning the conditions of his physical and spiritual life, maintained their hold through many changes, and are still not without a solemnising power even for the modern mind, which has once admitted them as recognised and habitual inhabitants* » (*GS* 145)

8 « *[Winckelmann] catches the thread of a whole sequence of laws in some hollowing of the hand, or dividing of the hair* » (*Ren* 125).

9 Voir B. Coste, « Walter Pater the translator », *Walter Pater and the Classics*, ed. Elizabeth Prettejohn, Charles Martindale and Stefano Evangelista, *op. cit.*, p. 57.

10 L. Østermark-Johansen, « Introduction », *Imaginary Portraits*, *op. cit.*, p. 54.

11 W. Pater, « The Bacchanals of Euripides », *Macmillan's Magazine*, tome 60, May 1889, p. 63-72. La décennie a vu le retour de représentations théâtrales euripidéennes. Voir

suite de son étude de Dionysos. Peu mentionnée jusqu'ici, la tragédie grecque se voit reconnaître la fonction de transmettre la valeur éthique du mythe sous forme poétique :

> les *Bacchantes* d'Euripide sont un exemple du libre pouvoir imaginatif ou figuratif de sélection et de combinaison de la poésie à partir d'une masse flottante et mélangée dont elle tisse les fils multicolores pour mêler les différentes phases de la légende, sa lumière et sa part d'obscurité dans une forme solide et définie, à travers laquelle la simple tradition fluctuante pourra conserver une place dans l'imagination humaine. (*EMAG* 52)[12]

Le *poïen* d'Euripide lui permet d'assembler les traces éparses des impressions s'attachant au mythe dionysiaque pour élaborer un récit récapitulant et narrativisant ce dont la figure de Dionysos est le tenant-lieu : la disparition et le retour des saisons – soit la coupure symbolique – afin d'inviter les spectateurs à s'en imprégner, à les commémorer. La tragédie relève de la seconde phase où le mythe s'incarne dans un signifiant qualifiable d'originaire, destiné à être frappé de refoulement … pour mieux revenir, exigeant, comme le dieu grec, sa reconnaissance par le sujet.

Euripide est pour sa part un tragédien romantique, au sens que Pater donne au terme, mêlant la beauté et l'étrange, venant clore l'époque des tragédies grecques avec un véritable hapax puisque la présence de Dionysos exclut toute réconciliation entre les mortels et les dieux sur laquelle elles se fondent :

> la tragédie des *Bacchantes* [...] est presque dépourvue de la fin généralement calme et rassurante qu'on trouve habituellement dans la tragédie grecque. C'est une pièce excitée, troublée, bouleversante, une chose bigarrée, tachetée, comme les peaux de faons tachetées du propre déguisement du dieu, qui expriment si parfaitement le génie agile, double, changeant, vif comme l'éclair de la créature divine et sauvage elle-même[13]. (*EMAG* 55)

R. Dowgun, « Some Victorian Perceptions of Greek Tragedy », *Browning Institute Studies*, vol. 10, 1982, p. 70-91.

12 « *in the* Bacchanals *of Euripides we have an example of the figurative or imaginative power of poetry, selecting and combining, at will, from that mixed and floating mass, weaving the many-coloured threads together, blending the various phases of legend – all the light and shade of the subject – into a shape, substantial and firmly set, through which a mere fluctuating tradition might retain a permanent place in men's imaginations.* » (*GS* 53-54)

13 « *the tragedy of the Bacchanals, with its innovations in metre and diction, expressly noted as foreign or barbarous – all the charm and grace of the clear-pitched singing of the chorus, notwithstanding – with its subtleties and sophistications, its grotesques, mingled with and heightening*

Animées par Dionysos, *Les Bacchantes* sont le contre-exemple de la vertu pacifiante de la tragédie repérée par Pater à la suite d'Arnold, dans *La Renaissance*, lorsqu'il avait souligné qu'elle permettait à l'homme d'accepter sa finitude en dialectisant *ennui* et conflit, stase et *dunamis* :

> si l'homme devait être sauvé de l'*ennui* qui s'attache toujours à l'accomplissement, y compris à l'accomplissement de la vie parfaite, il était nécessaire qu'un conflit survînt, qu'une note plus aiguë attristât l'harmonie existante et que l'esprit qu'elle irritât fît entendre enfin une musique plus vaste et plus profonde. Dans la tragédie grecque, ce conflit a commencé : l'homme se trouve confronté à des exigences rivales et la tragédie montre comment un tel conflit peut être traité avec sérénité et comment son déroulement peut offrir le spectacle de la dignité plutôt que de l'impotence de l'esprit humain[14]. (*R* 205)

À travers la figure ambivalente de Dionysos, le dieu double des Grecs présenté par le tragédien, « Les Bacchanales d'Euripide » montre un conflit ayant cessé d'être dialectisable, dès lors que Dionysos se voit rejeté, refoulé de l'Autre scène qu'est la scène tragique. Toute la lecture patérienne des *Bacchantes* étudie cette ambivalence et montre comment Euripide – dont Pater fait une lecture tout inspirée par son esthétisme[15] – s'y collette poétiquement et dramatiquement[16].

---

a real shudder at the horror of the theme, and a peculiarly fine and human pathos, is almost wholly without the reassuring calm, generally characteristic of the endings of Greek tragedy : is itself excited, troubled, disturbing – a spotted or dappled thing, like the oddly dappled fawn-skins of its own masquerade, so aptly expressive of the shifty, twofold, rapidly-doubling genius of the divine, wild creature himself » (*GS* 59).

14 « *But if [man] was to be saved from the ennui which ever attaches itself to realisation, even the realisation of perfection, it was necessary that a conflict should come, and some sharper note grieve the perfect harmony, to the end that the spirit chafed by it might beat out at last a larger and profounder music. In Greek tragedy this conflict has begun ; man finds himself face to face with rival claims. Greek tragedy shows how such a conflict may be treated with serenity, how the evolution of it may be a spectacle of the dignity, not of the impotence, of the human spirit.* » (*Ren* 143)

15 Euripide est à l'époque présenté comme un tragédien rationnel alors que les esthètes et en partie les étudiants d'Oxford en ont une lecture plus personnelle fondée sur la traduction et la réécriture. Voir T. Prasch, « Clashing Greeks and Victorian Culture Wars : Euripides vs. Aristophanes in Late-Victorian Discourse », *Victorian Studies*, vol. 54. 3, Special Issue : Papers and Responses from the Ninth Annual Conference of the North American Victorian Studies Association, Spring 2012, p. 464-473. Comme le souligne L. Østermark-Johansen, Pater contribue à la réhabilitation du tragédien voir « Introduction », *Imaginary Portraits, op. cit.*, p. 54.

16 Pater rejoint en ce point les analyses de G. Steiner dans *La Mort de la tragédie*, Paris, Gallimard, Coll. Folio essais n° 224, 1993.

« Les Bacchantes » n'épuise toutefois pas son intérêt pour Euripide. En outre, l'énonciation ventriloquisante d'une voix d'outre-tombe destinée à faire résonner la mythologie à partir de son expression dans la tragédie donne en effet lieu à un portrait assez atypique dans le corpus patérien : « Hippolyte voilé[17] ». Atypique car Pater se propose de donner une version narrative de la tragédie euripidéenne éponyme perdue dont ne subsistent que 41 vers[18], ce qui lui laisse toute latitude pour la recréer à travers cette veine énonciative si particulière naissant de la disparition quasi-radicale de tout original, de toute trace, pour apparaître comme une profération d'outre-tombe. Le ventriloquisme patérien apparaît lorsque l'auteur s'égale au silence (certes involontaire) d'un tragédien mort depuis des siècles.

Le portrait est également atypique car il est isolé : si Pater avait vécu plus longtemps, peut-être aurait-il poursuivi l'exploration des vicissitudes subjectives à l'intérieur d'un cadre polythéiste. L'histoire d'« Apollon en Picardie » et de « Denys l'Auxerrois » se déroule au Moyen Âge ; leur portrait explore les conditions d'un retour du paganisme en terre chrétienne pour le déclarer impossible. Le retour des dieux en exil structurant ces deux portraits inaugure un renouveau très vite insupportable, suscitant la disparition nécessaire de celui qui l'incarne : Denys est mis à mort et Appolyon s'évanouit[19]. Le paganisme est devenu impossible en terre christianisée et ceux qui l'incarnent sont mis à mort à moins qu'ils ne provoquent des tragédies. Frère Saint-Jean perd la raison et tombe en prostration, laissant inachevé son ambitieuse œuvre[20].

Inversement, l'histoire d'« Hippolyte voilé » se déroule durant l'Antiquité, à une époque historiquement imprécise, où la tragédie assure cependant sa fonction structurante. « Les Bacchanales d'Euripide » propose une narrativisation des *Bacchantes*, mais « Hippolyte voilé », prenant le contrepied d'une tradition centrée sur Phèdre, invente son sujet, crée le portrait imaginaire d'un héros dont l'histoire littéraire n'a

---

17 W. Pater, « Hippolytus Veiled : A Study from Euripides », *Macmillan's Magazine*, tome 60, August 1889, p. 294-306.

18 Euripide rédige deux tragédies : *Hippolyte* (428 av. J.-C.), qui nous est parvenue, et *Hippolyte voilé*, qui, dit-on, scandalisa les Athéniens car Phèdre déclarait sa passion à son beau-fils qui se voilait le visage d'horreur.

19 Voir R. et J. Keefe, *Walter Pater and the Gods of Disorder*, Athens, Ohio UP, 1988.

20 « *He never again set pen to [his great work]* », « Apollo in Picardy » (*MS* 146).

retenu que le nom et le destin tragique[21]. Ce choix témoigne de la volonté patérienne d'affirmer la permanence transhistorique de la subjectivité à travers l'étude de ses fondations. Le texte relève d'autre part d'une autre famille de portraits : celle des sujets en proie à un destin qu'ils ne maîtrisent pas, comme l'avait incarné Sebastian dont le destin obéit au désir maternel inconscient. Cette obéissance inavouée, cette détermination du sujet par l'Autre féminin trouve pleinement à s'exprimer par le truchement des déesses grecques car comme le remarque L. Østermark-Johansen, Hippolyte n'a pas moins de quatre mères.

Il faut avoir un solide sens de l'humour pour donner à « Hippolyte voilé » le sous-titre « étude tirée d'Euripide », lorsque l'on sait que la tragédie éponyme qui, dit-on, scandalisa les Athéniens, a définitivement disparu. D'Euripide, reste *Hippolyte* présentant les raisons du culte dont le jeune homme fit l'objet à Trézène avant d'inspirer Racine. Si ce dernier fait porter l'accent sur l'héroïne titulaire aux dépens de son beau-fils, Pater s'écarte d'une époque et d'un auteur qu'il n'aime guère ; il s'écarte également d'*Hippolyte*, bâti sur le rapport entre Thésée et son fils – le premier exilant le second après le suicide et la tablette faussement accusatrice de Phèdre – et culminant dans la réconciliation (la *Versöhnung* freudienne) finale. Pater garde toutefois certains vers dont l'écho résonne dans sa fiction et l'idée, exprimée par Artémis *in fine* : « Comment les hommes / si les dieux les aveuglent, pourraient-ils éviter l'erreur[22] ? » pour faire du destin d'Hippolyte un destin ordonné non par les dieux, mais par des personnages caractérisés par un véritable outrage au symbolique.

Son portrait imaginaire s'ouvre sur une exposition de la religion grecque telle qu'elle apparaissait encore à Pausanias au IIe siècle après J.-C.[23]. Plus précisément, et comme le suggère C. Ribeyrol, Pater s'écarte de la Périégèse pour présenter une Grèce plus personnelle[24], évoquer

21 Symptomatiquement, C. L. Shadwell l'inclura dans les *Études grecques*.

22 *Hippolyte*, v. 1433-1434, Euripide, *Tragédies complètes I*, traduction Marie Delcourt, Paris, Gallimard, coll. « Folio classique », 2001, p. 271.

23 Pausanias est l'un des masques préférés de Pater qui fit cours sur la *Périégèse*. Pater le cite dans ses études sur l'art grec.

24 « Taking his readers on an alternative Hellenic Grand Tour, Pater fantasizes a more secret Greece, off the official map delineated by the *Periegesis*. » C. Ribeyrol, « Hellenic Utopias : Pater in the Footsteps of Pausanias », *Pater the Classicist*, *op. cit.*, p. 204.

la vie des premiers dèmes[25] qui voient déjà la renaissance de l'art et de la politique[26], tout en préservant d'anciens sentiments et coutumes religieuses, tandis que la religion fonctionne par assimilation du culte étranger d'Athéné Polias[27]. Le lecteur des textes patériens consacrés à la Grèce antique, dont « Dionysos, étude », retrouve les thèses à travers lesquelles Pater dialectise les rapports entre la mythologie grecque et la religion, insistant sur le caractère plastique et la diversité des religions grecques liée à la variété des lieux où elles s'exercent. C'est dans l'un de ces dèmes qu'arrive Thésée dont le premier acte consiste à tuer le taureau de Marathon avant d'exterminer le Centaure[28]. Ce second acte ouvre le registre proprement tragique puisque selon Pater, les Centaures et les Amazones représentent le passé pour le coup mythique et perdu, et sont la trace d'un monde originaire évanoui[29]. Appartenant à un monde anhistorique, le Centaure et les Amazones n'apparaîtront plus que sous la forme d'un songe dans le monde grec dès lors soumis à l'historicité[30].

Les Amazones représentent quant à elles l'infortune qu'il y a à prendre entre leurs mains la loi dite « naturelle » leur assignant un rôle dans la distribution sexuelle : « un piètre exemple de la fortune qui peut échoir au sexe féminin en prenant entre leurs mains une dure loi naturelle et en se refusant à tout tendre commerce pour s'accommoder

25 « *the early Attic deme-life* », W. Pater, « Hippolytus Veiled » (*GS* 153).

26 « *new art, new poetry, fresh ventures in political combination, in the conception of life, springing as if straight from the soil, [...] it was just here that ancient habits clung most tenaciously* » (*GS* 154).

27 « Les mythographes ont l'habitude de parler de *la* religion des Grecs. Ce faisant, ils utilisent en fait une expression trompeuse et devraient plutôt parler *des* religions : chaque race et chaque classe de Grecs – les Doriens, les gens de la côte, les pêcheurs – ayant eu sa propre religion, elle a conçu les objets propres à occuper ses pensées, sans que les usages et les idées résultants n'aient jamais réussi à former un système précisément harmonisé comme c'est le cas d'autres religions. » (*EMAG* 27)

28 « *that delightful creature, the Centaur* » (*GS* 160).

29 « *Centaur and Amazon, as we see them in the fine art of Greece, represent the regret of Athenians themselves for something that could never be brought to life again, and have their pathos.* » (*GS* 161)

30 L'antériorité des Amazones et du Centaure était soulignée dans « Les Bacchanales d'Euripide » aux côtés des Ménades : « *Later sisters of Centaur and Amazon, the Maenads, as they beat the earth in strange sympathy with its waking up from sleep, or as, in the description of the Messenger, in the play of Euripides, they lie sleeping in the glen, revealed among the morning mists, were themselves indeed as remnants – flecks left here and there and not yet quite evaporated under the hard light of a later and commoner day – of a certain cloud-world which had once covered all things with a veil of mystery.* » (*GS* 58)

d'une indépendance aride comme d'une sorte de pis-aller – le seul praticable pour elles, étant donné l'imperfection de la conjoncture où elles se trouvaient placées[31]. » (*HV* 139-140) En décidant de prendre le contrepied de la Loi de l'alliance et de n'avoir que celle qu'elles se donnent, les Amazones se placent hors castration. Un analyste lacanien les verrait sans doute comme incarnation de La Femme, échappant à la fonction phallique[32] ; Pater les nomme « vierge[s] sauvage[s][33] » (*HV* 139), et en appelle à Platon décrivant leur féminité « améliorée[34] ». Leur refus de la Loi pèsera sur le destin d'Hippolyte, fils d'une femme plutôt que d'une mère.

Le second acte de Thésée, animé d'un « esprit moderne[35] » éradiquant les vestiges d'un ordre où les dieux se manifestaient dans le réel, consiste à frapper les Amazones « à terre[36] », avant de s'emparer de la ceinture d'Antiope, leur reine. Devant cet assaut marqué par la lâcheté et l'outrage aux règles du combat, Antiope s'incline et fait preuve « d'une étrange soumission », passant de la « vierge sauvage » à « l'esclave consentante[37] » (*HV* 139) Elle devient l'idolâtre[38] d'un homme élevé au rang de héros, non sans éprouver quelques remords devant la trahison commise envers ses sœurs venues la chercher et contre lesquelles elle s'est retournée[39] avant d'être elle-même victime du caprice de Thésée lorsqu'il l'abandonne. Le fils qu'elle lui donnera sera l'« instrument de

---

31 « *They figure rather as a sorry measure of the luck of the female sex in taking a hard natural law into their own hands, and by abnegation of all tender companionship making shift with bare independence, as a kind of second-best – the best practicable by them in the imperfect actual condition of things.* » (*GS* 162)

32 Selon la célèbre formule : « La femme, ça ne peut s'écrire qu'à barrer *La*. Il n'y a pas *La* femme puisque [...] de son essence, elle n'est pas toute. » J. Lacan, *Séminaire XX*, *op. cit.*, p. 93. La femme serait un être hors castration.

33 « *savage virgin[s]* » (*GS* 161).

34 « *Plato will reinstate [the Amazon] as the type of improved womanhood* » (*MS* 160-161). Voir *République* V 460 *c-d*.

35 « *Theseus, uncompromising young master of the situation, in fearless application of "the modern spirit"* » (*GS* 160).

36 « *[He] hit them when they were down* » (*GS* 161).

37 « *At sight of this new foe, at any rate, [Antiope] came to a strange submission. The savage virgin had turned to very woman, and was presently a willing slave, returning on the gaily appointed ship in all haste to Athens, where in supposed wedlock she bore King Theseus a son* » (*GS* 161).

38 « *all other thoughts transformed now into wild idolatry of her hero.* » (*GS* 162)

39 « *the conscience of her perfidy remained with [Antiope], adding the pang of remorse to her own desertion, when King Theseus, with his accustomed bad faith to women, set her, too, aside in turn.* » (*GS* 162)

la colère » en même temps que le « juge futur de la cause » de Phèdre, l'épouse trompée[40]. Le déni de la Loi fait retour lorsqu'Antiope se voit traitée comme une simple femme aisément échangeable. Sa forfaiture reviendra sur la scène à travers le rapport qu'elle entretiendra avec la manifestation bien réelle de son outrage : son fils. C'est donc dans ces circonstances et muni d'un tel *fatum* que naît Hippolyte, laissé par son père dans le dème, comme pour « voil[er][41] » quelque faute.

Devenue mère, Antiope découvre le sentiment maternel[42], et forme un lien intense[43] avec son enfant. Elle lui épargnera tout déplaisir et se pose en dispensatrice de joie, lui apprenant à endurer les « dures nécessités de la vie » et à « calmer ou à tromper sa douleur » (*HV* 142)[44]. Pour lui, elle apprend à filer la laine[45], et trouve son plaisir dans le plaisir qu'il prend. Hippolyte lui semble-t-il heureux qu'elle se prend à craindre que ce bonheur n'annonce une chute brutale, « une menace d'infortune à venir[46] » (*HV* 143), pour la raison qu'il renvoie à son propre reniement de la loi des Amazones[47]. Antiope était la fille symbolique d'Arès[48] – dieu sanglant de l'orage et des combats y compris érotiques évoqué par Pater dans « Les Marbres d'Égine[49] » – dont elle portait la ceinture. Ravie par Thésée, devenue mère, elle se voue à Artémis, autre divinité aux « manières farouches » présenté comme ayant répudié la violence tout

40 « *Phaedra, the true wife, was there, peeping suspiciously at her arrival; and even as Antiope yielded to her lord's embraces the thought had come that a male child might be the instrument of her anger, and one day judge her cause* » (*GS* 162).

41 « *veiling* » (GS 163).

42 « *In the wild Amazon's soul, to her surprise, and at first against her will, the maternal sense had quickened from the moment of his conception, and [...] kindling more eagerly at every token of manly growth, had at length driven out every other feeling.* » (*GS* 164)

43 « *the seed of an undying sympathy.* » (*GS* 164)

44 « *the harsh necessities of life* » (165) ; « *she teaches him betimes to soothe or cheat pain* » (*GS* 164-165).

45 « *Carefully inverting the habits of her own rude childhood, she learned to spin the wools, white and grey, to clothe and cover him pleasantly.* » (*GS* 165)

46 « *a menace of misfortune to come* » (*GS* 165).

47 « *Was there not with herself the curse of that unsisterly action ?* » (*GS* 165)

48 « *that bloody god of storm and battle, hereditary patron of her house* » (*GS* 165).

49 « *Ares, the god of war himself, we must remember, is, according to his original import, the god of storms, of winter raging among the forests of the Thracian mountains, a brother of the north wind. It is only afterwards that, surviving many minor gods of war, he becomes a leader of hosts, a sort of divine knight and patron of knighthood; and, through the old intricate connexion of love and war, and that amorousness which is the universally conceded privilege of the soldier's life, he comes to be very near Aphrodite, – the paramour of the goddess of physical beauty. So that the idea of a sort of soft dalliance mingles, in his character [...] with the idea of savage, warlike impulses* » (*GS* 265-266).

en acceptant un culte « sinistre et cruel[50] » (*HV* 144). Cette Artémis n'est plus l'ancienne Artémis scythe placée aux côtés d'Arès[51] mais une déesse visitant parfois les mortels dans leurs rêves[52] ; elle n'est plus « la petite idole aux traits cruels que sa mère avait apportée dans son ballot » mais la « vierge », la « créature solitaire », la « nourrice assidue des enfants et la patronne de la jeunesse[53] » (*HV* 146), la déesse de la chasse et de la destinée, douée d'« une influence dont l'ampleur semblait coextensive à la somme des êtres[54] » (*HV* 146). Fonctionnant comme une « grande mère[55] » pour le jeune homme (*HV* 146), Artémis est au fond une version idéalisée de l'ancienne Antiope. Par sa chasteté, elle éveille la curiosité du jeune homme et se présente comme un mystère insondable propre à susciter l'interrogation et à mettre en marche la noria du désir[56].

Fils d'une mère ayant trahi la loi de ses sœurs, Hippolyte se consacre à cette déesse apparemment bienveillante à laquelle il se voue comme il se voue à sa mère :

> À elle néanmoins, à sa maternité, à sa solitude, à cette mère virginale qui, sans époux, sans amant, sans fruit qui lui soit propre, est si tendre pour les enfants des autres, de tout cœur il se voue – il voue son corps et son âme immaculés. En se dédiant de la sorte, il a aussi le sentiment de devenir plus entièrement que jamais le chevalier de sa mère mortelle et de sa triste cause[57]. (*HV* 147)

---

50 « *a cruel and forbidding worship* » (*GS* 166).

51 « *the old Scythian Artemis hanging there on the wall, side by side with the forgotten Ares, blood-red* » (*GS* 166)

52 « *Artemis [...] had put aside her fierce ways, as she paused awhile on her heavenly course among these ancient abodes of men, gliding softly, mainly through their dreams, with abundance of salutary touches.* » (*GS* 166)

53 « *the cruel-featured little idol his mother had brought in her bundle* » (*GS* 166) ; « *the goddess reveals herself to the lad, poring through the dusk by taper-light, as at once a virgin, necessarily therefore the creature of solitude, yet also as the assiduous nurse of children, and patroness of the young.* » (*GS* 168)

54 « *a breadth of influence seemingly coextensive with the sum of things* » (*GS* 168).

55 « *his great mother was in touch with everything* » (*GS* 168).

56 « *[Hippolytus] can but note her perpetual chastity, with pleasurable though half-suspicious wonder at the mystery, he knows not what, involved therein, as though he awoke suddenly in some distant, unexplored region of her person and activity. Why the lighted torch always, and that long straight vesture rolled round so formally ? Was it only against the cold of these northern heights ?* » (*GS* 168-169)

57 « *To her, nevertheless, her maternity, her solitude, to this virgin mother, who, with no husband, no lover, no fruit of her own, is so tender to the children of others, in a full heart he devotes himself – his immaculate body and soul. Dedicating himself thus, he has the sense also that he becomes more entirely than ever the chevalier of his mortal mother, of her sad cause.* » (*GS* 169)

Artémis représente une version magnifiée de la mère solitaire et délaissée par l'autre sexe, se vouant à son fils comme il se consacre à elle. N'est-elle pas selon la légende eschyléenne citée par Pater, la fille, non de Léto, mais de Déméter[58] ? Pour qui a lu « Le mythe de Déméter et Perséphone », cette modification de la légende n'est pas sans conséquence car Perséphone, ravie à Déméter, est une déesse masquant son caractère chtonien par des symboles dont l'ambiguë grenade et le pavot « emblème du sommeil et de la mort à cause de ses jus narcotiques, emblème de la vie et de la résurrection à cause de ses graines innombrables » (*EMAG* 102)[59]. Dans « Hippolyte voilé », Pater complexifie la légende : Déméter aurait accouché seule d'Artémis[60], ce qui aurait eu pour conséquence de lier Artémis à la mort, d'en faire l'envoyée d'un destin bref épargnant à l'homme la vieillesse et la maladie[61]. Artémis, « fille baignée d'ombre » (*HV* 148), devient ainsi la remplaçante de Perséphone disparue dans l'Hadès[62]. Elle est le tenant-lieu de la disparue, mais également de la mort, comme Hippolyte en est conscient[63].

58 « *There were those in later times who, like Aeschylus, knew Artemis as the daughter not of Leto but of Demeter, according to the version of her history now conveyed to the young Hippolytus, together with some deepened insight into her character.* » (*GS* 170)

59 « *[Persephone] is compact of sleep, and death, and flowers, but of narcotic flowers especially, – a* revenant, *who in the garden of Aidoneus has eaten of the pomegranate, and bears always the secret of decay in her, of return to the grave, in the mystery of those swallowed seeds ; sometimes, in later work, holding in her hand the key of the great prison-house, but which unlocks all secrets also ; (there, finally, or through oracles revealed in dreams ;) sometimes, like Demeter, the poppy, emblem of sleep and death by its narcotic juices, of life and resurrection by its innumerable seeds, of the dreams, therefore, that may intervene between falling asleep and waking. Treated as it is in the Homeric hymn, and still more in this statue, the image of Persephone may be regarded as the result of many efforts to lift the old Chthonian gloom, still lingering on in heavier souls, concerning the grave, to connect it with impressions of dignity and beauty, and a certain sweetness even ; it is meant to make men in love, or at least at peace, with death.* » (*GS* 148-149)

60 « *The goddess of Eleusis, on a journey, in the old days when, as Plato says, men lived nearer the gods, finding herself with child by some starry inmate of those high places, had lain down in the rock-hewn cubicle of the inner chamber, and, certainly in sorrow, brought forth a daughter.* » (*GS* 169-170)

61 « *Here was the secret at once of the genial, all-embracing maternity of this new strange Artemis, and of those more dubious tokens, the lighted torch, the winding-sheet, the arrow of death on the string – of sudden death, truly, which may be thought after all the kindest, as prevenient of all disgraceful sickness or waste in the unsullied limbs.* » (*GS* 170)

62 « *the late birth into the world of this so shadowy daughter was somehow identified with the sudden passing into Hades of her first-born, Persephone* » (*GS* 170).

63 « *As [Hippolytus] scans those scenes anew, an awful surmise comes to him ; his divine patroness moves there as death, surely.* » (*GS* 170)

Il en écarte toutefois l'idée pour ne retenir d'Artémis que son caractère bienveillant[64]. Comme Perséphone, Artémis euphémise son caractère létal en se présentant comme dispensatrice du sommeil, « fontaine de santé[65] » (*HV* 148) morale et physique pour le jeune homme.

Pater souligne qu'Hippolyte confond alors la déesse bienfaisante[66] et son homonyme : la triple Hécate. Il confond les bienfaits et les méfaits… au grand dam de sa mère qui se défie de cette déesse ambiguë. Antiope jalouse « cette effigie à double face[67] » (*HV* 149) qui lui a ravi son fils[68], car à ses yeux la « chasteté absolue » d'Artémis équivaut à « une espèce de mort[69] » (*HV* 150). Désormais, elle vit dans la crainte qu'un quelconque malheur arrive à ce fils devenu l'objet exclusif d'un culte dont elle se fait la desservante[70] pendant que sa « promesse de chasteté » est interprétée comme « le gage qu'il demeurera toujours auprès d'elle[71] » (*HV* 151). À travers le reniement de sa mère et le rapt de son père – double outrage au symbolique – Hippolyte apparaît comme un sujet débarrassé de toute inscription de la castration, voué à être, au choix, le desservant d'une trouble déesse ou le bâton de vieillesse de l'ancienne Amazone. Dire qu'il est le tenant-lieu du phallus de la mère procéderait du rabattement sauvage de la psychanalyse sur le texte patérien ; il convient de suivre la propre élaboration de Pater pour rendre compte du destin du jeune homme, à ce moment présenté comme heureux et susceptible d'être aimé des dieux[72].

---

64 « *thinking of his new mother as but the giver of sound sleep, of the benign night, whence – mystery of mysteries ! – good things are born softly, from which he awakes betimes for his healthful service to her.* » (*GS* 170)

65 « *a power of sanity* » (*GS* 170).

66 « *Those more dubious traits, nevertheless, so lightly disposed of by Hippolytus (Hecate thus counting for him as Artemis goddess of health)* » (*MS* 171).

67 « *that two-sided figure* » (*GS* 171).

68 « *the mortal mother felt nothing less than jealousy from the hour when the lad had first delightedly called her to share his discoveries, and learn the true story (if it were not rather the malicious counterfeit) of the new divine mother to whom he has thus absolutely entrusted himself.* » (*GS* 171)

69 « *Was not this absolute chastity itself a kind of death ?* » (*GS* 172)

70 « *Her work in life henceforward was defined as a ministry to so precious a gift, in full consciousness of its risk ; it became her religion, the centre of her pieties.* » (*GS* 172)

71 « *Half-selfish for a moment, she prays that he may remain for ever a child, to her solace ; welcomes now the promise of his chastity (though chastity were itself a kind of death) as the pledge of his abiding always with her.* » (*GS* 172)

72 « *His happiness, his invincible happiness, had been found engaging, perhaps by the gods, certainly by men* » (*GS* 173).

La tragédie s'est mise en place depuis l'acte de Thésée : elle se précise lorsqu'il tombe sous le charme de cet « enfant indésiré » connaissant « la bonne fortune » du « proscrit[73] » (*HV* 151). L'invitation qu'il lui lance n'est pas dénuée d'arrière-pensée[74] puisqu'Hippolyte est destiné à prouver les sentiments d'un Thésée présenté comme une incarnation de la virilité[75], à son épouse[76]. La découverte d'Athènes ne soulève chez le jeune homme que l'envie d'égaler ses habitants tout en conservant sa simplicité. Devant tant de contentement, Antiope doute, tout comme elle doute à partir de la malédiction qui lui est attachée et du culte rendu par son fils à Artémis[77] : quel sera le destin d'un jeune homme, fruit d'un double reniement, d'un double outrage au symbolique ?

Hippolyte devient un pion dans le jeu paternel. « [À] cause d'une certaine médiocrité d'âme », son père ne peut que jalouser « cette réplique plus délicate de lui-même[78] » (*HV* 153), craignant que ce rival ne le supplante auprès de Phèdre après l'avoir supplanté auprès d'Antiope. Élevé frugalement quoique « raffiné d'instinct », Hippolyte apprécie Athènes tandis que ses demi-frères succombent à leur retour à son charme. La tentation de la rivalité l'effleure-t-elle qu'il se contente du sort qui lui est imparti. Sous l'égide protectrice de sa déesse[79], il est devenu entre-temps « conducteur de char, [...] éleveur et [...] meneur de chevaux[80] » (*HV* 153), retrouvant à son insu l'un des talents de sa mère[81]. Cette activité est la seule à susciter sa vanité et l'espoir de gagner les jeux. Hippolyte, dont le prénom signifie celui qui délie les chevaux, s'égale

---

73 « *unwelcome child* » ; « *that special good fortune which sometimes attends the outcast* » (*GS* 173).

74 « *when King Theseus came [...] he felt a half liking for the boy, and bade him come down to Athens* » (*GS* 173).

75 « *Manliest of men, like Hercules in his cloak of lion's skin* » (*GS* 174).

76 « *by way of proof to his already somewhat exacting wife of the difference between the old love and the new as measured by the present condition of their respective offspring.* » (*GS* 173)

77 « *Sensible of that curse on herself, with her suspicions of his kinsfolk, of this dubious goddess to whom he has devoted himself, [Antiope] anticipates with more foreboding than ever his path to be, with or without a wife – her own solitude, or his – the painful heats and cold. She fears even these late successes ; it were best to veil their heads.* » (*GS* 174)

78 « *[Theseus] has after all but scant liking, feels, through a certain meanness of soul, scorn for the finer likeness of himself.* (*GS* 174-175)

79 « *grateful to his celestial mother for many a hair-breadth escape* » (*GS* 174).

80 « *the goddess, herself turning ever kinder, and figuring more and more exclusively as the tender nurse of all things, had transformed her young votary from a hunter into a charioteer, a rearer and driver of horses* » (*GS* 174).

81 « *after the fashion of his Amazon mothers before him.* » (*GS* 174)

(se réduit ?) à sa passion hippique[82]. C'est en « [v]ainqueur de la course du jour » qu'il rapporte « un étincelant harnais neuf[83] » (*HV* 154). S'il produit l'effet d'un héros sur la population athénienne[84], il est toujours l'étudiant des anciens textes consacrés à sa « divine patronne[85] ».

Phèdre n'est pas insensible à un charme[86] d'autant plus fort qu'il est inconscient et que le jeune homme se voue à ses deux mères auxquelles il offre ses trophées[87]. Alors qu'Antiope s'est ouvertement reniée, Hippolyte s'informe des Amazones, visite leur tombeau et leur fait les offrandes dues aux morts héroïques[88]. Ce culte de La Femme, au sens où Lacan en parle pour dire qu'elle n'existe pas[89], retrouvant l'intuition patérienne qui la place hors temporalité, s'oppose au culte qu'il ne rend pas à une déesse de l'amour « dont il avait à peine entendu parler[90] » (*HV* 155). Hippolyte refuse de célébrer le culte d'Aphrodite, la divinité la mieux honorée d'Athènes[91], en maintenant contre elle celui d'Artémis. Se détournant de la déesse de l'amour et donc de la castration qu'il implique, Hippolyte choisit la chasteté et la déesse la symbolisant[92]. Nourri d'indifférence – terme apparaissant dans le texte – le refus d'accepter la finitude, constitue un autre élément du destin tragique du

82 « *A chariot and horses [...] was like the pawn [Hippolytus] moved to represent the big demand he meant to make, honestly, generously, on the ample fortunes of life.* » (*GS* 174)

83 « *A victor in the day's race* » (*GS* 174) ; « *a glittering new harness in place of the very old one he had come with.* » (*GS* 176)

84 « *Men seemed to have seen a star flashing* » (*GS* 174).

85 « *at home, savouring to the full his old solitary happiness, veiled again from time to time in that ancient life, he is still the student, still ponders the old writings which tell of his divine patroness.* » (*GS* 176)

86 « *Queen Phaedra looks with pleasure, as he comes, on the once despised illegitimate creature* » (*GS* 176).

87 « *[Hippolytus] did not forget the kindly goddess* » (*GS* 177).

88 « *The tombs of the fallen Amazons, the spot where they had breathed their last, he piously visited, informed himself of every circumstance of the event with devout care, and, thinking on them amid the dainties of the royal table, boldly brought them too their share of the offerings to the heroic dead.* » (*GS* 177)

89 J. Lacan, *Séminaire XX*, *op. cit.*, p. 93.

90 « *Aphrodite, of whom he had scarcely so much as heard* » (*GS* 177).

91 « *Aphrodite [...] was just then the best-served deity in Athens, with all its new wealth of colour and form, its gold and ivory, the acting, the music, the fantastic women, beneath the shadow of the great walls still rising steadily* » (*GS* 177).

92 « *Aphrodite too had looked with delight upon the youth, already the centre of a hundred less dangerous human rivalries among the maidens of Greece, and was by no means indifferent to his indifference, his instinctive distaste ; while the sterner, almost forgotten Artemis found once more her great moon-shaped cake, set about with starry tapers, at the appointed seasons.* » (*GS* 177)

jeune homme car sa chasteté éveille la jalousie d'Aphrodite[93]. Désormais, deux déesses se disputent son âme : celle de l'amour et de l'éros et celle de la continence, du sommeil, et de la mort. Hippolyte se voit placé à un carrefour entre amour et mort, Aphrodite et Artémis, comme tout sujet peut l'être, mythiquement, lorsqu'il effectue non le choix de la névrose mais un choix plus originaire, plus fondamental entre l'indifférence et l'amour, repéré par Freud en 1915 dans « Pulsions et destins des pulsions » lorsque le *Lust Ich* (le moi plaisir) se voit effracté par les « excitations » du « monde extérieur[94] » et que la haine, premier avatar de la pulsion de mort, se substitue à une indifférence originelle qui est celle de l'être avant de se dialectiser avec l'amour, pulsion de vie. L'acceptation de cette dialectique signe l'entrée du sujet dans une position névrotique fondée sur la castration tandis que son rejet ou son démenti conduit respectivement à une position psychotique ou perverse. Ce choix que la psychanalyse reconstitue à partir de ses effets de discours chez le sujet, Pater l'élabore à partir de figures tutélaires mythologiques.

Vainqueur de la grande course de chars, Hippolyte échange son prix contre la vieille effigie de bois d'Artémis, désignant explicitement le culte auquel il sacrifie[95]. C'est à ce moment que rentre en lice Phèdre, « âme ardente avec un sang étrange, impétueux », désireuse de le convertir à sa « religion[96] » (*HV* 157). Au mépris de la loi de l'alliance, elle lui exprime ses sentiments[97], se faisant le porte-voix d'Aphrodite[98] pour l'inciter à sacrifier au culte de la déesse de l'amour. Le lecteur de Racine a en tête quelque passion incestueuse, quelque trouble rapport à la Loi mais pour Pater, là n'est pas le sel de la tragédie. Il est dans le refus du jeune homme d'envisager l'amour et donc l'assomption de la finitude qui en est la condition. Dans sa candeur, Hippolyte revendique une théorie sexuelle

93 « *stirring an old jealousy.* » (*GS* 177)

94 « le sens originaire de la haine désigne aussi la relation au monde extérieur qui apporte les excitations. L'indifférence se range comme un cas spécial de la haine, de l'aversion, après être apparue d'abord comme le précurseur de celles-ci. » S. Freud, « Pulsions et destins des pulsions », *Métapsychologie*, *op. cit.*, p. 38.

95 « *To the surprise of all he compounded his handsome prize for the old wooden image taken from the chapel at home, lurking now in an obscure shrine in the meanest quarter of the town.* » (*GS* 178)

96 « *a fiery soul with wild strange blood in her veins [...]. [She] loved at last the very touch of his fleecy cloak, and would fain have had him of her own religion.* » (*GS* 178)

97 « *she tries to win him as a stranger in his manly perfection, growing more than an affectionate mother to her husband's son.* » (*GS* 178)

98 « *He might find the image of her sprightly goddess everywhere, to his liking, gold, silver, native or stranger, new or old, graceful, or indeed, if he preferred it so, in iron or stone.* » (*GS* 178-179)

inattendue : « pourquoi les gens avaient besoin de se marier. Ils auraient pu trouver les enfants dans les temples, ou les acheter, comme on achète des fleurs à Athènes[99][100]. » (*HV* 157) De la génération, c'est-à-dire de la castration, le jeune homme ne veut rien savoir, accueillant les suggestions de Phèdre par de « railleuses questions[101] » (*HV* 157). En proie à la passion de l'ignorance, Hippolyte refuse les avances de sa belle-mère tout comme il a refusé de sacrifier à Aphrodite. La reine laisse-t-elle échapper son alliance de façon apparemment inconsciente qu'Hippolyte la ramasse et la passe à un instant à son propre doigt[102], dans un geste rappelant la *Vénus d'Ille* de Mérimée[103]. Phèdre presse alors sa main ainsi baguée mais Hippolyte reposera l'anneau, symboliquement au doigt de la statuette d'Artémis désignée comme mère « mystique[104] ». Cette union avec la chasteté[105] scelle son destin. Elle participe également de l'ironie tragique, car en remettant la bague à Artémis et donc en refusant l'éros, Hippolyte pense être au début d'une brillante carrière[106]. Bientôt, Phèdre, frustrée, essaie de le séduire en l'emmenant à sa propre chapelle privée[107], à des appartements participant plus du lupanar que de la demeure royale :

> On pouvait à peine dire où finissaient les appartements de l'adultère et où commençait celui de la divine courtisane. Séjour de ses longues nuits comme

99 « *why people needed wedding at all ? They might have* found *the children in the temples, or bought them, as you could buy flowers in Athens.* » (*GS* 178)

100 Voir Euripide, *Hippolyte*, v. 620-625 : « Nous n'avions qu'à déposer dans les temples / de l'or, de l'argent ou du bronze pesant / pour acheter des semences d'enfant, en proportion / du don offert. Ainsi dans les maisons / l'on aurait vécu libéré des femmes ».

101 « *He met her questions in truth with scarce so much as contempt, with laughing counter-queries* » (*GS* 178).

102 « *Phaedra's young children draw from the seemingly unconscious finger the marriage-ring, set it spinning on the floor at his feet, and the staid youth places it for a moment on his own finger for safety.* » (*GS* 179)

103 « *As [the ring] settles there, his step-mother, aware all the while, suddenly presses his hand over it.* » (*GS* 179) Dans son portrait littéraire de Mérimée en 1890, Pater étudie attentivement *La Vénus d'Ille*.

104 « *He [...] put [the ring] on the finger of the image, wedding once for all that so kindly mystical mother.* » (*GS* 179)

105 Voir *Hippolyte*, v. 1003-1006 : « J'ignore les rites de l'amour, si ce n'est par ouï-dire / ou pour avoir vu des peintures, mais sans y prendre / de plaisir, car mon âme est vierge ».

106 « *even amid his earthly mother's terrible misgivings, [Hippolytus] seems to foresee a charming career marked out before him in friendly Athens, to the height of his desire.* » (*GS* 179)

107 « *But [Phaedra], too, begins to feel something of the jealousy of that other divine, would-be mistress, and by way of a last effort to bring him to a better mind in regard to them both, conducts him (immeasurable privilege !) to her own private chapel.* » (*GS* 180)

> de ses longs jours d'indolence complaisante, ils offraient partout l'empreinte de l'humeur luxurieuse de Phèdre. Une clarté particulière, telle qu'Hippolyte n'en n'avait jamais vu, comme la lueur entêtante d'une lampe ou comme la lumière du soleil pour un dormeur en proie à un rêve délirant, tombait sur les effigies hardies, nues, obscènes, et s'attachait à elles tandis que sa belle-mère réglait les lampes, répandait d'écœurants parfums, revêtait de plus piquants atours la déesse presque informe, accroupie là dans son impur sanctuaire ou sa bauge, mettait enfin en mouvement sa sotte roue qui tournait avec une sourde mélopée, tenant Hippolyte par le poignet, restant sans cesse tout près de lui, comme pour saisir un germe de consentement dans ses mots indifférents[108]. (*HV* 159)

Ce sanctuaire annonce la chambre de la Reine Margot dans *Gaston de Latour*, où se célèbre un étrange culte élevant l'éros au rang de religion sanglante[109]. Toutefois, le sanctuaire de Phèdre illustre un simple défi à la loi de l'alliance via la *pudeur* (l'*aidos* des Grecs). De nouveau, Hippolyte prononce des mots « indifférents » à la place du consentement attendu. Le jeune homme est confronté à une déclaration sans détour agissant comme une révélation d'autant plus que Phèdre lui désigne le portrait qu'elle a fait exécuter de lui : « ses propres traits, pour sûr, en cire pâle[110] » (*HV* 159). Devant cette image de lui-même le réduisant au rang d'objet (« *thing* »), mais non de fétiche, Hippolyte affiche « un insurmontable dégoût », une « répugnance[111] » enrageant l'auteure de la déclaration (*HV* 159).

À la place de l'image de cire, il s'identifie à la source, aux fleurs ou aux rayons immatériels faits chair, refusant toute représentation, toute incarnation : « Avec sa fraîcheur, son teint de rose, il avait un

---

108 « *You could hardly tell where the apartments of the adulteress ended and that of the divine courtesan began. Haunts of her long, indolent, self-pleasing nights and days, they presented everywhere the impress of Phaedra's luxurious humour. A peculiar glow, such as he had never before seen, like heady lamplight, or sunshine to some sleeper in a delirious dream, hung upon, clung to, the bold, naked, shameful imageries, as his step-mother trimmed the lamps, drew forth her sickly perfumes, clad afresh in piquant change of raiment the almost formless goddess crouching there in her unclean shrine or stye, set at last her foolish wheel in motion to a low chant, holding him by the wrist, keeping close all the while, as if to catch some germ of consent in his indifferent words.* » (*GS* 180)

109 « *some place of strange worship, [Queen Margaret] herself at once its idol and priest, its chief relic was as ghastly as church relics usually are, a dead man's face, with the stamp of his violent end, mummied and brown, lying there exposed among the best prized objects of the lady's personal property, mounted in a kind of shrine or pyx of good goldsmith's work, and set with gems picked from milady's own jewel-case.* » (*GdeL* 104).

110 « *yes ! his own features surely, in pallid wax.* » (*GS* 180-181)

111 « *visible, irrepressible dislike* » (*GS* 181).

merveilleux air de réserve, comme quelqu'un qu'on ne prendrait jamais au dépourvu, qui ne pourrait jamais être autre que pareil à l'eau de roche ou aux fleurs sauvages de l'aube ou au rayon de l'étoile du matin fait chair humaine[112]. » (*HV* 159) En bon psychologue, Pater remarque que Phèdre voudrait troubler cette ininscription signifiante[113], car Hippolyte est de surcroît l'enjeu d'un défi lancé à Thésée : être la première auprès du jeune homme, là où elle ne fut que la troisième dans le cœur de son époux[114]. Dans la perspective d'une rivalité, l'indifférence perçue chez le jeune homme alimente sa flamme[115]. Le jeune homme est-il destiné à rester un « nourrisson » ou à devenir « un prêtre », c'est-à-dire à se soustraire à l'éros[116] ? Lorsqu'il n'excite pas le désir de Phèdre, Hippolyte en redouble la curiosité et le désir par sa « réserve impassible » (*HV* 160) marquant son allégeance à Artémis[117]. Comprenant enfin qu'elle sera toujours insatisfaite, Phèdre passe du « délire » amoureux à la haine et chasse Hippolyte « dans une rafale d'insultes[118] » (*HV* 160), en le menaçant de la vengeance d'Aphrodite : « comme la menace d'une infortune à laquelle la déesse blessée était invitée à concourir. Quels mots ! Quels terribles mots ! le suivant, s'accrochant à lui comme un feu dévorant à sa chair nue[119] » (*HV* 160-161). À Thésée, elle fera le récit d'une « violence

112 « *Healthily white and red, he had a marvellous air of discretion about him, as of one never to be caught unaware, as if he never could be anything but like water from the rock, or the wild flowers of the morning, or the beams of the morning star turned to human flesh.* » (*GS* 181)

113 « *It was the self-possession of this happy mind, the purity of this virgin body, she would fain have perturbed, as a pledge to herself of her own gaudy claim to supremacy.* » (*GS* 181)

114 « *King Theseus, as she knew, had had at least two earlier loves ; for once she would be a first love* » (*GS* 181).

115 « *surely reading indifference in his manner of accepting her gifts, [Phaedra] is ready again for contemptuous, open battle.* » (*GS* 181)

116 « *Is he indeed but a child still, this nursling of the forbidding Amazon, of that Amazonian goddess – to be a child always ? or a wily priest rather, skilfully circumventing her sorceries, with mystic precautions of his own ?* » (*GS* 181)

117 « *there is something of the priestly character in this impassible discretion, reminding her of his alleged intimacy with the rival goddess, and redoubling her curiosity, her fondness* » (*GS* 181).

118 « *Phaedra, love-sick, feverish, in bodily sickness at last, raves of the cool woods, the chase, the steeds of Hippolytus, her thoughts running madly on what she fancies to be his secret business ; with a storm of abject tears, foreseeing in one moment of recoil the weary tale of years to come, star-stricken as she declares, she dared at last to confess her longing to already half-suspicious attendants ; and, awake one morning to find Hippolytus there kindly at her bidding, drove him openly forth in a tempest of insulting speech.* » (*GS* 182)

119 « *There was a mordant there, like the menace of misfortune to come, in which the injured goddess also was invited to concur. What words ! what terrible words ! following, clinging to him, like acrid fire upon his bare flesh* » (*GS* 182)

faite à son lit[120] » (*HV* 161). Le père soupçonneux vire alors à la « haine active » envers ce rejeton qui semble transgresser l'interdit de l'inceste avant de proférer à son tour « l'une de ces précieuses malédictions[121] » dont Poséidon l'a nanti (*HV* 161).

Désormais le sort du jeune homme est scellé, quoiqu'en pense Antiope évoquant son « bonheur invincible[122] » : Hippolyte repart dans le monde du dème destiné à le voiler et donc à lui donner son nom[123]. Il s'en retourne en « étoile tombée[124] » (*HV* 161) après avoir rendu les cadeaux reçus à Athènes, se plonge dans l'étude de sa déesse favorite qu'il voit aussi lésée et impuissante que lui[125]. Victime de la malédiction de Phèdre et des « créations fiévreuses de son cerveau[126] », Hippolyte pose la question de tout sujet : de quel désir inconscient suis-je le fruit ? ainsi formulé par Pater : « "Les malédictions de mes géniteurs sont retombées sur moi !" s'écrit-il. "Et cependant, pourquoi ? Innocent comme je le suis de tout mal."[127] » (*HV* 162) À cette question formulée à travers un détournement de l'hypotexte biblique[128], il n'y a pas d'autre réponse que le « Mange ton *Dasein* » lacanien[129] plaçant le sujet devant le *fatum* familial, non sans lui donner la possibilité de le débrouiller. Mais à Hippolyte, seule l'horreur finale semble permise[130].

Désormais, Antiope cesse de se tourmenter pour ce fils qu'elle croit sauvé des malédictions de Thésée, Phèdre et Aphrodite[131]. Toutefois,

120 « *a false story of violence to her bed* » (*GS* 182).

121 « *active hatred* » ; « *one of three precious curses (some mystery of wasting sickness therein) with which Poseidon had indulged him* » (*GS* 182). Pater reprend Euripide.

122 « *his invincible happiness* » (*GS* 183).

123 « *veiled once again in that ancient twilight world* » (*GS* 183).

124 « *fallen star* » ; « *restore the forfeited gifts* » (*GS* 183).

125 « *the strange, secret history of his favourite goddess, – wronged surely ! somehow, she too, as powerless to help him* » (*GS* 183).

126 « *the feverish creations of the brain ; the giddy, foolish wheel, the foolish song, of Phaedra's chapel, spinning there with his heart bound thereto.* » (*GS* 183)

127 « *"The curses of my progenitors are come upon me !" he cries. "And yet, why so ? guiltless as I am of evil."* » (*GS* 183)

128 Genèse 49 ; 26. « *The blessings of thy father have prevailed over the blessings of my progenitors* » ; « Les bénédictions de ton père s'élèvent / Au-dessus des bénédictions de mes pères ». Traduction Segond.

129 « la réponse du signifiant à celui qui l'interroge est "Mange ton *Dasein.*" » J. Lacan, « Le Séminaire sur "La Lettre volée" », *Écrits I*, *op. cit.*, p. 52.

130 « *His wholesome religion seeming to turn against him now, the trees, the streams, the very rocks, swoon into living creatures, swarming around the goddess who has lost her grave quietness.* » (*GS* 183-184)

131 « *At the crisis of that strange illness [Antiope] had supposed her long forebodings about to be realised at last ; but upon his recovery feared no more, assured herself that the curses of the father, the*

la malédiction ne disparaît jamais tout à fait ; elle pousse Hippolyte à ce dernier excès qui lui sera fatal lorsqu'il va concourir à Trézène, la « rivale » d'Athènes[132]. Les « vieilles malédictions, toujours insatisfaites en vérité, l'accompagnent de part et d'autre comme d'invisibles créatures vivantes[133] » (*HV* 163) ou, plus précisément, comme le discours de l'Autre. Ce discours l'égale à Adonis, Icare et Hyacinthe, eux aussi frappés par le destin dans leur beauté « immature[134] » (*HV* 163). Le premier a trop aimé, le second s'est brûlé les ailes en voulant rivaliser avec le soleil pour s'évader du labyrinthe construit par Dédale, son père. Icare a voulu échapper au nom familial, à son identité symbolique et meurt frappé par le réel. Hyacinthe a été aimé d'Apollon qui l'a accidentellement tué. Tous ces jeunes hommes sont victimes des dieux qui en contrôlent le destin et qui sont les incarnations d'un discours inconscient, d'un *fatum* familial présidant à la naissance et aux infortunes du sujet.

Fils d'une mère et d'un père qui ont chacun outragé le symbolique et ont inscrit son destin dans une indifférence où la castration est frappée d'impossible, Hippolyte sera défait. De nouveau, il remporte le prix[135], et c'est lors de son retour que la malédiction le rattrape quand Aphrodite « en colère », et Poséidon « l'ébranleur[136] » (*HV* 164) entrouvrent la terre et le submergent d'une grande vague, avant de le traîner sur le sol avec ses chevaux[137]. On le ramènera « entortillé dans le harnachement du char qui avait été sa ruine » (*HV* 164)[138]. Hippolyte meurt en « ce jour

---

step-mother, the concurrent ill-will of that angry goddess, have done their utmost ; he will outlive her » (*GS* 185)

132 « *he set forth joyously for the chariot-races, not of Athens, but of Troezen, her rival* » (*GS* 185).

133 « *those still unsatisfied curses, in truth, going on either side of him like living creatures unseen* » (*GS 185*)

134 « *a competitor for pity with Adonis, and Icarus, and Hyacinth, and other doomed creatures of immature radiance in all story to come* » (*GS* 185).

135 « *Once more he wins the prize [...] and by night starts off homewards, as of old, like a child, returning quickly through the solitude in which he had never lacked company, and was now to die.* » (*GS* 185)

136 « *angry Aphrodite* » ; « *Poseidon the earth-shaker* » (*GS* 185).

137 « *[Poseidon or Aphrodite] rent the tranquil surface ; a great wave leapt suddenly into the placid distance of the Attic shore, and was surging here to the very necks of the plunging horses, a moment since enjoying so pleasantly with him the caress of the morning air, but now, wholly forgetful of their old affectionate habit of obedience, dragging their leader headlong over the rough pavements.* » (*GS* 185) Pater a synthétisé le long récit du messager à Thésée et supprimé la mention du taureau surgi des eaux en furies, preuve que la question du père, fût-ce sous les aspects du père de la Horde primitive, n'est pas ici son propos. Voir *Hippolyte*, v. 1166-1255.

138 « *entangled in the trappings of the chariot that had been his ruin* » (*GS* 185).

infortuné » où le « soir et l'aube pouvaient sembler s'être rencontrés » (*HV* 164)[139]. De nouveau, le discours de l'Autre se manifeste dans le réel lorsque le jeune homme voué *ab origine* à la mort, rencontre enfin son destin, rejoignant la cohorte des héros qui, comme lui, sont le fruit d'une malédiction à laquelle les dieux prêtent leurs visages. Vestige d'un réel forclos, Antiope avait outragé la loi des Amazones par son reniement premier, lequel fait retour sur Hippolyte choisissant Artémis pour figure tutélaire et rejetant Aphrodite.

Le narrateur souligne que le jeune homme trouve le repos final auquel il avait aspiré confusément au moment de son trépas[140]. Comme de nombreux personnages patériens, Hippolyte est animé d'une pulsion de mort ici référée à la malédiction parentale puisqu'il est le fruit du reniement d'Antiope et de la transgression de Thésée. Antiope, « impassible », regarde ce fils mort[141], « dans la condition qu'elle avait prévue depuis si longtemps[142] » (*HV* 164), révélant qu'à l'égard de ce fils trop aimé, la mère n'a qu'un désir de mort. De toute éternité, Hippolyte était destiné à la mort prenant le visage d'Artémis. L'outrage au symbolique des parents a produit ce rejeton voué à un destin qu'il ne comprend ni ne maîtrise. Un tel message est difficilement recevable, y compris par les Grecs, et Pater en signale les transformations dont la légende introduisant la figure d'Esculape pour ramener Hippolyte à la vie[143]. Dans la « fantaisie[144] » (*HV* 165) d'Ovide[145], il se métamorphose[146], perdant son nom et son visage, en prélude aux métamorphoses de son histoire à travers la littérature et les arts. Il demeurera « voilé » (*HV* 165), peut-être jusqu'au jour où un talentueux exégète ira soulever le voile pour découvrir quel malheur il recouvre.

---

139 « *that hapless day* » ; « *Evening and the dawn might seem to have met* » (*GS* 185).

140 « *the rest he had longed for dimly amid the buffeting of those murderous stones* » (*GS* 185).

141 « *grey and haggard* » (*GS* 185).

142 « *the condition she had so long anticipated.* » (*GS* 186)

143 « *Later legend breaks a supernatural light over that great desolation, and would fain relieve the reader by introducing the kindly Asclepius, who presently restores the youth to life, not, however, in the old form or under familiar conditions.* » (*GS* 186)

144 « *the fancy of Ovid* » (186).

145 Voir Ovide, *Les Métamorphoses*, livre XV, v. 504-540. Hippolyte renaît. Vieilli, caché et renommé Virbius, il servira Diane.

146 « *he flourished still, a little deity, but under a new name and veiled now in old age, in the haunted grove of Aricia, far from his old Attic home, in a land which had never seen him as he was.* » (*GS* 186)

Comme il l'a fait dans « Les Bacchanales[147] », Pater clôt presque son texte sur la vision de cette mère inconsolable[148] y compris dans la version ovidienne, abîmée dans une douleur dont elle fut la première artisane[149]. C'est parce qu'Antiope a été amenée par Thésée à trahir sa condition d'Amazone que l'histoire s'enclenche lorsque cette même trahison refoulée, revient frapper Hippolyte, le fils né d'une union contre nature entre une fille hors-castration et son héros, entre la fille et le père tout-puissant, avatar du père de la horde primitive freudien qui possédait toutes les femmes.

Pater explore rigoureusement cette position subjective caractérisée par l'indifférence à l'éros sur fond d'outrage à ce même éros ; il en déroule les conséquences à travers un destin individuel. « Sebastian van Storck » mentionne discrètement le désir maternel car le propos du portrait consiste essentiellement dans l'élaboration d'une position de recherche de l'indifférence. Tout aussi indifférent, Hippolyte se présente comme la victime d'une histoire ayant commencé avant lui, victime avant tout de son indifférence devant l'éros, soit devant la puissance de liaison freudienne. Les dieux grecs sont les puissances tutélaires pour un combat se déroulant chez les vivants, destiné à mettre en exergue le danger qu'il y a contrevenir à loi de la distribution sexuelle et à la castration.

Derrière la reprise patérienne du mythe, le lecteur est invité à lire le destin d'hommes et de femmes bien réels, dont peut-être les *New Women*[150] des années 1890 revendiquant le suffrage et la conduite de leur existence, y compris en dehors des normes de l'époque qui les vouaient au mariage et à la reproduction ou au célibat honteux car improductif. Pater fait-il montre de conservatisme, comme il le fera en refusant aux femmes d'assister à ses cours à Oxford ? Porte-t-il un regard méprisant sur les femmes que ses amitiés avec Violet Paget et Mary Robinson

147 « la lamentation d'Agavé sur son fils où, enfin, son chagrin réprimé trouve à s'exprimer » (*EMAG* 65).

148 « *To her [...] that would have been no more of a solace* » (*GS* 186).

149 « *counting the wounds, the disfigurements, telling over the pains which had shot through that dear head now insensible to her touch among the pillows under the harsh broad daylight* » (*GS* 186).

150 L'expression dérive du titre d'une pièce de théâtre de Sidney Grundy en 1894, mais couvre tout un pan social et littéraire britannique de la dernière décennie. Voir E. Showalter, *Sexual Anarchy and Culture at the Fin de Siècle*, New York, Viking, 1990 ; S. Ledger, « The New Woman and the Crisis of Victorianism », *Cultural Politics at the Fin de Siècle*, S. Ledger and S. McCracken (dirs.), Cambridge, CUP, 1995, p. 22-44.

démentent ? À travers « Hippolyte voilé », il explore les vicissitudes du désir inconscient, mais également un moment de constitution subjective où le sujet est placé devant un choix entre Aphrodite et Artémis, soit Éros et Thanatos, entre l'amour et une position d'indifférence pour en faire le résultat de la double faute des ascendants. Dans « Sebastian van Storck » l'indifférence constitue la visée de la volonté du héros, révélant qu'elle a toujours été présente, en arrière-plan ; elle accompagne Hippolyte toute sa courte vie. Chez tout sujet, l'indifférence apparaît comme une tentation de retour à un état antérieur, elle est l'une des alternatives devant lesquelles chacun, à un moment mythique, se trouve placé et qu'il doit dépasser. Comme l'illustre Hippolyte en élisant Artémis et en se vouant à une condition similaire à celle du prêtre ou de l'enfant, l'indifférence est une condition hors sexe, hors castration, fondée sur un refus, une ignorance passionnée, que soulignent *a contrario* les manœuvres de Phèdre désireuse d'être son éducatrice. Hippolyte est le sujet qui, de la castration, ne veut rien savoir, *Hippolytos kalyptomenos*, et qui maintient son refus. Il est aussi le fils de l'Amazone, d'un temps non soumis à l'historicité. À ce titre, il est donc un vestige, une relique, d'où l'insistance de Pater à en faire un habitant du dème gardant trace de ce temps originaire. Quoique voilé, dissimulé, comme l'annonçait le titre du portrait, il survit pareillement dans la mémoire collective. Hippolyte qui, de l'amour ne veut rien savoir, est également un contemporain. Dans cette perspective, l'énigmatique titre choisi par Pater s'enrichit d'une nouvelle signification : dans les années 1890, Hippolyte se voile ou se dissimule sous les aspects de ces sujets se refusant à suivre le train du monde qui les veut appariés et reproductifs. Le jeune homme chaste est aussi une figure contemporaine dont le portrait montre les infortunes sans pour autant en oublier la valeur. Humble, érudit, fidèle, mais aussi vivant et sensuel que les anciens Grecs, il incarne une position subjective tout aussi digne que d'autres et à laquelle John Addington Symonds avait déjà rendu hommage[151]. Que Pater ait situé son portrait à une époque reculée et indéfinie montre aussi le danger de donner un accent par trop actuel à cette position de refus de l'éros. Hippolyte relève d'un temps mythique au sens où son destin se joue à l'époque mythique de constitution de la subjectivité, mais son éloignement

151 « *the ideal of a guileless, tranquil manhood... the Percival of [the Ancients'] romance* », J. A. Symonds, *Studies in the Greek Poets*, London, Smith and Elder, 1877, p. 233-234.

temporel pourrait bien être le masque de sa proximité, et sans doute, aux yeux de son créateur, du danger social représenté par ces hommes et ces femmes autonomes, au sens étymologique du terme, retrouvant la voie des Amazones et des conducteurs de chars. Peut-être Hippolyte est-il voilé pour ne pas éveiller le désir des uns ou les craintes des autres[152].

Semblable position, à laquelle certains et certaines prêtaient leur personnalité, préoccupe Pater des années 1880 jusqu'à sa mort. Il l'avait évoquée dans « Winckelmann » sous les aspects de la frise des Panathénées – « Cette pureté de vie, incolore et inclassable, où se mêlent et se compénètrent le spirituel, le physique et l'intellectuel, encore close sur elle-même, encore grosse des possibilités d'un univers, est l'expression la plus haute de l'indifférence située au-delà du relatif ou du partiel » (*R*, 202) – elle-même reprise par l'historien de l'art[153]. Dans le portrait auquel est consacré ce qui suit, l'indifférence prend l'aspect d'une soumission totale à l'Autre et au destin à travers non plus un désir mais une *volonté*.

---

152 Sur le plaidoyer de Pater pour une identité homosexuelle, voir R. Dellamora, *The Sexual Politics*, *op. cit.* ; L. Dowling, *Oxford Hellenism*, *op. cit.* ; et Thais Morgan, « Victorian Effeminacies, dans *Victorian Sexual Dissidence*, R. Dellamora (dir.), Chicago, The University of Chicago Press, 1999, p. 109-125.

153 « chez Winckelmann, il y a une asexualité morale, une totalité de nature stérile mais qui possède une beauté et une signification propres. » (*R* 204)

LE « GÉNIE DE LA SOUMISSION »

Portrait imaginaire rédigé en 1892 à la suite d'une visite à la *King's School* de Cantorbéry dont il était un ancien élève et qui célébrait son anniversaire le 31 juillet 1891, « Emerald Uthwart » fut d'abord publié dans la toute jeune *New Review*[1], avant son recueil par C. L. Shadwell dans *Miscellanées*[2]. Bien qu'il ait été souvent commenté dans une perspective autobiographique[3], ce texte est l'un des derniers portraits dans lequel Pater examine les voies du genre qu'il a créé avec une intensité renouvelée, conduisant à rien moins que sa remise en cause. Aussi conclurons-nous cette étude avec lui.

« Emerald Uthwart » fut rédigé en parallèle à la reprise d'un cours sur Platon où Pater s'interroge longuement sur les institutions sociales et politiques et les rapports qu'y entretient le sujet[4]. C'est tout particulièrement dans le chapitre consacré à *La République* qu'il médite sur le gouvernement et sur les formes de sa perpétuation à travers la reproduction sociale et l'éducation[5]. Cette méditation s'incarne poétiquement dans « Emerald Uthwart », dont le récit narre les vicissitudes

---

1 W. Pater, « Emerald Uthwart », *New Review*, tome 6, June 1892, p. 708-722 ; tome 7, July 1892, p. 40-54. Sur la *New Review*, voir A. Murtagh, « "The New Review" : A Glimpse at the Nineties », *Victorian Periodicals Review*, n° 14.1, Spring 1981, p. 11-21.

2 W. Pater, « Emerald Uthwart », *Miscellaneous Studies* (1895), London, Macmillan, 1931, p. 170-213.

3 W. Shuter, « The Arrested Narrative of "Emerald Uthwart" », *Nineteenth-Century Literature*, n° 45-1, 1990, p. 1-25.

4 Sur l'enseignement du grec dans les public schools, voir J. Bowen, « Education, Ideology, and the Ruling Class : Hellenism and English Public Schools in the Nineteenth Century », *Rediscovering Hellenism*, G. W. Clarke (éd.), Cambridge, CUP, 1989, p. 161-186.

5 Pour W. Shuter, « Lacedaemon » et « Emerald Uthwart » « *are better described as symmetrically designed companion pieces or as parallel extension of one structure.* » « The Arrested Narrative of "Emerald Uthwart" », art. cité, p. 4. Sur les transformations institutionnelles des écoles et *colleges*, voir C. Stray (dir.), *Classics Transformed : Schools, Universities, and Society in England, 1830-1960*, Oxford, OUP, 1998 ; et S. Evangelista, « Walter Pater's Teaching in Oxford : Classics and Aestheticism », *Oxford Classics : Teaching and Learning 1800-2000*, *op. cit.*, p. 64-77.

d'un jeune homme au sein d'une série d'institutions contemporaines : l'école, l'Université et l'armée. Présenté comme le « génie[6] » de la soumission, c'est-à-dire un cas typique d'une relation d'emprise, Emerald mérite toute l'attention, d'autant plus que Pater examine en parallèle une relation apparemment similaire à travers la relation entre Raoul et Jasmin, Marguerite de Navarre et La Mole dans *Gaston de Latour*[7]. Jasmin est indifférent à l'exécution publique de son jeune serviteur Raoul qui s'est battu pour lui, Marguerite jouit quant à elle de la mise à mort de La Mole qu'elle a causée[8], et ces scènes de mise à mort posent également la question de leur spectateur. Dans un manuscrit consacré à Platon, Pater évoque une scène d'exécution d'un soldat et remarque que le condamné soulève une empathie allant jusqu'à l'identification du spectateur à la victime… avant de conclure que c'est dans la soumission à la mort que réside la théorie morale du philosophe :

> *Take, for instance, a virtue, of wh[ich] there was little in Greece – tho' something of course, in Lac[edaemon] as Pl[ato] conceived it – Think of the <meekness or> submissiveness<[?]> of a <or> a soldier. He kneels down to be shot by his companions, according to the sharp sentence of milit[ary] law, perhaps, forwhat might a trifling offense and it's touching, we experience a sort of touching beauty in the thing wh[ich] makes us love, almost envy, the sufferer ; one <is haunted by> almost wishes to be in his place – to be as like that <as> possible : to take it upon one : to assert a place for the quality there <so> displayed, in one's scheme of life : you don't really want <want no further> names for it. Well ! <just there> in that alien as it seems from G[ree]k <possibilities> G[ree]k <moral>achievement you have the essence <essential point>of Plato's theory of morals*[9].

Si l'empathie du lecteur demeure tout au long du portrait une question réitérée derrière laquelle se pose la question de l'éthique du portrait et du portraitiste, la soumission du soldat trouve sa contrepartie fictive dans « Emerald Uthwart » dont l'action se déroule en Europe, vraisemblablement au début du XIXe siècle. L'histoire d'Emerald fait converger

---

6 « La soumission ! Elle avait la force du génie chez Emerald Uthwart » (*EU* 64).

7 Le motif du jeune homosexuel martyrisé ou sacrifié est un topos décadent dont Pater montre qu'il obéit à une volonté de retour à l'indifférence. Voir B. Inman, « John "Dorian" Gray and the Theme of Subservient Love in Pater's Works of the 1890s », *Comparative Criticism*, n° 17, 1995, p. 85-108.

8 « *Sitting there to watch, she has no effective or natural sympathy for the young man […] puts no hand to save him, only makes a point of carrying the severed head […] away with her, to set it among her choicest winnings* » (*GdeL* 105).

9 W. Pater, MS bMS Eng 1150 (1).

des thématiques déjà présentes chez Pater et d'autres qui le sont moins : la soumission et la pédagogie. Le portraitiste introduit le thème des rapports du groupe et de l'individu sous la forme de rencontres répétées entre un sujet présenté comme malléable et une institution montrée dans son inflexibilité. Le texte repose en outre la question des conditions de possibilité du portrait littéraire : de nouveau, le personnage principal se voit privé d'énonciation directe et apparaît simplement à travers l'effet des impressions qu'il crée chez l'Autre, y compris l'Autre du lecteur. Nous privilégierons ces deux perspectives car elles dessinent deux chemins dans lesquels s'engageait Pater au début des années 1890 : l'étude du groupe social et la poétique renouvelée du sujet. Pour expliquer l'origine du jeune homme souffrant, martyrisé ainsi que le système énonciatif adopté par Pater, un détour par un autre portrait, « Denys l'Auxerrois » (1886), est nécessaire.

À l'inverse d'« Un prince des peintres de cour » où l'éditeur se signalait par la formule convenue, « *extracts from an old French journal* », avant de disparaître de la scène énonciative au profit de Marie-Marguerite, « Denys l'Auxerrois » s'ouvre sur une longue introduction mettant en scène les conditions matérielles et intellectuelles de la création du portrait patérien. L'anonyme narrateur commence par essayer de se distraire en allant chiner[10]. C'est alors qu'il découvre par hasard un surprenant morceau de vitrail suscitant le questionnement :

> un important et éclatant fragment de vitrail, qui pouvait provenir de la cathédrale même. D'une rare qualité de couleur et de dessin, il représentait un personnage difficile à rapporter à aucun type connu, et faisait manifestement partie d'une série. À mes instantes questions sur qu'il avait pu advenir du reste, le vieillard me répondit que l'on n'en savait rien[11].

Le fragment de vitrail où apparaît la silhouette singulière le conduit chez un curé possesseur d'une collection de tapisseries susceptibles de présenter « l'ensemble du sujet dont le vitrail en question ne formait

10 « *To beguile one such afternoon when the rain set in early and walking was impossible, I found my way to the shop of an old dealer in* bric-à-brac. » W. Pater, « Denys l'Auxerrois » (*IP* 52).

11 « *Among [various relics] was a large and brilliant fragment of stained glass which might have come from the cathedral itself. Of the very finest quality in colour and design, it presented a figure not exactly conformable to any recognised ecclesiastical type; and it was clearly part of a series. On my eager inquiry for the remainder, the old man replied that no more of it was known* » (*IP* 52).

qu'un détail[12] ». Les tapisseries présentent, sinon le même personnage, du moins des instruments de musique similaires[13] évoquant le culte dionysiaque. Elles présentent la construction d'un orgue dans un climat de liesse et de folie bachique[14] dans lequel apparaît la figure démultipliée de l'artiste musicien : un « jeune homme blond et fleuri que l'on voyait tantôt presque nu parmi les pampres, tantôt emmitouflé de fourrures, pour se protéger du froid, tantôt en robe de moine, mais qui laissait toujours une impression de réalisme frappant et en rapport singulier avec le caractère des rues d'Auxerre[15]. » La figure du jeune homme possède un degré de réalisme le rapprochant des habitants, au point que le narrateur est subitement ramené au Moyen Âge avant de s'interroger sur la souffrance qu'elle dégage : « C'était évidemment, malgré sa grâce et la richesse du décor, un être douloureux et tourmenté. Avec toute la beauté classique d'un dieu païen, il avait souffert des tortures sans doute inconnues à ces dieux[16]. » Il n'est pas difficile de discerner la figure de Dionysos derrière celle de l'organiste emmitouflé ou du vigneron court-vêtu. La souffrance que lui prête le spectateur est liée au retour du monde païen à l'ère chrétienne : « On aurait dit qu'un de ces immortels splendides et triomphants s'était mêlé, en une époque postérieure à la sienne, à des créatures de plus haute visée spirituelle et plus portées en tout cas à la mélancolie[17]. » Comment le monde de la finitude, le monde mélancolique peut-il accueillir ce représentant de l'altérité païenne ? Pour répondre à cette interrogation, et inspiré par le désir de ressusciter l'époque du retour des dieux en exil chers à Heine[18]

12 « *an entire set of tapestries, apparently intended for suspension in church, and designed to portray the whole subject of which the figure in the stained glass was a portion.* » (*IP* 53)

13 « *Certainly, those tapestries and the stained glass dealt with the same theme. In both were the same musical instruments – pipes, cymbals, long reed-like trumpets.* » (*IP* 53)

14 « *The story, indeed, included the building of an organ, [...], whereas in certain of the woven pictures the hearers appear as if transported, some of them shouting rapturously to the organ music.* » (*IP* 53)

15 « *a flaxen and flowery creature, sometimes wellnigh naked among the vine-leaves, sometimes muffled in skins against the cold, sometimes in the dress of a monk, but always with a strong impress of real character and incident from the veritable streets of Auxerre.* » (*IP* 53)

16 « *notwithstanding its grace, and wealth of graceful accessories, a suffering, tortured figure. With all the regular beauty of a pagan god, he has suffered after a manner of which we must suppose pagan gods incapable.* » (*IP* 53)

17 « *It was as if one of those fair, triumphant beings had cast in his lot with the creatures of an age later than his own, people of larger spiritual capacity and assuredly of a larger capacity for melancholy.* » (*IP* 53)

18 Pater cite Heine dès « Leonardo da Vinci » et dans « Pico della Mirandola ».

que le narrateur entreprend son récit. La succession d'objets fait naître le désir d'un récit redoublant le processus inscrit sur les œuvres d'art tandis que le fragment de vitrail trouve sa contrepartie dans la flasque mise au jour par les bâtisseurs d'Auxerre exhalant un relent de paganisme en terre chrétienne[19]. Pour le narrateur, il s'agit de donner voix à ce qui a été frappé de mutisme, refoulé, de faire parler non pas tant l'objet que le sujet qui s'y devine.

La poétique patérienne de la parole d'outre-tombe, doublée d'une interpellation constante du lecteur, trouve sa relance lorsque Pater entreprend de faire parler la stèle funéraire – cette « branche irréelle et souvent vulgaire de la littérature[20] » (*EU* 43) – dans « Emerald Uthwart ». L'*introït* consacré aux épitaphes rappelle que si le trépas « met au jour la nature de ce signifiant qui est de désigner le sujet dans l'absence essentielle qui le constitue, caractère que masque pour l'ordinaire la réponse leurrante de la personne, toujours pressée d'affirmer sa présence[21] », l'épitaphe fait passer le divers et le mystère de l'existence sous le nom et la phrase rassurants. Mais cette transformation n'est-elle pas également celle qu'effectue le portraitiste devant le divers et le mystère de l'existence de son modèle ? Pater ne se livre-t-il pas ici à une méditation sur l'art du portraitiste, lui aussi convertissant les virtualités du sujet en portrait littéraire[22], mortifiant le signifiant[23] ? En 1894, dans un texte consacré à l'art grec, « The Age of Athletic Prizemen[24] » (« L'Âge des athlètes vainqueurs », autre texte de 1892), il évoque la figure du jeune Tryphon, miraculeusement ressuscitée sur la stèle commémorant sa disparition :

> Avec la souplesse, la musculature délicate qui caractérise la fleur de la jeunesse, son beau visage adouci par un cœur simple et bon, il se meut sans

19 « *a flask of lively green glass, like a great emerald. It might have been "the wondrous vessel of the Grail." Only, this object seemed to bring back no ineffable purity, but rather the riotous and earthy heat of old paganism itself.* » « Denys l'Auxerrois » (*IP* 56).

20 « *epitaphs [...] what for the most part is an unreal and often vulgar branch of literature* » (*MS* 197).

21 H. Rey-Flaud, *L'Éloge du rien*, *op. cit.*, p. 211.

22 Voir W. F. Shuter, « The Arrested Narrative », art. cité.

23 L. Østermark-Johansen qualifie le texte de « *a relief portrait carved in stone* », *Imaginary Portraits*, *op. cit.*, p. 59.

24 W. Shuter et Jan B. Gordon rapprochent « Emerald Uthwart » des écrits patériens sur la sculpture grecque. Voir J. B. Gordon, « Pater's Gioconda Smile : A Reading of "Emerald Uthwart" », *Studies in Short Fiction*, n° 6, 1969, p. 136-143. Pour Jan B. Gordon, le portrait se lit comme une épitaphe.

> aucun doute et sort de quelque chambre sombre, le strigile à la main, portant sa serviette grossière ou son chiton d'un drapé monumental sur une épaule comme avant. Mais où va-t-il précisément, pourrait-on se demander, et qui est-il au moment où il passe le seuil ? Eh bien, c'est très certainement le souvenir du jeune homme mort qui émerge ainsi de la tombe, tel qu'il aimait tant être, c'est le souvenir de l'activité de son âme et de la permanence de sa pensée[25]. (*EMAG* 174)

La stèle funéraire attique évoquée ici n'est pas n'importe quelle pierre sculptée[26] : dressée sur la tombe du défunt, elle est destinée à en commémorer le souvenir. Elle délimite également le monde des mortels de celui des Enfers, et fait l'objet de pratiques (parfum, guirlandes ou bandelettes) témoignant de sa valeur de substitut de l'individu. Elle n'en reproduit pas les traits mais désigne à la fois la valeur qu'il eut pour ses proches et le refus de son oubli en s'offrant à l'Autre des passants littéralement comme *re*-présentation de pierre. Affirmant le déni de la mort et de l'oubli, elle offre au regard de l'Autre un sujet non pas pétrifié mais au contraire lieu d'une tensorialité explorée dans les textes sur l'art grec[27]. Pater n'a pas choisi cette stèle datant du IVe siècle av. J.-C[28]. au hasard : comme le signale G. Hoffman[29], les stèles archaïques ou classiques déploient à la fois une dimension esthétique et une dimension éthique à travers leur code iconologique, leur gestuelle et l'action représentée. À l'inverse des stèles classiques[30], les

---

25 « *With all the suppleness, the delicate muscularity, of the flower of his youth, his handsome face sweetened by a kind and simple heart, in motion, surely, he steps forth from some shadowy chamber, strigil in hand, as of old, and with his coarse towel or cloak of monumental drapery over one shoulder. But whither precisely, you may ask, and as what, is he moving there in the doorway ? Well ! in effect, certainly, it is the memory of the dead lad, emerging thus from his tomb, – the still active soul, or permanent thought, of him, as he most liked to be.* » (*GS* 272)

26 Voir C. W. Clairmont, *Classical Attic Tombstones*, Kilchberg, Akanthus, 1993.

27 Voir B. Coste, *Walter Pater, esthétique*, *op. cit.*, p. 138-151.

28 La stèle se trouve au *British Museum*. 1839, 1102-1. https://research.britishmuseum.org/research/collection_online/collection_object_details.aspx?objectId=393940&partId=1&searchText=sculpture+626&page=1 (consulté le 30/03/2022).

29 G. Hoffman, « L'expression du temps sur les stèles funéraires attiques », *Métis, anthropologie des mondes grecs anciens*, vol. 12, 1997, p. 19-43.

30 « Sur les stèles classiques, souvent des sculptures en ronde-bosse, des personnages se détachent de l'arrière-plan et s'immobilisent sans plus faire référence à une action, la femme assise est thème privilégié, les accessoires indiquent la génération du défunt. Ces stèles procèdent d'une véritable mise en scène : superposition des plans, création d'une profondeur égalant la pierre à une toile de fond, distribution des rôles. Le

stèles archaïques représentent une figure isolée dont l'action représentée exprime les virtualités tout en liant le passé et l'avenir. À l'intérieur du cadre de la pierre dressée délimitant l'espace des vivants et celui des défunts[31], le corps du personnage – souvent un jeune homme dont ses parents commémorent ainsi le souvenir[32] – exprime le mérite du défunt à travers l'activité dans laquelle il a excellé. Si certaines stèles sont en faible relief et traitent la figure comme un dessin modelé, « une "empreinte" gravée dans la pierre[33] », et sont assimilables à la peinture, toutes relèvent d'une tension entre des couleurs vives ou des jeux de lumière. Toutes cherchent à capter la vie au moment du *kairos*, lequel apparaît alors comme un point d'équilibre destiné à assurer l'harmonie et la beauté du sujet représenté. De cette conception, Pindare sera l'héritier poétique désireux d'« élever une stèle des Muses, une stèle qui chante d'une voix forte[34] », à travers l'éloge le plus juste. La poésie fait écho à la stèle : « Le *kairos*, moment opportun, est donc capté dans une tension polychromique, tout comme le chant de Pindare se pare de couleurs flamboyantes au symbolisme complexe pour marteler en lettres d'or l'éloge du vainqueur[35] ». La stèle archaïque ne cherche pas l'illusion mimétique ou la ressemblance, trait qu'elle partage avec le portrait patérien, mais « une empreinte [...] nourrie de lumière, de couleurs[36] » dont le spectateur, maintenu dans une proximité distante aura pour rôle de compléter en pensée le geste ébauché afin de juger de l'excellence de la *persona* de pierre. Tel est le modèle choisi par Pater louant significativement Pindare dans « L'Âge des athlètes vainqueurs[37] », pour ses vers « d'ivoire et d'or » (*EMAG* 197 ; 196-202). À

moment choisi est celui des échanges et la rhétorique plastique joue sur le pathétique du deuil pour exprimer "un temps relatif à chacun" destiné à impressionner le spectateur appelé "s'inclure lui-même dans le jeu des échanges, interpellé qu'il est par une parente ou une servante qui le fait entrer dans le cercle du deuil" », G. Hoffman, art. cité, p. 36.

31 « la stèle, matrice du défunt, est aussi une entrave imposée à la vie qui lui est accordée, afin de lui dénier toute intervention dans le monde. » *Ibid.*, p. 22.

32 La majorité d'entre elles montre une « forme étroite et élancée sur laquelle une figure, le plus souvent isolée, est représentée de profil, le pied gauche avancé sur le modèle des *kouroi*. » *Ibid.*, p. 22-23.

33 *Ibid.*, p. 34.

34 Pindare lie poésie et art funéraire, voir *Néméennes*, VIII, 46-47.

35 G. Hoffman, art. cité, p. 33.

36 *Ibid.*, p. 34.

37 W. Pater, « L'Âge des athlètes vainqueurs » (*EMAG* 193-208).

l'épitaphe attendue et caractérisée par sa brièveté, Pater substitue la stèle comme modèle poétique du portrait dans « Emerald Uthwart[38] ». Ce choix se redouble d'une tâche supplémentaire : comment évoquer le sujet énigmatique, mystérieux, puisque le portrait est consacré à un sujet présenté comme « le génie de la soumission » ? Cette question se traduit entre autres par l'échec de sa famille à retracer l'existence d'Emerald, par les bégaiements du récit remarqués en leur temps par W. Shuter[39] et par une série d'annonces proleptiques ne laissant aucun doute sur la mort du jeune homme[40], transformant le texte en véritable défi : passer de l'épitaphe sur la pierre tombale, où se lit la mort du sujet[41], à la stèle, véritable résurrection artistique ? Comme le remarque encore W. Shuter, « la fonction de l'écriture consiste à sceller, à fixer une impression de façon permanente sur un matériau donné. Elle est généralement incisée ou gravée[42] ». Mais comment s'assurer que le compte y sera puisque l'épitaphe peut rester incomplète, qu'elle peut être lettre en souffrance destinée à qui saura être à l'écoute du désir que son incomplétude même suscite ? Relevant le défi, Pater s'attache à restituer, là encore à travers le déplacement de l'épitaphe du jeune inconnu à celle de son personnage, l'histoire du sujet Emerald, semblable à ses contemporains, si l'on en croit son épitaphe[43]. Son existence semble dépourvue d'événements marquants au point qu'une comparaison à la douceur anglaise surgit sous la plume du narrateur[44].

---

38 Voir L. Østermark-Johansen, *Walter Pater and the Language of Sculpture*, Farnham, Ashgate, 2013.

39 « *Through a series of circular movements and proleptic gestures the progress of the narrative is repeatedly forced to turn back upon itself or is arrested before it can begin.* » W. Shuter, « The Arrested Narrative », art. cité, p. 1.

40 « *Deceased was in his twenty-seventh year, but looked many years younger* » (*MS* 245).

41 La pierre est un pur signifiant, « la figure de la Lettre qui ne cesse pas de s'écrire » qui « manifeste la symbolisation du sujet », H. Rey-Flaud, *Le Sphinx et le Graal*, *op. cit.*, p. 216.

42 « *The function of writing in "Emerald Uthwart" is to seal, to fix an impression permanently on some material. Typically, therefore, it is incised, engraved, or carved, and reminds us of the root sense of the Latin word* scribere, *"to scratch, grave or engrave."* » W. Shuter, « The Arrested Narrative », art. cité, p. 12.

43 « *in a remote Sussex churchyard, you may read that Emerald Uthwart was born on such a day, "at Chase Lodge, in this parish ; and died there," on a day in the year 18 –, aged twenty-six.* » (*MS* 198-199)

44 « *Think [...] of the years of a very English existence passed without a lost week in that bloomy English place, amid its English lawns and flower-beds, its oldish brick and raftered plaster ; you may see it still, not far off, on a clearing of the wooded hill-side sloping gradually to the sea* » (*MS* 199).

Et pourtant, tel n'est pas le cas, puisque le jeune homme a vécu en exilé avant de revenir mourir parmi les siens[45]. Emerald est destiné à mourir, et le narrateur ne cesse d'annoncer sa mort sous la forme d'un leitmotiv ponctuant sa narration. Mensongère, l'épitaphe masque le malheur d'une existence placée sous le sceau de la nostalgie du foyer : « Emerald Uthwart, absent presque continuellement de son chez soi, soupirait fort après lui, car il le quitta de bonne heure et n'y revient que pour mourir ; dans le déshonneur, croyait-il ; ce dont il mourut là, mais entouré enfin de toutes parts de sentiments du lieu, telle une huile bénie sur ses blessures[46]. » (*EU* 45) Ayant interpellé son lecteur sur ses préjugés[47], l'impersonnel narrateur s'attache dès lors à restituer son histoire à un sujet malheureux, tandis que le portrait imaginaire s'élève contre l'esthétique de l'épitaphe proclamant mensongèrement la fonction communicative d'un langage inscrit dans le seul registre de la vérité. Pratiquant une intermédialité étendue, Pater élit *in fine* le genre de la stèle funéraire comme modèle littéraire.

Dépositaire du savoir, l'Autre le donne à qui veut le lire, à qui prendra le langage dans sa fonction de dissimulation plus que de révélation. Face à la disparition subjective, il faudrait un autre langage qui ne signerait pas le meurtre de la Chose mais sa venue en présence toute sensuelle : « L'on aurait besoin de mots pleins de parfum plutôt que de couleur pour les décrire, ces fleurs, dans leur bel ordre annuel ; de termes olfactifs aussi immédiats et définis que sont le rouge, pourpre et jaune[48]. » (*EU* 45) Le parfum, la synesthésie[49], contre la pierre, l'évanescence contre la pesanteur : le réseau métaphorique du portrait oppose ces deux champs tout comme l'histoire met aux prises l'imperceptible du sujet essentiellement malléable, dont la première partie du nom renvoie à la

45 « *A rather sensuous boy ! you may suppose, amid the wholesome, natural self-indulgence of a very English home. His days began there : it closed again, after an interval of the larger number of them, indulgently, mercifully, round his end.* » (*MS* 201)

46 « *Emerald Uthwart, in almost unbroken absence from his home, longed greatly for it, but left it early and came back there only to die, in disgrace, as he conceived ; of which it was he died there, finding the sense of the place all around him at last, like blessed oil in one's wounds.* » (*MS* 199)

47 « *But you think wrong.* » (*MS* 199)

48 « *You need words compact rather of perfume than of colour to describe them, in nice annual order ; terms for perfume, as immediate and definite as red, purple, and yellow.* » (*MS* 199)

49 Voir C. Maxwell, « Paterian Flair : Walter Pater and Scent », *Pater Newsletter*, 61/62, 2012, p. 21-42.

terre autant qu'à l'harmonie[50], à d'implacables institutions incarnées dans la pierre et le métal.

Pater commence par dépeindre une enfance d'autant plus heureuse qu'il n'existe nulle règle, sauf celle de laisser les enfants libres[51]. Cadet, Emerald est un enfant quelconque[52], voué à partir à l'école, elle-même présentée comme un « joug[53] » pour celui qui doit faire abstraction de sa place afin que d'autres tiennent leur rang[54]. Déjà, le jeune homme exerce un charme puissant sur autrui[55], comme le montre l'intérêt de son *tutor.* L'histoire commence réellement par la rencontre d'Emerald et de l'institution éducative. Le premier est présenté comme vierge de toute discipline, la seconde est animée d'une volonté et douée d'une organisation où chacun doit trouver sa place[56], matérialisée par la « cellule » que va occuper le collégien.

Pour ce sujet libre, vierge de toute règle, il s'agit de s'adapter à un monde discipliné[57] dont l'architecture donne le modèle :

> Comme ces coutumes, usées certes, mais bien conservées, maculées, imprégnées, patinées par le temps, les vénérables pierres normandes ou anglaises de cet endroit austère, magnifiquement proportionné, ont l'air d'un marbre, auquel la nature douillettement élevée d'Emerald, grandie sans contrainte à l'état sauvage, doit maintenant s'adapter, en dépit de son assez pénible recul au contact de ce qui lui paraît si dur, si brillant et si froid. De son monde natal de douces impressions fleuries [...] où chacun faisait exactement ce qu'il voulait, il était passé dans ce monde de pierre grise où retentissait toujours un mot d'ordre décisif[58]. » (*EU* 50-51)

---

50 « Uth » signifie la terre, le sol, « Uthe », l'harmonie, la poésie et la mélodie, selon G. Monsman, *op. cit.*, p. 176.

51 « *Enjoying hitherto all the freedom of the almost grown-up brothers, the unrepressed noise, the unchecked hours, the old rooms, all their own way, he is literally without the consciousness of rule.* » (*MS* 201)

52 « *The youngest of four sons, but not the youngest of the family !* » (*MS* 202)

53 « *the yoke* » (*MS* 202).

54 « *[Emerald] is to go to school, chiefly for the convenience of others* » (*MS* 202).

55 « *some fascination in the lad* » (*MS* 202).

56 « *a place full, for those who came within its influence, of a will of its own.* » (*MS* 204)

57 « *Here everything, one's very games, have gone by rule onwards from the dim old monastic days* » (*MS* 204).

58 « *Like its customs [...], well-worn yet well-preserved, time-stained, time-engrained, time-mellowed, the venerable Norman or English stones of this austere, beautifully proportioned place look like marble, to which Emerald's softly nurtured being, his careless wild-growth must now adapt itself, though somewhat painfully recoiling from contact with what seems so hard also, and bright, and cold. From his native world of soft garden touches, carnation and rose [...] where every one*

Emerald est une « fleur sauvage » placée soudain dans un monde minéral car dans cette institution, certains commandent et d'autres obéissent, selon des rôles trop clairement définis[59] pour ne pas susciter la question de leur interchangeabilité.

Institution retranchée du temps[60], l'école est imprégnée du paganisme des bâtisseurs médiévaux utilisant les pierres antiques pour la construire, pendant qu'elle tend à atténuer le contraste entre le passé et le présent à travers les élèves récitant la leçon des classiques : « Rien ne saurait mieux harmoniser le présent avec le passé que le spectacle qu'ils offrent précisément ici comme ils pratiquent leurs jeux avec des clameurs, ou qu'ils récitent leurs leçons sous des arches construites par des prieurs au Moyen Âge, ou qu'ils gagnent docilement à l'église les sièges occupés avant eux par les jeunes moines[61]. » (*EU* 51-52) Donnant à chacun sa place matérielle[62], l'école exige d'Emerald qu'il trouve sa place symbolique :

> L'endroit même où l'on est, ses ouvrages de pierre, ses espaces vides, vous envahissent, envahissent tous ceux qui en dépendant, comme en dépend Uthwart, qui cède entièrement, d'emblée : semblent vous interroger impérieusement sur les raisons que vous avez de vous trouver là parmi les grands souvenirs du passé, de cette école – vous enjoignent, en quelque sorte, de faire de la philosophie morale l'un de vos acquis, si vous en êtes capable, et *de systématiser ici votre moi vagabond*; qui d'ailleurs, en tout cas, sera systématisé pour vous[63]. » (*EU*, nous soulignons)

C'est un Emerald vierge qui arrive pour en recevoir l'empreinte : « Uthwart est donc, en son intime, *une tablette vierge où vont s'inscrire les influences du*

---

did just what he liked, he was passed now to this world of grey stone; and here it was always the decisive word of command. » (*MS* 204-205)

59 « *only to be taught, to be drilled into [...]; in the keen, clear, well-authorised dominancy of some, the instant submission of others.* » (*MS* 205)

60 « *the old ecclesiastical city, upon which any more modern touch, modern door or window, seems a thing out of place through negligence* » (*MS* 206).

61 « *Nothing could better harmonise present with past than the sight of them just here, as they shout at their games, or recite their lessons, over-arched by the work of medieval priors, or pass to church meekly, into the seats occupied by the young monks before them.* » (205-206)

62 « *[Emerald] is shown the narrow cubicle in which he is to sleep* » (*MS* 206-207).

63 « *The very place one is in, its stone-work, its empty spaces, invade you; invade all who belong to them, as Uthwart belongs, yielding wholly from the first; seem to question you masterfully as to your purpose in being here at all, amid the great memories of the past, of this school; – challenge you, so to speak, to make moral philosophy one of your acquirements, if you can, and* to systematise your vagrant self; *which however will in any case be here systematised for you.* » (*MS* 207, nous soulignons)

lieu. Dites, si vous voulez, qu'il est sous l'influence d'un "idéal incarné" quelque peu rebutant, mais qu'il ne saurait mépriser[64]. » (*EU* 53, nous soulignons) Les précédents portraits de Pater mettaient en scène la rencontre d'un sujet et d'une époque, d'un mouvement, d'un système philosophique. Ici, le texte fait se rencontrer un sujet et une institution, rencontre suffisamment rare et nouvelle pour être notée. Elle rappelle discrètement que Pater fut aussi professeur, membre d'une institution qui changea profondément au moment où il y exerçait. Admission des femmes dans des *colleges* nouvellement créés[65], inclusion de l'anglais dans les matières enseignées étaient des questions débattues à l'époque, après qu'Oxford s'est ouverte aux non Anglicans en 1871 par le *Test Act*. Il est donc intéressant d'examiner le regard que porte le *don* sur l'institution.

Emerald rencontre d'abord un lieu – « ce monde de pierre grise[66] » (*EU* 50) –, puis ses habitants. Il fait alors la découverte de l'insignifiance des noms et des histoires, au profit d'un second baptême qui l'égale à son surnom : Aldy[67]. En le remplaçant par le surnom, voire le mauvais nom d'Edward, l'institution proclame la vanité du nom et la malléabilité, voire l'indignité de l'identité. Emerald veut-il rappeler que son patronyme renvoie à un ancêtre dont le langage a perdu la trace qu'il est assigné au silence. Chacun se voit attribuer un surnom plutôt qu'un nom, chacun se voit identifié à un signifiant destiné à motiver l'immotivé représenté par le Nom-du-Père et évacuant du même coup celui-ci. En outre, l'institution présentée comme « *genius loci* » (esprit des lieux) a pour but de façonner les âmes et d'en faire des sujets conformés à son idéal : « modeler tous ceux qui y entraient jusqu'à ce qu'ils fussent, bon gré, mal gré, en conformité parfaite, indiscutée, avec lui[68]. » (*EU* 55) Cette

64 « *In Uthwart, then, is* the plain tablet, for the influences of place to inscribe. *Say if you will, that he is under the power of an "embodied ideal," somewhat repellent, but which he cannot despise.* » (*MS* 207, nous soulignons)

65 Lady Margaret's Hall est créé en 1878, Somerville et St Anne's en 1879, Saint Hilda's en 1893.

66 « *this world of grey stone* » (*MS* 204).

67 « *[Other pupils] come about him, seem to wish to be friends at once, good and bad alike, dull and clever; wonder a little at the name, and the owner. A family name – he explains, good-humouredly; tries to tell some story no one could ever remember precisely of the ancestor from whom it came, the one story of the Uthwarts; is spared; nay! petulantly forbidden to proceed. But the name sticks the faster. Nicknames mark, for the most part, popularity.* Emerald ! *so every one called Uthwart, but shortened to* Aldy. » (*MS* 207-208)

68 « *a claim to mould all who enter it to a perfect, uninquiring, willing or unwilling, conformity to itself.* » (*MS* 208)

subjectivation s'opère à travers la patience[69] et la soumission développées par l'éducation. L'institution est d'essence platonicienne, elle subordonne le bien individuel au bien commun, comme le fait remarquer le narrateur à travers une référence à *La République*[70]. Entre les désirs de l'un et de l'Autre, l'institution a choisi les revendications de l'Autre, le groupe et la reproduction : « Une école n'est pas faite pour un seul[71]. » (*EU* 56) Ce choix est validé par la société qui y envoie la future élite de la nation pour assurer sa perpétuation. Or cette institution s'applique littéralement à un sujet dont Pater souligne « l'humilité toute inconsciente[72] » ; elle constitue un idéal à l'emprise duquel il succombe inconsciemment : « il ressentait la beauté de l'ἄσκησις (nous avons besoin de ce mot grec) à laquelle il ne se trouve pas simplement soumis, mais s'abandonne docilement, comme fasciné, bien qu'un autre aurait pu être conscient du charme mi-éthique, mi-physique qu'elle exerçait visiblement sur lui[73]. » (*EU* 56-57) Emerald aime l'institution scolaire non pour elle-même, mais pour sa fascinante beauté. Sa soumission inconsciente rencontre alors la volonté d'assujettissement de son école : « Le mot d'ordre confiant, l'obéissance instantanée attendue, le silence forcé, les jeux mêmes dictés par la règle, une sorte de dureté naturelle aux jeunes Anglais sains de corps quand ils se réunissent, mais ici de rigueur comme un trait de bonnes manières, – il accepte tout cela sans hésitation[74] » (*EU* 57). Acceptant l'emprise manifestée par l'inscription de l'élève dans l'histoire institutionnelle lorsqu'il réussit ses examens, le jeune homme entend la formule consacrée – « *Introitum tuum et exitum tuum custodiat Dominus !* »

---

69 « *our English manner of education is a development of patience, of decorous and mannerly patience.* » (*MS* 209-210)

70 « *The aim of a veritable community, says Plato, is not that this or that member of it should be disproportionately at ease, but that the whole should flourish ; though indeed such general welfare might come round again to the loyal unit therein, and rest with him, as a privilege of his individual being after* all. » (*MS* 210)

71 « *A school is not made for one.* » (*MS* 210)

72 « *Uthwart's wholly unconscious humility* » (*MS* 210).

73 « *he felt the beauty of the ascesis (we need that Greek word) to which he not merely finds himself subject, but* as under a fascination submissively yields himself, *although another might have been aware of the charm of it, half ethic, half physical, as visibly effective in him.* » (*MS* 210, nous soulignons)

74 « *The confident word of command, the instantaneous obedience expected, the enforced silence, the very games that go by rule, a sort of hardness natural to wholesome English youths when they come together, but here* de rigueur *as a point of good manners ; – he accepts all these without hesitation* » (*MS* 211).

(*EU* 58)[75] – qui l'incorpore littéralement à l'institution placée sous le signe du père tout-puissant[76]. La réussite témoigne de la reproduction du système car Emerald n'est déjà plus la tablette vierge qu'il était en arrivant à l'école : il en a intériorisé les valeurs.

La cérémonie de remise des diplômes est l'occasion pour le narrateur de souligner l'indifférence apparente de son héros[77] doué d'un étrange rapport aux sentiments nostalgiques puisqu'il les écarte, au profit d'un pragmatisme lui aussi fondé sur l'indifférence[78]. Emerald n'est pas ontologiquement indifférent : originairement sensuel, il est déjà transformé par une institution fondée sur l'obéissance et l'efficacité en plus d'être mû par des considérations pratiques. Son indifférence, qui relève du contrôle de soi[79], éveille néanmoins le désir de son *prefect*, James Stokes. C'est le début d'une relation d'emprise constituant l'autre thème de ce portrait, fort éloigné de la relation d'amitié d'Amis et Amile. Comment l'emprise est-elle possible ? Quelles sont les conditions collectives, les discours qui la favorisent ?

Emerald est encore à la recherche de sa voie[80], et sans doute ses virtualités et l'éducation classique affectent-elles son *prefect* lorsqu'il fait de leur rapport l'incarnation d'un sombre éros grec :

> Les beautés tant pratiquées, peut-être conventionnelles, de leurs livres en grec et en latin « morts », associées maintenant au compagnon qui est à son côté, reprennent pour lui tout l'éclat de leur fraîcheur première ; font mieux, semble-t-il, que justifier leur droit à la patience, à l'attention de la jeunesse moderne. Il distingue comme jamais auparavant de menues nuances de signification chez Homère, chez Virgile ; fait remarquer par exemple à son cadet un jour, au soleil, que les Grecs avaient un mot spécial pour le Destin, lorsqu'il accompagnait celui qui était voué à une mort violente[81]. (*EU* 59-60)

75 « L'Éternel gardera ton départ et ton arrivée, / Dès maintenant et à jamais » Psaume 121, traduction Segond.

76 « *words like those [...] increase however [Emerald's] sense of responsibility to the place, of which he is now more exclusively than before a part* » (*MS* 211-212).

77 « *there was a funny belief, at school, that Aldy Uthwart had no feeling and was incapable of tears.* » (*MS* 212)

78 « *[Emerald] being of a practical turn, and, though somewhat sensuous, wholly without sentimentality.* » (*MS* 212)

79 « *the lad's soldier-like, impassible self-command, in his sustained expression of a certain indifference to things* » (*MS* 212).

80 « *Wistful anticipations of manhood are in fact aroused in [Emerald], thoughts of the future ; his ambition takes effective outline.* » (*MS* 213)

81 « *The well-worn, perhaps conventional, beauties of their "dead" Greek and Latin books, associated directly now with the living companion beside him, really shine for him at last with their pristine*

La première mention des auteurs classiques inscrit leur relation sous un destin tragique apparemment réalisé *a posteriori*[82], Pater attirant de nouveau l'attention sur le verdict de l'Autre que son portrait a pour but d'interroger. James cherche un modèle des sentiments qu'il éprouve pour Emerald, et le trouve bientôt dans la gloire militaire[83]. Leur relation s'inscrit sous les aspects de la reviviscence de l'éros grec fondé sur la relation entre l'*érôménos* et l'*érastès*. James occupant la place de l'*érastès* – « James Stokes [...] sentait l'ancien "feu" toujours "vif" sous l'influence qui maintenant ranimait, vivifiait tout en effet autour de lui[84] » (*EU* 61) – du désirant, en regard d'un Emerald occupant la position d'*érôménos*. Emerald apparaît désireux d'assumer le désir de l'Autre, voire de l'endosser[85], comme l'illustre l'anecdote de la punition reçue pour quelques vers écrits par James et que ce dernier décrit en l'interprétant comme un sacrifice :

> Uthwart, son compagnon comme d'habitude, fait en sorte de prendre sur lui tout le blâme et d'être dûment puni le lendemain matin. Stokes accepta le sacrifice d'autant plus facilement qu'il croyait – lui aussi – qu'Aldy était « insensible à la douleur ». Ce qui surprit ceux qui étaient dans le secret, c'est que, quand ce fut fini, il se leva et, faisant face au principal – se pouvait-il que ce fut de l'insolence ? ou était-ce le sentiment du caractère mensonger de son geste amical, ou encore la conscience de la culpabilité universelle de tous les adolescents et de tous les hommes ? – il dit avec soumission : « Maintenant que j'ai reçu ma punition, monsieur, j'espère que vous oublierez ma faute[86] ». (*EU* 63-64)

---

freshness ; seem more than to fulfil their claim upon the patience, the attention, of modern youth. He notices as never before minute points of meaning in Homer, in Virgil ; points out thus, for instance, to his junior, one day in the sunshine, how the Greeks had a special word for the Fate which accompanied one who would come to a violent end. » (*MS* 213)

82 « *Looking back, one might trace the red footsteps all along, side by side. (Emerald Uthwart, you remember, was to "die there," of lingering sickness, in disgrace, as he fancied, while the word glory came to be softly whispered of them and of their end.)* » (*MS* 213-214)

83 « *[James] finds the Greek or the Latin model of their antique friendship or tries to find it, in the books they read together. None fits exactly. It is of military glory they are really thinking, amid those ecclesiastical surroundings, where however surplices and uniforms are often mingled together ; how they will lie, in costly glory, costly to them, side by side, (as they work and walk and play now, side by side) in the cathedral aisle, with a tattered flag perhaps above them, and under a single epitaph* » (*MS* 214).

84 « *James Stokes, feeling the old "fire" really "quick" still, under the influence which now in truth quickened, enlivened, everything around him* » (*MS* 214)

85 « *Regular, submissive, dutiful to play also* » (*MS* 216).

86 « *Uthwart, his companion as usual, manages to take all the blame, and the due penalty next morning. Stokes accepted the sacrifice the more readily, believing – he too – that Aldy was "incapable of pain." What surprised those who were in the secret was that, when it was over, he rose,*

Derrière cette impavidité, Pater signale l'effet des auteurs grecs sur son héros. Car si James s'abandonne au plaisir de l'éros, Emerald s'abandonne au plaisir de la soumission dont le modèle est fourni par les auteurs classiques :

> il n'avait fait que céder à son aîné à l'encontre de sa propre inclination. Ce qu'il éprouvait alors chez Horace, c'était le sentiment, original, actif, personnel, de « choses trop élevées pour moi », le sentiment, qui ne lui déplaisait pas vraiment, d'une hauteur, inaccessible à nouveau, dans cette royale félicité d'expression, dans cet art littéraire dont les soins minutieux avaient été calculés pour l'application minutieuse d'un disciple qui fût comme celui-ci – tout attention[87]. (*EU* 64)

La littérature antique est pour lui l'occasion de mesurer son infériorité au regard de l'idéal visé par l'école et par son enseignement basé sur les classiques, que Pater égale à un idéal religieux[88]. L'élévation des grands auteurs au rang de maîtres et les rapports de soumission génèrent une étrange religion scolaire, des « disciples », « un esprit de corps[89] » (*EU* 65) que tous doivent embrasser. Toutefois, la soumission d'Emerald est tout autre, et Pater en fait un trait personnel qu'il invite son lecteur à noter : « Sa soumission, voyez-vous, était vraiment une sorte de génie ; le rendait forcément différent de ceux qui l'entouraient ; était un secret ; une chose, pourrait-on dire "que personne ne connaît, hormis celui qui la reçoit."[90] » (*EU* 65) Cette différence le conduit à laisser dominer par ses camarades et ses professeurs, à retenir un désir dont les ailes du *Phèdre* (*246*) sont la métaphore[91]. Soumis au verdict de l'institution et à l'effet

---

and facing the head-master – could it be insolence ? or was it the sense of untruthfulness in his friendly action, or sense of the universal peccancy of all boys and men ? – said submissively : "And now, sir, that I have taken my punishment, I hope you will forgive my fault." » (*MS* 216-217)

87 « *he had but yielded to a senior against his own inclination. What he felt in Horace was the sense, original, active, personal, of "things too high for* me *!", the sense, not really unpleasing to him, of an unattainable height here too, in this royal felicity of utterance, this literary art, the minute cares of which had been really designed for the minute carefulness of a disciple such as this* » (*MS* 217).

88 « *the sense of authority, of a large intellectual authority over us, impressed anew day after day, of some impenetrable glory round "the masters of those who know," is, of course, one of the effects we look for from a classical education : – that, and a full estimate of the preponderating value of the manner of the doing of it in the thing done ; which again, for ingenuous youth, is an encouragement of good manners on its part : – "I behave myself orderly." Just at those points, scholarship attains something of a religious colour.* » (*MS* 217)

89 En français dans l'original : « *that* esprit de corps » (*MS* 217).

90 « *His submissiveness, you see, was a kind of genius ; made him therefore, of course, unlike those around him ; was a secret ; a thing, you might say, "which no one knoweth, saving he that receiveth it."* » (*MS* 218)

91 « *[Emerald] felt [...] the intellectual passion, like the pressure outward of wings within him [...] but again, as some do with everyday love, withheld, restrained himself* » (*MS* 219).

d'homogénéisation puis de distinction qu'elle produit, il accepte de n'être ni un génie littéraire ni un érudit[92]. On le prend pour Apollon[93], ce qui suscite le mépris du narrateur, alors qu'il ressemble davantage à un Tryphon égaré dans l'Angleterre moderne[94], c'est-à-dire d'un sujet résumé au point de ses virtualités passées. Emerald évoque l'être de chair et de sang dont la stèle conserve l'image, par sa beauté adolescente[95], une beauté d'autant plus grande qu'il est inconscient de son charme : « Il laisse partout derrière lui un étrange regret de sa présence, tout comme lui, en retour, s'étonne parfois de la déférence que marquent à quelqu'un d'aussi peu important que lui ceux qu'il rencontre par hasard ; de la facilité, par exemple, avec laquelle il accède à des privilèges sociaux refusés à d'autres[96]. » (*EU* 69) L'intérêt qu'il suscite vient de cette inconscience et de cette réserve masquant sa soumission. Sachant faire naître le désir d'autrui, Emerald peut-il lui-même être désirant ? À considérer la carrière qu'il envisage, le lecteur en douterait, puisqu'il se conforme à une anonyme injonction de se faire soldat[97]. Cette acceptation consiste à accepter un langage où le signe épouse la chose, où le sujet est ce qu'il paraît, c'est-à-dire à faire fi de l'arbitraire du signe.

---

92 « *[Emerald] is made to understand that there is at least a score of others as good scholars as he. He will have of course all the pains, but must not expect the prizes, of his work ; of his loyal, incessant, cheerful industry.* » (*MS* 219-220)

93 « *"Young Apollo !" people say – people who have pigeon-holes for their impressions, watching the slim, trim figure [of Emerald] with the exercise books. His very dress seems touched with Hellenic fitness to the healthy youthful form. "Golden-haired, scholar Apollo !" they repeat, foolishly, ignorantly.* » (*MS* 220)

94 « *[Emerald] [...] was more like a real portrait of a real young Greek, like Tryphon, Son of Eutychos [...] alive among the paler physical and intellectual lights of modern England, under the old monastic stonework of the Middle Age.* » (*MS* 220-221)

95 « *The somewhat unmeaningly handsome facial type of the Uthwarts, moulded to a mere animal or physical perfection through wholesome centuries, is breathed on now, informed, by the touches, traces, complex influences from past and present a thousandfold, crossing each other in this late century, and yet at unity in the simple law of the system to which he is now subject. Coming thus upon an otherwise vigorous and healthy nature, an untainted physique, and limited by it, those combining mental influences leave the firm unconscious simplicity of the boyish nature still unperplexed.* » (*MS* 221-222)

96 « *Everywhere he leaves behind him an odd regret for his presence, as he in turn wonders sometimes at the deference paid to one so unimportant as himself by those he meets by accident perhaps ; at the ease, for example, with which he attains to the social privileges denied to others.* » (*MS* 222)

97 « *They tell him, [Emerald] knows it already, he would "do for the army." "Yes ! that would suit you," people observe at once, when he tells them what "he is to be" – undoubtedly suit him, that dainty, military, very English kind of pride, in seeming precisely what one is, neither more nor less.* » (*MS* 222)

De nouveau, le désir soumis du jeune homme suscite celui de James Stokes décidant à son tour d'être soldat[98]. La cérémonie marquant la fin de leur scolarité permet à Pater de souligner l'absence de désir du jeune homme. Est-il assuré d'une place à Oxford avec son *prefect* qu'il manifeste peu d'entrain à réciter Homère lors de la cérémonie[99] par refus de se montrer. Il est soumis à l'institution scolaire ayant réussi à lui apprendre à masquer ce qu'elle désigne comme son infériorité sous l'aspect d'une indifférence ou d'une bonne volonté polie, et il est significatif qu'il se trouve à citer le passage homérique de la mort d'Elpénor (chants XI et XII), auquel Ulysse donne la sépulture qui lui revient. La fin de la scolarité constitue bientôt une découverte faisant passer tout un chacun du monde rêvé au monde réel[100]. Emerald affirme quant à lui sa soumission au sortir de l'université où, comme à l'école, il a porté le joug[101], et appris à aimer sa soumission[102]. À l'université, on l'encourage également à devenir soldat[103], c'est-à-dire à rejoindre une autre institution hiérarchique fondée sur une obéissance absolue.

Par une licence poétique, Pater fait recommencer la guerre permettant aux deux amis de s'illustrer, tandis qu'il souligne ironiquement que son héros semble avoir suffisamment intégré l'éthique de la soumission pour se sentir « à l'aise [...] avec perversité dans la raideur de sa jaquette écarlate à parements noirs[104] » (*EU* 77). Sa carrière militaire commence par la

---

98 « *the first mention of Uthwart's purpose defines also the vague outlooks of James Stokes, who will be a soldier too.* » (*MS* 222)

99 « *[Emerald's] whole nature revolts from so much as the bare opportunity for personal display.* » (*MS* 224)

100 « *the world of peremptory facts* » (*MS* 226).

101 « *Again, as at school, [Emerald] had put his neck under the yoke* » (*MS* 227).

102 « *A college, like a school, is not made for one; and as Uthwart sat there, still but a scholar, still reading with care the books prescribed for him by others – Greek and Latin books – the contrast between his own position and that of the majority of his coevals already at the business of life impressed itself sometimes with an odd sense of unreality in the place around him. Yet the schoolboy's sensitive awe for the great things of the intellectual world had but matured itself, and was at its height here amid this larger competition, which left him more than ever to find in doing his best* submissively *the sole reward of so doing.* » (*MS* 226, nous soulignons)

103 « *Here again then as [Emerald] passes through the world, so delightfully to others, they tell him, as if weighing him, his very self, against his merely scholastic capacity and effects, that he would "do for the army"; which he is now wholly glad to hear, for from first to last, through all his successes there, the army had still been scholar Stokes' choice, and he had no difficulty, as the reader sees, in keeping Uthwart also faithful to first intentions.* » (*MS* 228)

104 « *Uthwart quite perversely at ease in the stiff make of his scarlet jacket with black facings* » (*MS* 229).

réussite avant la faute, « un acte de bravoure irréfléchi, pour ainsi dire, le seul acte irrégulier ou indiscipliné de la vie d'Uthwart[105] » (*EU* 77-78). Soumis cette fois à l'autre plutôt qu'à l'Autre, Emerald obéit à James et dérobe l'étendard ennemi, ce qui leur vaut d'être traduits devant la cour martiale[106]. Cet étendard n'est pas sans évoquer la couronne de persil des athlètes grec mentionnée par Pater dans « L'Âge des athlètes vainqueurs[107] » et au chapitre consacré à Lacédémone dans *Platon et le platonisme*. La récompense sportive est maigre car les Grecs se fondent sur une éthique leur commandant d'accomplir leurs exploits sportifs par amour de l'athlétisme[108]. L'humble caractère de la récompense souligne que la prouesse lui est supérieure. À l'inverse, l'étendard apparaît dérisoire au regard de la punition encourue[109], démentant toute possibilité de ranimer l'éthique grecque à l'époque moderne. Le destin a pris la forme d'une attente prolongée du combat que James ne peut tolérer, et qui le pousse à convaincre Emerald de le suivre dans sa provocation[110]. Dans une reprise de la tragédie antique, James succombe à l'*amartia* et y entraîne son camarade en le séduisant. L'éthique grecque n'est toutefois pas en jeu ; Pater prend soin de souligner à travers son impersonnel narrateur qu'il s'agit davantage d'un plaisir individuel : « Délectable héroïsme. Délectable jouissance personnelle[111] ! » (*EU* 81) Il a suffi d'un léger relâchement de la discipline militaire[112] pour déclencher une action présentée comme un défi jouissif pour les deux amis[113]. La mécanique

105 « *an act of thoughtless bravery, almost the sole irregular or undisciplined act of Uthwart's life* » (*MS* 230).

106 « *The faulty thing was done, certainly, with a scrupulous, a characteristic completeness on their part* » (230-231).

107 « *the actual prize, as we know, was in itself of little or no worth – a cloak, in the Athenian games, but at the greater games a mere handful of parsley, a few sprigs of pine or wild olive. The prize has, so to say, only an intellectual or moral value.* » (*GS* 279-280)

108 Voir B. Coste, « The Politics of Utopia : Walter Pater's "Lacedaemon" », « Commitment in Literature and in the Arts 1880-1950 », B. Coste (dir.), *E-rea* [En ligne], 13.2 | 2016. http://erea.revues.org/5118

109 « *an old weather-beaten flag such as hung in the cathedral aisle at school* » (*MS* 230).

110 « *James Stokes [...] longing for heroic effort, and ready to pay its price, maddened now by the palpable imposture in front of him morning after morning, as he demonstrates conclusively to Uthwart, seduced at last from the clearer sense of duty and discipline, not by the demonstrated ease, but rather by the apparent difficulty of what Stokes proposes to do.* » (*MS* 232-233)

111 « *Delightful heroism ! delightful self-indulgence !* » (*MS* 233)

112 « *a vague phrase in their instructions* » (*MS* 234).

113 « *the intensely pleasant, the glorious sense of movement renewed once more ; of defiance, just for once, of a seemingly stupid control* » (*MS* 234).

tragique s'est mise en branle et se déroule avec une régularité parfaite. Ainsi, la cour martiale se substitue à une cour civile, sans doute plus encline à l'indulgence[114].

Devant cet avatar de l'Autre tout-puissant, le journal d'Emerald est déjà de l'ordre de la « pièce justificative[115] » (*EU* 78). Destiné à être une expression personnelle sans pour autant être cité, il montre le rapport de soumission du héros à la monotonie militaire[116]. Non seulement le jeune homme témoigne de la patience nécessaire à la vie de soldat prenant le relais de la patience inculquée par l'école, mais il montre également l'effacement de soi au prix même de la blessure endurée en silence[117]. Autre institution, l'armée obéit à des règles tout aussi précises que l'école et l'université, et les deux soldats sont d'abord condamnés à mort. James est exécuté[118] ; Emerald sera publiquement dégradé avant d'être renvoyé[119]. Dans un mouvement d'approche et de dépossession simultanées, la voix narrative est transférée à un témoin anonyme de la dégradation :

> Je n'oublierai jamais l'expression que revêtit la physionomie de l'homme, bien que j'aie vu bon nombre de tristes choses dans l'exercice de ma profession. Il avait de ces traits gracieux qui arrêtent toujours l'attention et qui suscitent dans la plupart des esprits un intérêt cordial ; et maintenant, tandis

---

114 « *In an ordinary trial at law, the motives, every detail of so irregular an act might have been weighed, changing the colour of it. [...] Martial courts exist not for consideration, but for vivid exemplary effect and prompt punishment.* » (*MS* 234)

115 En français dans l'original : « *the somewhat matter-of-fact and prosaic journal he had managed to keep from the first, noting there the incidents of each successive day, as if in anticipation of its possible service by way of* pièce justificative, *should such become necessary, attesting hour by hour their single-hearted devotion to soldierly duty* » (*MS* 231).

116 « *the long-sustained patience also, the essential monotony of military life, even on a campaign.* » (*GS* 231)

117 « *with a little quiet pride, [Emerald] records a gun-shot wound which keeps him a month alone in hospital wearily; and at last, its hasty but seemingly complete healing.* » (*MS* 231-232)

118 « *the elder prisoner having been blindfolded was ordered to kneel down on his coffin, which had been placed close to the grave, the firing party taking up a position exactly opposite at a few yards' distance. The poor fellow's face was deadly pale, but he had marched his last march as steadily as ever I saw a man step, and bore himself throughout most bravely, though an oddly mixed expression passed over his countenance when he was directed to remove himself from the side of his companion, shaking his hand first.* » (*MS* 236)

119 « *Uthwart, as being the younger of the two offenders, "by the mercy of the court" had his sentence commuted to dismissal from the army with disgrace. A colour-sergeant then advanced with the former officer's sword, a remarkably fine one, which he thereupon snapped in sunder over the prisoner's head as he knelt. After this the prisoner's regimental coat was handed forward and put upon him, the epaulettes and buttons being then torn off and flung to a distance.* » (*MS* 236)

qu'il subissait les extraordinaires détails de son châtiment, on lui voyait une expression d'humilité et de soumission qui m'inspira très étrangement une sorte de désir (je ne puis trouver d'autres mots pour cela) de partager son lot, d'être réellement à sa place pour un moment[120]. » (*EU* 85)

Emerald offre le spectacle d'une soumission si forte qu'elle suscite l'envie du témoin retrouvant involontairement l'appréciation de ses camarades de classe qui le jugeaient avant tout « indifférent » : « ce qui m'était le plus proche de cette expression, je l'ai vu sur le visage de ceux que je savais, étant donné les circonstances, être pour ainsi dire incapables d'avoir alors quelque sentiment que ce fût[121]. » (*EU* 86) Il se réduit à l'objet sacrificiel faisant brièvement flamber la sympathie du spectateur et son identification à sa part abjectée. Le manuscrit de Pater cité plus haut témoigne qu'il s'agit de la morale platonicienne, laquelle avoue qu'elle se fonde sur un trouble rapport à la souffrance d'autrui et sur la jouissance procurée par cette souffrance.

Après cette dégradation où il est littéralement nié symboliquement par l'institution militaire, il reste au jeune homme à assumer un destin détaché de toute inscription collective prenant dès lors la forme d'une errance[122]. Revenant sur les lieux de sa dégradation comme pour lui donner force signifiante, le jeune homme laisse s'exprimer sa douleur sous la forme des larmes dont l'absence avait intrigué ses pairs[123]. Débarrassé de toute inscription institutionnelle et comme ramené à une subjectivité naissante, Emerald offre à présent ses larmes à l'Autre. Rentré au pays natal, le jeune homme suscite le désir, cette fois des siens[124]. S'il s'est montré jusqu'ici impavide, littéralement branché non sur le désir mais plutôt sur les exigences de l'Autre, il apparaît désormais

120 « *I shall never forget the expression of this man's countenance, though I have seen many sad things in the course of my profession. He had the sort of good looks which always rivet attention, and in most minds friendly interest ; and now, amid all his pain and bewilderment, bore a look of humility and submission as he underwent those extraordinary details of his punishment, which touched me very oddly with a sort of desire (I cannot otherwise express it) to share his lot, to be actually in his place for a moment.* » (*MS* 238, nous soulignons)

121 « *the nearest approach to that look I have seen has been on the face of those whom I have known from circumstances to be almost incapable at the time of any feeling whatever.* » (*MS* 238)

122 « *a roundabout and really aimless journey* » (*MS* 238).

123 « *He actually came round again to the scene of his disgrace, of the execution ; [...] wept then as never before in his life* » (*MS* 239).

124 « *the charm of an exquisite character, felt in some way to be inseparable from his person, his characteristic movements, touched also now with seemingly irreparable sorrow.* » (*MS* 240)

rendu à lui-même : « La délicatesse innée de son tempérament, contre laquelle le sentiment d'être confronté à de plus grandes choses avait réagi avec succès, reprit ses droits maintenant qu'il reposait à son aise, une aise bien méritée par ses actes, par ses peines[125]. » (*EU* 87-88) Cette douceur originaire n'est toutefois que le masque d'une pulsion de mort prenant la forme d'une mystérieuse maladie à travers laquelle il affronte la mort sans ciller, apparaissant comme le produit d'un système lui ayant conféré le peu d'être qu'il a perdu lorsque celui-ci l'a renié[126]. C'est à ce moment que se produit le retournement[127] où l'indocile se mue en héros lorsqu'il est pardonné par l'armée. De nouveau le jeune homme verse des larmes[128]. Tout aussi immotivée que sa dégradation, cette reconnaissance ne le sauvera pas : la vieille blessure s'est ranimée[129] et, de nouveau, il manifeste « une soumission absolue[130] » (*EU* 90) face cette fois à l'Autre de la mort. Le jeune homme n'est-il pas déjà mort pour les autres[131] ? Sa réintégration n'est au fond qu'un solde de tout compte, un équilibre du débit et du crédit le laissant libre d'accepter son être pour la mort, c'est-à-dire de devenir désirant, ou de donner cours à une réelle indifférence entendue comme volonté de retour à l'inanimé, au prix de son désir. Emerald choisit la seconde possibilité et s'éteint, suscitant jusque dans l'esprit du vicaire qui l'accompagne la question de son indifférence[132], tandis que le narrateur souligne le retour terminal d'un amour du monde toujours dissimulé : « à mesure que le souffle du

125 « *The original softness of his temperament, against which the sense of greater things thrust upon him had successfully reacted, asserted itself again now as he lay at ease, the ease well merited by his deeds, his sorrows.* » (*MS* 240)

126 « *The memory of the grave into which [Emerald] had gazed so steadily on the execution morning, into which, as he feels, one half of himself had then descended, does not lessen his shrinking from the fate before him, yet fortifies him to face it manfully, gives a sort of fraternal familiarity to death* » (*MS* 240).

127 « *a revision or reversal of judgment* » (*MS* 242).

128 « *Aldy, who "never shed tears and was incapable of pain," in his great physical weakness, wept – shall we say for the second time in his life ?* » (*MS* 242)

129 « *the old gun-shot wound, wrongly thought to be cured, which had caused the one illness of his life, is now drawing out what remains of it, as [Emerald] feels with a kind of odd satisfaction and pride – his old glorious wound !* » (*MS* 242-243)

130 « *an absolute submissiveness* » (*MS* 243).

131 « *Respited from death once, he was twice believed to be dead before the date actually registered on his tomb.* » (*MS* 243)

132 « *The saintly vicar visits [Emerald] considerately ; is repelled with politeness ; goes on his way pondering inwardly what kind of place there might be, in any possible scheme of another world, for so absolutely unspiritual a subject* » (*MS* 241).

monde infini venait l'envelopper, il ne se cramponnait que plus ferme aux bien-aimées choses finies qui étaient en contact avec lui ; il était parvenu à cacher à ses yeux tout le reste[133]. » (*EU* 89) Serait-ce l'advenue finale d'une pulsion de vie ?

Le portrait a peu à peu construit la figure d'un sujet originairement sensible – « l'amant des roses[134] » (*EU* 87) – soumis et assujetti aux institutions qu'il a fréquentées, verdict sévère du narrateur sur l'institution éducative et militaire incapable de permettre l'advenue et l'expression du sujet désirant[135]. Mais par un retournement dont Pater a le secret, la soumission qui témoignait de son indifférence s'évanouit pour laisser entrevoir une indifférence originaire, basale, qui est le véritable désir d'Emerald[136]. Comme Sebastian quoique sans en faire le fruit d'une réflexion philosophique, le jeune soldat laisse éclater cette volonté de retour à l'indifférence. Elle apparaît *in fine* contre l'indifférence acquise ayant pris le visage des soumissions successives du jeune homme pour constituer la dimension la plus originaire de son être, ce narcissisme inentamé du *Real Ich* freudien dont Pater donne une autre image dans l'indifférence du jeune Raoul exécuté en Place de Grève pour avoir vengé une offense prétendument faite à son maître Jasmin[137]. Le masochiste qu'est Raoul se donne ce que Lacan qualifie de « mal de chien[138] » pour exécuter la volonté prêtée à l'Autre. À l'inverse, Emerald laisse seulement advenir cette indifférence que masquaient ses yeux secs. Si ses larmes émeuvent le lecteur, elles relèvent de la morale platonicienne destinée *in fine* susciter le malaise, d'abord du spectateur puis du lecteur dont la sensibilité se voit défiée.

Le récit pourrait s'arrêter ainsi, démontrant que le jeune homme a été la proie avant tout d'une pulsion de mort ayant trouvé des incarnations

---

133 « *as the breath of the infinite world came about him, he clung all the faster to the beloved finite things still in contact with him ; he had successfully hidden from his eyes all beside* » (*MS* 241-242).

134 « *the lover of roses* » (*MS* 240).

135 On prendra donc avec réserve le commentaire d'Edmund Gosse : « *Pater was happy at King's School, in spite of his complete indifference to outdoor games* », *Critical Kit-Kats*, *op. cit.*, p. 245.

136 Ce retournement explique sans doute que G. d'Hangest se détourne de la « macabre et repoussante fadeur » de certains épisodes avant de conclure que l'incohérence psychologique est fatale à l'effet d'unité artistique. Voir G. d'Hangest, *Walter Pater*, tome II, *op. cit.*, p. 85-86.

137 « *[Jasmin] takes his lord's vengeance on the person of a young seigneur [...] guilty of a crime [...] for which he will be "broken on the wheel"* » (*GdeL* 108).

138 J. Lacan, *Séminaire XI*, *op. cit.*, p. 224.

variées dans les différentes institutions qu'il a connues. Ce serait sans doute adopter l'hypothèse d'un changement possible, d'une réforme de l'institution susceptible de permettre à chacun de trouver une place particulière en regard du collectif. Or la leçon de *Platon et le platonisme* est sans appel : examinant la République platonicienne et les rapports de sujétion qu'elle entraîne, Pater en a fait une dystopie, c'est-à-dire un lieu donnant le modèle de toute institution : que rien n'en puisse être changé, quelle qu'en soit la nature, et qu'il qualifie de « paradoxe » ou de « théorie fort hasardeuse[139] » (*PP* 188).

La même conclusion s'impose dans « Emerald Uthwart » sous la forme du texte conclusif d'un dernier narrateur[140], dont la fonction semble être de redoubler l'aliénation du jeune homme. L'institution était restée muette, elle s'exprime désormais par la voix du tenant d'un discours appelé à connaître une grande fortune critique au XXe siècle : le discours médical, voire celui du légiste[141]. Dans un texte où différentes voix ou *foci* ont recouvert le discours du sujet pour le transformer en énigme ou en malade – « une sorte de détresse mentale » – (*EU* 91), il n'est guère surprenant de voir le mot de la fin revenir à l'homme de science. Le Foucault des analyses de la sexualité à la fin du XIXe siècle dénonçant l'emprise du discours médical et juridique ne trouverait rien à redire à l'impavide art du feuilletage narratif patérien destiné à obérer l'expression du sujet.

Plus surprenant, et autrement plus contradictoire avec la thèse foucaldienne, est le constat que c'est à la demande du jeune homme qu'intervient le légiste[142]. Emerald a littéralement exigé d'être autopsié et débarrassé de la balle qu'il avait longtemps portée[143], livrant *in fine* son corps à l'Autre, de la science ou de l'art et réélisant l'étymon de la seconde partie de son nom[144]. Le texte se conclut ainsi sur un dernier portrait susceptible

139 « *paradox or hazardous theory* » (*PP* 266).

140 « *Postscript, from the Diary of a Surgeon* » (*MS* 243).

141 « *I was summoned by letter into the country to perform an operation on the dead body of a young man, formerly an officer in the army. The cause of death is held to have been some kind of distress of mind, concurrent with the effects of an old gun-shot wound, the ball still remaining somewhere in the body* » (*MS* 243-244).

142 « *My instructions were to remove this, at the express desire, as I understood, of the deceased, rather than to ascertain the precise cause of death.* » (*MS* 244)

143 « *The ball, a small one, [...] was at length removed; and I was then directed to wrap it in a partly-printed letter, or other document, and place it in the breast-pocket of a faded and much-worn scarlet soldier's coat, put over the shirt which enveloped the body* » (*MS* 246).

144 « *wart* » est un terme militaire désignant un subalterne, selon G. Monsman.

de passer pour une scène d'intérieur où l'homme de l'art officiant en compagnie de la mère du héros[145], figure increvable de la mère mortifère patérienne, livre une anatomie en guise de portrait final. L'anatomie est un genre pictural discret que Pater convoque en guise de modèle pictural du portrait imaginaire, quoiqu'elle diffère de la savante élaboration de l'instance narrative d'« Un Prince des peintres de cour ». Ici, le narrateur-chirurgien s'extasie sur « [l']extrême pureté des contours tant du visage que des membres » (*EU* 92)[146], l'« abondante chevelure blonde[147] », « la grande beauté du développement des organes au sens strictement anatomique du terme[148] », et l'« expression de santé et de vie[149] » (*EU* 93) du cadavre. Il n'est pas surprenant que le médecin, dernier avatar du portraitiste, se sente obscurément coupable[150] de contribuer à la dissection du sujet, de se soumettre à la volonté de l'Autre. Il continue cependant sa tâche en extrayant la balle – « un corps étranger à cet endroit[151] » (*EU* 92) – pour en faire le véritable cœur du sujet qu'il reconstitue en lui adjoignant une lettre et une capote avant de refermer le cercueil[152] sur un sujet restauré de sa division, littéralement recomposé et désormais « enfoui sous des fleurs coupées au riche parfum » (*EU* 92), se passant de toute inscription sur son cercueil. La pierre tombale ne montrera nul nom qui désignerait l'absence de celui qui gît là, les dates et le toponyme qui l'ornent témoignent au contraire d'un refus du signifiant (et donc de la finitude) redoublé dans le sujet recomposé qu'elle a charge de signaler aux yeux de l'Autre du visiteur ainsi leurré.

Se soumettre à l'Autre, fût-il incarné en institution ou réduit au médecin légiste, n'est-ce pas finalement accepter d'être aliéné et pris jusqu'au « point d'ignominie du sujet[153] » pour se fonder post-mortem dans sa recomposition subjective ? Dans *Gaston de Latour*, le jeune Raoul

145 « *[I] found the body lying in a coffin, almost hidden under very rich-scented cut flowers, after a manner I have never seen in this country, except in the case of one or two Catholics laid out for burial. The mother of the deceased was present, and actually assisted my operations, amid such tokens of distress, though perfectly self-controlled* » (*MS* 244).

146 « *extreme purity of the outlines, both of the face and limbs* » (*MS* 245).

147 « *abundance of fair hair* » (*MS* 245).

148 « *the great beauty of the organic developments, in the strictly anatomic sense* » (*MS* 245).

149 « *This expression of health and life* » (*MS* 245).

150 « *Though I believed myself to be acting by his express wish, I felt like a criminal* » (*MS* 246).

151 « *a foreign object in that place* » (*MS* 244).

152 « *The lid was then placed on the coffin and screwed down in my presence. There was no plate or other inscription upon it.* » (*MS* 246)

153 H. Rey-Flaud, *Le Démenti pervers*, *op. cit.*, p. 89.

supplicié se voit dépourvu de sépulture comme si le seul devenir des personnages patériens des années 1890 était le démembrement qui est aussi un remembrement, comme si l'indifférence qu'ils cherchent visait l'au-delà, non de la représentation, mais de la nomination, de ce qui fait dire au quidam : « c'est lui, c'est elle » malgré tout, lorsque fait défaut le support des signifiants, de l'Autre du langage, pour reconnaître encore et malgré tout ce qui reste d'humanité dans le sujet. À cette volonté perverse d'indifférence répond la trouble et perverse éthique de l'anatomie visant le point d'ignominie du sujet et destinée à accomplir sa volonté. Semblable éthique contraste avec l'érotique animant Marie-Marguerite dans son portrait de Watteau. Dans un texte où nul artiste n'apparaît, le portraitiste cesse d'être amant, fût-ce d'âmes étranges, pour se faire légiste, infléchissant alors le genre du portrait. Se livrer à l'art du portrait, n'est-ce pas finalement accepter de s'identifier au coupable légiste, en soulevant la stèle funéraire recouvrant la recomposition subjective et s'en faire complice ? Et si l'art du portrait ne menait qu'à se faire l'anatomiste d'un autre ayant abandonné tout désir pour se livrer dans une dernière effrayante jouissance en demandant au fond à celui qui tient le scalpel de ne pas reculer devant la tâche, c'est-à-dire d'aimer son prochain comme soi-même ? Devant cet autre commandement, rappelle Lacan, Freud a reculé[154] comme il recule à un moment de l'analyse qu'il fait de la *Gradiva, fantaisie pompéienne*, en posant la question de la valeur clinique des œuvres littéraires : les personnages mettent-ils en scène une clinique idéale qui permettrait de les analyser et de leur restituer la vérité de leur désir ? L'analyste repère le désir masochique transparaissant dans le second rêve de N. Hanold contrebalancé le lendemain par un acte sadique, susceptibles tous deux de conduire à une analyse plus poussée du « cas Hanold ». Il existe en effet une tentation à laquelle tout critique ou tout analyste se voit confronté devant le texte littéraire, consistant à pousser plus en avant l'investigation et à basculer dans l'interprétation

154 « Freud [est] littéralement horrifié devant l'amour du prochain », J. Lacan, *Séminaire VII*, *op. cit.*, p. 218. Lacan poursuit : « à chaque fois que Freud s'arrête, comme horrifié, devant la conséquence du commandement de l'amour du prochain, ce qui surgit, c'est la présence de cette méchanceté foncière qui habite en ce prochain. Mais dès lors, elle habite aussi en moi-même. Et qu'est-ce qui m'est plus prochain que ce cœur en moi-même qui est celui de ma jouissance, dont je n'ose m'approcher ? Car dès que j'en approche [...] surgit cette insondable agressivité devant quoi je recule, que je retourne contre moi, et qui vient, à la place même de la Loi évanouie, donner son poids à ce qui m'empêche de franchir une certaine frontière à la limite de la Chose », *ibid.*, p. 219.

sous-tendue par le caractère nécessairement incomplet du discours. Il conviendrait de saisir ce sens ultime glissant entre les signifiants pour ramener la vérité du sujet à l'explicite. Toutefois, Freud conclut qu'il faut s'arrêter là en matière d'analyse, sauf à oublier que N. Hanold et Zoé ne « sont que des créatures d'un romancier[155] ». Elles ne relèvent pas de la clinique, mais du savoir de leur créateur. Elles ne peuvent être prises dans la cure avec ses relances et ses ponctuations permettant à l'analyste de faire l'exercice de son désir devant l'inattendu de chaque séance. Elles relèvent de la vérité de la fiction, de cette « vérité vraie » que louait Pater, une vérité circonscrite au texte. La retenue freudienne est éthique : la psychanalyse s'arrête nécessairement, se contient pour ne pas basculer dans une interprétation délirante destinée à donner la vérité[156] finale des personnages, hors du texte, effectuant à son tour le geste psychiatrique en important un savoir extérieur ou théorisant un quelconque « inconscient du texte ». Cette retenue est la règle en matière d'analyse psychanalytique, s'arrêtant devant ce que Freud appelait « l'ombilic du rêve[157] », c'est-à-dire son point de hors-sens, qui se désigne, plus qu'il ne se suture par des analyses surinterprétatives. Le texte n'est pas un fétiche ou un maître : il est le lieu d'un savoir à interroger, il ne saurait être intégralement amené dans l'ordre du dit.

Moins pusillanime que Freud, mais tout aussi attaché à suivre les vicissitudes de ses héros non sans interroger le lecteur sur son désir, Pater livre somme toute l'essence de son art à l'époque moderne : le portrait pourra être l'anatomie d'un sujet ayant abandonné le difficile exercice de son désir avec l'aide des institutions pour se livrer cœur et biens au scalpel ayant lui-même remplacé le pinceau du peintre. Il pourra toutefois relever de « l'étude » (*study*), genre pictural aussi constant qu'ambigu : l'étude n'est-elle pas aussi une analyse, c'est-à-dire une décomposition ? Ici, la mort de Pater laisse le lecteur aux prises avec une question vouée à rester irrésolue, des voies qui s'interrompent brutalement. Mais il est

155 S. Freud, *Le Délire et les rêves*, *op. cit.*, p. 245.

156 Vérité « toute » à laquelle Lacan oppose : « non pas la vérité qui se prétend être toute, mais celle du mi-dire, celle qui s'avère de se mettre en garde d'aller jusqu'à l'aveu, qui serait le pire, la vérité qui se met en garde dès la cause du désir. » *Séminaire XX*, *op. cit.*, p. 119.

157 « Les rêves les mieux interprétés gardent souvent un point obscur [...]. C'est "l'ombilic du rêve", le point où il se rattache à l'Inconnu. » S. Freud, *L'interprétation des rêves*, *op. cit.*, p. 446.

indéniable que l'esthétique du portrait s'est fondée sur la division du sujet aboutissant à un résultat problématique. Sur le versant subjectif, la dissection aboutit au « point d'ignominie » du sujet portraituré ; sur le versant du portraitiste, elle aboutit à lui voir endosser non plus la place de l'analyste, comme le faisait Marie-Marguerite auprès de Watteau, mais celle du médecin-légiste, du dissecteur. Le projet patérien des portraits est en passe de se dissoudre lorsque sa visée excède le langage et qu'un dissecteur entreprend de toucher non plus le sujet mais l'être.

Dans « Emerald Uthwart », la société en chacune de ses institutions, en chacun de ses membres, lycéens, étudiants, soldats, médecins, est devenue pathogène. Les discours éducatifs et militaires revendiquent l'assujettissement lequel rencontre parfois un désir de soumission foncier. Quelle doit être alors la place du portraitiste ? Quel éthos l'animera, de l'impavidité au défi à la sensibilité du lecteur ? Comment concilier l'écriture et l'éthique ? Telle est la question que Pater lègue à la postérité. Les portraits imaginaires l'ont progressivement amené à dépasser l'étude des symptômes pour s'intéresser à la structure du sujet écartelé entre jouissance de l'insatisfaction et volonté de retour à l'indifférence. Cette inflexion annonce avec quelques années d'avance le déplacement de l'intérêt de Freud des cas individuels vers des méditations d'ordre général à partir des années 1910, et le déplacement des limites entre le normal et le pathologique pour les inscrire au cœur du social dans *L'Avenir d'une illusion* et *Malaise dans la culture*. La constitution de la société comme objet d'étude accompagne le XIXe siècle, concomitamment aux portraits littéraires et imaginaires qui tentent, pour leur part, de négocier l'articulation entre le singulier et le type. Les derniers portraits patériens montrent un intérêt neuf pour le corps social à travers ses institutions, mais par avance, Pater obère toute harmonie, toute pacification entre l'individu et le corps social, proclamant leur irréconciliation absolue.

BIBLIOGRAPHIE

SOURCES PRIMAIRES

ARNOLD, Matthew, « Pagan and Mediæval Religious Sentiment », dans *The Complete Prose Works of Matthew Arnold. Lectures and Essays in Criticism*, éd. R. H. SUPER, Ann Arbor, The University of Michigan Press, 1962, p. 212-231.

ARNOLD, Matthew, *Culture and Anarchy* [1869], éd. Stefan COLLINI, Cambridge, CUP, 1993.

ARNOLD, Matthew, *Culture et Anarchie*, traduit et présenté par le centre de recherches de littérature, linguistique et civilisation des pays de langue anglaise de l'université de Caen sous la direction de Jean-Louis Chevalier, Genève, l'Âge d'Homme, 1984.

BAUDELAIRE, Charles, *Œuvres Complètes*, Paris, Laffont, coll. Bouquins, 1980.

BRUNETIÈRE, Ferdinand, « La littérature personnelle », *Revue des Deux Mondes*, tome 85, 15 janvier 1888, p. 433-452.

COLERIDGE, S. T., *Biographia Literaria*, London, Dent, 1967.

CROWE, J. A. and CAVALCASELLE, G. B., *A New History of Painting in Italy*, London, Murray, 1864-1866. 2 vols.

DARWIN, Charles, « Biographical sketch of an infant », *Mind*, n° 2, 1877, p. 285-294.

EURIPIDE, *Tragédies complètes I*, traduction Marie DELCOURT, Paris, Gallimard, coll. « Folio. Classique », 2001.

DUMONT, Jean-Paul, éd. *Les Écoles présocratiques*, Paris, Gallimard, coll. « Folio. Essais », 1991.

EURIPIDE, *Théâtre complet*, Préface de Marie-Delcourt-Curvers, Paris, Gallimard, coll. « Bibliothèque de la Pléiade », 2004 (1re éd. 1962), 1480 p.

GOSSE, Edmund, *Critical Kitkats*, New York, Dodd, 1903.

HEINE, Heinrich, « Les Dieux païens en exil », *Revue des Deux-Mondes*, avril 1853, première quinzaine, vol. 2, p. 5-38.

HUME, David, « De la norme du goût » [1755], dans *Essais esthétiques*, Paris, Éditions Garnier Flammarion, 2000.

MAURY, Alfred, *Le Sommeil et les rêves, études psychologiques sur ces phénomènes et les divers états qui s'y rattachent, suivies de Recherches sur le développement de l'instinct et de l'intelligence dans leurs rapports avec le phénomène du sommeil*, Paris, Didier, 1861.

MÉRIMÉE, Prosper, *Lettres à une inconnue*, éd. Taine, Paris, Michel Lévy, 1874, t. 1.

MICHEL-ANGE, *Poésies/Rime*, édition bilingue, présentation, traduction et notes d'Adelin-Charles FIORATO, Paris, Les Belles Lettres, 2004.

MICHELET, Jules, *Histoire de France au* XVIe *siècle. Renaissance*, Paris, Chamerot, 1855.

PATER, Jean-Baptiste, *Portrait de Marguerite-Marie Pater*, huile sur toile, Valenciennes, musée des Beaux-Arts.

RENAN, Ernest, « L'Art du moyen âge et les causes de sa décadence », *Revue des Deux Mondes*, t. 40, 1er juillet 1862, p. 203-228.

RENAN, Ernest, « Joachim de Flore et l'Évangile éternel », *Revue des Deux Mondes*, t. 44, 1er juillet 1866, p. 94-143.

RAYNAUD, Ernest, *La Mêlée des arts. Portraits et Souvenirs*, Paris, La Renaissance du Livre, 1920.

SAINTE-BEUVE, Charles-Augustin, « Anciens poètes français : Joachim du Bellay », *Revue des Deux Mondes*, vol. 34, 15 octobre 1840, p. 161-190.

SAINTE-BEUVE, Charles-Augustin, « Post-scriptum », *Portraits contemporains*, Paris, Didier, 1855, vol. II.

SAINTE-BEUVE, Charles-Augustin, « Pierre Corneille », *Portraits littéraires*, *Œuvres*, éd. Maxime LEROY, Paris, Gallimard, Bibliothèque de la Pléiade, 1949, vol. 1.

SAINTE-BEUVE, Charles-Augustin, *Portraits littéraires*, éd. Gérald ANTOINE, Paris, Laffont, Bouquins, 1993.

STEVENSON, R. L., « A Chapter on Dreams », *Scribner's Magazine*, vol. 3, January 1888, p. 122-129.

SULLY, James, « The Dream As A Revelation », *Fortnightly Review*, n° 5, vol. 28, 1893, p. 354-365.

SYMONS, Arthur, « Review of *Imaginary Portraits* », *Time*, n.s. vol. 6, August 1887, p. 157-162.

SYMONDS, John Addington, *Studies in the Greek Poets*, London, Smith and Elder, 1877.

TAINE, Hippolyte, *Sa vie, et sa correspondance, Correspondance de jeunesse, 1847-1853*, Paris, Hachette, 1905, t. I.

YEATS, W. B., *The Oxford Book of Modern Verse, 1892-1935*, Oxford, OUP, 1936.

TEXTES DE WALTER PATER

EVANS, Lawrence, éd. *The Letters of Walter Pater*, Oxford, Clarendon, 1970.

[PATER, Walter], « Coleridge's Writings », *Westminster Review* os, vol. 85, January 1866, p. 106-132.

[PATER, Walter], « Poems by William Morris », *Westminster Review* ns, vol. 34, October 1866, p. 300-312.

[PATER, Walter], « Winckelmann », *Westminster Review* ns, vol. 36, January 1867, p. 80-110.

PATER, Walter, « Notes on Leonardo da Vinci », *Fortnightly Review*, vols. 12, November 1869, p. 494-508.

PATER, Walter, « A Fragment on Sandro Botticelli », *Fortnightly Review*, vol. 14, 1870, p. 155-160.

PATER, Walter, « Pico della Mirandola » *Fortnightly Review*, vol. 16 October 1871, p. 377-386.

PATER, Walter, « The Poetry of Michelangelo », *Fortnightly Review*, vol. 16, November 1871, p. 559-570.

PATER, Walter, *Studies in the History of the Renaissance*, London, Macmillan and Co., 1873.

PATER, Walter, « The Myth of Demeter and Persephone », *Fortnightly Review*, vols. 19/25, January 1876, p. 82-95 ; vol. 19/25, February 1876, p. 260-276.

PATER, Walter, « Romanticism », *Macmillan's Magazine*, vol. 25, November 1876, p. 64-70.

PATER, Walter, « A Study of Dionysus : I. The Spiritual Form of Fire and Dew », *Fortnightly Review*, vols. 20/26, December 1876, p. 752-772.

PATER, Walter, « The School of Giorgione », *Fortnightly Review*, vols. 22/28, October 1877, p. 526-538.

PATER, Walter, « Imaginary Portraits : I. The Child in the House », *Macmillan's Magazine*, vol. 38, August 1878, p. 313-321.

PATER, Walter, « The Character of the Humourist : Charles Lamb », *Fortnightly Review*, vols. 24/30, October 1878, p. 466-474.

PATER, Walter, « The Beginnings of Greek Sculpture : I. The Heroic Age of Greek Art », *Fortnightly Review*, vols. 28/33, February 1880, p. 190-207.

PATER, Walter, « Coleridge », *The English Poets*, ed. T. H. WARD, 4 vols, London, Macmillan, 1880, vol. IV, p. 102-114.

PATER, Walter, « A Prince of Court Painters : Extracts from an Old French Journal », *Macmillan's Magazine*, vol. 52, October 1885, p. 401-414.

PATER, Walter, « Sebastian van Storck », *Macmillan's Magazine*, vol. 53, March 1886, p. 348-360.

PATER, Walter, « Denys l'Auxerrois », *Macmillan's Magazine*, vol. 54, October 1886, p. 413-423.

PATER, Walter, « Duke Carl of Rosenmold », *Macmillan's Magazine*, vol. 56 May 1887, p. 19-31.

PATER, Walter, *Imaginary Portraits*, London, Macmillan and Co., 1887.

PATER, Walter, « Style », *Fortnightly Review*, vols. 44/50, December 1888, p. 728-743.

PATER, Walter, « The Bacchanals of Euripides », *Macmillan's Magazine*, vol. 60, May 1889, p. 63-72.

PATER, Walter, « Hippolytus Veiled : A Study from Euripides », *Macmillan's Magazine*, vol. 60, August 1889, p. 294-306.

PATER, Walter, *Appreciations with an Essay on Style*, London, Macmillan and Co., 1889.

PATER, Walter, *Appreciations with an Essay on Style*, London, Macmillan and Co., 1890.

PATER, Walter, *Imaginary Portraits*, London, Macmillan and Co., 1890.

PATER, Walter, « Prosper Mérimée », *Fortnightly Review*, vols. 48/54, December 1890, p. 852-864.

PATER, Walter, « Lacedaemon », *Contemporary Review*, vol. 41, June 1892, p. 791-808.

PATER, Walter, « Emerald Uthwart », *New Review*, vol. 6, June 1892, p. 708-722 ; vol. 7, July 1892, p. 40-54.

PATER, Walter, « Raphael », *Fortnightly Review*, vols. 52/58, October 1892, p. 458-469.

PATER, Walter, *Marius the Epicurean : His Sensations and Ideas*, London, Macmillan and Co., 1892. 2 vols.

PATER, Walter, « Apollo in Picardy », *Harper's Magazine*, vol. 87, November 1893, p. 949-957.

PATER, Walter, *Plato and Platonism : A Series of Lectures*, London, Macmillan and Co., 1893.

PATER, Walter, « The Age of Athletic Prizemen : a Chapter in Greek Art », *Contemporary Review*, vol. 65, February 1894, p. 242-256.

PATER, Walter, « Pascal », *Contemporary Review*, vol. 67, February 1895, p. 168-181.

PATER, Walter, *Greek Studies : A Series of Essays*, London, Macmillan and Co., 1895.

PATER, Walter, *Miscellaneous Studies : A Series of Essays*, London, Macmillan and Co., 1895.

PATER, Walter, *Gaston de Latour : An Unfinished Romance*, London, Macmillan and Co., 1896.
PATER, Walter, « Imaginary Portrait 2 : An English Poet », *Fortnightly Review*, vols. 104/105, April 1931, p. 433-448.
PATER, Walter, « Æsthetic Poetry » [1868-1889] dans *Appreciations*, London, Macmillan, 1931.
PATER, Walter, *Appreciations*, London, Macmillan, 1931.
PATER, Walter, *Greek Studies*, London, Macmillan, 1931.
PATER, Walter, *Marius the Epicurean : His Sensations and Ideas*, London, Macmillan, 1931.
PATER, Walter, *Imaginary Portraits*, London, Macmillan, 1931.
PATER, Walter, *Miscellaneous Studies*, London, Macmillan, 1931.
PATER, Walter, *Plato and Platonism*, London, Macmillan, 1931.
PATER, Walter, *The Renaissance. The 1893 Text*, éd. D. HILL, Los Angeles & London, California UP, 1980.
PATER, Walter, *Marius the Epicurean*, éd. Michael LEVEY, Harmondsworth, Penguin Classics, 1985.
PATER, Walter, *The Renaissance*, éd. A. PHILIPS, Oxford, OUP, 1988.
PATER, Walter, *Gaston de Latour. The Revised Text*, éd. Gerald MONSMAN. Greensboro, ELT Press, 1995.
PATER, Walter, *Imaginary Portraits*, éd. Lene ØSTERMARK-JOHANSEN, Oxford, MHRA, coll. Jewelled Tortoise, volume 1, 2013.

TRADUCTIONS DES TEXTES DE WALTER PATER

PATER, Walter, *Textes esthétiques*, traduction de Bénédicte COSTE, Nîmes, Théétète, 2003.
PATER, Walter, *Sur la mythologie et l'art grecs*, traduction de Bénédicte COSTE Paris, Houdiard, 2009.
PATER, Walter, *Essais anglais*, traduction de Bénédicte COSTE, Grenoble, ELLUG, 2012.
PATER, Walter, *La Renaissance. Essais d'art et de poésie*, traduction de Bénédicte COSTE, Paris, Classiques Garnier, 2016.
PATER, Walter, *Marius l'Épicurien*, traduction de Guillaume DE VILLENEUVE, Paris, Bourgois, 1992.
PATER, Walter, *L'Enfant dans la maison*, traduction de Pierre LEYRIS, Paris, Corti, 1992.

PATER, Walter, *Qu'est-ce que le style ?* Traduction de Christian MOLINIER, Montpellier, L'Anabase, 1993.

PATER, Walter, *Portraits imaginaires*, traduction de Philippe NÉEL, Paris, Stock, Librairie cosmopolite, 1931. Rééd. *Portraits imaginaires. Traduction de Philippe Néel avec une introduction de Mario Praz*, Paris, Bourgois, 1985.

PATER, Walter, *Platon et le platonisme : Conférences de 1983. Introduction, traduction et notes de J. B. PICY*, Paris, Vrin, 1998.

SOURCES SECONDAIRES

ALBRECHT, Thomas, « The Loveliness of Things and the Sorrow of the World : Arts and Ethics in Pater and George Eliot », dans *Testing New Opinions and Courting New Impressions. New Perspectives on Walter Pater*, Anne-Florence GILLARD-ESTRADA, Martine LAMBERT-CHARBONNIER, and Charlotte RIBEYROL (dirs.), New York and London, Routledge, 2018, p. 88-108.

ANDREWS, Kit, « Walter Pater's Lives of Philosophers : Inversions of the Aesthetic Life in "Coleridge's Writings" and "Sebastian van Storck" », dans *Testing New Opinions and Courting New Impressions. New Perspectives on Walter Pater*, Anne-Florence GILLARD-ESTRADA, Martine LAMBERT-CHARBONNIER, and Charlotte RIBEYROL (dirs.), New York and London, Routledge 2018, p. 200-217.

ASSOUN, Paul-Laurent, *Introduction à l'épistémologie freudienne*, Paris, Payot, 1990.

BASSETT, Sharon, « Pater and Freud on Leonardo Da Vinci : Two Views of the Hero of Art », *Literature and Psychology*, n° 23, 1973, p. 21-26.

BAYARD, Pierre, *Maupassant, juste avant Freud*, Paris, Minuit, 1994.

BIZZOTTO, Eliza, « The Imaginary Portrait : Pater's Contribution to a Literary Genre », dans *Walter Pater : Transparencies of Desire*. Laurel BRAKE, Lesley HIGGINS, Carolyn WILLIAMS (dirs.), Greensboro, ELT Press, 2002, p. 213-223.

BERCHERIE, Paul, *Genèse des concepts freudiens*, Paris, Navarin, 1983.

BLOCK, Ed. Jr., « Walter Pater's "Diaphaneitè" and the Pattern of Reader Response in the Portrait Essay », *TSLL*, vol. 25, n° 3, 1983, p. 427-447.

BLOCK, Ed. Jr., « Walter Pater, Arthur Symons, W. B. Yeats and the Fortunes of the Literary Portrait », *SEL*, vol. 26, n° 4, 1986, p. 759-776.

BOWEN, James, « Education, Ideology, and the Ruling Class : Hellenism and English Public Schools in the Nineteenth Century », dans *Rediscovering Hellenism*, G. W. CLARKE (dir.), Cambridge, CUP, 1989, p. 161-186

BOURNE TAYLOR, Jenny, « Psychology at the fin de siècle », *The Companion to the Fin de Siècle*, Gail MARSHALL (dir.), Cambridge, CUP, 2007.

BRAKE, Laurel & SMALL, Ian (dirs.), *Pater in the 1990s*, Greensboro, University of North Carolina Press, 1991.

BRAKE, Laurel, « The "wicked *Westminster*," the *Fortnightly*, and Walter Pater's *Renaissance* », dans *Literature in the Market Place. Nineteenth-century British publishing and reading practices*, John O. RIORDAN and Robert L. PATTEN (dirs.), Cambridge, CUP, 1998, p. 289-305.

BRAKE, Laurel, *Walter Pater*, Plymouth, Northcote, 1994.

BRAKE, Laurel, « Pater, Clara Ann (*bap.* 1841, *d.* 1910) », *Oxford Dictionary of National Biography*, Oxford University Press, 2004 [http://www.oxforddnb.com/view/article/48505, accessed 22 Dec 2011] Clara Ann Pater (*bap.* 1841, *d.* 1910) : doi :10.1093/ref:odnb/48505.

BRISTOW, Joseph, « "What an interesting Period… is this we are in !" Walter Pater and the Synchronization of Life », dans *Testing New Opinions and Courting New Impressions. New Perspectives on Walter Pater*, Anne-Florence GILLARD-ESTRADA, Martine LAMBERT-CHARBONNIER, and Charlotte RIBEYROL (dirs.), New York and London, Routledge 2018, p. 127-147.

BULLEN, J.-B., *The Myth of the Renaissance in Nineteenth Century Writing*, Oxford, Clarendon, 1994.

BULLEN, J.-B., « Walter Pater's *Renaissance* and Leonardo da Vinci's Reputation in the Nineteenth Century », *Modern Language Review*, vol. 74, n° 2, 1979, p. 268-280.

BULLEN, J.-B., « Pater and Ruskin on Michelangelo : Two Contrasting Views », *Prose Studies*, vol. 4, n° 1, 1981, p. 55-73.

BULLEN, J.-B., « Walter Pater and contemporary visual art », *Cahiers victoriens et édouardiens*, n° 68, octobre 2008, p. 87-103.

CASSAGNE, Albert, *La Théorie de l'art pour l'art en France* [1906], Seyssel, Champ Vallon, 1998.

CLAIR, Jean (dir.), *Mélancolie. Génie et folie en Occident*, Paris, Gallimard / Réunion des Musées nationaux, 2008.

CLAIRMONT, Christoph W., *Classical Attic Tombstones*, Kilchberg, Akanthus, 1993. 8 vols.

COATES, John, « Aspects of the Intellectual Context of Pater's *Imaginary Portraits* », *Yearbook of English Studies*, vol. 15, 1985, p. 93-108.

COATES, John, « Ruskin and Pater on Michelangelo : A Turning Point in Criticism », *Pater Newsletter*, n° 54, 2008, p. 8-27.

COMPAGNON, Antoine, *La Troisième République des lettres*, Paris, Le Seuil, 1983.

COSTE, Bénédicte, *Walter Pater, critique littéraire. « The Excitement of the Literary Sense »*. Grenoble, ELLUG, 2010.

COSTE, Bénédicte, *Walter Pater, esthétique*, Paris, Houdiard, 2011.

COSTE, Bénédicte, *« Cette époque de doute », penser la croyance avec Walter Pater*, Montpellier, PULM, 2017.

COSTE, Bénédicte, « The Politics of Utopia : Walter Pater's "Lacedaemon" », *E-rea* [En ligne], 13.2 | 2016, mis en ligne le 25 mai 2016, consulté le 17 septembre 2016. http://erea.revues.org/5118 ; DOI : 10.4000/erea.5118

COSTE, Bénédicte, « Walter Pater the translator », *Walter Pater and the Classics*, Elizabeth PRETTEJOHN, Charles MARTINDALE and Stefano EVANGELISTA (dirs.), Oxford, OUP, 2017, p. 47-61.

COSTE, Bénédicte, « The Child in the House of Print », *Image and Narrative*, http://www.imageandnarrative.be, 2019.

DAVIS, Michael, « The Sexual Position of Walter Pater », *Pater Newsletter*, n° 52, 2007, p. 45-51.

DE ÁVILA PINTO, Ana Paula, « Freud écrit : fictions dans l'œuvre et à l'œuvre », thèse de 3e cycle sous la direction de Jean-Michel Rey, Université de Paris VIII, 2009.

DÉCHANET-PLATZ, Fanny, *L'écrivain, le sommeil et les rêves 1800-1945*, Paris, Gallimard, 2008.

DELLAMORA, Richard, *Masculine Desire. The Sexual Politics of Victorian Aestheticism*, Chapel Hill, The University of North Carolina Press, 1990.

DE LAURA, David, *Hebrew and Hellene in Victorian England, Newman, Arnold, Pater*, Austin, University of Texas Press, 1969.

DEMONT, Elisabeth, *La psychologie. Histoire, concepts, méthodes, expériences*, Paris, La Découverte, 2009.

D'HANGEST, Germain, *Walter Pater : L'homme et l'œuvre*, Paris, Didier, 1961. 2 vols.

DIAZ, José-Luis, *L'Homme et l'œuvre*, Paris, PUF, coll. « Les Littéraires », 2011.

DIAZ, José-Luis, « "Aller droit à l'auteur sous le masque du livre". Sainte-Beuve et le biographique », *Romantisme*, 2000, n° 109. Sainte-Beuve ou l'invention de la critique. p. 45-67. doi : 10.3406/roman.2000.935

DONOGHUE, Denis, *Walter Pater : Lover of Strange Souls*, New York, Knopf, 1995.

DOWGUN, Richard, « Some Victorian Perceptions of Greek Tragedy », *Browning Institute Studies*, vol. 10, 1982, p. 70-91.

DOWLING, Linda, *Hellenism and Homosexuality in Victorian Oxford*, Ithaca/London, Cornell UP, 1994.

DUFOUR, Hélène, *Portraits, en phrases. Les recueils de portraits littéraires au XIXe siècle*, Paris, PUF, 1997.

ELIOT, T. S., *Selected Essays*. New York, Harcourt and Brace, 1952.

EVANGELISTA, Stefano, *British Aestheticism and Ancient Greece : Hellenism, Reception, Gods in Exile*, Basingstoke, Palgrave, 2009.

EVANGELISTA, Stefano, « Walter Pater's Teaching in Oxford : Classics and Aestheticism », *Oxford Classics : Teaching and Learning 1800-2000*, Oxford, Oxford OUP, 1998, p. 64-77.

EVANGELISTA, Stefano, « "Lovers and Philosophers at Once" : Aesthetic Platonism in the Victorian "Fin de Siècle" », *The Yearbook of English Studies*, vol. 36. 2, 2006, p. 230-244.

FARMER, Albert, *Le Mouvement « esthétique » et décadent en Angleterre, 1873-1900*, Paris, Champion, 1931.

FRANKLAND, Graham, *Freud's Literary Culture*, New York, CUP, 2000.

FREUD, Sigmund, *Cinq psychanalyses*, Paris, PUF, 1989.

FREUD, Sigmund, « Considérations actuelles sur la guerre et sur la mort » [1915], traduction de P. COTET, A. BOURGUIGNON, A. CHERKI, dans *Essais de psychanalyse*, Paris, Payot, 1981, p. 9-39.

FREUD, Sigmund, *Le délire et les rêves dans la* Gradiva *de W. Jensen*, Paris, Gallimard, coll. « Folio. Essais », 1991.

FREUD, Sigmund, « Dostoïevski et le parricide » [1928], traduction de J. B. PONTALIS, C. HEIM et L. WEIBEL, *Résultats, idées, problèmes*, t. II, Paris, PUF, 1985.

FREUD, Sigmund, *Essais de psychanalyse appliquée*, Paris, Gallimard, coll. « Idées », 1983.

FREUD, Sigmund, *Essais de psychanalyse*, Paris, Payot, PBP, 1989.

FREUD, Sigmund, *Inhibition, symptôme et angoisse*, Paris, PUF, 1986.

FREUD, Sigmund, *L'inquiétante étrangeté et autres essais*, traduction de Bertrand FERON, Paris, Gallimard, 1985.

FREUD, Sigmund, *L'interprétation des rêves* (1926), trad. I. Meyerson, Paris, PUF, 1980.

FREUD, Sigmund, *Lettres à Wilhem Fließ 1887-1904*, Paris, PUF, 2006.

FREUD, Sigmund, *Le malaise dans la culture*, Paris, PUF, Quadrige, 1998.

FREUD, Sigmund, *Métapsychologie*, Paris, Gallimard, coll. « Folio. Essais », 1986.

FREUD, Sigmund, *Moïse et le monothéisme*. Paris, Gallimard, coll. « Idées », 1977.

FREUD, Sigmund, « Névrose et psychose » (1924), trad. D. GUÉRINEAU, dans *Névrose, psychose et perversion*, Paris, PUF, 1973, p. 283-286.

FREUD, Sigmund, *Nouvelles conférences d'introduction à la psychanalyse*, Paris, Gallimard, coll. « Folio. », 1989.

FREUD, Sigmund, « Prix Goethe 1930. Allocution prononcée à la maison de Goethe à Francfort », *Résultats, idées, problèmes II 1921-1935*, Paris, PUF, 2002, p. 181-186.

FREUD, Sigmund, « Remarques sur un cas de névrose obsessionnelle », dans *Cinq psychanalyses*, Paris, PUF, 1986, p. 199-262.

FREUD, Sigmund, « Un souvenir d'enfance de Léonard de Vinci », Paris, Gallimard, coll. « Folio bilingue », 1991.

FREUD, Sigmund, *La technique psychanalytique*, Paris, PUF, 1994.

FREUD, Sigmund, *Totem et Tabou*, Paris, Payot, PBP, 1991.

GATES, Barbara, *Victorian Suicide : Mad Crimes and Sad Histories*, Princeton, Princeton University Press, 1988.

GAUCHET, Marcel, *Le Désenchantement du monde. Une histoire politique de la religion*, Paris, Gallimard, 1985.

GAUCHET, Marcel, *La Révolution démocratique, vol. II, La crise du libéralisme*, Paris, Gallimard, 2007.

GILMAN, Sander L. (dir.), *Reading Freud's Reading*, New York / London, New York UP, 1994.

GOLLUT, Jean-Daniel, *Conter les rêves : la narration de l'expérience onirique dans les œuvres de la modernité*, Paris, Corti, 1993.

GORDON, Jan B., « Pater's Gioconda Smile : A Reading of "Emerald Uthwart" », *Studies in Short Fiction*, vol. 6, 1969, p. 136-143.

GORDON, Jan B., « The Imaginary Portrait : Fin-de-Siècle Icon », *University of Windsor Review*, vol. 5 1969, p. 81-104.

GOSSE, Edmund, « Pater. A Portrait », dans *Critical Kit-Kats*, New York, Dodd, 1903, p. 239-270.

GOUGOULIS, Nicolas, « Freud et les psychiatres », *Topique*, 2004/3 n° 88, p. 17-35.

GREENSLET, Ferris, *Walter Pater*, London, Heinemann, 1905.

HAMILTON, Nigel, *Biography. A Brief History*, London MA & London, Harvard UP, 2007.

HEIDEGGER, Martin, « Le déploiement de la parole », *Acheminement vers la parole*, Paris, Gallimard, Coll. « Tel » n° 55, 1981, p. 142-182.

HENRY, Anne, « Walter Pater ou le plaisir esthétique », dans *Essais sur l'art et la Renaissance*, Paris, Klincksieck, 1985, p. 9-43.

HIGGINS, Lesley, « But who is She ? Forms of Subjectivity in Walter Pater's Writings », *Nineteenth-Century Prose*, 24.2, 1997, p. 37-65.

HOFFMAN, Geneviève, « L'expression du temps sur les stèles funéraires attiques », *Métis, anthropologie des mondes grecs anciens*, vol. 12, 1997, p. 19-43. doi : 10.3406/metis.1997.1060

HOUGH, Graham, *The Last Romantics*, London, Methuen ; New York, Barnes and Noble, 1961.

INMAN, Billie Andrew, « "Sebastian van Storck" : Pater's Exploration into Nihilism », *Nineteenth Century Fiction*, n° 30, March 1976, p. 457-476.

INMAN, Billie Andrew, « John "Dorian" Gray and the theme of subservient love in Walter Pater's works of the 1890's », *Comparative Criticism*, vol. 17, 1995, p. 85-107.

INMAN, Billie Andrew, *Walter Pater's Reading : A Bibliography of His Library Borrowings and Literary References, 1858-1873*, New York, Garland, 1981.

INMAN, Billie Andrew, *Walter Pater's Reading, 1874-1877 : With A Bibliography of His Library Borrowings, 1878-1894*, New York, Garland 1990.

ISER, Wolfgang, *Walter Pater : The Aesthetic Moment* [1957], traduction de David H. WILSON, Cambridge, CUP, 1987.

JULIEN, Philippe, « Du symptôme au sinthome : la psychose lacanienne », *La clinique lacanienne*, n° 5, 2001/1, p. 63-67. DOI 10.3917/cla.005.0063

KAYLOR, Michael Matthew, *Secreted Desires : The Major Uranians : Hopkins, Pater and Wilde*, http://www.mmkaylor.com, consulté le 2 janvier 2022.

KATZ, Tamar, « "In the House and Garden of his Dream" : Pater's Domestic Subject », *MLQ*, vol. 56, n° 2, 1995, p. 167-188.

KEEFE, Robert and Janice, *Walter Pater and the Gods of Disorder*, Athens, Ohio UP, 1988.

LACAN, Jacques, « Le Mythe individuel du névrosé ou poésie et vérité dans la névrose » (1953), *Ornicar ?* n° 17-18, 1978, p. 290-307.

LACAN, Jacques, *Le Séminaire I. Les écrits techniques de Freud 1953-1954*, (1975) Paris, Seuil, coll. « Points », 1998.

LACAN, Jacques, *Le Séminaire VIII, Le transfert*, Paris, Le Seuil, 2001.

LACAN, Jacques, *Le Séminaire XX. Encore*, Paris, Seuil, 1975.

LACAN, Jacques, *Le Séminaire IV. La relation d'objet*, Paris, Le Seuil, 1994.

LACAN, Jacques, *Le Séminaire. Livre V. Les formations de l'inconscient*, Paris, Seuil, 1998.

LACAN, Jacques, *Séminaire XI. Les quatre concepts fondamentaux de la psychanalyse* [1973], Paris, Seuil, coll. « Points », 1999.

LACAN, Jacques, « Le Séminaire XXII. RSI » (inédit) 1974-1975.

LACAN, Jacques, « Le Séminaire XXI. Les non-dupes errent » (inédit) 1973-1974.

LACAN, Jacques, « Le Séminaire XXIV. L'insu que sait de l'une-bévue s'aile à mourre », (inédit) (1976-1977).

LAMBERT-CHARBONNIER, Martine, *Walter Pater et les « Portraits imaginaires ». Miroirs de la culture et images de soi*, Paris, L'Harmattan, 2004.

LAMBERT-CHARBONNIER, Martine, « Poetics of Ekphrasis in Pater's "Imaginary Portraits" » dans *Walter Pater : Transparencies of Desire*, Laurel BRAKE, Lesley HIGGINS, Carolyn WILLIAMS (dirs.), Greensboro, ELT Press, 2002, p. 202-212.

LAMBOTTE, Marie-Christine, *Esthétique de la mélancolie*, Paris, Aubier, 1984.

LAMBOTTE, Marie-Christine, *Le discours mélancolique. De la phénoménologie à la métapsychologie*, Eres, 2012.

LAMBOTTE, Marie-Christine, « L'objet du mélancolique », *Essaim* 2008/1 n° 20, p. 7-19.

LAUFER, Laurie, LEPOUTRE, Thomas et VISENTINI, Guenaël, « Présentation », *Psychologie Clinique* 2017/2 n° 44, p. 5-11.

LEDGER, Sally, « The New Woman and the Crisis of Victorianism », *Cultural Politics at the Fin de Siècle*, Sally LEDGER and Scott MCCRACKEN (dirs.), Cambridge, CUP, 1995, p. 22-44.

LEE, Vernon [Violet Paget], « The Responsibilities of Unbelief : a Conversation between Three Rationalists », *Contemporary Review*, vol. 43, 1883, p. 685-710.

LEVEY, Michael, *The Case of Walter Pater*, London, Thames & Hudson, 1978.

LOSEY, Jan B., « Epiphany in Pater's Portraits », *ELT*, vol. 29, n° 3, 1986, p. 297-308.

LOUVEL, Liliane, « Nuances du pictural », *Poétique*, vol. 126, avril 2001, p. 175-189.

MALDINEY, Henri, *Regard, parole, espace*, Genève, l'Âge d'homme, 1975.

MAXWELL, Catherine, « Paterian Flair : Walter Pater and Scent », *Pater Newsletter*, 61/62, 2012, p. 21-42.

MINOIS, Georges, *Histoire du mal de vivre. De la mélancolie à la dépression*, Paris, Éditions de la Martinière, 2003.

MONSMAN, Gerald, *Pater's Portraits. Mythic Pattern in the Fiction of Walter Pater.* Baltimore, The Johns Hopkins Press, 1967.

MONSMAN, Gerald, *Walter Pater's Art of Autobiography*, New Haven, Yale UP, 1980.

MONTÉGUT, Émile, « Les confidences d'un hypocondriaque », *Revue des Deux Mondes*, tome 13, 1858, p. 467-476.

MURTAGH, Anne, « "The New Review" : A Glimpse at the Nineties », *Victorian Periodicals Review*, vol. 14, n° 1, Spring, 1981, p. 11-21.

MORGAN, Thais, « Victorian Effeminacies », dans Richard DELLAMORA (dir.), *Victorian Sexual Dissidence*, Chicago, The University of Chicago Press, 1999, p. 109-125.

NOWAK, Magdalena, « The Complicated History of Einfühlung », *Argument*, vol. 1, 2/2011, p. 301-326.

ØSTERMARK-JOHANSEN, Lene, « The Matchless Beauty of Widowhood : Vittoria Colonna's Reputation in Nineteenth-Century England », *Art History*, vol. 22, June 1999, p. 270-294.

ØSTERMARK-JOHANSEN, Lene, *Walter Pater and the Language of Sculpture*, Farnham, Ashgate, 2013.

ØSTERMARK-JOHANSEN, Lene, « "What came of him ?" Change and Continuity in Pater's Portraits », dans *Testing New Opinions and Courting New Impressions. New Perspectives on Walter Pater*, Anne-Florence GILLARD-ESTRADA, Martine LAMBERT-CHARBONNIER, and Charlotte RIBEYROL (dir.), New York and London, Routledge 2018, p. 181-199.

POSTEL, Jacques et QUETEL, Claude (dirs.), *Nouvelle histoire de la psychiatrie*, Paris, Dunod, 2003.

REY-FLAUD, Henri, *La névrose courtoise*, Paris, Navarin, 1983.
REY-FLAUD, Henri, *Comment Freud inventa le fétichisme*, Paris, Payot, 1994.
REY-FLAUD, Henri, *L'Éloge du rien*, Paris, Seuil, 1996.
REY-FLAUD, Henri, *Le Sphinx et le Graal. Le secret et l'énigme*, Paris, Payot, 1998.
REY-FLAUD, Henri, *Le Démenti pervers*, Paris, Aubier, 2002.
REY-FLAUD, Henri, « La sublimation de Freud à Lacan : le fil rouge de l'amour courtois », *Figures de la psychanalyse*, 2002/2 n° 7, p. 137-148.
RIBEYROL, Charlotte, « Hellenic Utopias : Pater in the Footsteps of Pausanias », dans *Pater the Classicist*, Charles MARTINDALE, Stefano EVANGELISTA, and Elizabeth PRETTEJOHN (dirs.), Oxford, OUP, 2017, p. 201-218.
RIGOLI, Juan, « Psychopathologie et poétique de l'"ennui" en France au XIXe siècle », *Criminocorpus* [En ligne], La pathologie du suicide. http://journals.openedition.org/criminocorpus/3777 (consulté le 30/03/2022).
RIPA, Yannick, *Histoire du rêve : regards sur l'imaginaire des Français au XIXe siècle*, Paris, Hachette, coll. « Pluriel », 1989.
ROGERAT, Marie-Claude, *Les Biographies d'artistes. Auteurs, personnages, public*, Paris L'Harmattan, coll. « Logiques sociales », 2010.
ROSOLATO, Guy, « Généalogies des perversions », *L'inconscient, revue de psychanalyse*, « La Perversion », vol. 2, avril 1967, p. 51-67.
ROSOLATO, Guy, « Le Fétichisme », *Le Désir et la perversion* (1967), Paris, Seuil, coll. « Points », 1988, p. 9-40.
RUTHERFORD, Mark, « Marius The Stoic », dans *Pater the Classicist*, Charles MARTINDALE, Stefano EVANGELISTA, and Elizabeth PRETTEJOHN (dirs.), Oxford, OUP, 2017, p. 121-134.
SAINT-CYR, Viviana M., « Créer un vide ou de la sublimation chez Lacan », *Recherches en psychanalyse*, 2012/1 n° 13, p. 14-21.
SAUNDERS, Max, *Self Impression : Life-Writing, Autobiografiction and the Forms of Modern Literature*, Oxford, OUP 2010.
SCHROEDER, Natalie, « Pater's Imaginary Portraits : Love and the Paterian Melancholy », *Cahiers victoriens et édouardiens*, n° 16, 1982, p. 147-156.
SCULL, Alan (dir.), *Madhouses, Mad Doctors and Madmen. The Social History of Psychiatry in the Victorian Era*, London, the Athlone Press, 1981.
SERRES, Michel, *Le Tiers-Instruit*, Paris Gallimard, 1992.
SEILER, Robert, (dir.), *Walter Pater : The Critical Heritage*, London, Routledge & Kegan Paul, 1984.
SEILER, Robert, (dir.). *The House Beautiful. Walter Pater and the House of Macmillan*, London / New Brunswick NJ, The Athlone Press, 1999.
SEILER, Robert, *Walter Pater. A Life Remembered*, Calgary, University of Calgary Press, 1987.
SHOWALTER, Elaine, *Sexual Anarchy : Gender and Culture at the fin de siècle*, New York, Viking, 1990.

SHUTER, William F., « The Arrested Narrative of "Emerald Uthwart" », *NCL*, vol. 45, n° 1, 1990, p. 1-25.

SHUTER, William F., *Re-reading Walter Pater*, Cambridge, CUP, 1998.

SHUTTLEWORTH, Sally, *The Mind of the Child : Child Development in Literature, Science, and Medicine, 1840-1900*, Oxford, OUP, 2010.

SMITH, Roger, *Between Mind and Nature. A History of Psychology*, London, Reaktion Books, 2013.

STAROBINSKI, Jean, *L'Encre de la mélancolie*, Paris, Seuil, « La Librairie du XXIe siècle », 2012.

STEINER, Georges, *La Mort de la tragédie* [1965], traduction Rose CELLI, Paris, Gallimard, coll. « Folio. Essais » n° 224, 1992.

STRAY, Christopher (dir.), *Classics Transformed : Schools, Universities, and Society in England, 1830-1960*, Oxford, Oxford, 1998.

SWAIN, Gladys, *Le Sujet de la folie. Naissance de la psychiatrie*, Paris, Calmann-Lévy, 1997.

THOMAS, Ronald R., *Dreams of Authority : Freud and the fictions of the Unconscious*, Ithaca, Cornell UP, 1990.

WASCEK, Matthias (dir.), *Les « Vies d'artistes »*, Paris, ENSAB, coll. « Beaux-Arts histoire », 1996.

WEINBERG, Gail, « Ruskin, Pater and the Rediscovery of Botticelli », *Burlington Magazine*, vol. 129, 1987, p. 27.

WILLIAMS, Carolyn, *Transfigured World : Pater's Aesthetic Historicism*, London & Ithaca, Cornell UP, 1990.

INDEX

TABLE DES MATIÈRES

DEUXIÈME PARTIE

VERS L'ÉTUDE DE CAS

TROISIÈME PARTIE

LES FIGURES DE L'HUMAINE CONDITION

QUATRIÈME PARTIE

D'UNE INDIFFÉRENCE FONCIÈRE